漢字語料庫分析叢書

敦煌邈真贊與對應文獻詞彙研究

姚美玲 王泉／著

上海古籍出版社

圖書在版編目(CIP)數據

敦煌邈真贊與對應文獻詞彙研究／姚美玲,王泉著
—上海：上海古籍出版社，2020.9
（漢字語料庫分析叢書）
ISBN 978-7-5325-9749-9

Ⅰ.①敦… Ⅱ.①姚… ②王… Ⅲ.①敦煌學—古籍—詞彙—研究 Ⅳ.①G256.1

中國版本圖書館 CIP 數據核字（2020）第 167264 號

漢字語料庫分析叢書
敦煌邈真贊與對應文獻詞彙研究
姚美玲　王　泉　著
上海古籍出版社出版發行
（上海瑞金二路 272 號　郵政編碼 200020）
　(1) 網址：www.guji.com.cn
　(2) E-mail：guji1@guji.com.cn
　(3) 易文網網址：www.ewen.co
常熟文化印刷有限公司印刷
開本 153×229　1/16　印張 21　插頁 3　字數 292,000
2020 年 9 月第 1 版　2020 年 9 月第 1 次印刷
ISBN 978-7-5325-9749-9
H·229　定價：98.00 元
如有質量問題,請與承印公司聯繫

漢字語料庫分析叢書

學術委員會
主任： 王寧
委員： 阿辻哲次（日本）
　　　　大形徹（日本）
　　　　河永三（韓國）
　　　　李圭甲（韓國）
　　　　朴興洙（韓國）
　　　　阮俊強（越南）
　　　　王元鹿
　　　　董蓮池

编纂委員會
主編： 劉志基
编委： 白於藍
　　　　潘玉坤
　　　　姚美玲
　　　　郭　瑞
　　　　劉　凌
　　　　張再興
　　　　張春鳳
　　　　鄭邵琳
　　　　張旭東
　　　　臧克和

上海市哲學社會科學項目
"敦煌碑銘贊與唐代佛徒墓誌詞彙研究"
（項目編號 2009BYY001）

2016 年度教育部人文社會科學重點研究基地重大項目
華東師範大學中國文字研究與應用中心
"魏晉至宋元明出土實物文字數據庫語料深加工研究"
（項目編號 16JJD740010）

出 版 説 明

　　西方標音文字體系語言學之所以成爲衆多領域的領先學科，其中一個重要原因就是從十九世紀到二十世紀初大規模資料庫建設，使舊有的語言學成熟爲語料庫語言學。在中國乃至整個表意文字區域，這種情況則相對落後。當二十一世紀已過去十幾年，資料庫的建構及使用，仍是部分學科領域中少數專家的事。中國語言文學專業的教員，直到現在仍然有許多人不太明白電腦裏 word 文本跟數據庫結構有何區別。部分標音文字譯介能力健者，能作無間之郵：從西方語言學那裏浮光掠影一二"方法"，回到東方表意文字語境中努力尋覓二三用例以"匹配"，領異標新三五年。説到底是添了些連自己都不敢相信的混亂。兩種現象有同樣的結果，即導致漢語言文字學進一步滯後與不成體系。

　　漢字語料庫的建設必須邁出沉重的步伐了，二十世紀九十年代末期，經過多方聯繫，我們籌措了百萬元經費，用於包括創刊出版《中國文字研究》、召開首屆國際漢字學術研討會、購買國際品牌硬件系統所構成的一流工作平臺、研發古文字信息系統等。

　　至今猶記，一九九八年元旦前後，有很多天我們是在廈門、廣州、海口或南寧的國際機場度過的。那是一段艱難的時光，雖然是學校漢語言文字學科帶頭人，但上述所有經費支出包括差旅費，都是在這個過程裏自己去争取的,没有院系的任何資助。我不會忘記當時富有遠見卓識給予慷慨支持的出版家,像廣西教育出版社李人凡總編等。在這套叢書的第一本付梓之際,重提這些淵源,是爲了記住學科建設的那個艱難的起點,這些都直接奠定了後來華東師範大學中國文字研究與應用中心進入教育部高校人文社會科學重點研究基地行列的基礎。日月如梭,這些舊事如今已變得陌生而又疏遠,基地的一切,對於一些年輕人來説,似乎都是天然的存在。這時候,我們要記住,無論世事如何變遷,道德恩義是永遠不能忘記的。

　　基地建成伊始,就有明確的規劃:以出土文字大資料挖掘爲基礎,發展語料庫文字學,建成以漢字爲核心的表意文字數字化學科體系。

　　基於如上定位,基地落實"十五"、"十一五"、"十二五"及"十三五"規劃,先後研發了"魏晉南北朝石刻文獻語料庫"、"隋唐五代石刻文獻語料庫"、"出土古文字語料庫"、"今文字實物用字語料庫",并在此基礎上,完成了"中國文字發展史"、"漢字斷代調查及漢字發展史"、"表意文字系統調研"等一系列重大項目。與此同時,基地歷届博士研究生攻讀學位論文選題,也大多依託基地出土文字語料庫平臺,進行專題調查統計分析,可以説,在一定程度上呈現出基地固有的學科特色。

　　根據上述學科建設、研究模式以及所形成的資源特色,基地學術委員會和叢書編委會將每年篩選出當年度相對優秀書目一種(特別集中的年份,會適當考慮增加,但最多不超過兩種),推薦給專業出版社付梓。考慮到出土文字語料庫完全是一個開放系統,書目不追求體系完備,只要或在某個專題上有新意、有價值,或在語言文字的某個類型上有系統、有建樹,甚至是一束有新解、有實証資料的論文集合,都在推選範圍之内。所望博雅君子、專業同好,大家都來參與建設,共同發展吧!

教育部人文社科重點研究基地

華東師範大學中國文字研究與應用中心

漢字語料庫分析叢書編委會

二〇一六年元日

目　錄

凡　例 / 1

緒　論 / 1

第一章　敦煌邈真贊與唐代佛徒墓誌文獻概述 / 8
　　第一節　敦煌邈真贊文獻解讀 / 8
　　第二節　唐代佛徒墓誌解讀 / 24

第二章　敦煌邈真贊與唐代佛徒墓誌本土詞彙 / 36
　　第一節　典故詞語 / 36
　　第二節　口語詞語 / 62
　　第三節　文言詞語 / 80

第三章　敦煌邈真贊與唐代佛徒墓誌佛教義詞彙 / 117
　　第一節　典故詞語 / 118
　　第二節　音譯詞語 / 132
　　第三節　新詞新義 / 139

第四章　敦煌邈真贊校注考辨 / 164

附錄一：敦煌邈真贊錄文 / 214
附錄二：唐代佛徒墓誌錄文 / 281

參考文獻 / 328

凡　例

一、全書參照2013年《通用規範漢字表》中的《規範字與繁體字、異體字對照表》行文。例如敦煌邈真贊原文中"仏"字，書中直接作"佛"字。本書中一些高頻詞，如"墓志""墓誌"等，統一作"墓誌"；敦煌邈真贊原卷"贊"字有"讚""讃""賛""賛"等字形，統一作"贊"。書中所引著作名稱和引用文獻，如是簡體出版物，改爲通用的繁體字形，其餘依照原文繁體字形，不加改動。如《敦煌邈真讚校録并研究》之"讚"不改爲"贊"。

二、附録一爲敦煌邈真贊卷子録文，因原卷爲手抄本，除了保留當時的俗體、簡體、異體等字外，還呈現出大量的個人手書草寫字，它們直接影響到原文的楷録和校釋工作，爲了盡可能照録原文，録文時盡可能保留了原卷中的簡體和異體字，以呈現其文字特點。例如"师"字，直接録作"师"，在[ ]内補出通行的繁體字形爲"师[師]"；原卷中"勤"字作"懃"時，直接照録原卷"懃"的同時，在[ ]内補出通行的繁體字形爲"懃[勤]"。個别特殊字形附以圖片。同時，爲了比較本次校、饒本、鄭本的異同，分别以〈〉{ } | | { }的方式依次標示列舉本次校、饒本、鄭本三本相異

1

之字。

　　三、本書涉及的敦煌文獻卷子，行文中使用學界通用的縮寫英文詞編號方式。例如英國國家圖書館藏敦煌文獻 Stein 編號 289 卷子，省略作"S.289"；巴黎法國國立圖書館藏敦煌文獻 Pelliot 編號 3718 卷子，省略作"P.3718"。

緒　　論

敦煌邈真贊卷子約有一百四十餘件，按用途可分爲頌讚類邈真贊和供養類邈真贊兩種。頌讚邈真贊以頌揚讚美當時當地的高僧大德爲主，贊文主要記錄他們的生平事迹，大多寫於某人亡故之後，即"邈真贊一般是當地社會中的上層人士在去世前後，由本人或其家人請求當地文人所寫的讚頌文辭"[1]，屬於喪葬類文獻。學界對於此類邈真贊多有收集與校注。而供養邈真贊以供養祈福爲主題，屬於發願文，它與魏晉以來的造像題記有歷史傳承關係。同樣題名爲邈真贊，兩者内容、來源、用途并不相同，研究者對供養邈真贊關注還不夠，有許多問題有待研究。

墓誌是埋在墓裏、用來記載死者生平的刻石。刻在墓誌上的文字也可稱爲墓誌或墓誌銘，屬於喪葬類文獻。唐代墓誌數量極大，其中佛徒墓誌大約占到墓誌總量的二十分之一，它們主要記錄了佛教徒由出家修行到火化入塔的一生經歷，所用詞彙口語化程度遠遠高於一般的世人墓誌。這些佛徒墓誌在記述佛徒生平傳記時，真實反映了有唐一代的社會現象。墓誌作爲珍貴的文史資料，國内外學者非常重視對它的研究，目前已經出

---

[1]　榮新江《敦煌邈真讚年代考》，《敦煌邈真讚校録并研究》，臺北：新文豐出版公司，1994年，353頁。

版了大量的拓片彙編材料,爲研究提供了基礎資料。我們從中選擇唐代佛徒墓誌,并與同一時代的邈真贊文獻相結合,以期能進一步對唐代佛教專題類文獻進行研究。

敦煌邈真贊屬於敦煌遺書文獻,唐代佛徒墓誌屬於出土石刻文獻,兩種文獻都屬於"同時資料"[1],它們真實反映了唐五代時期的語言文字特點,用它們作爲研究近代漢語詞彙的語料,具有較高的研究價值。此兩種文獻,都是悼念佛教徒喪亡的應用文,但文體形式却各不相同。清姚鼐在《古文辭類纂》中把文章分爲論辨、序跋、奏議、書說、贈序、詔令、傳狀、碑志、雜記、箴銘、頌讚、辭賦、哀祭等十三類。其卷首《序目》略述了各類文獻的特點和源流。《古文辭類纂·序目》:"碑誌類者,其體本於《詩》。歌頌功德,其用施于金石。……誌者,識也。或立石墓上,或埋之壙中,古人皆曰志。爲之銘者,所以識之之辭也。然恐人觀之不詳,故又爲序。……頌讚類者,亦《詩·頌》之流,而不必施之金石者也。"[2]唐代佛徒墓誌刻于金石,屬於碑志類;敦煌邈真贊寫於紙帛,屬於頌讚類,兩種文獻所用材質也不相同。兩種文獻有各自的體例和格式,其詞彙也各有特色。佛徒墓誌以散文爲主,有的篇目缺少一般墓誌應有的韻文部分;敦煌邈真贊則以韻文爲主,較少使用大段散文。同時,因主題相同,其詞彙又呈現出一些共同特徵。呂叔湘先生曾經爲劉堅《近代漢語讀本》作序[3],他建議近代漢語研究要"分門別類著錄各種文獻資料,說明它們反映實際語言的程度,作爲近代漢語研究資料的價值,以及版本情況等等"。[4]董志翹師提出:"21世紀要能在中古、近代漢語詞彙研究深入下去,除了關注時空因素,還應注意各領域的詞彙差別。"[5]因而我們決定以這兩種文獻爲主體語料,研究其中的詞彙現象。

---

[1] (日)太田辰夫《中國語歷史文法》,北京:北京大學出版社,2003年,375頁。
[2] 姚鼐《古文辭類纂·序》,上海:上海古籍出版社,1998年,11~16頁。
[3] 文中諸位大家尊姓大名之後,以下皆省去先生二字。
[4] 劉堅《近代漢語讀本·序》,上海:上海教育出版社,2005年。
[5] 董志翹《中古近代漢語探微》,北京:中華書局,2007年,5頁。

緒　論

目前國內外對敦煌邈真贊的研究，主要成果是收集和校注敦煌邈真贊原卷，爲研究者提供資料。研究成果主要集中在頌讚類邈真贊方面。陳祚龍的《敦煌銘贊小集》[1]，導夫先路，開邈真贊專題研究之先河。唐耕耦、陸宏基的《敦煌社會經濟文獻真蹟釋錄》第五輯[2]，以圖文對照的形式，楷錄了106種墓碑、邈真贊、別傳、功德記等文獻。鄭炳林的《敦煌碑銘贊輯釋》[3]，周丕顯肯定它是"敦煌文獻整理研究中用功甚深的專著"[4]，饒宗頤認爲該書"其可貴處，在利用大量敦煌文書，詳注贊文中所見人名地名，有類《元史本證》，大有裨於讀者。"[5]饒宗頤、姜伯勤、項楚、榮新江合著的《敦煌邈真讚校錄并研究》[6]，是研究邈真贊文獻的集大成者，其上篇《敦煌邈真讚研究》從歷史角度，對邈真贊的著者、敦煌著姓、異族交往進行了前所未有的探究，其下篇《敦煌邈真讚校錄》校錄了92篇敦煌邈真贊，校注極爲精當。日本金岡照光的《邈真贊》[7]，解讀了邈真贊的相關內容，它們爲進一步研究敦煌邈真贊文獻夯實了基礎。收集和校注原卷之外，國內外大多數學者以邈真贊爲研究材料，從史學角度出發，對晚唐五代敦煌地區的人口、行政、軍事、貿易市場、家族等社會問題進行了研究。鄭炳林的《晚唐五代敦煌地區人口變化研究》[8]，認爲從吐蕃統治時期到歸義軍時期，敦煌地區人口大約在三四萬人左右。《敦煌歸義軍節度使承襲制度研究》[9]，對張氏歸義軍節度使的承襲引

---

[1] 陳祚龍《敦煌銘贊小集》，《大陸雜志》1981年第4期。
[2] 唐耕耦、陸宏基《敦煌社會經濟文獻真蹟釋錄》，北京：書目文獻出版社，1986年。
[3] 鄭炳林《敦煌碑銘贊輯釋》，蘭州：甘肅教育出版社，1992年。
[4] 周丕顯《敦煌碑銘贊輯釋評介》，《敦煌研究》1994年第1期。
[5] 饒宗頤、姜伯勤合編，項楚、榮新江合著《敦煌邈真讚校錄并研究・跋》，臺北：新文豐出版公司，1994年。
[6] 饒宗頤、姜伯勤合編，項楚、榮新江合著《敦煌邈真讚校錄并研究》，臺北：新文豐出版公司，1994年。
[7] （日）金岡照光，《邈真贊》，《敦煌的文學文獻》，東京：大東出版社，1989年。
[8] 鄭炳林《晚唐五代敦煌地區人口變化研究》，《江西社會科學》2004年第12期。
[9] 鄭炳林《敦煌歸義軍節度使承襲制度研究——張氏歸義軍節度使的承襲引發的有關問題》，《敦煌學輯刊》2017年第1期。

發的有關問題進行了深入討論。《晚唐五代敦煌歸義軍行政區劃制度研究》[1]，基本解決了歸義軍政權州一級的行政區劃制度，彌補了傳統史書的不足。也有學者對佛教教團的戒律和清規、譯經等宗教問題進行研究。孫修身的《P.3718〈李府君邈真贊〉有關問題考》[2]，就單篇邈真贊相關問題進行了較爲詳細的研究。鄭炳林、魏迎春的《晚唐五代敦煌佛教教團的戒律和清規》[3]，研究了晚唐五代敦煌佛教教團的清規戒律。馬德的《從敦煌看佛教的社會化》一文[4]，通過分析敦煌歷史上的佛教文化活動，揭示了佛教對社會發展的歷史作用和現實意義。其中鄭炳林對敦煌邈真贊的研究起着引領作用。另有部分學者從文獻學、語言文字學角度，對敦煌邈真贊的卷子拼接、文體變化、抄本狀況、考證辨誤、詞語考釋等問題進行研究，其成果爲我們的字詞研究開闊了思路，爲進一步研究邈真贊詞彙奠定了基礎。鄭炳林的《敦煌碑銘贊抄本概述》一文[5]，介紹了敦煌邈真贊文獻抄本之間的相互關係，論述和探討了邈真贊的相關問題。江學旺的《敦煌邈真贊用韻考》通過聯繫邈真贊的韻脚[6]，獲得了研究唐五代西北方音的極有價值的資料。曾良、蔡俊的《〈敦煌碑銘贊輯釋〉補校》[7]，補校了《敦煌碑銘贊輯釋》一書中的60餘處不足。趙家棟的《敦煌碑銘贊語詞釋證》一文[8]，釋證了"紂儒""魚頷""播生"等疑難詞語。楊曉宇有關碑銘贊詞彙的系列文章，如《敦煌碑銘贊詞語釋義》[9]《敦煌碑銘贊詞語解詁》[10]《敦煌碑銘贊詞語選釋》[11]《敦煌邈真文書贊

---

[1] 鄭炳林《晚唐五代敦煌歸義軍行政區劃制度研究》，《敦煌研究》2002年第2期。
[2] 孫修身《伯3718〈李府君邈真贊〉有關問題考》，《敦煌研究》1991年第1期。
[3] 鄭炳林、魏迎春《晚唐五代敦煌佛教教團的戒律和清規》，《敦煌學輯刊》2004年第2期。
[4] 馬德《從敦煌看佛教的社會化》，《敦煌學輯刊》2007年第4期。
[5] 鄭炳林《敦煌碑銘贊抄本概述》，《蘭州大學學報》1993年第4期。
[6] 江學旺《敦煌邈真贊用韻考》，《浙江大學學報》2004年第1期。
[7] 曾良、蔡俊《〈敦煌碑銘贊輯釋〉補校》，《南昌大學學報》1997年第4期。
[8] 趙家棟《敦煌碑銘贊詞語釋證》，《敦煌研究》2012年第4期。
[9] 楊曉宇《敦煌碑銘贊詞語釋義》，《敦煌研究》2009年第3期。
[10] 楊曉宇《敦煌碑銘贊詞語詁解》，《蘭州大學學報》2009年第2期。
[11] 楊曉宇《敦煌碑銘贊詞語選釋》，《敦煌學輯刊》2012年第1期。

緒　論

詞語考釋》[1]等論文，解釋了其中的部分詞彙，有些詞彙的解釋尚有待進一步探討。姬慧的《〈敦煌碑銘贊輯釋〉補校舉隅》[2]《敦煌碑銘贊文獻中年齡詞語彙釋》[3]等論文，校補了《敦煌碑銘贊輯釋》中一些失校和誤校之處，并對相關詞彙進行了解釋。而針對供養邈真贊的研究，成果相對較少，究其原因，一是資料難得，原物大多藏於英國大不列顛博物館和法國吉美博物館，很少一部分散藏於國內外，一般學者無從獲得相關資料。直到1982年到1995年間，日本講談社陸續出版的《西域美術》公布了這批資料之後[4]，研究者纔較為全面系統地了解到它的狀貌。二是敦煌絹畫題記原卷題名雖然有"邈真""邈真影""敬畫"等詞語，但因發布時以"題記"為名，并未引起學界足夠關注。馬德比較全面集中地輯錄了供養邈真贊文獻，為研究提供了基礎資料，他在《敦煌絹畫題記輯錄》中指明："在絹畫中，供養人畫像被稱作'邈真''邈影'和'邈真影'等，而且有一些發願文即是為繪製者（為功德主）的《邈真贊》，即所謂'上圖佛會，下邈真儀'。關於邈真和邈真贊，特別是敦煌文獻中的名人名僧邈真贊，已有過不少的研究成果。"[5]因此，我們贊同馬德的觀點，把敦煌絹畫題記也歸入邈真贊類文獻。

敦煌邈真贊與唐代佛徒墓誌文獻作為語料，對於漢語史的研究意義主要有：

① 漢語史的語料是由各類文獻組成的，漢語史研究要求我們關注各個時期各個領域的文獻。而敦煌邈真贊與唐代佛徒墓誌是篇幅較大、語料價值較高的佛教語料。保存至今的唐代佛徒墓誌有三百多方，敦煌邈真贊有一百多篇，兩者相互結合，互為補充，為相關研究提供了較為豐富

---

[1]　楊曉宇《敦煌邈真文書贊詞語考釋》，《甘肅社會科學》2012年第6期。
[2]　姬慧《敦煌碑銘贊輯釋補校舉隅》，《重慶科技學院報》2010年第7期。
[3]　姬慧《敦煌碑銘贊文獻中年齡詞語彙釋》，《陝西教育》2014年第4期。
[4]　（日）秋山光和《西域美術·大英博物館》，東京：講談社，1982年。（日）秋山光和《西域美術·ギメ美術館》，東京：講談社，1994年。
[5]　馬德《敦煌絹畫題記輯錄》，敦煌學輯刊，1996年第1期。

的語料。

② 敦煌邈真贊與唐代佛徒墓誌，屬於寫本文獻和出土文獻，都是最爲真實的語料。其用字現象再現了唐五代時期人們的書寫習慣，留存在卷子中的大量俗、簡字形，反映了漢字楷化過程中唐五代時期文獻用字狀況。臧克和在《中國文字發展史·隋唐五代文字卷》中指明："六朝到隋唐，是漢語史上文字、語音、詞彙以及語法演變最爲劇烈的時期。文字類型上楷書由發展成熟到規範定型，書體字體演變包括繁簡關係的轉換，就是在這個時期完成的，并一直規定了今天漢字使用的基本體制。"[1] 兩種文獻的用字現象對漢字發展史的研究極具價值和意義。

③ 敦煌邈真贊與唐代佛徒墓誌，其主體內容是佛教徒的生平傳記資料，在記述佛徒的剃度修行、飲食起居、供養祈福、圓寂荼毗、邈真題贊的人生歷程中，反映了唐代佛教和社會現象，其語料蘊含了大量的佛教詞彙和漢語本土詞彙。對這些詞語的釋讀，將爲解讀造像題記、佛徒碑志、敦煌卷子等相關文獻提供利器，并揭示它們對漢語詞彙發展史的價值。

④ 敦煌邈真贊與唐代佛徒墓誌，保留了唐時的語音現象，其中的韻文韻脚、音同或音近字等，對唐五代西北方音研究有特別價值。

⑤ 通過比較兩種文獻的異同，發掘各自的詞彙、文字特點，進而爲兩種邈真贊的文體解讀提供範式，爲進一步研究邈真贊的源起、用途以及兩者關係等指明途徑。

⑥ 整理、彙錄和校注的敦煌邈真贊與唐代佛徒墓誌，將爲文學、史學和宗教等學科提供成熟的研究資料。

本書由兩部分構成。緒論至第四章爲詞彙研究部分。本部分主要解讀兩種文獻的體例、語言、文字特點，并在此基礎上，運用傳統的訓詁方法，發掘和考釋兩種文獻中的各類詞彙。通過分析總結兩種文獻的詞彙特點，探討兩種文獻各自在漢語詞彙史上的研究價值，揭示一些詞彙的發

---

[1] 臧克和《中國文字發展史·隋唐五代文字卷》，上海：華東師範大學出版社，2015年，469頁。

緒　論

展演變過程和原因。同時，運用研究成果，在參閱饒宗頤主編、姜伯勤、項楚、榮新江等合編的《敦煌邈真讚校錄并研究》和鄭炳林的《敦煌碑銘讚輯釋》的基礎上，對照《法國國家圖書館藏敦煌西域文獻》[1]《英藏敦煌文獻（漢文佛經以外部份）》[2]等圖版，以及法國國家圖書館網站（https://gallica.bnf.fr）提供的卷子，對敦煌邈真讚進行校核并加以論證。附錄爲文獻彙編部分，包括敦煌邈真讚文獻和唐代佛徒墓誌校錄兩部分。敦煌邈真讚文獻校錄按饒本原來的題名和順序排列，標明饒本、鄭本和本次校注的不同之處，計92篇。敦煌供養邈真讚此次没有彙錄。唐代佛徒墓誌主要以1991年天津古籍出版社出版的《隋唐五代墓誌滙編》北京卷、山西卷、江蘇卷、山東卷、陝西卷、河北卷、新疆卷、河南卷、北大卷、洛陽卷等拓片爲主[3]，輔以《新中國出土墓誌》系列卷以及各博物館所收録拓片[4]，并與《全唐文》[5]《唐代墓誌彙編》[6]《唐代墓誌彙編續集》[7]相校，對應唐朝年號，按時間順序，編選彙録了其中的78方墓誌。書中指明相關拓片來源出處，便於讀者校核。

────────

〔1〕　上海古籍出版社、法國國家圖書館《法國國家圖書館藏敦煌西域文獻》，上海：上海古籍出版社，1995年。

〔2〕　中國社會科學院歷史研究所等《英藏敦煌文獻（漢文佛經以外部分）》，成都：四川人民出版社，1990年。

〔3〕　《隋唐五代墓誌滙編》，天津：天津古籍出版社，1991~1992年。此系列卷編者詳見參考文獻。

〔4〕　《新中國出土墓誌》，北京：文物出版社，1994~2004年。此系列卷編者詳見參考文獻。

〔5〕　清董誥《全唐文》，北京：中華書局，1983年。

〔6〕　周紹良《唐代墓誌彙編》，上海：上海古籍出版社，1992年。

〔7〕　周紹良、趙超《唐代墓誌彙編續集》，上海：上海古籍出版社，2001年。

第一章　敦煌邈真贊與唐代佛徒墓誌文獻概述

第一節　敦煌邈真贊文獻解讀

　　敦煌邈真贊文獻的遺存，與唐代社會流行的寫真題贊之風有密切關係。當時的大唐王朝非常重視通過寫真題贊的方式，來褒獎頌揚大臣。歷史記載唐時最有名的寫真題贊事例有二，即貞觀十七年的"凌烟閣功臣圖"和總章元年的"秦府十八學士圖"之事。唐封演《封氏聞見記》卷五："國初閻立本善畫，尤工寫真。太宗之爲秦王也，使立本圖秦府學士杜如晦等一十八人，令學士褚亮爲贊，今人間《十八學士圖》是也。貞觀十七年，又使立本圖太原幕府功臣長孫無忌等二十四人於凌烟閣，太宗自爲贊，褚遂良題之。"後晉劉昫《舊唐書·閻立德傳》："立本雖有應務之才，而尤善圖畫，工於寫真，《秦府十八學士圖》及貞觀中《凌烟閣功臣圖》，并立本之跡也，時人咸稱其妙。"[1]《凌烟閣功臣圖》由閻立本寫真，太宗親自爲贊，足見唐朝寫真題贊之盛行。圖寫真容和撰題贊記，目的在於表彰功德，宣揚教化。宋歐陽修、宋祁《新唐書·盧懷慎傳》："開元二十四年，

---

〔1〕（後晉）劉昫《舊唐書·閻立德傳》，北京：中華書局，1997年，2680頁。

第一章　敦煌邈真贊與唐代佛徒墓誌文獻概述

玄宗還京師，次陝，嘉其美政，題贊於聽事曰：'專城之重，分陝之雄。亦既利物，內存匪躬。斯爲國寶，不墜家風。'尋召爲兵部侍郎。"[1]唐時寫真之風，不僅在王朝官府中風行，民間也極爲普及。以唐代詩人白居易爲例，其詩既有記載他人寫真的事情，也有記述別人为自己寫真的感受。唐白居易《李夫人》："君恩不盡念未已，甘泉殿裏令寫真。"《自題寫真》："我貌不自識，李放寫我真。靜觀神與骨，合是山中人。"又《香山居士寫真詩》："昔作少學士，圖形入集賢。今爲老居士，寫貌寄香山。"又《題舊寫真圖》："一照舊圖畫，無復昔儀形。形影默相顧，如弟對老兄。"唐代佛徒墓誌中也記有寫真題贊的事例。《唐大薦福寺故大德思恒律師誌文并序》："圖像于林光殿，御製畫贊云云。"《唐故法雲寺內外臨壇律大德超寂墓誌》："至於鑄畫佛像，裝寫藏經，廣設文齋，捨入常住。"《新羅國故兩朝國師教謚朗空大師白月棲雲之塔碑銘》："乾符二年，至成都府，巡謁到靜衆精舍，禮無相大師影堂。大師新羅人也，因謁寫真。"從官府到民間再到佛門，足見整個唐朝盛行寫真題贊之風。敦煌地區雖居邊陲，當然也不例外，現存今世的敦煌邈真贊文獻即是當時圖真題贊的實物存證。

唐時寫真題贊之風盛行，究其原因，簡言有二：一者受到漢朝本土"圖形立廟"表彰方式的影響。梁沈約《宋書·禮志四》："自漢興已來，小善小德，而圖形立廟多矣。"[2]二者受到魏晉以來佛教造像的影響。北魏楊衒之《洛陽伽藍記》卷四："佛殿僧房，皆爲胡飾，丹青炫彩，金玉垂輝。摹寫真容，似丈六之見鹿苑；神光壯麗，若金剛之在雙林。"梁釋慧皎《興福論》："皆現寫真容，工圖妙相，故能流光動瑞，避席施虔。"後魏佚名《中嶽嵩陽寺碑》："是以須達崇善，填金弗吝，優主仰戀，鐫檀寫真，斯皆聖人留軌，爲物樹業故然。"唐魏徵、令狐德棻《隋書·文帝紀》："所以雕鑄靈相，圖寫真形，率土瞻仰，用申誠敬。"[3]唐釋玄奘

---

[1]（宋）歐陽修、宋祁《新唐書·盧懷慎傳》，北京：中華書局，1975年，4418頁。
[2]（梁）沈約《宋書·禮志四》，北京：中華書局，1975年，486頁。
[3]（唐）魏徵、令狐德棻《隋書·文帝紀》，北京：中華書局，1982年，45頁。

《大唐西域記》卷二："昔有佛影，焕若真容，相好具足，儼然如在。"也就是說，歷時悠久、範圍廣泛、規模浩大的佛教造像活動直接推動了邈真題贊的産生和發展。

魏晉之初，佛教造像以造佛菩薩之真容爲主，材料以石材爲主，故石刻佛造像多見。後來發展到唐代，圖寫對象逐步擴大到高僧名人、普通士人，材料也多樣化，出現紙帛等新材料，并且成爲主體材料。敦煌邈真贊文獻即是這一時代的産物，祇不過圖寫的對像比較集中，主要以當時敦煌地區的名僧爲對象，而不是普通士人，所用材料以紙帛爲主，石刻較少。

敦煌邈真贊題名用語多樣，有稱"寫真贊""圖真贊""貌真贊""邈真贊""圖影贊""真儀贊""彩真贊""邈真功德記""邈生贊"等，也有簡稱"贊"的。題名之外，凡是在記叙中用"繪""敬繪""邈"等詞語表達邈真、頌讚或供養的敦煌卷子，也都屬於敦煌邈真贊文獻。敦煌邈真贊根據用途，可分爲頌讚邈真贊和供養邈真贊兩種。P.3726《杜和尚寫真贊》[1]，以及 P.4660《陰律伯真儀贊》等卷子[2]，即屬於頌讚邈真贊；而《西域美術》中的 MG.17659《太平興國六年繪千手千眼觀音菩薩圖》"命丹青筆染絹帛，間邈菩薩尊繪侍聖［像］"[3]，MG.17778《十一面觀音菩薩圖》"亡姊大乘寺壇頭闍梨妙達邈真一心供養"等絹畫題記[4]，則屬於供養邈真贊。

饒宗頤的《敦煌邈真讚校録并研究》輯録了九十二篇邈真贊，即"起自吐蕃時期京兆杜和尚，訖于太平興國（二年庚辰）李存惠，都九十二篇，

---

［1］　上海古籍出版社、法國國家圖書館《法國國家圖書館藏敦煌西域文獻》卷27，上海古籍出版社，1995年，143頁。

［2］　上海古籍出版社、法國國家圖書館《法國國家圖書館藏敦煌西域文獻》卷27，上海古籍出版社，1995年，115頁。

［3］　題名采用馬德《敦煌絹畫画題記輯録》所命名。（日）秋山光和《西域美術·ギメ美術館》I，東京：講談社，1994年，98圖。

［4］　題名采用馬德《敦煌絹畫画題記輯録》所命名。（日）秋山光和《西域美術·ギメ美術館》I，東京：講談社，92圖，1994年。

第一章　敦煌邈真贊與唐代佛徒墓誌文獻概述

集爲一帙"[1]。鄭炳林的《敦煌碑銘贊輯釋》輯錄了碑銘贊文書四十七卷，一百三十五篇，"其中碑文三十二篇（重出五篇）、墓誌銘八篇、別傳一篇、邈真贊九十四篇（重出三篇）"[2]。兩位輯錄的邈真贊篇目大多重複，僅鄭本多出 P.4640《先代小吳和尚贊》一篇。兩書中輯錄的邈真贊基本都是頌讚邈真贊，祇有 P.3556《康賢照邈真贊》爲供養邈真贊[3]。馬德輯錄了敦煌絹畫中的邈真贊共計 53 篇[4]，其全部爲供養邈真贊。因此敦煌邈真贊總計篇數有 146 篇。

敦煌邈真贊文獻因其起源、内容、通行地域和用途等原因，在文體格式、篇章結構、文字、詞彙等方面呈現出許多獨特之處，爲其他文獻所没有。因此，了解其文體格式和語言文字特點，是釋讀和研究該文獻的基礎。

同樣題名爲邈真贊，敦煌頌讚邈真贊和供養邈真贊的文體格式并不相同，供養邈真贊格式比頌讚邈真贊複雜。爲了更好地理解邈真贊的内容，解讀其文體格式，我們首先舉例比較分析它們在原卷形式、主題和篇章結構等方面的異同，以此尋求解讀文獻的方法和關鍵所在。

一、敦煌頌讚邈真贊和供養邈真贊比較

（一）原卷樣式比較

1. 頌讚邈真贊

頌讚邈真贊以 P.4660、P.3718、P.3726、P.3556 等卷子爲主，研究中首要工作是辨識和楷錄文字。例如 P.3726《杜和尚寫真贊》[5]，原卷如圖 1 所示：

---

[1]　饒宗頤《敦煌邈真讚校錄并研究·序》，臺北：新文豐出版公司，1994 年。以下文中簡稱爲饒本。
[2]　鄭炳林《敦煌碑銘贊輯釋·序》，蘭州：甘肅教育出版社，1992 年。
[3]　鄭炳林《敦煌碑銘贊抄本概述》，蘭州大學學報，1993 年第 4 期。
[4]　馬德《敦煌絹畫題記輯錄》，敦煌學輯刊，1996 年第 1 期。
[5]　原圖源自 https://gallica.bnf.fr。

11

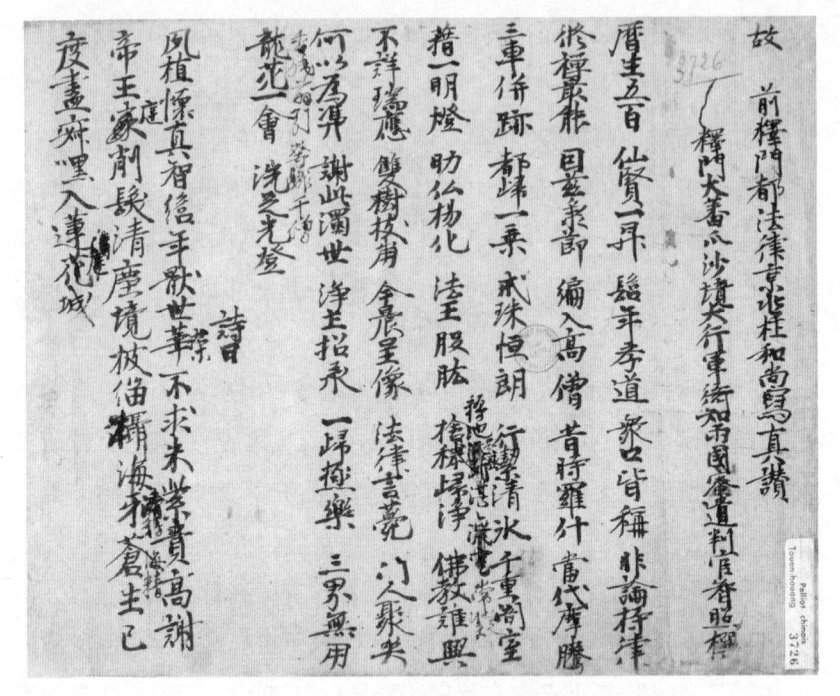

圖 1　P.3726 杜和尚寫真贊原卷圖

2. 供養邈真贊

供養邈真贊則以圖文并舉的形式存在，圖與文完美結合爲不可分割的一個整體。研究中的首要工作是解讀題記格式，然後纔能正確楷録和辨識文字。供養邈真贊所畫圖像主要有三類：一是所供佛像，常見佛像題名有釋迦佛、藥師佛、如來佛、不空絹索菩薩、觀音菩薩等，其旁附記佛像名；二是佛教所用器物，獅、象、香爐、瓶、鉢、杖、鈸、引磬、木魚等，不附寫題記；三是供養人，其人物形象多樣，官民僧尼、男女老少皆見，其旁附記"某某一心供養"等文字。圖像之外，居中題寫發願文。發願文字數多於其他文字，成爲題記中的主要内容。如 EO.1135《彌勒浄土變相圖》所畫主佛爲南無彌勒尊佛[1]，另有慈氏菩薩、大吉祥菩薩、花嚴菩薩等（參見圖 2）。菩薩名題記附在菩薩畫像旁或下邊，以爲標記（參見圖 3）。

---

[1]　（日）秋山光和《西域美術·ギメ美術館》I，東京：講談社，1994年，15 彩圖。

第一章　敦煌邈真贊與唐代佛徒墓誌文獻概述

圖 2　彌勒淨土變相圖局部・南無彌勒尊佛

圖 3　彌勒淨土變相圖局部・慈氏菩薩

EO.1135《彌勒淨土變相圖》所畫供養人像爲溫再德、馬氏[1]，供養題記爲"故尊父溫再德一心供養""慈母馬氏一心供養"。發願文居中，記述了"溫大眼昆季五人"供養祈福之因（參見圖4）。

圖4　彌勒淨土變相圖局部·供養人題記與發願文

（二）主題比較

1. 頌讚邈真贊

　　頌讚邈真贊有生前邈真和死後邈真兩種，主要用來紀念當時當地的僧俗人物，以稱頌讚揚其品德和才能爲主題，所見百餘篇內容與 P.3726《杜和尚邈真贊》相類似。

2. 供養邈真贊

　　供養邈真贊則以發願祈福爲主題，或爲亡者或爲生者供養，邈真後所附贊記，以韻文形式表達了祈福求佑的願望。題記主要內容爲菩薩像名、供養人名和發願文三部分。全圖以"上圖佛會，下寫真儀"的方式構圖。如 NG.17695《觀音菩薩像》[2]（參見圖5），MG.22799

---

〔1〕（日）秋山光和《西域美術·ギメ美術館》I，東京：講談社，1994年，15 彩圖。
〔2〕（日）秋山光和《西域美術·ギメ美術館》I，講談社，1994年，51 彩圖。

第一章　敦煌邈真贊與唐代佛徒墓誌文獻概述

圖5　唐顯德二年延壽命菩薩圖　　　圖6　觀音菩薩立像

《觀音菩薩立像》[1]（參見圖6）。

（三）篇章結構比較

1. 頌讚邈真贊

頌讚邈真贊分序文和贊文兩部分。從篇章結構上看，第一部分是序文，多以敘述文句開篇，開頭題寫撰者，主體內容以四言韻文爲主，是爲序文。第二部分賦詩爲贊。用"詩曰""乃贊曰""贊曰"等承上啓下，作爲贊記的開始。兩部分內容大致相同，用詞相互對應，且不避重複。今以

---

[1] （日）秋山光和《西域美術・ギメ美術館》Ⅰ，講談社，1994年，54彩圖。

15

P.3726《杜和尚寫真贊》爲樣例,考核原卷後,楷書録寫原文如下:

> 故　前釋門都法律京兆杜和尚寫真贊[1]
> 釋門大蕃瓜沙境大行軍銜知兩國蜜[密]遣判官智照撰
> 曆生五百,仙賢一昇。髫年學道,衆口皆稱。非論持律,
> 修禪最能。因兹秉節,編入高僧。昔時羅什,當代摩騰。
> 三車并跡,都歸一乘。戒珠恒朗,行潔清冰。千重暗室,
> 藉一名燈。助佛揚化,法王股肱。檋池安密,湛湛常凝。舍穢歸
> 淨,佛教誰興。
> 不詳[祥]瑞應,雙樹枝崩。今晨呈像,法律言薨。門人聚哭,
> 何以爲憑。謝此濁世,净土招承。一歸極樂,三界無朋。
> 香風前引,奔驟千僧。龍花一會,洗足先登。
> 詩曰:
> 夙植懷真智,髫年厭世華(榮)①。不求朱紫貴,高謝
> 帝王家(庭)。削髮清塵境,披緇蹕海牙(精)。蒼生已
> 度盡,寂默入蓮花(城)。

其序文部分,即以四言詩的形式,記述了杜和尚從"髫年學道"至"一歸極樂"的生平。贊文部分,又以"詩曰"爲起首,以五言詩的形式,對序文内容加以總結和復述。

2. 供養邈真贊

供養邈真贊既傳承北魏造像題記的格式,又受到同時代頌讚邈真贊的影響,題記内容較爲複雜。其篇章結構由四部分構成:其中菩薩像題名、供養人題名、發願文内容,傳承了北魏造像題記格式;贊記又與頌讚邈真贊格式相同,偈贊多爲四言一句的韻文。因此,在楷録釋讀供養邈真像中的題記

---

[1]"[ ]"括弧前文字爲原卷誤寫文字,括弧内爲對應的正確文字。"( )"前、内为原卷改動前、後的文字。

第一章　敦煌邈真贊與唐代佛徒墓誌文獻概述

文字時,需要遵循整個畫像分四個板塊構圖、每板塊内按圖文對照的内在排列規則録寫,即菩薩像與題名、供養人與題名、發願文内容、所附贊記等。贊記并不是每篇都有,有的無贊,有的贊文僅有幾句韻文,有的贊文格式與頌讚邈真贊相同,分爲兩部分,第一部分題記了菩薩名、供養人名,第二部分爲四言一句的偈贊,頌讚對象爲觀世音菩薩。以 Ch.liv.006《天復十年繪觀音像》(《張友誠供養題記》)正面部分作爲供養邈真贊樣例[1]。

文字内容楷録如下:

正面全圖(參見圖7)所繪圖像有南無觀世音菩薩像、尼大德嚴會像、

圖7　張友誠供養題記原絹畫縮略圖

---

〔1〕括號前的題名,采用馬德的命名,括號内的命名,爲筆者所定名。(日)秋山光和《西域美術・大英博物館》I,東京:講談社,1982年,7圖。

供養人亡弟張友誠像,即所邈真像。題記文字分別爲:

(1) 菩薩像題名(參見圖8)

南無大慈大悲救苦觀世音菩薩[1]

(2) 供養人像題名(參見圖9)

亡弟識(試)殿中監張有(友)誠一心供養[2]

(3) 發願文內容(參見圖8)

南無大慈大悲救苦觀世音菩薩永充供養。
奉爲　國界清平法輪常轉二爲阿姊師
慈亡考妣神生净土敬造大聖一心供養。

(4) 贊記(參見圖10)

衆生處代如電光,須臾業盡即無常。
慈悲觀音濟群品,愛何(河)苦痛作橋梁。
捨施淨財成真像,光明曜晃彩繪莊(妝)。
惟願亡者生淨土,三塗免苦上天堂。
時天復拾載庚午歲七月十五日畢功記。

---

[1] 此卷菩薩題名與發願文寫在一處,參見原圖。
[2] 依照原卷文字,分行錄寫,行前用數字表示。

第一章　敦煌邈真贊與唐代佛徒墓誌文獻概述

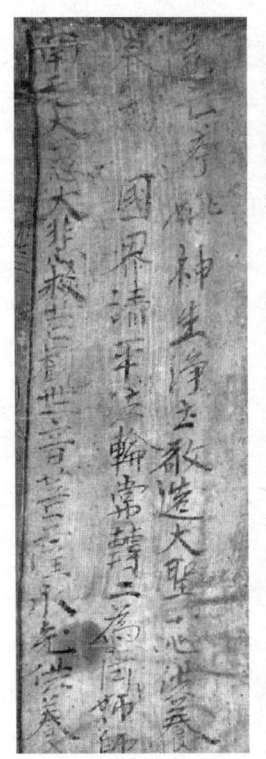

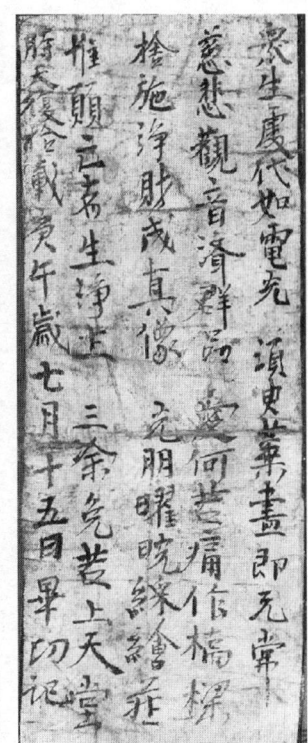

圖8　菩薩名和發願文　　圖9　供養人題名　　圖10　題贊

二、敦煌邈真贊文字、詞彙特點分析

　　無論是頌讚邈真贊，還是供養邈真贊，敦煌邈真贊的成文過程，大體都是先拜畫家描真，再請儒生寫贊，一件事情至少需要兩次人工纔能完成。史籍所載邈真題贊的過程是畫像、撰寫贊文，然後再由書法家題寫。唐封演《封氏聞見記》卷五所記載："國初閻立本善畫，尤工寫真。太宗之爲秦王也，使立本圖秦府學士杜如晦等一十八人，令學士褚亮爲贊，今人間《十八學士圖》是也。貞觀十七年，又使立本圖太原幕府功臣長孫無忌等二十四人於凌烟閣，太宗自爲贊，褚遂良題之。"這一過程與邈真贊所記大致相同。S.289《李存惠邈真贊》曰："遂請丹筆，輒繪容儀。又邀儒生，

19

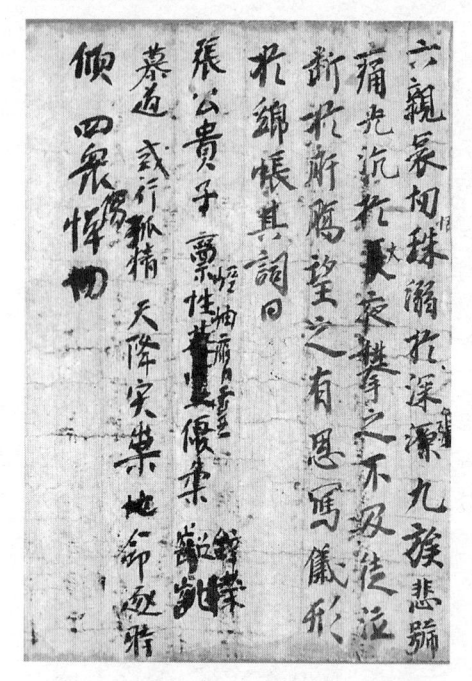

图11 P.3556《张戒珠邈真赞》局部图

以赞芳美。"由於邈真、写赞要分兩次完工,目前所見到的邈真赞文獻,並非全部定稿,有些尚未完稿,有些還有塗改的痕迹。如 P.3556《張戒珠邈真贊》:"張公貴子,禀性優柔(巫岫應靈)。韶齓(辭榮)慕道,戒行孤精。天降災祟,地(命)逐時傾。四衆傷悼。"[1]句中原作"禀性□□",後來在塗黑後加寫"優柔"兩字,之後又在"禀性優柔"旁並行寫"巫岫應靈"四字。"禀性"義爲"天性"。因而下句文義相承,寫人物長大後,即"韶齓慕道",由"禀性"到"韶齓",文義通暢。但爲了照應序部分的"叶巫山之瑞彩"句,作者將"禀性優柔"改爲"巫岫應靈",又爲了與"巫岫應靈"文氣相貫,又將"韶齓"改爲"辭榮",原卷即變成現在看到的樣子。"四衆傷悼"之後,依碑銘贊文獻體例,應該還有別的文字,原卷並未寫完。一些供養邈真贊甚至祇有尚未完工的圖像。這些邈真贊保存至今,未加任何改動,真實反映了當時的語言文字應用實況。兩種邈真贊雖然主題、篇章結構不同,但涉及範圍都與佛教相關,都是"同時資料",在文字、詞彙方面有許多共性,由於頌讚邈真贊語料以唐代居多,供養邈真贊則以五代和北宋居多,爲了與唐代佛徒墓誌相對應,我們仍以頌讚邈真贊語料中的 P.3726《杜和尚寫真贊》爲例,分析其文字、詞彙特點。

---

[1] 上海古籍出版社、法國國家圖書館《法國國家圖書館藏敦煌西域文獻》卷25,上海古籍出版社,1995年,254頁。

第一章　敦煌邈真贊與唐代佛徒墓誌文獻概述

（一）文字特點

如果將此卷文字與現在通行的繁體字相較，有許多字形有較大差異，我們將差異明顯的字形用圖片形式比照如下：

1. 故　前釋門都法律（律）京兆（兆）杜（杜）和尚寫真讚（讚）/

2. 釋門大蕃瓜（瓜）沙境大行軍銜知兩（兩）國蜜（蜜）遣判官智照撰（撰）/

3. 曆生五百，仙賢一昇（昇）。髫年孝道，衆口皆稱（稱）。非論持律，/

4. 修（修）禪（禪）最（最）能。因（因）茲秉（秉）節（節），編（編）入高僧。昔時羅什，當代摩騰。/

5. 三車併跡，都歸（歸）一乘（乘）。戒珠恆朗，行潔清冰（冰）。千重暗（暗）室，/

6. 藉（藉）一明（明）燈。助佛（佛）揚化，法王股（股）肱。耨池安密，湛湛常凝。捨穢歸（歸）淨，佛教誰（誰）興。/

7. 不詳瑞應，雙樹枝（枝）崩（崩）。今晨呈像，法律言薨。門（門）人聚（聚）哭（哭），/

8. 何以爲（爲）憑（憑）。謝此濁世，淨土（土）招（招）承。一歸（歸）極樂，三界（界）無朋（朋）。/

9. 香風（風）前引，奔（奔）驟千僧。龍花（花）一會，洗足（足）先（先）登。/

10. 詩曰：/

11. 凤植懷（懷）真智，髫（髫）年（年）厭（厭）世華（榮），不求朱紫貴，高謝/

12. 帝王家（庭）。削髮（髮）清塵境，披緇躡（躡）海牙（精）。蒼生已/

21

13. 度盡,寂()默()入蓮花(城)。／

上述用字特點與同時代敦煌卷子、石刻文獻相同,主要表現爲:

(1) 呈現出唐代文字習見的現象。如俗寫中,"扌""木"、"艹""竹"等旁混用不別,"枝"字即作""。

(2) 呈現出多個符合唐代書寫慣例、而如今稱爲俗別字的字形。如""""""""""""""""""""""等字。

(3) 由書手抄寫,展現個人書寫習慣的字,某些字較爲難辨。如""""""""等字。

(4) 書手在抄寫中,書寫了當時當地的同音或近音替代字。如"密"字寫作"蜜";"洗"字當與"跣"字同音,文義爲"跣足"而非"洗足",即光脚。

(5) 原卷出現了楷書簡化過程中的過渡字形。如"門"字作"",其上是兩個點,與簡化字"门"不同。"闍"字作"",其形符"門"也是兩點。這種"門"上兩點的過渡字形,在明清契約中依然常見。《光緒32年(1906)郭問問賣地契》:"計開土木相連,內有墳地壹分。"原契"計開"之"開"作"",其中兩點表示重複。

(6) 現在的簡化字,已經出現在原卷中。如"編"字作""。

(7) 年代久遠,時有字迹漫漶之處。如""字。

(8) 文字特點之外,還展現了古人書寫慣例。例如爲了表示尊稱,常在父母、師長等名字或稱謂前,加以空格,以示敬意。本卷首行"前釋門都法律京兆杜和尚寫真贊"句中"前"字前即有空格。

另外,此卷子爲未定稿,有塗改痕迹。如"詩曰"之後,先押麻韻,韻脚爲"華""家""牙""花",後又改爲庚清韻,韻脚爲"榮""庭""精""城"。

(二) 詞彙特點

敦煌邈真贊所用詞彙明顯可以分爲兩類:一類是與佛教相關的詞彙,包括佛教專用名詞、佛教典故詞和與佛教意義相關的普通詞彙;一類

第一章　敦煌邈真贊與唐代佛徒墓誌文獻概述

是漢語本土詞彙，既有文言詞彙，也有口語詞彙，因是韻文，文言詞彙明顯多於口語詞彙。如 P.3726《杜和尚邈真贊》中關於佛教的詞彙就有：釋門、曆生五百、學道、論、律、修禪、高僧、羅什、摩騰、三車、一乘、戒珠、暗室、名燈、法王、耨池、捨穢、歸淨、佛教、雙樹、呈像、法律、濁世、淨土、一歸極樂、三界、香風、千僧、龍華、削髮、披緇、蓮城、度、真智等，而本土詞彙有：判官、撰、髫年、衆口、最能、秉節、昔時、當代、恒朗、行潔、清冰、揚化、股肱、湛湛、枝崩、薨、門人、聚哭、洗足、先登、凤植、朱紫、貴、高謝、帝王、蒼生、盡、寂默等。

另外，限於文體格式，爲了與四言一句的韻文形式相適應，文獻中還出現一些臨時造詞成句的現象。形式上它們很像詞語，但更多是典故、佛教詞彙或句子的省變，這些省變"詞語"成爲閱讀邈真贊文獻的障礙。例如 P.4660《陰律伯真儀贊》："戒圓白月，鬱鬱桂香。"戒，原卷作"弍"。"戒圓"意思是戒行圓滿，"戒圓白月"意在讚美陰律伯恪守戒律，其操行像白月一樣明亮。"戒圓"不能認定爲一個詞，而是一個主謂短語。"戒圓白月"又作"戒月圓明"。P.4660《陰法律邈真贊》："戒月圓明，非塵不污。"又作"戒月"。P.4640《翟家碑》："定慧將水鏡俱青，戒月以（與）金烏爭晶。"P.3630《閻會恩邈真贊》："冰冰戒月，皎皎鵝珠。"比喻指"戒行如月明潔冰清"等。S.6077《五更轉·無相》："了見色空圓淨體，潤如戒月瑩晴天。"任半塘認爲句中"戒月，應指佛月，以月譬佛之光明，俟考。"[1] 又如 P.4660《陰律伯真儀贊》："清廉衆許，令譽獨彰。天垂甘露，靈瑞呈祥。鄉人咸味，味若瓊漿。移風易俗，美播巨唐。"副詞"咸"和形容詞"鹹"，簡化後都寫作"咸"。本句中"咸味"，是"都來體會（佛道）"的意思。當時佛教盛行，人們在學習佛法中，常常要體會、玩味大師的語言和思想，并借此領悟佛教義理，因而稱之爲"味道"。東晉謝靈運《廬山慧遠法師誄并序》："總角味道，辭親隨師。"清湯球《九家舊晉書輯本·晉諸公別傳》："法師研十地，則知頓悟於七住；尋莊周，則辯聖人之逍遥。當時名

---

[1] 任半塘《敦煌歌辭總編》，上海：上海古籍出版社，2006年，1457頁。

勝,咸味其音旨。"其中"咸味其音旨"即都來領會學習他的思想,而"咸味"顯然是不能獨立成詞的。可見祇有正確解讀了這些詞句,方能理解文義。

比較饒本、鄭本等所楷錄的邈真贊輯本,不難發現:同樣内容的卷子,楷錄後文字會出現數處相異,一則說明校注的不易,二則說明校者對字詞的判定不一,因而孰是孰非,還需要進一步的深入研究。仍以P.3726《杜和尚寫真贊》爲例,比較如下:

1. 故　前("前"字鄭本無)釋門都法律京兆杜和尚寫真贊

2. 釋門大蕃瓜沙境大行軍衙知兩國蜜(陳、鄭改作"密")遣判官智照撰[1]

……

7. 不詳(陳、鄭改作"祥")瑞應,雙樹枝崩。

8. 謝此濁世,净土("土"陳改爲"域")招承。一歸極樂,三界無用(鄭作"用",陳錄作"朋"、饒本認爲當作"明",此次校注定爲"朋"字)。

9. 香風前引,奔驟千僧。龍花(鄭作"華")一會("一"陳改作"三"),洗("洗"陳作"跣")足先登。

短短一文,錄校不同的地方就有七處,究其原因,涉及行文體例、俗字、典故、詞彙等諸多方面。如"前"字,與邈真贊行文體例相關;净土、净域與佛教詞彙相關;"用"字實爲"朋"之俗字;"龍花一會"還是"龍花三會",又與佛教"龍華三會"的典故相關。因而,我們將在詞彙釋證的基礎上,辨識校注中的是非正誤。

第二節　唐代佛徒墓誌解讀

墓誌是中國古代一種非常重要的喪葬器物,用來記載死者生平的刻石,隨死者下葬并埋於墳墓中。元代學者潘昂霄所撰《金石例》指明:"墓

---

[1] 文中"陳"指饒本中所記陳祚龍的校注。

第一章 敦煌邈真贊與唐代佛徒墓誌文獻概述

誌納之墓中,柩前平放,其狀如方石斗二,底撮,面平而不凹,大小無定制。"[1]趙超在《古代墓誌通論》中概括墓誌的特徵爲:"埋設在墓葬中,專門起到標志墓主的作用;有相對固定的外形形制;有較爲固定的銘文文體。"[2]關於其形制和起源,學界衆説紛紜。從目前墓誌出土狀況來看,墓誌當濫觴于秦漢,定型于魏晉,在南北朝時期快速發展,至隋唐而盛。

有唐一代,墓誌的使用非常廣泛,不僅世俗人士,佛徒弟子在下葬之時同樣需要刻石志墓。在唐朝政府的支持下,唐代佛教日趨鼎盛,會昌五年滅佛前的數字足以見證唐代佛教勢力之盛,佛家弟子數量之多。後晉劉昫《舊唐書・武宗紀》:"敕祠部檢括天下寺及僧尼人數,大凡寺四千六百,蘭若四萬,僧尼二十六萬五百。"[3]據武宗會昌五年敕檢寺僧數,可想而知,當時唐代佛徒墓誌數量之多。

一、唐代佛徒墓誌語料來源

佛徒,即佛教徒,指信仰佛教的人,包括在寺院出家和居家修行的信徒。據《稗編》所記:"弟子男曰桑門,譯言息心。而總曰僧,譯言行乞。女曰比丘尼,皆剃落鬚髮,釋累辭家,相與和居,治心修净,行乞以自資,而防身攝行。僧至五百五十戒,尼五百戒。俗人信憑佛法者,男曰優婆塞,女曰優婆夷。"[4]"比丘""比丘尼""優婆塞"和"優婆夷"這四類都是佛徒。其中"比丘"除"桑門"外,又被稱爲"沙門""和尚"等;"優婆塞"又被稱爲"居士"。這四類佛徒死後所葬墓誌即爲本書研究範圍。

佛徒墓誌題名與佛徒葬法相關,了解佛徒葬法及其墓誌題名與語料的收集有密切關係。

---

〔1〕 (元)潘昂霄《金石例》,《影印文淵閣四庫全書》,1428 册,臺北:商務印書館,1983 年,295 頁。

〔2〕 趙超《古代墓誌通論》,北京:紫禁城出版社,2003 年,33 頁。

〔3〕 (後晉)劉昫《舊唐書・武宗紀》,北京:中華書局,1997 年,604 頁。

〔4〕 (明)唐順之《稗編》,《影印文淵閣四庫全書》,954 册,臺北:商務印書館,1983 年,531 頁。

唐代佛徒墓誌集中反映了當時的喪葬風俗和葬法。唐釋玄奘《大唐西域記》所述印度的殯葬方式爲："送終殯葬，其儀有三：一曰火葬，積薪焚燎；二曰水葬，沉流飄散；三曰野葬，棄林飼獸。"[1]唐道宣《續高僧傳》所述西域佛徒的殯葬方式爲："然西域本葬，其流四焉：火葬焚以蒸薪，水葬沉於深澱，土葬埋於岸旁，林葬棄之中野。"[2]其中火葬、水葬、林葬三種方式皆異於中國傳統土葬方式。此三種葬法由僧人帶入中國，并逐漸爲中國佛徒所接受。例如：

（1）大多采用火葬形式，火葬後建灰身塔。唐貞觀十五年《唐故慧静法師靈塔之銘》："弟子法演，早蒙訓誘，幸得立身，陟岵銜恩，展申誠孝，闍維碎骨，遷奉靈灰，鑿鏤山楹，圖形起塔。"因而唐代佛徒墓誌的題名中常見"灰身塔"一詞，如唐貞觀十八年《故清信女大申優婆夷灰身塔記》、貞觀廿年《故大優婆塞晉州洪洞縣令孫佰悦灰身塔銘》。

（2）先林葬，後火葬。唐貞觀三年《慈潤寺故大靈琛禪師灰身塔銘文》，據墓誌所記："又□存遺囑，依經葬林，血肉施生，求無上道。□合城皂白，祇教弗違，含悲傷失。送兹山所，肌膏纔盡。闍維鏤塔，冀海竭山滅，芳音永嗣。"可知，靈琛禪師先實行林葬，後取回尸骨焚化（"闍維"即火化），然後起塔。因爲經過火化，所起之塔被稱爲"灰身塔"。與之類似的還有唐貞觀十三年《僧順禪師》的墓誌："僧順禪師者，韓州涉縣人也。俗姓張氏……以貞觀十三年二月十八日卒於光天寺。門徒巨痛，五内崩摧，有緣悲慕，無不感切。廿二日，送柩于尸陀林所。弟子等謹依林葬之法，收取舍利，建塔於名山，仍刊石圖形，傳之於歷代，乃爲銘曰。"依照墓誌内容，可知僧順禪師卒後，其弟子將其尸身送往尸陀林實行林葬[3]。僧順禪師同樣也是先林葬，然後取回尸骨，焚後得舍利，再起塔。采取林

---

[1]（唐）玄奘《大唐西域記》，《影印文淵閣四庫全書》，593册，臺北：商務印書館，1983年，658頁。

[2] 轉引自劉淑芬《林葬——中古佛教露尸葬研究之一》，《中古的佛教與社會》，上海：上海古籍出版社，2008年。

[3] 尸陀林爲梵語的譯音，本是位於中印度摩揭陀國王舍城北方的森林，是一般民人棄尸的場所。後成爲棄尸地的泛稱，一般是僧人林葬的場所。

葬的佛徒大多數是佛教宗派三階教的信徒[1]，此法同火葬，當俱從印度傳來。

（3）還有的佛徒采用石室瘞窟的方式[2]。唐開元廿一年《大唐宣化寺故比丘尼堅行禪師塔銘》："開元十二年十月廿一日遷生於本院。春秋七十有六，夏卅矣。臨命遺囑，令門人等造空施身。至開元廿一年，親弟大雲僧志叶、弟子禪師道、法空、淨音等并收骨葬塔，以申仰答罔極之志。"其中的"造空施身"即在石室中施身鳥獸，與林葬性質相同。九年之後，弟子取回尸骨起塔。

從以上墓誌銘文可以看出，新葬法傳入的同時，和喪葬緊密聯繫的另一風俗在中國也落地生根：即起塔。唐釋道世《法苑珠林》："正所云塔者，或云塔婆，此云方墳，或云支提，翻爲滅惡生善處，或云門藪波。此云護贊，若人贊嘆擁護，嘆者西梵正音名爲窣堵波，此云廟。廟者，貌也，即是云廟也。安塔有其三意：一表人勝，二令他信，三爲報恩。若是凡夫比丘有德望者，亦得起塔。"[3] 據唐貞元十七年《唐故禪大德演公塔銘并序》："門弟子淨土寺主智德、律坐主常隱、神昭寺三綱寶燈、堅志、如印等，因心起孝，扶力議事，言於同學曰：不建塔碣以旌聖德，不刊名碣以記高行。謀之既成，罔不率從。"從上述論述可以看出，爲德高望重者起塔，以期表彰、發揚其德，當爲起塔的一般動機。儘管典籍規定有德望者纔能起塔，但在現實中，一般佛徒也可起塔。

中國傳統埋葬方式或墓或墳，塔從印度傳來，爲中國佛徒接受，又被稱爲"方墳"。唐顯慶二年《唐僧海禪師墳誌》："大唐化度寺故僧海禪師，年六十有六。俗姓劉，綏州上縣人也。永徽五年十一月八日卒於禪衆。

---

[1] 劉淑芬《林葬——中古佛教露尸葬研究之一》，《中古的佛教與社會》，上海：上海古籍出版社，2008年。

[2] 劉淑芬《石室瘞窟——中古佛教露尸葬研究之一》，《中古的佛教與社會》，上海：上海古籍出版社，2008年。

[3]（唐）釋道世《法苑珠林》，《影印文淵閣四庫全書》，1049冊，臺北：商務印書館，1983年，747頁。

以顯慶二年四月八日,於信行禪師所起方墳焉。"另據唐大中九年《唐故圭峰定慧禪師傳法碑并序》:"形質不可以久駐,而真靈永劫以長存,乃知化者無常,存者是我,死後畢施虫犬,焚其骨而散之,勿墓勿塔,勿悲慕以亂禪觀。"又如唐元和年間《唐故龍花寺内外臨壇大德韋和尚墓誌銘并叙》:"遺命不墳不塔,積土爲壇,植尊勝幢其前,亦浮圖教也。"可見在人們心目中,墳、塔的作用有相通之處。但兩者又有區別,墓或墳埋葬的是靈柩,裏面是遺體,而塔中所藏多是舍利或是骨灰。

佛徒之塔與俗人之墓性質近似,墓有墓誌銘,相應的,塔就有了塔銘。清人葉昌熾在《語石》中寫道:"一曰塔銘,釋氏之葬。起塔而繫以銘,猶世法之有墓誌也。然不盡埋於土中,或建碑,或樹幢,或方徑不逾尺。"[1]據趙超《古代墓誌通論》:"隋唐時期出現的僧人墓塔銘,它在隋唐墓誌中占有一定比例,其文體、用途與墓誌十分接近。"[2]其實,在東魏元象年間(538—539年)就有一墓誌名爲《大魏比丘净智師圓寂塔銘》[3],可見塔銘一詞在隋唐以前就出現了。墓誌埋於地下,而塔銘則"鑲嵌在僧人墓塔的塔壁上,不是埋入地下,所以它一般祇是一件長方形的石板,上面刻寫銘文,没有任何紋飾裝飾,大小也没有一定規律。"[4]據唐貞觀十八年《崔法師墓誌銘》所記載:"粵以貞觀十八年歲次甲辰十一月十五日於此名山鎸高崖而起塔,寫神儀於龕內,録行德於廟側。"又據《洛陽唐神會和尚塔塔基清理》所記載:"在東壁的第一塊石板内側刻有'身塔銘'。"[5]

"塔銘"一詞經常出現在唐代佛徒墓誌名稱中,是我們搜尋佛徒墓誌的主要依據。值得注意的是,唐代佛徒墓誌題名并非都是"塔銘",也有相當一部分的"墓誌銘"。以下是筆者收集到的以"墓誌銘"爲題名的唐代佛徒墓誌及其所記墓主的埋葬方式。

---

[1] (清)葉昌熾撰,韓鋭校注《語石校注》,北京:今日中國出版社,1995年,402頁。
[2] 趙超《古代墓誌通論》,北京:紫禁城出版社,2003年,167頁。
[3] 趙超《漢魏南北朝墓誌彙編》,天津:天津古籍出版社,1992年,326頁。
[4] 趙超《古代墓誌通論》,北京:紫禁城出版社,2003年,167頁。
[5] 余扶危等《洛陽唐神會和尚身塔塔基清理》,《文物》1992年03期,64頁。

第一章 敦煌邈真贊與唐代佛徒墓誌文獻概述

1. 顯慶四年大唐故張居士墓誌銘并序——窆於洛都城北北邙之山。

2. 龍朔元年大唐德業寺故尼法矩墓誌銘并序——葬於咸陽之嶺。

3. 麟德元年德業寺亡七品墓誌銘并序——終於德業寺,葬于☐☐原。(葬缺)。

4. 麟德二年唐故婕妤三品亡尼墓誌銘并序——卒於某所。(葬缺)。

5. 乾封元年大唐德業亡尼墓誌——葬於咸陽之原。

6. 調露元年國☐☐郡開國公☐☐真墓誌——收骨於鵄鳴埠禪師林左起塔。

7. 永隆二年大唐濟度寺故比丘尼法樂法師墓誌銘并序——歸窆於雍州明堂縣義川鄉南原。

8. 永隆二大唐濟度寺故比丘尼法燈法師墓誌銘并序——歸窆於雍州明堂縣義川鄉南原。

9. 永昌元年大唐故德業寺亡尼七品墓誌——葬咸陽原。

10. 大曆三年唐故張禪師墓誌銘并序——荼毗入塔。

11. 大曆五年唐荷恩寺故大德敕諡號法律禪師(姚常一)墓誌銘——葬於滋川鄉橫霸原,從釋教也。

12. 大曆六年大唐故淨住寺智悟律上人墓誌銘并序——葬于藍田縣鍾劉村之東原,禮也。

13. 大曆十年大唐真化寺多寶塔院故寺主臨壇大德尼如願律師墓誌銘并序——奉敕法葬于長安城南畢原。塔之,禮也。

14. 貞元六年唐故法界寺比丘尼正性墓誌銘并序——遷神于城南神禾原郎中之塋也,從俗禮也。……相本無形,故歿不建荼毗之塔,從始願也。

15. 貞元十三年唐龍花寺(尼實照)墓誌銘并序——敬奉色身藏諸厚(《彙編》[1]作廛)土。

16. 貞元十四年唐故法雲寺內外臨壇律大德超寂墓誌——歸葬於萬年縣長樂鄉城東原,禮也。

---

[1] 周紹良《唐代墓誌彙編》,上海:上海古籍出版社,1992年,1897頁。

17. 貞元十六年唐故法雲寺大德真禪師墓誌銘并序——蓋虔奉全身，永閟幽壤，從像教也。

18. 貞元十八年唐故靜樂寺尼慧因墓誌銘并序——葬於萬年縣鳳棲原。

19. 元和十年唐故東都安國寺比丘尼劉大德墓誌銘并序——歸窆於龍門望仙鄉護保村，先師姑塔右，宗道教也。

20. 元和十一年唐故法雲寺寺主尼大德曇簡墓誌銘并序——護柩于先和尚雁塔之南五步，禮也。

21. 元和戊戌歲唐故龍花寺內外臨壇大德韋和尚墓誌銘并叙——遷神於萬年縣洪固鄉之畢原，遺命不墳不塔，積土爲壇，植尊勝幢其前，亦浮圖教也。

其中，調露元年《國□□郡開國公□□真墓誌》有"收骨於鵠鳴埠禪師林左起塔"字句；大曆三年《唐故張禪師墓誌銘并序》有"茶毗入塔"字句；大曆十年《大唐真化寺多寶塔院故寺主臨壇大德尼如願律師墓誌銘并序》有"奉敕法葬于長安城南畢原。塔之，禮也"字句。以上三位墓主均已起塔，但題名仍爲"墓誌銘"。其餘則多爲"葬于某原""窆於某山"等，未明確表明"起塔"。《説文解字·穴部》："窆，葬下棺也。"本指"下棺於墓穴"，後泛指埋葬。據此及上述用例，可以推測大多爲土葬。貞元十六年《唐故法雲寺大德真禪師墓誌銘并序》："蓋虔奉全身，永閟幽壤，從像教也。"此處"虔奉全身"似與"全身入塔"的葬法相似，但此處"永閟幽壤"，當爲土葬。貞元年間《唐龍花寺墓誌銘并序》："敬奉色身，藏諸厚土。"等都可以説明土葬後未起塔。

由於時代相隔久遠，現存唐代佛徒墓誌的數量難以估量。據筆者統計，《唐代墓誌彙編》及《唐代墓誌彙編續集》共收錄唐代墓誌4 564方，其中佛徒墓誌錄文約有183方，占3.93%；日本氣賀澤保規《新版唐代墓誌所在總和目錄》共收錄唐代墓誌6 828方[1]，其中佛徒墓誌約

---

[1] （日）氣賀澤保規《新版唐代墓誌所在總和目錄》，東京：汲古書院，2004年。

第一章 敦煌邈真贊與唐代佛徒墓誌文獻概述

有 200 方,占 3%。檢尋已經出版的一系列收有唐代墓誌拓片的編著,發現其中佛徒墓誌拓片數量相對較少,從《隋唐五代墓誌滙編·北大卷》《隋唐五代墓誌滙編·洛陽卷》《隋唐五代墓誌滙編·洛陽附遼寧卷》《隋唐五代墓誌滙編·江蘇山東卷》以及文物出版社出版的《千唐誌齋藏誌》《新中國出土墓誌·陝西卷》等拓片集册中收集到佛徒墓誌拓片共 121 方,此次選擇校錄了 78 方,基本貫穿了整個有唐一代,具體年代分布如下:

年 代	數量	年 代	數量	年 代	數量
貞觀(627~649)	9	永徽(650~655)	2	乾封(666~668)	2
龍朔(661~663)	2	麟德(664~665)	2	調露(679~680)	1
總章(668~670)	1	儀鳳(676~679)	1	永昌(689)	1
永隆(680~681)	2	文明(684)	1	開元(713~741)	14
長安(701~704)	2	乾元(758~760)	1	大曆(766~779)	5
天寶(742~756)	7	貞元(785~805)	7	元和(806~820)	7
建中(780~783)	1	開成(836~840)	1	大中(847~860)	1
大和(827~835)	2	廣明(880~881)	1		
咸通(860~874)	1	顯慶(656~661)	4		

二、唐代佛徒墓誌文字詞彙特點分析

1. 文字特點

以龍朔三年《大比丘尼道藏灰身塔》[1]爲例,參見圖 12,塔文内容簡約,共計 35 字,即:"聖道寺故大比丘尼道藏灰身塔,大唐龍朔三年十一月廿一日弟子善英等爲亡師敬造。"與通行的繁體字相比,相異的文字有:

尼——尼;藏——藏;灰——灰;塔——塔;唐——唐;龍——龍;朔——朔;年——年;善——善;等——等;爲——爲;師——師;

---

[1] 張寧《隋唐五代墓誌滙編·北京卷附遼寧卷》,天津:天津古籍出版社,1991年,65 圖。

敬——𭁒。這些相異的文字,有些是唐代特有的字形,有些一直沿用到明清的契約文書中,它們是歷代漢字發展演變的明證,保存了文字演變的軌迹。

2. 詞彙特點

唐代佛徒墓誌與普通墓誌文體格式大致相同,有固定的篇章結構,分散、韻兩部分,散韻之間,以"銘曰""辭曰"等分隔。散文部分由説明誌主的名諱、生卒年月、平生事迹、後人仰慕傷悼等句式構成。韻文部分四字一句,符合韻例要求。

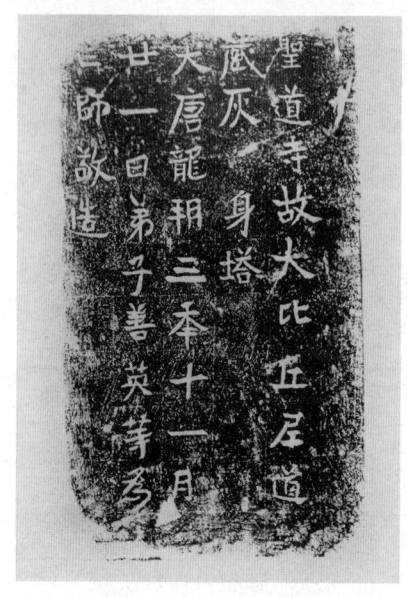

圖12 比丘尼道藏拓片

因其誌主是佛徒,墓誌内容有明顯特色,所用詞彙大體分爲兩類,一類是與佛教相關的詞彙,如寺名、教派名、經義名等詞語,或者修行方式、修煉行爲、修讀方法、修塔建墓等詞語,也有一些關於佛徒死亡的詞語。另一類是本土詞彙,包括墓誌常用的套語、頌揚人物的讚語或典故詞語,或記述生平的日常用語。以廣明元年《唐故信州懷玉山應天禪院尼禪大德塔銘并叙》[1]爲例,參見圖13。其墓誌拓片及録文内容對照如下:

唐故信州懷玉山應天禪院尼禪大德塔銘并叙/

尼大德諱善悟,俗姓王,廣陵人也。幼挺端莊,長全貞淑,笄年移/

天于高陽許公諱實,凡二十年而先逝,男二人寇七、海客,皆沐/

---

[1] 王思禮《隋唐五代墓誌滙編・江蘇山東卷》,天津:天津古籍出版社,1991年,139圖。

第一章　敦煌邈真贊與唐代佛徒墓誌文獻概述

圖13　信州懷玉山應天禪院尼禪大德塔銘拓片

　　過庭之訓，敦節義之風。大德以宿殖勝緣，冥符會證，爰因持讀，／

　　遂潔薰修，乃造雙峰師問禪那之旨。師知其根性無倫，說無／

法之法，既而妙果玄通，道眼斯得。因請剃髮受具戒爲比丘尼。／

　　既服忍衣，乃傳心法。一百八之煩惱，仰戒日以霜消；五十五之聖／

　　階，乘智舟而海越。心心絕跡，念念離塵，去留不礙於浮雲，生死／

是同於逆旅。解劫波巾結,一六俱亡;曠圓鏡智光,大千周遍。由/
剎那頃,洞十方空,用寂照而不疲,馭寶乘而無退。山塵海劫,定/
惠長圓,斯爲盡道之極耳。以禪寂之餘,經行雲壑,思遊淨域,奄/
棄幻身。以乾符六年九月六日歸寂於信州懷玉山應天禪院/,
享齡四十三,道臘有二。遺令火焚,從拘尸城之制也。嗣子寇七/
號痛罔極,見星而行,請收靈骨,以起塔焉。於時,狂寇蟻聚,往/
迴皆徑其傍,一無驚畏,將至孝之感歟?營塔于揚州江陽縣道/
化坊謝楚地内。以廣明元年庚子秋七月癸丑九日辛酉歸焉。/
雖河沙有盡,而弘願無邊,故志塵跡,以刻貞石,其銘曰:/
熾然貪欲,劫濁亂時。籠破鳥飛,尸羅爲師。心宗達摩,/
出世良醫。付囑有在,我其護之。身心絕慮,知見斯微。/
生死已空,圓寂惟歸。孤峰春秀,日月秋暉。宴坐不起,/
庭花自飛。玉山示滅,神往形留。香木荼毗,金鐔是收。/
哀哀嗣子,跋涉來求。狂盜不驚,冥獲天休。蕭蕭松塔,/
冪冪寒烟。靈骨茲崇,億劫罔邊。休傳寶偈,罷汲瓶全。/
美□孝思,道風式傳。/

其中與佛教教義相關的詞語有尼、勝緣、薰修、禪那、妙果、道眼、具戒、比丘尼、忍衣、心法、一百八之煩惱、五十五之聖階、智舟、解劫、波巾結、剎那頃、十方空、寂照、寶乘、定惠、禪寂、淨域、幻身、歸寂、拘尸城、靈骨、塔、河沙、尸羅、達摩、圓寂、示滅、荼毗、金鐔、寶偈等等。其本土詞語主要有諱、俗姓、端莊、貞淑、笄年、移天、過庭之訓、節義之風、冥符、持讀、無倫、玄通、剃髮、絕跡、離塵、浮雲、逆旅、雲壑、思遊、享齡、嗣子、號痛、罔極、驚畏、至孝、貞石、出世、良醫、付囑、身心、絕慮、知見、孤峰、宴坐、庭

第一章 敦煌邈真贊與唐代佛徒墓誌文獻概述

花、寒烟、孝思、道風等。

佛教雖然提倡避世,但與俗世又有千絲萬縷的關係。因此,佛徒墓誌在記敘佛教信士的生平中,一方面記述了他們在道場寺院的佛界生活,因而大量運用到佛教詞彙,另一方面,也記述了他們與世俗間的複雜關係,字裏行間又間雜普通的漢語本土詞彙。這兩類詞彙,基本反映了唐代詞彙的特點。

這些佛徒墓誌,每一方都爲研究唐代佛教徒生平提供了真實案例。它所記述的法師法號和俗姓、徒弟姓名、佛徒輩份等,爲研究佛徒世系譜族提供了真實材料,所記述的信徒出家年齡、原因、在寺院所習敬佛事佛的各種活動,以及後來的亡化過程和安葬儀式等,多方面反映了唐代佛徒生活和佛教制度。

總而言之,敦煌邈真贊與唐代佛徒墓誌兩種文獻相比,内容有同有異:同在兩種文獻主題皆以紀念佛徒生平、讚頌佛徒事迹爲核心;所用詞彙主要包括與佛教相關的詞彙和漢語本土詞彙;所屬時代都以唐代爲主,文字現象符合唐時文字應用習慣,有許多俗簡字形。異在敦煌邈真贊地處敦煌西陲,唐代佛徒墓誌遍布全國;行文體例各不相同,敦煌邈真贊多爲韻文,間有散文,墓誌銘文多散韻相間;敦煌邈真贊爲手抄本卷子,字多書手書寫,較難辨認;唐代佛徒墓誌爲石刻,字多正楷,較易認識,因此,將兩種文獻結合起來,可以分析總結唐代的詞彙特徵、用字特點,全面描寫出唐代的語言文字特點,揭示這兩種文獻對漢語史、漢字史的研究價值。

第二章　敦煌邈真贊與唐代佛徒墓誌本土詞彙

　　敦煌邈真贊與唐代佛徒墓誌兩種文獻的誌主或贊主雖然都是佛教徒或居士，在陳述誌主或贊主的一生中，必然要用到大量的本土詞彙。這些詞彙受到文獻內容和體例的限制，詞彙面貌極具特點。就文獻內容而言，喪葬類文獻主要是對亡者歌功頌德，文獻中即不乏讚美義詞語；又因為誌主有男女性別之分，文獻即有歌頌男女美德之不同典故詞語；文獻主要記述亡者的生平事迹，因而又彙聚了大量的年齡義、疾病義、死亡義詞語；就文獻體例而言，兩類文獻既有散文，又有韻文，散文與韻文内容前呼後應，兩者用詞多同義或近義，因而又彙聚了大量的同義或近義詞語；兩類文獻由相對固定的句式構成，每個固定句式也彙聚了同一義類的同義或近義詞語；為了適應韻文押韻或對偶的需要，臨時造詞、化用典故的現象也屢屢出現。正確釋讀這些詞彙是閱讀文獻的基礎，在釋讀中，歸納闡明這些詞彙特點，有益於解讀文獻的詞彙特徵，描寫出其反映唐代語言的程度。

第一節　典故詞語

　　敦煌邈真贊與唐代佛徒墓誌兩種文獻主題明確，旨在通過陳述亡者

第二章 敦煌邈真贊與唐代佛徒墓誌本土詞彙

生平事迹,頌其功德,以備後人紀念哀悼。兩種文獻的格式濫觴于漢魏,到唐代時已經發展成熟,有基本固定的體例和句式。在有限的句式中要記述一個人從出生到喪葬的人生經歷,表達後輩哀傷和悼亡的心情,典故詞語因極具濃縮性和典型性成爲撰寫者的常選。王力《漢語史稿》:"成語和典故,是語言的重要的材料。差不多每一種語言都有它的成語和典故。漢語的歷史較長,所以它的成語和典故也較多,特別是後者。"[1]這些典故詞語主要包含詩文等作品中引用的古代故事和有來歷出處的詞語,它們源于唐以前的典籍,出自《論語》《詩經》《楚辭》《列女傳》《世說新語》等,也有部分源于唐代人物或故事,標記了明顯的時代特徵。我們從中選擇了一些不常見於通用辭書的、或多次出現在兩種文獻中常被化用成不同形式的典故詞語加以釋證。

1. 死亡與傷悼類

面對親人亡故,悲傷哀悼之情祇能用"哀戚之至"來表達。《禮記·問喪》:"親始死,雞斯[2],徒跣,扱上衽,交手哭。惻怛之心,痛疾之意,傷腎、乾肝、焦肺,水漿不入口,三日不舉火,故鄰里爲之糜粥以飲食之。夫悲哀在中,故形變於外也,痛疾在心,故口不甘味,身不安美也。"[3]由於典故能使語言簡練,極簡的幾個字可以表達出很豐富的內容,亡故、傷悼的典故詞語因而成爲喪葬文獻的主題詞彙。

(1) 兩楹——夢奠——夢電

《大唐澄心寺故優曇禪師之塔銘并序》:"豈意兩楹告變,二豎成災,朗月與落宿俱沉,慧日共愁雲并暗。"

"兩楹"語出《禮記·檀弓上》:"夫子曰:'予疇昔之夜,夢坐奠於兩楹之間。夫明王不興,而天下其孰能宗予?予殆將死也。'蓋寢疾七日而沒。"兩楹,後來成爲與死亡相關的典故詞語,表示人之將終。北齊佚名《齊故金明郡君王氏墓誌銘》:"白駒忽遠,黃鳥雲飛,兩楹始夢,百祀催

---

[1] 王力《漢語史稿》,北京:中華書局,2004年,671頁。
[2] 雞斯,當爲"笄纚",指束髮的東西。父母去世後,應當去冠、笄。
[3] (清)朱彬撰、饒欽農點校《禮記訓纂》,北京:中華書局,1998年,825頁。

期，佳城乃立，大隧言歸。"唐李延壽《北史·薛裕傳》："人間其故，曰：'近夢，恐有兩楹之憂。'尋卒，文章之士誄之者數人。"[1]唐李隆基《經鄒魯祭孔子而嘆之》："今看兩楹奠，當與夢時同。"此典故又變化作"兩楹之夢"或"夢奠"。P.4660《曹公邈真贊》："忽遘懸蛇之疾，俄驚夢奠之凶。"P.4660《康使君邈真贊》："懸蛇遘疾，夢奠云薨。""夢奠"又音同誤作"夢電"。P.3718《索律公邈真贊》："奈何夢電，交禍所終。"P.3718《索律公邈真贊》："冀色力而堅久，何夢電而來侵。"P.4660《索智岳邈真贊》："奈懸蛇兮遘疾，何奠夢兮來遷。"原卷先寫作"電"，後在其旁改寫作"奠"，即"電奠"。據此典故，校錄當以"夢奠"爲是。馬德所錄《報父母恩重經變圖》："我釋迦大聖示滅於雙樹之林，魯國促尼凶掩於兩楹之夢，豈況浮軀，遏能錫斯者焉？即阿法律戒行遷世矣。"句中"促尼"乃"仲尼"之誤。

（2）二豎——膏肓

《大唐澄心寺故優曇禪師之塔銘并序》："豈意兩楹告變，二豎成災，朗月與落宿俱沉，慧日共愁雲并暗。"

"二豎"語出《左傳·成公十年》："公夢疾爲二豎子。曰：'彼，良醫也。懼傷我焉！'其一曰：'居肓之上，膏之下，若我何？'醫至，曰：'疾不可爲也！在肓之上，膏之下，攻之不可達，刺之不可及，藥不至焉。'"二豎，後來經常比喻病魔。後周庾信《周車騎大將軍賀婁公神道碑》："崇發兩星，醫驚二豎。遊魂通夢，言返舊塋。"唐徐鉉《劉公神道碑》："夢裏膏肓，二豎之妖遂作。春秋四十，保大四年夏六月十有六日，薨于壽春公署。"明馮夢龍《情史》卷十四："舅問生曰：'聞三哥微恙，想二豎子遁矣？'"二豎子，喻稱病魔。

"二豎"或變化作"膏肓"。P.4660《左公贊》："膏肓構疾，俄謝而痿。"又因四字一句，變換爲"病加肓內"。P.3718《曹盈達寫真贊》："病加肓內，餌驗難蠲。"P.3718《張喜首寫真贊》："疾既集於膏肓，命逐隨于秋葉。"疾，原卷作"疫"，據此典故可知原卷"疫"字爲書手誤寫"疾"字。

---

[1]（唐）李延壽《北史·薛裕傳》，北京：中華書局，1974年，1330頁。

第二章　敦煌邈真贊與唐代佛徒墓誌本土詞彙

（3）脱舄

《大唐浄域寺大德法藏禪師塔銘并序》："三界即火宅之所,四大將歲時之速,既從道來,亦從道去,遂拂衣掩室,脱舄繩床,惟惚惟慌,不驚不怖。"

"脱舄"本是隱居逃世的典故。舄,履也,即鞋子。南朝宋范曄《後漢書·王喬傳》："喬有神術,每月朔望,常自縣詣臺朝。帝怪其來數,而不見車騎,密令太史伺望之。言其臨至,輒有雙鳧從東南飛來。於是候鳧至,舉羅張之,但得一隻舄焉。乃詔尚方診視,則四年中所賜尚書官屬履也。"[1]後來用"脱舄"比喻隱居逃世。唐獨孤及《代書寄上表六翼劉二穎》："脱舄挂嶺雲,岡然若鳥逝。"又引申指死亡。"脱舄繩床",句中比喻法藏禪師死亡。

（4）殲良

《大唐德業亡尼墓誌》："與善無徵,殲良電奄。"

"殲良"誅殺好人,用來比喻死亡。語出《詩經·秦風·黄鳥》："彼蒼者天,殲我良人。"後用爲典故,喻指人死亡。梁王僧孺《從子永寧令謙誄》："斯痛斯傷,喪善殲良。"殲良,指王僧孺侄子王謙之死。唐崔甫《祭董大使文》："邦人輟舂,殲良何速,屬吏沾襟,於何從祿?"殲良何速,與"殲良電奄"義近,喻人死像閃電一樣忽然就滅了。

（5）哲人不永——哲人其萎——良材——梁——棟梁——良木——摧——折——崩

《大唐故浄住寺智悟律上人墓誌銘并序》："哲人不永,泰山其頽,明鏡忽掩,寶劍長埋,以大暦六年十二月廿日葬于藍田縣鍾劉村之東原,禮也。"哲人不永,是化用典故"哲人其萎"。哲人其萎,爲賢者病逝之典故。語出《禮記·檀弓上》："孔子蚤作,負手曳杖,消摇於門。歌曰:'泰山其頽乎,梁木其壞乎,哲人其萎乎!'既歌而入,當户而坐。子貢聞之,曰:'……夫子殆將病也。'"典故"哲人其萎",在兩種文獻中多次變化使用。

---

〔1〕（南朝宋）范曄《後漢書·王喬傳》,北京:中華書局,1973年,2712頁。

例如《故大優婆塞晉州洪洞縣令孫佰悦灰身塔銘》:"哲人厭世,不貴俗榮,苦空非有,隨緣受生。"P.2970《陰善雄邈真贊》:"甘泉早竭,良木先崩。"P.3718《曹盈達寫真贊》:"甘泉先竭於人倫,良材早摧於林秀。"S.4654《羅通達邈真贊》:"嗚呼良材斯折,泣弘演之忠貞。"P.4638《曹良才邈真贊》"柰河[何]良材早折,隨逝水而東流。"S.390《氾嗣宗邈真贊》:"法門梁棟折,儒苑藝皆空。"P.3556《賈和尚邈真贊》:"僧俗嘆思痛,梁摧而凶極。"P.4660《翟和尚邈真贊》:"殿上摧梁,一如荼毗。"P.3720《河西都僧統陰海晏墓誌銘并序》:"良木秀兮風以顛,甘泉竭兮復難洄。"甘泉早竭、良木先崩都比喻優秀人才之死亡。P.4660《三藏法師(王禪池)圖真贊》:"嗟夫泉先竭兮爲甘,木先折兮由直。"饒本誤錄"木"爲"本"。

(6)卞璧——卞和之璧——卞璧沉湘——卞璧沉泉

P.4638《曹良才邈真贊》:"何期逝速,卞璧沉泉。軍門無望,失緒愕然。"

南朝釋慧愷《攝大乘論序》:"法師每懷慷慨,所嘆知音者希,故伯牙絕弦,卞和泣璧,良由妙旨之典難辯,盈尺之珍罕別。"唐柳宗元《愈膏肓疾賦》:"目定死生,心存取捨,亦猶卞和獻含璞之璧,伯樂相有孕之馬。"釋印肅《頌十玄談·塵異》:"濁者自濁清者清,菩提煩惱等空平。誰言卞璧無人鑒,我道驪珠到處晶。"卞璧,比喻賢能的人。"卞璧沉湘"比喻賢人離世。P.3718《梁幸德邈真贊》:"是以内外吏士,叫卞璧而沉湘;九族六姻,悼寒泉而永阻。"P.4638《曹大王夫人宋氏邈真贊》:"何兮禍逼,卞璧沉湘。辭天公主,偏照孤孀。執司空手,永別威光。郎君躃踊,寸斷肝腸。""卞璧沉湘"或作"卞璧沉泉"。P.4638《曹良才邈真贊》:"何期逝速,卞璧沉泉。軍門無望,失緒愕然。"除用"卞璧沉湘"比喻賢人離世外,常用的比喻還有"趙璧垂江""隋珠墜水"等。P.3718《張明德邈真贊》:"四鄰傷悼,哀嗟趙璧垂江;九族痠辛,長嘆隋珠墜水。"P.3718《張明集寫真贊》:"隋珠墜水,趙壁(璧)沉泉。"

(7)輟舂——不舂——停舂

P.4660《康通信邈真贊》:"他鄉殞歿,孤捐子孫,鄰人輟舂,聞者

第二章　敦煌邈真贊與唐代佛徒墓誌本土詞彙

悲辛。"

　　古代舂築時，以歌相和，以杵聲相送，用以自勸。里中有喪，則舂築者不相杵。《禮記·檀弓上》："鄰有喪，舂不相；里有殯，不巷歌。"後來以"輟舂"表示對死者的哀悼。P.4660《梁僧政邈真贊》："行路怵惕，鄰里輟舂。"輟，原卷作"俶"。當是"輟"的誤抄。P.3556《賈和尚邈真贊》："道俗徒哭泣，耆童盡輟舂。"輟，原卷又誤作"綴"。P.4660《曹公邈真贊》："遐邇悲悼，一郡輟舂。"P.4660《索法律邈真贊》："何夢奠而來侵，鄰人輟舂，聞者傷悼。"三例中"輟"字，原卷皆作"叕"。或變化作"不舂""停舂"等。S.4654《羅通達邈真贊》："悲嗟路愽，愁傷不舂。"P.4638《張保山邈真贊》："六親哽噎於臨喪，鄰里停舂而捫淚。"P.2970《陰善雄邈真贊》："一郡廢業，坊巷停舂。"

　　（8）藏舟

　　《唐故婕妤三品亡尼墓誌銘》："藏舟遽徙，夜曠俄沉。"

　　藏舟，比喻人死亡。典出《莊子·大宗師》："夫藏舟於壑，藏山於澤，謂之固矣，然而夜半有力者負之而走，昧者不知也。"後用"藏舟"比喻事物不斷變化。喪葬文獻中又引申指人的變故亡化。

　　北魏佚名《熙平元年歲在丙申岐州刺史趙郡王故妃馮會墓誌銘》："國臣胤等，慕淑音之在斯，悲玉魄之長寂，恨地久之藏舟，勒清塵于玄石。"《唐故比丘尼智明玄堂記并序》："痛矣淪覆，悲哉逝流，高峰奄日，巨壑藏舟，慈燈已滅，月戒空留。"《唐故婕妤三品亡尼墓誌銘》："藏舟遽徙，夜曠俄沉。"《大唐棲岩寺故大禪師塔銘》："翌日不救，藏舟夜臺。以天寶十載十一月廿七日終於住寺，春秋六十有九，爲厭毒而歸休耶，爲傳薪而火滅耶。"

　　（9）物禁盛——物禁太盛

　　P.4660《陰文通邈真贊》："少年豪俠，物禁盛焉。"

　　物禁盛，典故。比喻福禍相依，福可以變爲禍，禍也可以變爲福，吉凶難以預測。源於《史記·李斯傳》："斯長男由爲三川守，諸男皆尚秦公主，女悉嫁秦諸公子。三川守李由告歸咸陽，李斯置酒於家，百官長皆前爲壽,門廷車騎以千數。李斯喟然而嘆曰:嗟乎! 吾聞之荀卿曰:'物禁太盛。'夫斯乃上蔡布衣,閭巷之黔首,上不知其駑下,遂擢至此。當今人臣之位無居臣上者,可謂富貴極矣。物極則衰,吾未知所稅駕也!"[1]稅駕,義爲停車。喻指歸宿。北宋李昉《太平廣記》卷一八八《路巖》:"始巖淮南與崔鉉作支使,除監察。不十年,城門不出,而致位卿相。物禁太盛,暴貴不祥,良有以哉!"路巖暴貴,崔鉉擔心物極必反,認爲暴貴不祥的事大有人在。南宋徐夢莘《三朝北盟會編》卷一百六十《炎興下帙六十》:"夫物禁太盛,日盈則昃,月滿則虧,理之必然也。""物禁太盛""日盈則昃""月滿則虧"三者并舉,比喻福禍相依相變的道理。P.4660《陰文通邈真贊》:"少年豪俠,物禁盛焉。"陰文通,出身高貴,名聲顯赫,但却因爲"蕞爾寢疾",即很小的病,卧床不起,以至於無藥可救而亡故。"物禁盛焉",指福禍相依相變的事情太多了,陰文通也難逃此劫。

(10) 宛在——靈姿宛在——音容宛在

P.4660《故法和尚贊》:"化迹潛移,靈姿宛在。"

宛在,義爲"好像在",本是短語,經常放在句子前面,作狀語。《詩經·秦風·蒹葭》:"宛在水中沚。"北魏《大周故盧太妃墓誌銘》:"封墳式墓,宛在芒山。"唐孟東野《送從叔校書簡南歸》:"長安別離道,宛在東城隅。寒草根未死,愁人心已枯。"宋王之望《好事近》:"彩艦載娉婷,宛在玉樓瓊宇。人欲御風仙去,覺衣裳飄舉。"漢魏以後,"宛在"除了放在句子前面,作狀語外,還可以放在主語後面,作謂語。《敦煌變文校注·維摩詰講經文四》:"遥望而清風宛在,鶴處鷄群;近觀而光彩射人,龍來洞口。"宋孫光憲《北夢瑣言》卷九:"至前方悟手之所揮乃刀鞘,及歸所匿處,刀刃宛在,本不偕行,馬胥亦無所傷,何其異也!"後來,經常與"音容"等詞相結合,用來追憶過去。P.4660《故法和尚贊》:"化迹潛移,靈姿宛在。""靈姿宛在",用來追憶法和尚的音容笑貌,與"音容宛在"相類同。明佚名《螢窗清玩》第三卷:"憶芳踪之宛在兮,覺音容之尚留。勞余心以

---

[1] (漢)司馬遷《史記·李斯傳》,北京:中華書局,1963年,2547頁。

42

第二章　敦煌邈真贊與唐代佛徒墓誌本土詞彙

忍怛分,苦輾轉以銜憂。"清佚名《林蘭香》第三十四回:"次日荊夫人、楚二娘俱各回家,夢卿無事,因收拾舊日書箱,檢出燕玉的小影一軸,不見則已,一看則音容宛在,抱恨終天。"到了現代漢語,"音容宛在"等成爲一種固定格式,用在喪葬類文獻中,表達對親人的懷念。

(11) 閱水——逝水

P.4660《梁僧政邈真贊》:"霜雕柰苑,鶴樹枝崩。晷沉西谷,閱水流東。"

比喻人生如流水,光陰難再,逝者逝矣。此典故源于晉陸機《嘆逝賦并序》:"悲夫!川閱水以成川,水滔滔而日度。世閱人而爲世,人冉冉而行暮。"水天天在流,人慢慢老去,因而"閱水"比喻光陰不再。唐李白《秋澄巴陵望洞庭》:"瞻光惜頹髮,閱水悲徂年。"唐白居易《潯陽歲晚,寄元八郎中、庾三十二員外》:"閱水年將暮,燒金道未成。丹砂不肯死,白髮自鬢生。"唐李紳《移九江》:"一曲悲歌酒一尊,同年零落幾人存。世如閱水應堪嘆,名是浮雲豈足論。"世如閱水,即人生如逝水。宋秦觀《韓樞密夫人挽詞二首》:"奕葉貂蟬後,宗姻樂靜間。從夫登兩地,看子入三山。舊像瞻榆闕,遺音想佩環。百年川閱水,不復更西還。"墓誌銘文中,常用"閱水",比喻人生如流水,表示對逝者的傷悼之情。《齊故司徒公西陽王徐君誌銘》:"方當崇之右學,置以東序,追夏后之尚齒,兼有虞之貴德,而閱水不留,奄焉徂殞。興言朝祭,嗟悼良深。"遼趙用《故遼興軍衙內馬步軍都指揮使韓府君墓誌銘》:"季弟,入內左承制,悲纏閱水,痛軫在原。面同氣以無由,對諸孤而寧忍。爰尋吉地,特創玄宮。俾刊貞瑉,用傳永世。""閱水"一詞,與"逝水"一詞意義相近。但在敦煌邈真贊和佛徒墓誌兩類語料中,"閱水"一詞僅見兩例,"逝水"一詞用例更多,共計十八例,使用更爲普遍。"逝水"源於《論語·子罕》:"子在川上曰:'逝者如斯夫,不舍晝夜。'"P.3556《張戒珠邈真贊》:"奈何流星運促,逝水波長;壽已逐於四遷,果未圓於三點。"P.4638《曹良才邈真贊》:"奈何良才早折,隨逝水而東流;玉樹先摧,逐流星而北上。牧童廢業,二州悶絕而號天。"《大唐荷恩寺故大德敕諡號法律禪師墓誌銘并序》:"何期電露不留,忽隨逝水,奄從

43

遷化,軫悼良深。""逝水",或作"逝川"。S.5448《渾子盈邈真贊》:"天何不祐,魂飯[歸]逝川。"

(12) 東傾——逝水東傾

P.3792《張和尚寫真贊》:"每睹銀輪頻西轉,常愁碧水逝東傾。"

東傾,向東傾瀉。中國大陸西高東低,決定了絕大部分河流基本走向是向東流。北魏楊衒之《洛陽伽藍記》卷三:"但見高崖對水,淥波東傾。"隋佚名《洺州南和縣澧水石橋碑》:"星漢西轉,川瀆東傾。"元丘處機《沁園春·示衆》:"世事紛紛,似水東傾,甚時了期。嘆利名千古,爭馳虎豹,丘原一旦,總伴狐狸。"水永遠向東流,不會因人因時而變。人們經常用"水東流"表達不能改變、挽回的事實和無奈的心情。邈真贊、墓誌類文獻中,經常作"逝水東傾""逝水東流"等,表達人們對離世的無奈。P.3792《張和尚寫真贊》:"每睹銀輪頻西轉,常愁碧水逝東傾。""碧水",僅是字面上和"銀輪"相對,句義仍是"逝水東傾"。而序文中正作"嗟逝水波浪東流,嘆烏兔奄西崗之下,一朝崇逼,示滅無期"。唐佚名《張氏墓誌銘并序》:"逝水東流兮波濤如箭,生死來兮不疾如飛。"遼佚名《常遵化墓誌銘》:"今既瑞星南隕,逝水東傾。金章不顯於清朝,白骨永埋於厚土。"

2. 名醫類

中國歷史上的名醫,有俞跗、醫緩、扁鵲、秦和、倉公、張仲景、華佗等,古人行文中經常會化用與他們事迹相關的典故。例如:

(1) 扁鵲——鵲父——鵲公

P.3718《張明德邈真贊》:"尋師進餌,鵪鵲瘳而難旋;累月針醫,耆婆到而不免。"

鵪鵲,即扁鵲。例中"鵪"字因"鵲"字類化而成。扁鵲,戰國時名醫,後成爲名醫的泛稱。又敬稱爲"鵲父""鵲公"。P.3718《李潤晟邈真贊》:"邈尋秘術,鵲父見而無方;疾湊膏肓,榆公療而何驗。"P.3718《范海印寫真贊》:"忽值妖寃起孽,鵲公來而無痊。數設神方,天仙降而未免。"

(2) 榆附——榆柎——榆公

P.3718《李潤晟邈真贊》:"邈尋秘術,鵲父見而無方;疾湊膏肓,榆公

第二章　敦煌邈真贊與唐代佛徒墓誌本土詞彙

療而何驗。"

"鵲父"與"榆公"相對,都泛指名醫。榆公,用來稱榆附。《□宋故清河郡娘子張氏繪佛邈真贊》:"耆婆之秘術奚施,□□□榆附之神方何效。"榆附,本寫作榆柎,黃帝時良醫。《周禮・天官・疾醫》"兩之以九竅之變",漢鄭玄作注曰:"能專是者其唯秦和乎,岐伯、榆柎則兼彼數術者。"唐陸德明釋文曰:"岐伯、榆柎皆黃帝時醫人。"《史記・扁鵲傳》:"臣聞上古之時,醫有俞跗,治病不以湯液醴灑,鑱石撟引,案扤毒熨,一撥見病之應,因五藏之輸,乃割皮解肌,訣脈結筋,搦髓腦,揲荒爪幕,湔浣腸胃,漱滌五藏,練精易形。"〔1〕《敦煌變文集・搜神記》:"昔皇(黃)帝時,有榆附者,善好良醫,能回喪車,起死人。"榆附,即俞跗。

3. 稱讚女性類

德言容功,是古代社會要求婦女具備的四種德行。《禮記・昏義》:"是以古者婦人先嫁三月……教以婦德、婦言、婦容、婦功。"喪葬類文獻,多從此四方面稱讚女性。婦德,指婦女貞順,居四德之首,因此,歷史上有關列女孝婦的故事,多次化用爲典故,出現在兩類文獻中。P.4986《杜氏邈真贊》:"貞慚柳下,絜順梁鴻。""柳下""梁鴻"即用典故。柳下,本指柳下惠。相傳他與一女子共坐一夜,不曾淫亂。後用來借指有操行的男子。《杜氏邈真贊》中,則是化用柳下惠的典故,用來讚頌杜氏的貞潔。漢劉向《列女傳・柳下惠妻》:"柳下既死,門人將誄之。妻曰:'將誄夫子之德耶,則二三子不如妾知之也。'"唐朝時曾封歷史上七名婦女爲孝婦,十四名女子爲列女。北宋王溥《唐會要》卷二十二《前代帝王》:"周太王妃太姜、周王季妃太任、周文王妃太姒、魯大夫妻敬姜、鄒孟軻母、陳宣孝婦、曹世叔妻大家,以上孝婦七人。周宣王齊姜、衛太子恭姜、楚莊樊姬、楚昭王女、宋公伯姬、梁宣高行、齊杞梁妻、趙將趙括母、漢成帝班婕妤、漢元帝馮昭儀、漢太傅王陵母、漢御史大夫張湯母、漢河南尹嚴延年母、漢淳於緹縈,以上烈女一十四人。并令郡縣長官,春秋二時擇日,准前致祭。"因此,

---

〔1〕 (漢)司馬遷《史記・扁鵲傳》,北京:中華書局,1963年,2788頁。

兩種文獻在歌頌女性時化用以上人物的典故詞語最多。

（1）柏舟之自誓——恭姜——姜女

《大唐濟度寺故比丘尼法燈法師墓誌銘并序》："膏澤無施，鉛華靡飾。精誠懇至，慕雙樹之高踪；童子出家，殊柏舟之自誓。"柏舟之自誓，源於《詩經·鄘風·柏舟》："泛彼柏舟，在彼中河。髧彼兩髦，實惟我儀。之死矢靡它！母也天只，不諒人只。"此爲衛世子媚婦恭姜自誓之詞。恭姜，春秋衛世子恭伯之妻。世子早死，恭妻不再嫁。《毛詩·序》曰："柏舟，恭姜自誓也。衛世子早死，其妻守義，父母欲奪而嫁之，誓而不許。"後成爲貞婦守節的典故。晉王徽《以書告弟僧謙靈》："劉新婦以刑傷自誓，必留供養，殷太妃感《柏舟》之節，不奪其志。"晉潘安仁《寡婦賦》："蹈恭姜兮明誓，咏柏舟兮清歌。"宋蘇轍《祭亡婿文逸民文》："女有烈志，留鞠諸孤。賦詩《柏舟》，之死不渝。煢煢遺孫，教以詩書。庶幾有成，歸大君閒。"女有烈志，即守志不嫁，撫養子孫。元柯丹邱《荊釵記》第六出："老身柏舟誓守，自甘法世居媚。榆景身安，惟愛一經教子。"柏舟誓守，即居媚未嫁。此典或作"姜女""恭姜"。P.4638《曹大王夫人宋氏邈真贊》："三從寔備，能遵姜女之賢；四德皆通，豈亞秋胡之婦。"韻文作："操越秋婦，德亞恭姜。"散文中之姜女，即韻文中之恭姜。P.2482《羅盈達墓誌銘并序》："不虧姜女之賢，泣盡長城之淚。"此例中姜女，則是指齊杞梁妻孟姜女，化用了孟姜女哭長城的故事，用來稱讚羅盈達妻子曹氏的美德。

（2）敬姜

《大唐□□寺故比丘尼法琬法師碑文》："若夫瑤水之濱，歌白雲而長往；玉臺之上，乘彩霞而不還。敬姜布閫門之規，班姬光中禁之□。"

敬姜，即魯大夫妻，唐時封爲烈女之一。經常作爲典故引用，喻指婦德賢明。晉左九嬪《魯敬姜贊》："邈矣敬姜，含德之英。于行則高，於理斯明。垂訓子宗，厲發奇聲。宣尼三嘆，萬代遺馨。"北齊佚名《齊故堯公妻吐谷渾墓誌之銘》："雖伯姬之稱婦禮，敬姜之號母儀，以此言之，詎有慚色。"

第二章　敦煌邈真贊與唐代佛徒墓誌本土詞彙

（3）擇鄰——孟母

《長安昭成寺尼大德三乘墓誌》："婦德自天，母儀生稟，事君子之門，敬姜比德；方擇鄰之愛，孟母其明。"孟，原石作"㪚"，爲"敖"的俗字。歷史上有敖母，即孫叔敖母，楚令尹孫叔敖之母也。㪚，與"敖"形近，《唐文拾遺》卷五十二錄爲"方擇鄰之愛，敖母其明。"[1]孟母、敖母之事，皆見於見漢劉向《列女傳》。孫叔敖之母，深知天道，其事見於《列女傳·孫叔敖母》："頌曰：叔敖之母，深知天道，叔敖見蛇，兩頭岐首，殺而埋之，泣恐不及，母曰陰德，不死必壽。"孟母以三遷的故事聞名，事見於漢劉向《列女傳·鄒孟軻母》。例中列舉孟母、敖母二人，用以誇讚尼三乘作爲母親的儀範。

（4）班姬

《大唐□□寺故比丘尼法琬法師碑文》："若夫瑶水之濱，歌白雲而長往；玉臺之上，乘彩霞而不還。敬姜布閫門之規，班姬光中禁之□。"

班姬，例中指西漢女文學家班婕妤。因有文采，經常用來代稱才女。梁鍾嶸《詩品》卷上："漢婕妤班姬，其源出於李陵。《團扇》短章，詞旨清捷，怨深文綺，得匹婦之致。"隋江總《爲陳六宮謝表》："借班姬之扇，未掩驚羞；假蔡琰之文，寧披悚戴。"

（5）秋胡婦——秋婦

P.4638《曹大王夫人宋氏邈真贊》："三從寔備，能遵姜女之賢；四德皆通，豈亞秋胡之婦。"韻文又作："操越秋婦，德亞恭姜。"秋胡之婦，源于春秋時魯國人秋胡的故事。漢劉向《列女傳·魯秋潔婦》："春秋魯人，婚後五日，游宦于陳，五年乃歸，見路旁美婦采桑，贈金以戲之，婦不納。及還家，母呼其婦出，即采桑者。婦斥其悦路旁婦人，忘母不孝，好色淫佚，憤而投河死。"詩文中常用來作爲節義烈女的典型。唐李白《湖邊采蓮婦》："願學秋胡婦，貞心比古松。"唐白居易《續古詩十首》："凉風飄嘉樹，日夜減芳華。下有感秋婦，攀條苦悲嗟。我本幽閒女，結髮事豪家。豪家多婢

---

[1]（清）董誥《全唐文》，北京：中華書局，1983年，10961頁。

僕，門內頗驕奢。"秋婦，即是秋胡之婦的省稱。

（6）南蜀

P.4638《曹大王夫人宋氏邈真贊》："頻類紅蓮，秀麗越於西施，雅操過於南蜀。"南蜀，用典，指蜀山氏。唐徐堅《初學記》卷九《帝王部》："《帝王世紀》曰：顓頊，黃帝之孫，昌意之子，姬姓也。母曰景僕，蜀山氏女，爲昌意正妃，謂之女樞。金天氏之末，瑶光之星，貫月如虹，感女樞幽房之宮，生顓頊于若水。首戴干戈，有聖德。"

（7）巫山、洛雪——落雪

P.3556《張戒珠邈真贊》："闍梨乃蓮府豪宗，叶巫山之瑞彩；清河貴派，禀洛雪之奇姿。"

巫，原卷先作"筮"，後又在其旁改作"嶹"原卷即作"𤾨"。P.3556《張清浄戒邈真贊》："貌超洛浦之姿，影奪巫山之彩。"其"巫"字也作"𤾨"。巫山，本指山名，後來用爲典故。源於戰國宋玉《高唐賦序》："昔者先王嘗游高唐，怠而晝寢。夢見一婦人，曰：'妾巫山之女也，爲高唐之客。聞君游高唐，願薦枕席。'王因幸之。"故此句用"巫山之女"來比喻張戒珠外貌之美。"洛雪"，也是用典，是對"洛神"典故的靈活運用。傳說中的洛水女神，名宓妃，後來常指代美女。漢張衡《思玄賦》："載太華之玉女兮，召洛浦之宓妃。"P.3556《張清浄戒邈真贊》："貌超洛浦之姿，影奪巫山之彩。""洛浦之姿""巫山之彩"都是描寫美女之姿態。原卷"洛"字作"洛"，非"落"字。唐、鄭誤定"洛"爲"落"字後，原句成爲"落雪"，上句典故"巫山"與下句"落雪"一詞無法構成對仗，既不合語法，又難通其義。

4.稱讚男性類

兩種文獻在稱頌讚揚男性誌主或贊主時，多從文武兩方面描寫他們的文德與武功，文治多化用善政人物典故，武事多化用善射者或善兵者等典故。

（1）顏曾——顏魯——顏閔——顏敏

P.3718《張喜首寫真贊》："師自幼出家，業優顏曾。"

第二章　敦煌邈真贊與唐代佛徒墓誌本土詞彙

"顏曾",指顏回和曾參。二人以品行和才學出名,常代表古代最有才學的人。宋蘇轍《和遲田舍雜詩九首〈并引〉》:"顏曾本吾師,終身美藜藿。"南宋佚名《壽昌乘・貢士規約記》:"國家賓興設科目,以網羅之,爲其人能講明五帝三王之道、孔孟顏曾之學。""孔孟""顏曾"并舉,指代儒學。饒本誤爲"顏魯"。顏魯,顏魯公的省稱,即顏真卿。唐時以書法有名。宋葉紹翁《四朝聞見錄乙集・張于湖》:"高宗酷嗜翰墨,于湖張氏孝祥廷對之頃,宿醒猶未解,濡毫答聖問,立就萬言,未嘗加點。上訝一卷紙高軸大,試取閱之。讀其卷首,大加稱獎,而又字畫遒勁,卓然顏魯。"卓然顏魯,其字像顏魯公一樣強勁有力。敦煌邈真贊文獻中,沿襲漢魏以來的用法,顏回、閔子騫、曾子、子路等人物,經常被作爲有才學的代表人物,而唐代的"顏魯公"與此無涉。P.4638《大蕃故敦煌郡莫高窟陰處士修功德記》:"師經避席傳授,次於曾參;師爾憑河,好勇承于子路。"曾參、子路對舉,用來誇讚陰處士的文與勇。P.3718《□憂道邈真贊》:"學深顏敏,名高彭越。"顏敏,指顏回和閔子騫。敏,原當作"閔",爲書手誤寫。

(2) 昇堂

P.4660《炫闍梨贊》:"依法秀律師受業,門弟數廣,獨得昇堂。"

語出《論語・先進》:"由也矣,未入於室也。"比喻人的學識技藝等方面有高深的造詣。也指學問或技藝得到師傳的稱讚。P.4660《炫闍梨贊》:"依法秀律師受業,門弟數廣,獨得昇堂。"衆多門弟中,僅有炫闍梨昇堂,達到法秀律師的讚許。P.4660《翟和尚邈真贊》:"南能入室,北秀昇堂。"《大唐故大智禪師塔銘》:"如摩尼皆隨衆色入□□,不齅餘香,所可修行,分獲契證,昇堂落落閑坐,其餘則滔滔皆是。"《新羅國故兩朝國師教謚朗空大師白月栖雲之塔碑銘》:"大師便許昇堂,遂令入室,從此服膺數載,勤苦多方,雖至道□□目擊馨成山之志。""昇堂"義同"入室"。《興國寺故大德上座號憲超塔銘并序》:"命入室門人上座字良、都維那智誠等曰:吾今色身,應將謝矣。"

(3) 探湯

P.4660《陰律伯真儀贊》:"天資純善,生懼探湯。"

49

P.4660《陰律伯真儀贊》有兩個寫本，即 P.4660 和 P.3720 兩個卷子，原卷第四行作"天資純善，生懼探湯"，其"探"字，P.4660 作"探"。"探湯"，探試沸水，意思是心有戒懼，有敬畏之心。出自《論語・季氏》："見善如不及，見不善如探湯。"晉傅玄《和班氏詩》："秋胡見此婦，惕然如探湯。"原卷"生懼探湯"，意思是生來就有敬畏之心，與"天資純善"前呼後應。而 P.3720 作"撺"，顯誤。說明抄寫者由於文化水準不高，不熟悉"探湯"這一常用典故，抄寫中出現了失誤。

（4）金龜十朋

P.4660《都僧統邈真贊》："豈謂寶鼎三足，金龜十朋。何圖逝矣，空留相質之文。"

本指價值十朋的龜。晉郭璞《爾雅圖贊・釋魚・龜》："天生神物，十朋之龜。"唐徐堅《初學記》卷三十《鱗介部》："《周易》曰：或益之十朋之龜。王弼注曰：龜者，決疑之物。獲益而得十朋之龜，則盡天人之助也。《漢書》曰：元龜距冉，長尺二寸，直一千一百六十，爲尺貝十朋。公龜九寸以上，直五百，爲壯貝十朋。侯龜七寸以上，直三百，爲公貝十朋。子龜五寸以上，直百，爲小貝十朋。是爲寶四品。""十朋之龜"，因其難得，所以爲"天生神物""寶四品"，因而比喻難得的人才。例中"寶鼎三足""金龜十朋"都是難得的寶器，用來比喻難得的人才，文中指都僧統。

（5）青眼——白眉

P.4660《李和尚寫真贊》："圖形新幛，寫舊容儀。奄却青眼，誰當白眉。"

一些典故在唐時使用極爲頻繁，不僅同時代其他語料中有大量用例，敦煌邈真贊也運用到此典故。例如青眼，指知心朋友。源于晉代阮籍的故事。唐房玄齡《晉書・阮籍傳》："籍又能爲'青白眼'，見禮俗之士，以白眼對之。及嵇喜來吊，籍作白眼，喜不懌而退。喜弟康聞之，乃齎酒挾琴造焉，籍大悅，乃見青眼。由是禮法之士疾之若讎，而帝每保護之。"[1]

―――――――
〔1〕（唐）房玄齡《晉書・阮籍傳》，北京：中華書局，1997 年，1361 頁。

第二章 敦煌邈真讚與唐代佛徒墓誌本土詞彙

後來,此典故在唐代非常流行。唐權德輿《送盧評事婺州省覲》:"客愁青眼別,家喜玉人歸。"青眼,指即將分別的好朋友盧評事。唐羊士諤《郡中端居,有懷袁州王員外使君》:"青眼真知我,玄談愧起予。蘭卮招促膝,松砌引長裾。"青眼,指袁州王員外。

白眉,比喻兄弟或同輩中的傑出人才。其典故源於《三國志·蜀志·馬良傳》:"馬良,字季常,襄陽宜城人也。兄弟五人,并有才名,鄉里爲之諺曰:馬氏五常,白眉最良。良眉中有白毛,故以稱之。"[1]唐陳子昂《合州津口別舍弟》:"思積芳庭樹,心斷白眉人。"白眉人,即陳子昂的弟弟。唐姚合《送家兄赴任昭義》:"早得白眉名,之官濠上城。"姚合認爲其兄是家中"白眉"。唐李瀚《蒙求》:"馬良白眉,阮籍青眼。"《蒙求》一書,是唐時的識字課本。全書用四言韻文,上下兩句相對,每句講一個典故,在當時非常流行。"白眉""青眼"兩個典故在邈真讚中都有運用。P.4660《李和尚寫真讚》:"圖形新幛,寫舊容儀。奄却青眼,誰當白眉。""奄却青眼,誰當白眉",文義是剛剛告別了好朋友,誰又能是兄弟中的傑出人物呢?P.4660《李和尚寫真讚》的作者是"宰相判官兼太學博士從兄李顒"。從兄,即堂兄,因而作者運用了"馬良白眉"這個當時人人耳能詳熟的典故。

(6)花縣——化縣

P.4660《翟神慶邈真讚》:"花縣匡政,梅仙薦敦。"

晉人潘岳曾任河陽縣令,在一縣遍種桃李,歷代傳爲美談。北周庾信《枯樹賦》:"若非金谷滿園樹,即是河陽一縣花。"唐白居易《白氏六帖·縣令》:"潘岳爲河陽令,樹桃李花,人號曰'河陽一縣花'。""花縣",後來就成爲作縣令的典故。唐徐夤《依韻酬常循州》:"早年花縣拜潘郎,尋忝飛鳴出桂堂。"早年花縣拜潘郎,指常循州早年爲縣令。唐劉三復《送黃明府曄赴岳州湘陰任》:"擬占名場第一科,龍門十上困風波。三年護塞從戎遠,萬里投荒失意多。花縣到時銅墨貴,葉舟行處水雲和。遥知布惠蘇民後,應向祠堂弔汨羅。"P.4660《翟神慶邈真讚》:"花縣匡政,梅仙薦敦。"

---

[1](晉)陳壽《三國志·魏書·馬良傳》,北京:中華書局,1964年,982頁。

"花縣",翟神慶時任敦煌縣尉,輔佐縣政,故稱其在"花縣匡政"。鄭柄林改"花縣"作"化縣"。

(7) 梅仙——梅山

P.4660《翟神慶邈真贊》:"花縣匡政,梅仙薦敦。"

梅仙,即梅福,漢九江人,作過南昌縣縣尉。王莽當政時,棄家隱居,後成爲仙人。歷代文獻中,多用爲作縣尉一類官職的典故。唐盧綸《送黎燧尉陽翟》:"列筵青草偃,驟馬綠楊開。潘縣花添發,梅家鶴暫來。""潘縣花""梅家鶴"對舉。"潘縣花",用潘岳任河陽令之典,"梅家鶴"用梅仙作縣尉之事,來指代作做官。唐錢起《李四勸爲尉氏尉,李七勉爲開封尉》:"美政惟兄弟,時人數俊賢。皇枝雙玉樹,吏道二梅仙。自理堯唐俗,唯將禮讓傳。"李四、李七兩兄弟,同時作了縣尉,錢起稱讚他們是"二梅仙"。P.4660《翟神慶邈真贊》:"花縣匡政,梅仙薦敦。""花縣"與"梅仙"對舉,二者用典,藉以稱讚翟神慶作敦煌縣尉之事。鄭改"梅仙"作"梅山"。

(8) 舜帝——重華——讓畔——虞芮——山西河東

《故和上法昌寺寺主身塔銘并序》:"派裔重華之後,生緣讓畔之鄉。"

重華,指舜帝。三國魏文帝《上書讓禪》:"且聞堯禪重華,舉其克諧之德;舜授文命,采其齊聖之美。"唐溫大雅《大唐創業起居注》卷三:"昔在虞夏,揖讓相推,苟非重華,誰堪命禹。"北宋王溥《唐會要》卷四十六《封建雜錄上》:"雖帝堯之光被四表,大舜之上齊七政。非止情存揖讓,守之亦不可固焉。以放勳重華之德,尚不能克昌厥後。是知祚之長短,必在天時。"讓畔,古代傳說由於聖王的德化,種田人互相謙讓,在田界處讓對方多占有土地。後來用作典故。《史記·五帝本紀》:"舜耕歷山,歷山之人皆讓畔;漁雷澤,雷澤上人皆讓居;陶河濱,河濱器皆不苦窳。"[1]南朝沈炯《歸魂賦》:"醒醉之歌咊絕,讓畔之田鱗次。"後魏温子昇《舜廟碑》:"執耜歷山,耕夫所以讓畔;施罟雷澤,漁父於是讓川。"此典故也作"虞

---

〔1〕 (漢)司馬遷《史記·五帝本紀》,北京:中華書局,1963年,33頁。

第二章　敦煌邈真贊與唐代佛徒墓誌本土詞彙

芮"。晉潘岳《西征賦》："耕讓畔以閒田，沾姬化而生棘。蘇張喜而詐騁，虞芮愧而息訟。由此觀之，土無常俗，而教有定式。"後蜀何光遠《鑒誡錄》卷二："每傷虞芮之争田，永念姬周之讓路。即不獲已，即須訓戎。"例中"重華""讓畔"用指代舜帝故事，指代舜帝家鄉，即法昌寺主家鄉所在地。

（9）王珪

P.4638《曹良才邈真贊》："榮登上將，陳王珪十在之能；歷任崇資，並昌業忠言之諫。"

王珪，唐初太宗時重臣，兼資文武，治藩牧有策略，善諫言，成爲忠臣的代表。P.3718《閻勝全寫真贊》："銜庭網紀，忠言獻王珪之十條；領袖敦煌，抱直進狄公之九諫。"王珪，鄭本誤作"玉珪"，是因爲原卷作"玉"。原卷作"玉"，則是因爲上字"獻"作"厭"、下字"珪"作"珪"等類化而誤。P.3633V°《張安左邈真贊》："性唯烈直剛，志不謝于王珪，轉運資官，有弘陽[羊]之作。"

（10）猿玃先啼——猿猴先啼——啼猿——號猿——猿啼——猿鳴——猿泣——慶忌——由基——養由——養由基

S.289《李存惠邈真贊》："善乘鞍馬，弓開而猿玃先啼；頗曉陣圖，施設而縱擒自在。"

此句"弓開而猿玃先啼"用典。此典故源於春秋善射者"養由基"的故事。《淮南子》卷十六："楚王有白猿，王自射之，則搏矢而熙；使養由基射之，始調弓矯矢，未發而猿擁柱號矣，有先中者也。"後來，此故事就成爲歌頌武藝高超的典故。有時省作"養由"。或作"由基"。P.3556《渾子盈邈真贊》："啼猿神妙，不虧慶忌之功；泣雁高踪，共比由基之妙。"例如晉張華《勵志》："養由矯矢，獸號于林。"唐周曇《春秋戰國門・蘇厲》："百步穿楊箭不移，養由堪教聽弘規。"有時作"啼猿""號猿""猿啼"等。例如北齊佚名《齊故儀同三司大理卿豫州刺史梁公墓誌之銘》："是以金匱玉韜之術，破□啼猿之伎，莫不洞發機心，盡窮其妙。"唐李翰《蒙求》："董宣強項,翟璜直言。紀昌貫虱,養由號猿。"唐李世民《咏弓詩》:"上弦明月半,激箭流星遠。落雁帶書驚,啼猿映枝轉。"敦煌邈真贊文獻,多有用例,基本反映了此典故在唐時的使用情況。P.4660《陰文通邈真贊》:"蘊習武略,奇特鋒端。虛弦落雁,駕矢啼猿。"P.3718《閻子悦寫真贊》:"文超北海,武極啼猿。"P.3556《渾子盈邈真贊》:"弓開泣雁,矢發啼猿。榮遷將務,治理周旋。"P.3718《梁幸德邈真贊》:"文精義海,武及啼猿。"P.3556《囗慶德邈真贊》:"故得開弓雁泣,發矢猿啼。"有時此典故也靈活運用作"猿鳴""猿泣"等。P.3718《張明集寫真贊》:"故得彎弧掌內,雲雁愁以悲空;指矢臨弦,猿泣鳴而淚血。"P.3718《張明德邈真贊》:"故得彎弧掌內,雲雁悲而翔空。架朱弦,騰猿鳴而雨血。"此典故常用來讚頌人們武藝高強,因此經常和讚頌文才的典故上下對舉。P.2482《陰善雄墓誌銘并序》:"爲[文]善夢錦之能,運武負猿啼之妙。宿緣福薄,禍及慈顔。刻志高墳,用傳貞桂。"P.3718《張良真寫真贊》:"文懷夢錦,武黷啼猿。"P.4638《張保山邈真贊》:"舉矢猿啼,箭動傅空而雁泣。故得文深墨寶,詩書綴玉而成章;筆彩龍飛,觸鋒七分而入木。"S.289《李存惠邈真贊》:"善乘鞍馬,弓開而猿獲先啼;頗曉陣圖,施設而縱擒自在。"句中"獲"字原卷作"獲",陳、鄭作"猴"字。依原卷字形,當以"獲"爲是,不必改作猴。

(11) 逢蒙

P.4660《康使君邈真贊》:"蘊習武功,虛弦落雁。射比逢蒙,轅門處職。"

逢,原卷作"馮",爲"逢"的同音替代字。逢蒙,古代善射者。馮、逢二字同音。饒本校作"逢",鄭本校作"馮"。《孟子》云:"逢蒙學射於羿,盡羿之道,思天下唯羿爲愈己,於是殺羿。"殺羿者,逢蒙也。《史記·司馬相如傳》:"人不暇施巧,雖有烏獲、逢蒙之伎,力不得用,枯木朽株盡爲害矣。"[1]唐趙元一《奉天錄》卷三:"昔逢蒙善射,弓不調而不射;吴起善

---

[1] (漢)司馬遷《史記·司馬相如傳》,北京:中華書局,1963年,3053頁。

第二章 敦煌邈真贊與唐代佛徒墓誌本土詞彙

戰,兵不教而不戰。"

（12）色絲——齏臼——受辛

《唐故甘泉院禪大師靈塔記》:"日往月來,懼移高岸;人亡地在,是紀色絲。比金石而彌貞,擬蘭蓀而可久。"

色絲,典故。源于南朝宋劉義慶《世説新語·捷悟》:"魏武嘗過曹娥碑下,楊修從。碑背上見題作'黄絹幼婦外孫齏臼'八字。魏武謂修曰:'解不?'……修曰:'黄絹,色絲也,於字爲絶;幼婦,少女也,於字爲妙;外孫,女子也,於字爲好;齏臼,受辛也,於字爲辭:所謂絶妙好辭也。'"後因以"色絲"指絶妙好辭,猶言妙文。唐張説《酬崔光禄冬日述懷贈答》:"齊戒觀華玉,留連嘆色絲。終慚起予者,何足與言詩。"色絲,稱讚崔光禄所作的詩。唐白居易《酬微之》:"聲聲麗曲敲寒玉,句句妍辭綴色絲。"絲色,指美妙的詩文。這個典故還可變體爲"齏臼""受辛"等。例如《新羅國故兩朝國師教諡朗空大師白月棲雲之塔碑銘》:"贈諡曰朗空大師,塔名白月棲雲之塔,爰命微臣,宜修齏臼。"清李漁《閒情偶寄·演習部》:"觀者求精,則演者不敢浪習,黄絹色絲之曲,外孫齏臼之詞,不求而自至矣。"《大唐□□寺故比丘尼法琬法師碑文》:"豈可相質無聞,受辛莫紀？敢勒清風之頌,庶流終古之德。"怎麽可以不紀法琬法師之品德和言辭呢？所以要撰碑勒石。

（13）秋菊之文

對於好的詩文,還可用"秋菊之文"之典。《亡尼墓誌》:"重陽季月,詎傳秋菊之文;大夜窮泉,即對寒松之隧。"秋菊之文,對歌頌秋天好文章的讚稱。後周文庾信《周趙國公夫人紇豆陵氏墓誌銘》:"長久於節,不無秋菊之銘;履端於始,或有椒花之頌。"椒花之頌,源於《晉書·劉臻妻陳氏傳》:"劉臻妻陳氏者,亦聰辨能屬文,嘗正旦獻《椒花頌》。"[1]《椒花頌》,後用來指新年祝詞。"秋菊之銘",與"椒花之頌"相對舉,也是用典,即頌秋的妙文。

（14）鳥字——蟲書

《李存惠墓誌銘并序》:"千秋記遐兮莫非鳥字,萬載留芳兮筆墨者

---

[1]（唐）房玄齡《晉書·劉臻妻陳氏傳》,北京:中華書局,1974年,2517頁。

哉。""鳥字""筆墨"上下兩句文義相承,二者都泛指文字内容,即所寫的逸真贊。鳥字,也作"鳥文",劉宋沈演之《嘉禾頌》:"運傾方閟,時亨始顯;綈狀既章,鳥文斯辯。"唐鮑溶《經隱叟》:"虛洞閉金鎖,蠹簡藏鳥文。"唐長孫無忌《請封禪表》:"臣等伏膺麟閣,縱觀太始之初;沉研鳥文,歷選曾巢之上。"後泛指文字。《右軍衛十將使孔公浮圖功德銘并序》:"將驗龜年,希憑鳥字。"S.289《李存惠逸真贊》:"豈期地火暗背,靈姓歸常。空留白玉之肌膚,不聞黄金之美語。妻居孀室,血淚交流。此世難遇於魚䚡,别後須憑於鳥字。""鳥字"與"魚䚡"相對,鳥字指文字,即贊文。魚䚡,指魚媚子,宋代婦女的一種裝飾[1]。"此世難遇於魚䚡",即不能再相見共語,因而祇能依靠圖畫文字。S.289《李存惠逸真贊》:"看他年蒿裏下,永鎮向黄泉。鳥字須憑遠,蟲文輒要傳。"所以請人繪影寫贊。蟲書,秦八體書之一。王莽變八體爲六體,又名鳥蟲書。後魏江式《求撰集古今文字表》:"時有六書:一曰古文,孔子壁中書也;二曰奇字,即古文而異者;三曰篆書,云小篆也;四曰佐書,秦隸書也;五曰繆篆,所以摹印也;六曰鳥蟲,所以幡信也。"元脱脱《宋史·輿服志》:"今得璽於咸陽,其玉乃藍田之色,其篆與李斯小篆體合。飾以龍鳳鳥魚,乃蟲書鳥迹之法,於今所傳古書,莫可比擬,非漢以後所作明矣。"因而用作文字的典故,喻指文字。

(15) 蘊櫝——蘊匵

P.4660《翟神慶逸真贊》:"昔賢糟粕,蘊櫝而存。""櫝",原卷作"![字]",同"櫝"字,而非"匵"字。蘊櫝,或作"韞櫝"。語出《論語·子罕》:"有美玉於斯,韞櫝而藏諸?求善賈而沽諸?子曰:沽之哉!沽之哉!我待賈者也。"孔子認爲自己如同藏在櫃子裏的玉石,等待識貨的人來。晉胡濟《奏薦伍朝》:"臣以爲當今資喪亂之餘運,承百王之遺弊,進趨者乘國故以僥幸,守道者懷蘊櫝以終身,故令敦褒之化虧,退讓之風薄。"守道者懷蘊櫝,堅守道義的人身藏不出,等待明主來啟用。P.4660

---

[1] 趙家棟《敦煌碑銘贊詞語釋證》,《敦煌研究》2012年第4期,80頁。

第二章　敦煌邈真贊與唐代佛徒墓誌本土詞彙

《翟神慶邈真贊》："昔賢糟粕，蘊櫝而存。"句中化用此典故，"蘊櫝"義爲包藏，隱藏。

（16）斐然——美然

P.3718《張良真寫真贊》："俊以忝爲宗派，元睽槐市之音；狂簡斐然，聊表瑣陋之頌。"

"斐然"，是"斐然成章"典故的省略。《論語·公冶長》："子在陳，曰：'歸與！歸與！吾黨之小子狂簡，斐然成章，不知所以裁之。"此典故有兩種意義，一說文章有文采，另一說文章妄自穿鑿而成。三國魏桓範《世要論·序作》："夫著作書論者，乃欲闡弘大道，述明聖教，推演事義，盡極情類，記是貶非，以爲法式，當時可行，後世可修。……而世俗之人，不解作體，而務泛濫之言，不存有益之義，非也。故作者不尚其辭麗，而貴其存道也；不好其巧慧，而惡其傷義也。故夫小辯破道，狂簡之徒，斐然成文，皆聖人之所疾矣。"邈真贊文獻，多用第二個意義，往往是作者自謙，認爲自己的銘贊不夠好。P.3556《康賢照邈真贊》："厶乙釋中才荒，忝侍門人，奉贊難免，固辭狂圖，乃爲頌曰。""狂簡斐然"，謙稱自己所撰的邈真贊不成文。南朝劉宋裴松之《上三國志注表》："雖自罄厲，分絕藻繢。既謝淮南食時之敏，又微狂簡斐然之作。""狂簡斐然之作"，指作者所撰的《三國志注》。P.3718《張良真寫真贊》："俊以忝爲宗派，元睽槐市之音；狂簡美然，聊表瑣陋之頌。"美，原卷作"美"。陳、鄭校改作"斐"，是。

（17）三端——筆端——舌端——名端——辯端——論端——鋒端——百藝之端

三端，本指文士之筆鋒，武士之劍鋒，辯士之舌鋒。P.4660《李教授寫真贊》："位高十德，解盡九流。三端體備，四辯難酬。"

"三端"又化用作"筆端""舌端""名端""辯端""論端""鋒端""百藝之端"等詞。P.4660《義晉邈真贊》："圖寫生前兮影像，筆端聊記兮軌躅。"P.4660《悟真邈真贊》："縱辯泉而江河噴浪，騁舌端而唇際花飛。"P.3718《張喜首寫真贊》："澄清皎潔，戒珠曉朗於冰霜；洞達幽微，闡揚名端而別衆。"又："問一知十，辯端明朗。"P.3718《程政信邈真贊》："解釋論

57

端,辯答世親之美。"P.3718《劉慶力邈真贊》:"操行藏昂,百藝之端稍備。"P.3556《渾子盈邈真贊》:"每精六藝之詞,身負三端之美。"原卷書手誤寫爲"六端"。本卷韻文部分對應此句即作"三端出衆,六藝俱全。"

(18) 修文有郎

P.4660《陰律伯真儀贊》:"學業無倦,修文有郎。"

修文,本義爲撰寫文章。晉傅玄《班婕妤》:"斌斌婕妤,履正修文。進辭同輦,以禮匡君。納侍顯德,讜對解紛。退身避害,志邈浮雲。"班婕妤,漢時才女,以善寫文章著名。唐張建封《酬韓校書愈打球歌》:"僕本修文持筆者,今來帥領紅旌下。不能無事習蛇矛,閑就平場學使馬。""修文持筆",本是書生所爲。修文,即撰寫文章。宋孫光憲《北夢瑣言》卷十二:"伯仲相率省焉,亞台先問:'讀書否修文否,苟不如是,須學作官。我之先人修文成名,皆作官業,幸勿棄分陰也。'""修文成名",因寫文章和著書成名。P.4660《陰律伯真儀贊》原卷作:"學業無倦,修文有郎。"原文讚頌陰律伯的文學才能,故稱"修文有郎",此處"郎"應是對他的敬稱,意思是"撰寫文章"的人中應當有"他"。後來,因《晉書》所記"蘇韶"的故事,"修文郎"又成了另外一個典故,指陰間的著作官。北宋李昉《太平廣記》卷三一九引晉王隱《晉書》卷三:"顏淵、卜商,今見在爲修文郎。"晉人蘇韶死後現形,對他的兄弟説:"顏淵、卜商,現在是修文郎。"唐時,此典故極爲流行,僅唐詩中就數見其例。唐杜甫《哭李常侍嶧二首》:"一代風流盡,修文地下深。斯人不重見,將老失知音。"唐陸龜蒙《次追和清遠道士詩韻》:"吾聞鄷宫内,日月自昏旦。左右修文郎,縱橫灑篇翰。"唐司空圖《狂題十八首》:"地下修文著作郎,生前飢處倒空牆。""郎",原卷正作"郎"。陳録此句作:"學業無倦,修文有朗。""朗",顯誤。究其原因,應是疏于了解"修文郎"這一典故。

5. 天文曆法

兩種文獻,每篇都要記述年月日和地點,爲避行文重複,文獻中運用了推算日月星辰,以記時間和地點的典故詞語。

第二章　敦煌邈真贊與唐代佛徒墓誌本土詞彙

（1）蓂

P.4660《凝公邈真贊》："時咸通五載季春月蓂生十葉題。"

"蓂"，原卷作"蓂"。"蓂"，傳說中的一種瑞草。它每月從初一至十五，每日結一莢；從十六至月終，每日落一莢。又名曆莢。《竹書紀年》卷上："有草夾階而生，月朔始生一莢，月半而生十五莢；十六日以後，日落一莢，及晦而盡。月小，則一莢焦而不落。名曰蓂莢，一曰曆莢。"P.4660《凝公邈真贊》："時咸通五載季春月蓂生十葉題。"咸通五載季春月蓂生十葉，即"咸通五年三月十日"。唐時文獻，多以此記日。例如《敦煌變文校注·舜子變》："天福十五年，歲當己酉朱明蕤賓之月，蓂生拾肆葉，寫畢記。"蓂生拾肆葉，即十四日。唐李昂《上元日二首》："蓂生三五葉初齊，上元羽客出桃蹊。"上元，指正月十五日，爲上元節。"蓂生三五"，即十五葉，指十五日。唐李嶠《人日侍宴大明宮恩賜彩縷人勝應制》："鳳城景色已含韶，人日風光倍覺饒。桂吐半輪迎此夜，蓂開七葉應今朝。"人日，指正月初七，故蓂開七葉。唐劉長卿《晦日陪辛大夫宴南亭》："蓂草全無葉，梅花遍壓枝。"晦日時，蓂草葉子全部脫落。

（2）律中夷則

P.4660《悟真邈真贊》："廣明元年歲次困頓律中夷則蓂生七葉題記。"

律中夷則，指七月。宋王欽若《册府元龜·掌禮部·作樂》："夔悉總領之，遠詳經籍，近采故事，考會古樂，始設軒縣鐘磬律中夾鐘，三月律中姑洗、四月律中仲呂、五月律中賓、六月律中林鐘、七月律中夷則、八月律中南呂、九月律中無射、十月律中應鐘、十一月律中黃鐘、十二月律中大呂。"漢建安十八年，河南杜夔考會古樂，定各月月名。律中夷則，指七月。唐房玄齡《晉書·律曆志》："七月，律中夷則，丑上生之律，長五寸七百二十九分寸之四百五十一。"[1]唐武則天《商音》："律中夷則，序應收成。"律中夷則，爲收成之月，即陰曆七月。P.4660《悟真邈真贊》："廣明元年歲次困頓律中夷則蓂生七葉題記。"律中夷則蓂生七葉，即七月初七。

---

[1]（唐）房玄齡《晉書·律曆志》，北京：中華書局，1974年，488頁。

(3) 三冬

P.4660《炫闍梨贊》："闍梨童年落髮,學就三冬。"

三冬,三個冬季。用來指代三年。此典故源於漢東方朔故事。東漢班固《漢書·東方朔傳》："年十三學書,三冬文史足用。"[1]梁蕭統《錦帶書》："三冬勤學,慕方朔之雄才；萬卷常披,習鄭玄之逸氣。"三冬,本指三年。後來多形容學習的時間和過程,三年就虛指了,不一定是三年的時間。唐杜甫《柏學士茅屋》："碧山學士焚銀魚,白馬却走身巖居。古人已用三冬足,年少今開萬卷餘。"宋陸游《汪茂南提舉挽詞》："學已三冬富,書猶萬卷藏。"P.4660《炫闍梨贊》："闍梨童年落髮,學就三冬。""學就三冬",意思是學業完成,用時三年。借用"三冬"之典故,誇讚闍梨已經完成學業。

(4) 金——金方——金山——金王——金山王——白帝——金山白帝——金山白帝

P.4660《左公贊》："金方茂族,間生一枝。"

金,古代五行學説認爲西方爲金。東漢班固《漢書·五行志上》："金,西方,萬物既成,殺氣之始也。"[2]金山,也指西山。南朝宋范曄《後漢書·馮衍傳》："躍青龍於滄海兮,豢白虎於金山。"[3]李賢注："金山,西方之精也。"金方,指西方。南朝宋范曄《後漢書·蓋勳傳》："先零擾疆,鄧、崔棄涼,詡、爕令圖,再全金方。"[4]敦煌位於西北地區,"金"因而可以指代敦煌。P.4660《左公贊》："金方茂族,間生一枝。"金方,本指西方,此例中指代敦煌。敦煌邈真贊中經常出現"金王""金山王""金王白帝"等詞,用來喻指敦煌所在西北地區的統領者。P.3718《閻子悦寫真贊》："金王之世,奉命朝天。親蹄玉砌,對詔周圓。"P.3718《張良真寫真贊》："金王跬切,選將百千。甲兵之内,公獨衝先。"P.3718《范海印寫真

---

[1] （東漢）班固《漢書·東方朔傳》,北京：中華書局,1973 年,2841 頁。

[2] （東漢）班固《漢書·五行志上》,北京：中華書局,1973 年,1339 頁。

[3] （南朝宋）范曄《後漢書·馮衍傳》,北京：中華書局,1973 年,999 頁。

[4] （南朝宋）范曄《後漢書·蓋勳傳》,北京：中華書局,1973 年,1893 頁。

第二章　敦煌邈真贊與唐代佛徒墓誌本土詞彙

贊》："金王稱愜，擢將福田。一臍顥務，化衆無偏。"P.4638《張保山邈真贊》："金王會臨，超先拔選。東陲大鎮，最是要關。"P.4638《張保山邈真贊》："金王獎擢，百戰摧凶。"以上書例皆出自敦煌邈真贊，所指金王當爲一人。

另外，敦煌邈真贊文獻中又有"金山王"一詞，與以上例子中"金王"當爲同一人。例如 S.4654《羅通達邈真贊》："洎金山王西登九五，公乃倍（陪）位臺階。"P.3718《張良真寫真贊》："金山王時，光榮充紫亭鎮主。"

P.3718《張良真寫真贊》："不逾晦朔，破收攻（功）圓。虜降蕃相，金玉來川。""玉"字，原卷雖然作"玊"字，但據 P.3718《張良真寫真贊》中的兩處"金王""金山王"，以及敦煌邈真贊行文散、韻相對爲文的特點，此處"金玉"應是"金王"，指當時降服吐蕃首領，被朝庭封爲金山王的敦煌統領者。

"金王"又與"白帝"并舉。白帝，也指西方之神。《周禮·天官·大宰》"祀五帝"，唐賈公彥疏："五帝者，東方青帝靈威仰，南方赤帝赤熛怒，中央黃帝含樞紐，西方白帝白招拒，北方黑帝汁光紀。"P.3556《氾福高邈真贊》："洎金山白帝，國舉賢良，念和尚與衆不群，寵錫恩榮之帙，遂封內外都僧統之號，兼知河西佛法主之名。"例中"金山白帝"，指當時敦煌地區的統領者，他爲和尚氾福高加封內外都僧統的名號。"金山白帝"作爲西方之神，西方之主，用來敬稱當時敦煌地區的統領者，應當是化用典故。唐李白《西嶽雲臺歌送丹丘子》："白帝金精運元氣，石作蓮花雲作臺。"白帝，與表示西方的"金精"并舉。

"金山白帝"在同類文獻中却被誤録爲"金山自帝"。P.3541V⁰《張善才邈真贊》："洎金山自帝，聞師守節英明，時遇三界摧殘，請移就住建立。""金山自帝"請張善才移住寺宇，"金山自帝"仍是唐末敦煌地區所封"金王"或"金山王"。

敦煌邈真贊文獻中的"金王""金山王""金山白帝"，應當是當時唐朝所封的少數民族統領者，統領敦煌地區的宗教、軍事等政務，是該地區的首領。宋王欽若《册府元龜·外臣部·封册第三》："唐玄宗天寶十二載

61

九月：邏禄葉護頓毗伽……以殊榮可開府儀同三司，封金山王，依舊充葉護禄，俸於北庭，給其葉護妻及母并封爲國夫人。"據《册府元龜》所記，玄宗天寶十二載九月加封過"邏禄葉護頓毗伽"爲金山王，但究竟爲何人，還需要進一步考證。

"金王""金山王""金山白帝"多次出現在敦煌邈真贊文獻中，而在唐代佛徒墓誌中一次也無用例，説明了敦煌邈真贊文獻具有明顯的地域特色。因時過境遷，敦煌地區常見典故詞語因化用後變得生疏起來，成爲僻詞，以致録文中多次失誤。

6. 唐時新生典故詞語

時代和社會是不斷發展變化的。伴隨着新生事物的出現，新詞也在不斷產生中，典故詞語也不例外。繁榮昌盛的大唐王朝，有許多歷史典故留傳後世，如"鑒真東渡""南柯一夢"等。兩種文獻中已經出現一些唐時新產生的典故詞語。

燒尾

《唐故甘泉院禪大師靈塔記》："上天燒尾，别創風雷。"

燒尾，指皇上的宴請。唐封演《封氏聞見記》卷五："士子初登榮進及遷除，朋僚慰賀，必盛置酒饌音樂，以展歡宴，謂之'燒尾'，説者謂虎變爲人，懼尾不化，須爲焚除，乃得成人。故以初蒙拜授，如虎得爲人，本尾猶在，體氣既合，方爲焚之，故云燒尾。一云新羊入群，乃爲諸羊所觸，不相親附，火燒其尾則定。貞觀中，太宗嘗問朱子奢燒尾事，子奢以燒羊事對。及中宗時，兵部尚書韋嗣立新入三品，户部侍郎趙彦昭假金紫，吏部侍郎崔湜復舊官，上命燒尾，令于興慶池設食。"用來比喻登弟或得到賞識。唐許渾《晚登龍門驛樓》："青嶂遠分從地斷，洪流高瀉自天來。風雲有路皆燒尾，波浪無程盡曝腮。心感膺門身過此，晚山秋樹獨徘徊。"

第二節　口語詞語

敦煌邈真贊與唐代佛徒墓誌是爲了紀念和頌讚亡者而作，出於對亡

第二章　敦煌邈真贊與唐代佛徒墓誌本土詞彙

人的尊重,加之文獻體例的限制,用詞大多莊重典雅,口語詞使用不是很廣泛。但由於撰者的文化水準參差不齊,贊主和誌主的身份地位高低不同,在記叙他們的生平履歷和事迹中,當時當地的日常生活、人際交往不可避免地躍然字裏行間,在兩種文獻中出現了一些唐時口語詞彙。如表示約數的"來",表示複數的"等",表示方位的"偏";以"小子"指稱"兒子","地主"指稱"主人","半子"指稱"女婿"等;"吃水"即現在的"喝水","布席"即現在的"安排坐位","寫真"就是現在的"畫像"等等。今選擇部分唐時口語詞加以釋證,以管窺唐時語言面貌。

1. 翻經用語

唐時佛教興盛,佛經翻譯有不可磨滅之功。譯經依靠國家的支持,有專門的譯場和譯師。玄奘、義净、不空等名僧之外,各地都有譯師。兩種文獻中留存的翻經用語,即反映了當時的盛況。

(1) 唐書——漢書——胡書——梵文

P.4660《吴和尚邈真贊》:"葉流寶字,傳譯唐書。"

"寶字"與"唐書"對舉,唐書指漢字。佛教東流,借譯經而得以興盛。漢魏以來,翻譯佛經的高僧層出不窮,著名的有攝摩騰、竺法蘭、沙門安静、沙門支謙、天竺沙門竺佛朔、西域沙門康僧會、月支沙門竺法護等人。翻譯佛經稱作"傳譯",用來翻譯的佛經原卷稱作"胡本",梵語等語言稱作"胡語""胡言"和"梵語"等,文字則稱作"胡書"和"梵書"。與這些詞語相對應,加之佛經翻譯歷經了漢、魏、唐等朝代,又産生了"漢語""漢言""魏言""唐言""華言"等詞,用來指漢語,而"漢書""唐書"等詞則指漢字。"漢""魏""唐"都不是現代漢語常用的朝代名如漢代、北魏或唐代等意義,而是與"華"同義,指中土地域,相當於國名。南朝釋僧祐《出三藏記集·支謙傳第六》:"十歲學書,同時學者皆伏其聰敏。十三學胡書,備通六國語。"後晉劉昫《舊唐書·龜兹傳》:"學胡書及婆羅門書、算計之事,尤重佛法。"[1]胡書,即指梵文文字,爲龜兹國文字。宋包信《翻經

---

[1] (後晉)劉昫《舊唐書·龜兹傳》,北京:中華書局,1997年,5302頁。

臺》:"野蔓高臺下,前朝記不誣。金文翻古偈,漢字變胡書。彩線風飄斷,緗縑火燼餘。"漢字與胡書相對。胡書,即梵文文字。所以漢書、唐書指漢文或漢字。因時代不同,每個時代的少數民族稱謂漢語所用的詞語也不同,北魏時用"魏言"一詞,唐李延壽《北史·爾朱榮傳》:"秀容界有池三所,在高山上,清深不測,相傳曰祁連池,魏言天池也。"[1]魏言,意思是大魏語言,即漢語。北魏楊衒之《洛陽伽藍記》卷四:"摩羅聰慧利根,學窮釋氏,至中國,即曉魏言隸書,凡聞見,無不通解,是以道俗貴賤,同歸仰之。"魏言隸書,即漢語言和文字。北魏時,隸書通行,隸書即指代漢字。又:"豆代,猶魏言駕馭開張也;可汗,猶魏言皇帝也。"魏言,即漢語。漢語也稱"漢言"。南朝釋僧祐《出三藏記集·小乘迷學竺法度造異儀記第五》:"法度善閑漢言,至授戒,先作胡語,不令漢知。"唐時,西域南番諸國稱中國爲唐家,稱漢語爲唐言。唐段成式《酉陽雜俎·諾皋記上》:"大定初,有士人隨新羅使,風吹至一處,人皆長須,語與唐言通,號長須國。人物茂盛,棟宇衣冠,稍異中國,地曰扶桑洲。"唐法海《六祖壇經》卷一:"摩訶般若波羅蜜者,西國梵語,唐言大智惠彼岸到。"宋周密《齊東野語》卷十六:"梵言'扇搋半擇迦',唐言黃門。"宋江少虞《宋朝事實類苑》卷七十七:"南蕃呼中國爲唐。太宗洎明皇擒中天竺王,取龜茲爲四鎮,以至城郭諸國皆列爲郡縣。至今廣州胡人,呼中國爲唐家,華言爲唐言。""魏言""唐言"的產生與時代相關。而"漢言""華言"則更爲通用。北齊佚名《齊故開府儀同雲公銘》:"入魏爲北部莫弗,藏姓爲口豆連氏,漢言雲也。"北齊魏收《魏書·釋老志》:"浮屠正號曰佛陁,佛陁與浮圖聲相近,皆西方言,其來轉爲二音。華言譯之則謂淨覺,言滅穢成明,道爲聖悟。"[2]唐魏徵、令狐德棻《隋書·佛經志》:"舍太子位,出家學道,勤行精進,覺悟一切種智,而謂之佛,亦曰佛陀,亦曰淨屠,皆胡言也。華言譯之爲淨覺。"[3]唐劉軻《大唐三藏大遍覺法師塔銘并序》:"梵語華言,胡漢相

---

[1] (唐)李延壽《北史·爾朱榮傳》,北京:中華書局,1974年,1751頁。
[2] (北齊)魏收《魏書·釋老志》,北京:中華書局,1995年,3026頁。
[3] (唐)魏徵、令狐德棻《隋書·佛經志》,北京:中華書局,1982年,1095頁。

第二章　敦煌邈真贊與唐代佛徒墓誌本土詞彙

宣。"梵語、華言對舉，華言即指漢語。漢言，也稱漢語。唐釋智昇《開元釋教錄》卷二："叔蘭幼而聰辯，從二舅諮受經法，一聞而悟，善胡漢語及書，亦兼諸文史。但言萬象既生，假名遂立，梵言菩提，漢語曰道。"善胡漢語及書，即擅長胡、漢語言及文字。南朝釋僧祐《出三藏記集·佛念法師傳第五》："苻堅僞建元之中，外國沙門僧伽跋澄及曇摩難提入長安，堅秘書郎趙政請跋澄出《婆須蜜經》胡本，當時名德莫能傳譯，衆咸推念。於是澄執梵文，令譯漢語，質斷疑義，音字方明。"胡本，指佛經原本。梵文，指梵語寫成的佛經，漢語，把梵文翻譯成漢語。唐戴孚《廣異記·蔡希閔》："命火視之，乃婦人也。衣黃綢裙布衫，言語不通，遂目爲天女。後五六年，能漢語。問其鄉國，不之知。"唐岑參《與獨孤漸道別長句兼呈嚴八侍御》："花門將軍善胡歌，葉河蕃王能漢語。"《敦煌歌辭·何滿子辭第三》："城傍獵騎各翩翩，側坐金鞍調馬鞭。胡言漢語真難會，聽取胡歌甚可憐。"胡言漢語并舉，漢語指中國話。

（2）傳譯——傳通——翻傳——傳——譯

P.4660《吳和尚邈真贊》："檜葉教化，傳譯漢書。"P.3556《渾子盈邈真贊》："明閑禮則，傳戎音得順君情；美舌甜唇，譯蕃語羌渾嘆美。"

"檜"，原卷作"栓"，檜葉教化，應該是化用佛經翻譯的典故。傳譯漢書，即將佛經譯爲漢字。傳譯，即翻譯。南朝釋僧祐《出三藏記集·支謙傳第二》："以靈帝光和、中平之間，傳譯胡文，出《般若道行品》《首楞嚴》《般舟三昧》等三經。"傳譯胡文，即翻譯胡文佛經。出，意爲翻譯。魏言，也稱華言。另一篇 P.4660《吳和尚邈真贊》作："葉流寶字，傳譯唐書。"隋張公禮《龍藏寺碑》："所以金編寶字，玉牒綸言，滿封盈函，雲飛雨散。"寶字，指將要翻譯的佛經。"唐書"與"漢書"同義，都指翻譯成漢字的佛經。書，指文字。翻譯佛經。也指翻譯的佛經。陳廢帝《勝天王般若懺文》："我皇帝承家建國，光前絶後。道格天地，通被幽微。大啓慈悲，廣開智慧。施造化以仁壽，濟蒼生於解脱。異世界而承風，殊刹土而回應。真人間出，法寶傳通。"法寶傳通，指翻譯佛經。北齊任道林《修述鄴宮新

65

殿廢佛詔對事》:"自漢至今,逾五百載,王公卿士,遵奉傳通,及至大周,頓令廢絕。"傳通,指翻譯的佛經。也做動詞,指翻譯。P.4660《梁僧政邈真贊》:"慇懃善誘,不倦傳通。""傳",原卷作"傳"。鄭誤爲"博"字。P.4660《陰律伯真儀贊》:"門傳積慶,花萼流芳。""傳",原卷作"傳"。P.4660《李和尚寫真贊》:"宰相判官兼太學博士從兄李頵撰。""博",原卷作"博"。《崔法師墓誌》:"法師俗姓崔,博陵人也。""博",原石作"博"。傳、博,字形極似,易誤識。翻譯佛經,又可稱爲"翻傳"。P.2991《張靈俊寫真贊》:"杏壇流訓,梵漢翻傳。"宋釋贊寧《宋高僧傳》卷三:"後於廣府遇一梵僧齎多羅葉經一夾,請共翻傳,勒成十卷。"

(3) 蕃語——蕃言——戎音

P.3556《渾子盈邈真贊》:"明閑禮則,傳戎音得順君情;美舌甜唇,譯蕃語羌渾嘆美。"

"戎音"與"蕃語"相對,"戎音"泛指西域少數民族語言,"蕃語"指西藏語。"蕃語"又作"蕃言"。P.3556《渾子盈邈真贊》:"明閑軌則,傳譯蕃言。"傳、譯、傳譯都是翻譯的意思。

2. 人物稱謂

喪葬類文獻在記述誌主或贊主的生平中,常常需要陳述其社會關係和家庭成員情況。趙超《古代墓誌通論》認爲:"古代的墓誌主要以記錄墓主的生平事迹與家庭情況爲主,屬於一種記實的實用文體。"[1]因而兩種文獻中含有豐富的人物稱謂詞語,在叙述人物事迹中,口語詞的表達會使祭文更加生動親切。

(1) 婆

P.4660《炫闍梨贊》:"炫教授門弟諸賢請知舊事,因婆兩目再朗,復是希奇。"

炫闍梨的母親曾經失明,經過多年醫治,也不見好。但炫闍梨非常孝

―――――――――
〔1〕 趙超《古代墓誌通論》,北京:紫禁城出版社,2003年,215頁。

第二章　敦煌邈真贊與唐代佛徒墓誌本土詞彙

順,後來他母親的雙眼竟自然復明。即贊文中所述"慈母喪目,向經數年,方術醫治,竟不痊退。感子至孝,雙目却明。"P.4660《炫闍梨贊》:"炫教授門弟諸賢請知舊事,因婆兩目再朗,復是希奇。"其"婆"正指母親,而不指"祖母"。唐時,"婆"指母親或母親一輩的女姓,由來已久。《樂府詩集·橫吹曲辭五·折楊柳枝歌二》:"阿婆不嫁女,那得孫兒抱。"阿婆,即女之母親。北齊魏收《魏書·汲固傳》:"憲即爲固長育至十餘歲,恒呼固夫婦爲郎婆。"[1]憲,即李憲,汲固把他養到十多歲,所以他經常叫汲固夫婦"郎婆","郎婆",即父母。後晉劉昫《舊唐書·哀帝本紀》:"内出宣旨:'孀婆楊氏可賜號昭儀,孀婆王氏可封郡夫人,第二孀婆王氏先帝已封郡夫人,准楊氏例改封。'中書奏議言:'乳母古無封夫人賜内職之例,近代因循,殊乖典故。昔漢順帝以乳母宋氏爲山陽君,安帝乳母王氏曰野王君,當時朝議非之。今國祚中興,禮宜求舊。臣等商量,楊氏望賜號安聖君,王氏曰福聖君,第二王氏曰康聖君。'從之。"[2]"孀婆"即文中的"乳母"。

(2) 娘娘

P.2482《氾府君圖真贊》:"執姊妹手,千萬好事于娘娘;别妻子顔,此世難逢而再會。"

府君臨别囑託他的姊妹,一定要好好侍奉"娘娘","娘娘",即其母親。隋韋世康《在絳州與子弟書》:"禄豈須多,防滿則退;年不待暮,有疾便辭。况娘春秋已高,温清宜奉,晨昏有闕,罪在我躬。"韋世康以其母親春秋已高,提出歸家養老。娘,指其母親。《敦煌變文校注·目連緣起》:"娘娘且是親生母,我是娘娘親福(腹)兒。"娘娘,目連稱説自己母親。

(3) 小子

《崇教寺李淨覺塔銘》:"已相川原,將樹松檟,兹塔如踴,惟靈永安。日月雖除,終身荼毒。諸惟小子,前左領軍衛倉曹參軍收述德而頌。"

小子,指兒子。唐劉禹錫《子劉子自傳》:"小子承夙訓,禀遺教,眇然

---

[1] (北齊)魏收《魏書·汲固傳》,北京:中華書局,1995年,1891頁。
[2] (後晉)劉昫《舊唐書·哀帝本紀》,北京:中華書局,1997年,799頁。

一身,奉尊夫人不敢殞滅。"小子,劉禹錫對母親自稱。宋蘇轍《伯父墓表》:"公没二十七年,不危狀公遺事,以授公之從子轍曰:'先君既没,而二兄不淑,惟小子僅存,不時記録,久益散滅,則不孝大矣。'"不危,爲蘇涣之子。句中"小子",爲蘇涣自稱。

(4) 地主

《魏州故禪大德獎公塔碑》:"赴地主之邀迎,會天人之供施。"

地主,主人。唐薛漁思《河東記·韋丹》:"其俗相傳,此樹有花,地主大憂。元和八年,韋在位,一旦樹忽生花,韋遂去官,至中路而卒。"地主,花所在地的主人。宋陸游《貧甚戲作絶句》:"處窮上策更誰如,日晏猶眠爲腹虚。尚闕鄰僧分供米,敢煩地主送園蔬。"金元好問《續夷堅志·蕭卜異政》:"蕭卜貞佑中爲壽州。一日,楊津巡邏回,忽馬前一黄犬,掉尾馴擾,且走且顧,如欲導人者,卜遣二卒隨之,徑至西河岸甃井中,垂頭下視,卒就觀之,井垠有微血,一尸在内,即馳報卜,呼地主守護之。犬又導入城,望見一客店,鳴吠不已,如有所訴,卜呼主人者至,主人識此犬。"地主,指井所在地主人。

(5) 弟子等

《聖道寺故大比丘尼僧滔法師灰身塔記》:"聖道寺故大比丘尼僧滔法師灰身塔記,大唐顯慶三年二月八日弟子等法義敬造。"

弟子等,猶弟子輩,弟子們。等,助詞,表示同類人、同輩人。後周釋道安《訓門人遺誡九章》:"敬謝諸弟子等,夫出家爲道,至重至難,不可自輕,不可自易。"唐顯慶四年《光天寺故大比丘尼智守法師灰身塔》:"大唐顯慶四年四月十四日弟子等僧慶敬造。"唐日本僧人圓仁《入唐求法巡禮行記》卷三:"靈仙三藏先曾多在鐵勤蘭若及七佛教誡院。後來此寺,住浴室院。被人藥(煞),中毒而亡過。弟子等埋殯,未知何處。"弟子等法義,即弟子輩法義,而不表示列舉未盡、諸如此類等。明吴承恩《西遊記》第九十九回:"那三層門下,有五方揭諦、四值功曹、六丁六甲、護教伽藍,走向觀音菩薩前啓道:'弟子等向蒙菩薩法旨,暗中保護聖僧,今日聖僧行滿,菩薩繳了佛祖金旨,我等望菩薩准繳法旨。'"弟子等,即所有佛弟子們。

第二章　敦煌邈真贊與唐代佛徒墓誌本土詞彙

我等，即我們。

（6）道俗——道途——行路——道路

S.390《氾嗣宗邈真贊》："道俗而咽泣含酸，行路而傷嗟抴淚。"

道俗，出家人和世俗人，用來泛指衆人。南朝釋僧祐《出三藏記集·道生法師傳第四》："觀聽之衆，莫不悟悦，法席將畢，忽見麈尾紛然而墜，端坐正容，隱几而卒，顏色不異，似若入定。道俗嗟駭，遠近悲涼。於是京邑諸僧内慚自疚，追而信服。""道俗"，與"遠近"相對，"遠近"泛指衆人。隋王劭《舍利感應記》："初入州境，先令家家灑埽，覆諸穢惡，道俗士女，傾城遠迎。""士女"，指男女，用不同性別并舉，泛指各種人。"道俗"，用宗教非宗教并舉，泛指所有人。P.4660《索智岳邈真贊》："門徒悲兮切切，道俗感兮綿綿。""門徒"與"道俗"對舉。行路，指代路人。後周庾信《周使持節大將軍廣化郡開國公丘乃敦崇傳》："崇兄弟勝衣，備罹禍酷，同氣長養，得及全人，今者來歸，更連凶閔，每一悲慟，行路傷心。撫養愛子，情深馬援之慈；恭事寡嫂，義甚顏含之孝。"唐長孫佐輔《別友人》："誰遣同衾又分手，不如行路本無情。"同衾，比喻親近的人。行路，路人，泛指不相識的人。P.4660《梁僧政邈真贊》："行路怵惕，鄰里綴（輟）舂。門人聚哭，遍城愁容，邈之影像，播美無窮。""行路""鄰里""門人""遍城"等同舉，泛指各種人。"行路"與"鄰里"相對，指路人。"道路"，也可指代路人，泛指衆人。P.4638《曹良才邈真贊》："府僚哽噎，道路悲[泣]。"P.2482《張懷慶邈真贊》："道路傷嗟，共助哀悲。"鄭録"道俗"爲"道途"，但"道途"多指路途，并不指代路人。晉孫綽《諫移都洛陽疏》："田宅不可復售，舟車無從而得。舍安樂之國，適習亂之鄉。出必安之地，就累卵之危。將頓仆道途，飄溺江川，僅有達者。"唐白居易《王夫子》："道途雖遠位雖卑，月俸猶堪活妻子。"今查核原卷，"道"字下清楚作"俗"字。故以"道俗"爲是。

（7）坊鄰

P.2482《閻海員邈真贊》："舉族哀號，坊鄰慟泣。""舉族""坊鄰"對舉，泛指衆人。

宋洪邁《夷堅丙志》卷九："開封縣前茶肆家，未明，起拂拭案榻，見若

69

犬蹲其旁，至旦視之，龍也，有聲如牛，驚而仆。茶肆與軍器作坊鄰，諸卒適赴役，見之殺而分其肉，街吏懼不敢奏。"坊鄰，指鄰居。

（8）坊巷

P.2970《陰善雄邈真贊》："一郡廢業，坊巷停舂。"

坊巷，指鄰里街道。《敦煌變文校注·大目乾連冥間救母變文》："目連蒙佛敕，遂即托鉢持盂，尋覓阿娘。不問貧富坊巷，行衣（於）匝合，總不見阿娘。"目連母親托身爲黑狗，目連沿街尋找。坊巷，指街道。宋孫光憲《北夢瑣言》卷十一："唐咸通亂離後，坊巷訛言關三郎鬼兵入城，家家恐悚，罹其患者令人寒熱戰慄，亦無大苦。"坊巷，街道，引申指民間。

（9）丈夫兒——大丈夫兒

P.2970《陰善雄邈真贊》："立丈夫兒之志節，一人獨勇而當千。"

丈夫兒，即大丈夫，指有志氣、情操的男子。敦煌卷子中多作"丈夫兒"。P.2970《陰善雄邈真贊》："立丈夫兒之志節，一人獨勇而當千。"唐王梵志《罵妻早是惡》："罵妻早是惡，打婦更無知。索強欺得客，可是丈夫兒？有勢不煩倚。"《敦煌變文校注·雙恩記》："忠孝仕君親，不合逆王意。忝作丈夫兒，爭合爲天地。"或作"大丈夫兒"，《敦煌變文校注·伍子胥變文》："大丈夫兒天道通，提戈驟甲遠從戎，戰卒驍雄如虎豹，鐵騎生獰（狰獰）真似龍。"其他文獻也有用例，但不如敦煌文獻使用頻率高。唐貫休《山居詩二十四首》："如斯標緻雖清拙，大丈夫兒合自由。"宋釋道原《景德傳燈錄》卷三十："我是大丈夫兒，養妻養子。"

（10）厶甲——厶乙

P.3556《渾子盈邈真贊》："唐故河西歸義軍節度押衙兼右二將頭銀青光禄大夫檢校國子祭酒兼御史中丞上柱國渾厶甲邈真贊并序。"

厶甲，用來謙稱自己，用同"厶乙"，猶"某某"。敦煌卷子以"厶乙"爲多。蔣禮鴻《敦煌變文字義通釋》："厶乙是一種寓名，可用於自稱，也可用於他稱，而且貴賤男女通用。"[1] P.3556《康賢照邈真贊》："厶乙釋中

---

[1] 蔣禮鴻《敦煌變文字義通釋》，上海：上海古籍出版社，1997年，4頁。

第二章 敦煌邈真贊與唐代佛徒墓誌本土詞彙

才荒,忝侍門人,奉贊難勉。""厶乙",原卷作" "，爲兩字上下連寫。依他卷録爲"厶乙"爲妥。P.3556《曹闍梨邈真贊》:"大周故大乘寺法律尼臨壇賜紫大德沙門厶乙邈真贊并序。"厶乙,原卷即作" "。

（11）當人

P.3718《薛善通邈真贊》:"初任節度押衙,守常樂縣令,主轄當人,安邊定塞。"

當人,當地人、當事人的省稱。宋沈義父《樂府指迷》:"壽曲最難作,切宜戒壽酒、壽香、老人星、千春百歲之類。須打破舊曲規模,祗形容當人事業才能,隱然有祝頌之意方好。"當人,當事人,即所祝壽星。唐懷信《坐禪銘》:"參禪學道幾般樣,要在當人能擇上。"當人,學道參禪的當事人。宋郭若虛《圖畫見聞志》卷一:"大率圖畫,風力氣韻,固在當人。"當人,指畫工。宋僧圜悟克勤《碧巖録》卷一:"枯木龍吟真見道,髑髏無識眼初明。喜識盡時消息盡,當人那辨濁中清。"當人,當事人。宋僧賾藏《古尊宿語録》卷三十二:"諸人上來要個什麽事,須是當人自作活計,莫聽他人說。""他人"與"當人"對舉,他人,指別人。當人,指當事人。P.3718《薛善通邈真贊》:"初任節度押衙,守常樂縣令,主轄當人,安邊定塞。"主轄當人,薛善通任常樂縣令,主管當地人。

（12）矩兄——令弟——元兄——賢兄——長兄——慈兄——幼弟

P.4660《故吴和尚贊》:"矩兄令弟,果報俱圓。"

矩,原卷清晰作" "字。兄,一般多冠以"賢"字爲"賢兄"。P.4660《李和尚寫真贊》:"賢兄心碎,遊子懷悲。"P.4660《陰法律邈真贊》:"賢兄慟骨,靡陳心素。"其賢字作" "。爲了與"令弟"一詞相對,書手臨時構詞作"矩兄",義爲有規矩、有法度的兄長。與"令弟"相對的詞還有"名兄""賢昆"等。唐薛稷《餞許州宋司馬赴任》:"令弟與名兄,高才振兩京。"唐王維《和陳監四郎秋雨中思從弟據》:"平原思令弟,康樂謝賢昆。"與"幼弟"相對的詞又有"慈兄"。P.3718《□憂道邈真贊》:"幼弟號咽,恨慈兄之永歸。""慈兄"又稱"長兄"。P.3718《程政信邈真贊》:"門人失序,

71

徒衆惶惶。長兄奉使,不遇師亡。""長兄"又可稱爲元兄。《唐東都安國寺故臨壇大德塔下銘并序》:"贈揚州都督諱瓘之愛女,元兄浙東觀察使兼御史大夫、贈太子太師邠國公曰温,勳業恩榮,光于史諜。"元兄,即長兄。唐韋應物《送蘇評事》:"季弟仕譙都,元兄坐蘭省。"季弟、元兄相對舉,季弟指小弟,元兄指長兄。唐韓愈《祭鄭夫人文》:"昔在韶州之行,受命于元兄;曰:'爾幼養于嫂,喪服必以期!'今其敢忘?天實臨之!"元兄,其長兄,故稱其妻爲嫂。

3. 日常用語

兩種文獻在陳述贊主或誌主的生平中,描述了他們的生活起居和言語行爲,所用詞語具有較強的口語性。

(1) 來

《新羅國故兩朝國師教謚朗空大師白月棲雲之塔碑銘》:"至三年十一月中,改葬於東蠻之頂,去寺三百來步。"

來,表示約數,三百來步,即三百步左右。來,表示概數,江藍生在《概數詞"來"的歷史考察》中,詳細考察了"來"的源起和意義,指明所見最早例出自《入唐求法巡禮行記》,是唐時口語的反映[1]。唐代墓誌作爲出土實物文字,也證明了這一語言事實。唐戴孚《廣異記・李湜》:"湜既悟,形貌流涎,輒病十來日而後可。"宋劉鎮《感皇恩・壽趙路公八十》:"願同彭祖,尚有八百來歲。"明凌濛初《初刻拍案驚奇》卷十二:"仍舊望牆回丢了進去,走開十來步,遠遠地站着,看他有何動静。"

(2) 東偏、西偏

《大唐長生禪寺僧本智塔銘并序》:"遺命火焚,建塔東偏嘉禾村地内。"《大唐東都敬愛寺故開法臨壇大德法玩禪師塔銘并序》:"以貞元六年秋八月十三日寂滅于東都敬愛寺,越十九日,門弟子等奉全身建塔於嵩丘少林寺之西偏,縗杖執紼,赴葬會葬者以萬數。"

東偏,即東邊。唐柳宗元《永州龍興寺修浄土院記》:"永州龍興寺,

---

[1] 江藍生《近代漢語探源》,北京:商務印書館,2000年,1頁。

第二章　敦煌邈真贊與唐代佛徒墓誌本土詞彙

前刺史李承晊及僧法林,置净土堂於寺之東偏,常奉斯事。"西偏,即西邊。唐戴孚《廣異記·宣州兒》:"久之,見夢于父云:'身已爲悵,明日引虎來,宜於西偏速修一阱。'父乃與村人作阱。阱成之日,果得虎。"西偏,指道路西邊。宋張師正《括異志》卷四《王待制》:"天章閣待制平晉王公質之謫守海陵也,郡之監兵治宇之西偏有射堂,堂之前藝蔬爲圃。"監兵辦公處西邊有射堂。説明唐時表示方位,在"偏"之前加方位名詞爲常用方式。

（3）布席

《衢州龍興寺故律師體公碑》:"誦戒至三日,屬衆僧布席,登座宣説,無有遺文。"

布席,鋪開席子。也喻安排座位。唐李延壽《北史·楊侗傳》:"侗知不免,請與母相見,不許。遂布席焚香禮佛,咒曰:'從今以去,願不生帝王尊貴家。'及仰藥,不能時絶,更以帛縊之。"[1] 布席,鋪開席子,用來跪拜。唐李華《杭州餘姚縣龍泉寺故大律師碑》:"乃獲一席,信心必隨。嘗講大乘,方攝齊登座,侍者布席,微爽律文,即命撤席,汗衣以俟明日。"宋吴曾《能改齋漫録》卷十四《東坡四言》:"布席開宴,初日下照。"現在北方的一些地區,如山西、陝西、甘肅等,把安排婚宴、壽宴等宴請,稱爲"安席""布席"等。

（4）住居

P.4660《炫闍梨贊》:"先住居金光明伽藍,依法秀律師受業,門弟數廣,獨得昇堂。"

動詞,居住,住在。唐李百藥《北齊書·帝紀》:"住居白道南,數有赤光紫氣之異,隣人以爲怪,勸徙居以避之。"[2]《敦煌變文校注·廬山遠公話》:"遠公曰:'老人住居何處,聽法多時,不委姓名,要知委。'"也可作名詞,義爲住址或住所。北宋王溥《唐會要》卷五十五《匭》:"須知進狀人姓名住居去處,或要召問。""姓名""住居""去處"并列提舉,同爲名詞。

---

[1]（唐）李延壽《北史·楊侗傳》,北京:中華書局,1974年,2479頁。
[2]（唐）李百藥《北齊書·帝紀》,北京:中華書局,1972年,1頁。

（5）曉了

S.390《汜嗣宗邈真贊》："五乘曉了，八藏該通。"

曉了，徹底明白。佛經的教義需要認真領會，方能真正知曉明白。《敦煌變文校注·維摩詰經講經文》："三明曉了，八解周圓。以出離於娑婆，不沉埋於生死。"唐賈島《送僧》："曉了蓮經義，堪任寶蓋迎。"北宋張君房《雲笈七籤》卷四十九："昔雖奉行，未能曉了，願爲究盡，使後來末學得知真要。"鄭據 P.2481《副僧統和尚邈真贊》："五乘曉朗，八藏該通。"校錄此句也作"五乘曉朗，八藏該通"。今核原卷"了"字清晰作"了"，故當以"曉了"爲是。

（6）時晌

P.2482《汜府君圖真贊》："何兮逝逼，不容時晌。"

時晌，一時片刻，時間不久。唐寒山《我見世間人》："牛頭努目瞋，出去始時晌。"始時晌，纔片刻。元關漢卿《溫太真玉鏡臺》第一摺："白日短，無時晌，兼夜教，正更長，便誤了翰林院編修有甚忙。我待做師爲學長，祇得一件後十分應當，離了天堂上，別收拾個幽靜書房。"無時晌，沒有一會時間。

（7）差發

P.3718《李潤晟邈真贊》："治民無訴苦之謠，差發有均平之稱。"

差發，義爲差遣、安排。"差發有均平之稱"，作者稱讚李潤晟差遣別人做事公正平均。唐房玄齡《晉書·成都王穎傳》："大司馬前在陽翟，與強賊相持既久，百姓創痍，饑餓凍餒，宜急振救。乞差發郡縣車，一時運河北邸閣米十五萬斛，以振陽翟饑人。"[1]差發郡縣車，差遣派發各郡縣役車。唐長孫無忌《唐律疏議》卷十六："議曰：依令：'差兵十人以上，并須銅魚、敕書勘同，始合差發。若急須兵處，准程不得奏聞者，聽便差發，即須言上。'若無警急，又不先言上，輒擅發十人以上、九十九人以下，徒一年；滿百人，徒一年半；百人，加一等；七百人以上，流三千里；千人，絞。"差

---

[1]（唐）房玄齡《晉書·成都王穎傳》，北京：中華書局，1974年，1616頁。

第二章 敦煌邈真贊與唐代佛徒墓誌本土詞彙

發,差遣士兵。宋丁特起《靖康紀聞》:"及乞差發得力使臣,多齎金帛,前去激賞,上項首領,各取便路,兼程起發,前來京路會合,伏乞指揮施行。"差發得力使臣,派遣能出力的使臣。另有 P.4638《曹良才邈真贊》內容與此大同小異,可資參證。P.4638《曹良才邈真贊》:"乃恪節當官,不犯清闈之道;差科賦役,無稱偏儻之音;斷割軍州,例嘆均平之好。"斷割軍州,裁決軍州事務,能依例公平公正。差科賦役,差發科派賦稅,公平公正。

(8) 在日

P.3718《李潤晟邈真贊》:"丹青繪影,留在日之真容;略述片言,傳生前之美德。"

在日,在世的時候;生前。唐李延壽《北史·陽尼傳》:"魏收在日,深爲收所輕,魏殂後,以先達見推。位望雖高,虛懷接物,爲搢紳所愛重。"[1]"殂後",死後,與"在日"相對。唐賈島《哭盧仝》:"冢側志石短,文字行參差。無錢買松栽,自生蒿草枝。在日贈我文,淚流把讀時。從玆加敬重,深藏恐失遺。"《敦煌變文校注·雙恩記》:"阿難既被遣出,不那(奈)之何,遂合掌望空,哀苦世尊:'我佛在日,偏休(沐)佛恩;佛隱雙林,我偏失所。(伏)願慈尊,遥垂覆護,小(少)賜威光。却得會中,同集教法。'"後蜀何光遠《鑒誡錄》卷七:"憶昔先皇帝在日,未省無故巡遊。陛下纂承已來,樂意頻離宮闕。"先皇帝在日,指已故皇帝活着時。宋僧圜悟克勤《碧巖錄》卷四:"某等三人,特去禮拜,福緣淺薄,又值歸寂,未審和尚在日,有何言句,請上座舉一兩則看。"和尚在日,和尚活着之時。

(9) 坯軀

身軀,肉體。

P.3718《范海印寫真贊》:"每慮坯軀虛假,翹情禮於五臺。"

"坯軀虛假",指人的身體是虛幻的,因而用心佛教。P.3718《閻子悦寫真贊》:"知身虛假,幻體難延。"身,即坯軀。坯,泥土製成的器物。人的身體如泥土製成,故賤稱人體爲"坯子"。今西北方言仍稱"壞人"爲

---

[1] (唐)李延壽《北史·陽尼傳》,北京:中華書局,1974年,1727頁。

"賊坯"。洪深《香稻米》第一幕:"荷香的娘:(罵她)討打坯!""討打坯",等著挨打的人。P.3718《閻子悦寫真贊》:"每慮坏軀不久,變滅須臾。""坯"字,原卷作"坏",饒本録爲"坏軀","坏"與"坯"通。

(10) 美舌甜脣

P.3556《渾子盈邈真贊》:"明閑禮則,傳戎音得順君情;美舌甜脣,譯蕃語羌渾嘆美。"

美舌甜脣,猶動聽的話語。美舌甜脣,形容渾子盈翻譯語言時流暢動聽。美舌甜脣,口語中也作"美舌甜脣觜"。唐寒山《語你出家輩》:"美舌甜脣觜,諂曲心鈎加。終日禮道場,持經置功課。"或作"甜脣美舌"。宋賾藏主《古尊宿語録》卷三十八:"被他諸方老禿甜脣美舌説作配當。"甜脣美舌,指和尚的花言巧語。

(11) 旋文

P.3556《氾福高邈真贊》:"然頂虧紺螺瑞髻,旋文乃備而黑蜂。"

旋,指頭上毛髮呈旋渦狀的地方。氾福高出生時"頂虧紺螺瑞髻",即頭頂缺少頭髮。撰寫者想借此説明他天生就應該是和尚。但又與衆不同,仍然"旋文乃備",即頭髮上旋渦的紋理仍在。北宋日本丹波康賴《醫心方》卷五:"《龍門方》療大赤眼胎赤方:以繩從頂旋,量至前髮際中,屈繩頭,灸三百炷,驗。"頂旋,頭頂的旋渦。今西北方言仍稱頭髮上的旋渦爲"旋",有兩個旋渦的稱爲"雙旋"。

(12) 數般

P.4660《辭弁邈生贊》:"九九乘除,密解數般。"

數般,幾種。指幾種九九演算法。唐日本僧人圓仁《入唐求法巡禮行記》卷二:"首皆云'一心奉請',次同音唱花供養之文,音曲數般。"音曲數般,指幾種佛教音樂。《敦煌變文校注·廬山遠公話》:"諸家書體,粗會數般。匹馬單槍,任請比試。"書體數般,指幾種字體。

(13) 要關

P.3718《張喜首寫真贊》:"宣白釋門要關,徒衆千僧自悚。"

釋門要關,佛教裏關鍵的事情。宣白,即宣講告知。宋僧圜悟克勤

第二章　敦煌邈真贊與唐代佛徒墓誌本土詞彙

《碧巖録》卷四:"殊不知,古人著語,鎖斷要關,這邊也是,那邊也是,畢竟不在這兩頭。"要關,關鍵部分。

(14) 付囑

P.4638《張保山邈真贊》:"厶宗(厶宗)執手,付囑再三,命撰高(稿)文,希申數字,枉爲頌曰。"

付囑,叮囑、吩咐。梁簡文帝《莊嚴旻法師成實論義疏序》:"法師大漸,深相付囑,豈直田生之亡,獨卧施儲之手,馬公之學,方由鄭氏而陳其義云。"深相付囑,即很認真地叮囑。唐戴孚《廣異記・王光本》:"因付囑家人,度女爲尼,放婢爲平人,事事有理。"王光本妻李氏死後還魂,吩咐家人,不要痛哭,可度女爲尼。《敦煌歌辭・別仙子》:"家私事,頻付囑,上馬臨行説。長思憶,莫負少年時節。""付囑"也作"囑付",二詞義同。P.3677《劉金霞和尚遷神誌銘并序》:"囑付既畢,端然座亡。"

(15) 年初

P.3718《張清通邈真贊》:"年初別俊,異傑天聰。"

年初,即幼年。北齊佚名《齊故金明郡君王氏墓誌銘》:"年初志學,許以大成,彈冠膺命,果資遠略。"年初志學,幼年時有志學問。唐花蕊夫人《宮詞》:"年初十五最風流,新賜雲鬟便上頭。"年初十五,即宮女剛十五歲。唐崔顥《相逢行》:"妾年初二八,家住洛橋頭。玉户臨馳道,朱門近御溝。"年初二八,即剛十六歲。年初,都指年齡幼小。P.3718《張清通邈真贊》:"年初別俊,異傑天聰。"年初,指人生壽命開始的那幾年,即幼年。P.3718《張清通邈真贊》韻文相對應的句子則作:"幼齡別衆,不益不言。""幼齡",與"年初"義同。S.390《氾嗣宗邈真贊》:"師姓氾氏,香號嗣宗;濟北名家,敦煌鼎族。幼年別俊,早歲天聰。""幼年別俊,早歲天聰"與"年初別俊,異傑天聰"句式相類。"年初",即指幼年。

(16) 厭見

P.3556《賈和尚邈真贊》:"上人生厭見,示疾早歸中。"

南朝徐陵《玉臺新咏・王僧儒春怨》:"厭見花成子,多看筍爲竹。""厭見"與"多看"反義對舉。唐盧仝《雜興》:"厨中玉饌盈金盤,方丈厭見

77

嫌不餐。"方丈不願意看到盤中美食，是因爲盤中有肉，是殺生而來。唐戴叔倫《江上別張歡》："年年五湖上，厭見五湖春。"年年居五湖，對於五湖春已經不想看了。宋楊無咎《御街行》："平生厭見花時節。惟衹愛、梅花發。破寒迎臘吐幽姿，占斷一番清絶。照溪印月，帶烟和雨，傍竹仍藏雪。"楊無咎厭見開花時節，却衹喜歡梅花。"厭見"與"衹愛"反義相承，厭見，即不喜歡、不愛見。P.3556《賈和尚邈真贊》："上人生厭見，示疾早歸中。"上人，是對高僧的敬稱。厭見，不愛見，引申指抛棄現世，即亡故。因而示疾回歸。

（17）忻喜

P.4660《張僧政邈真贊》："僉爲僧首，衆所忻喜。"

忻喜，義爲高興、歡喜。後魏宗欽《上皇太子疏請罪人徙邊》："雖舉家投遠，忻喜赴路，力役終身，不敢言苦。"奉皇帝命令，因罪遷往邊疆，心裏再苦，也不能表現出來，衹能是"忻喜赴路"。忻喜，猶欣喜、高興。《敦煌變文校注·齖䶢書》："新婦乃索離書，'廢我別嫁可曾（憎）夫婿。'翁婆聞道色離書，忻忻喜喜。"齖齒可婦索取離婚文書，公婆聽了非常高興。忻忻喜喜，猶忻喜。

（18）暢悦

P.3718《梁幸德邈真贊》："故得皇王暢悦，每詔内燕而傳杯；宜依復還，捧授奇琛而至府。"

暢悦，歡暢喜悦。梁釋慧皎《誦經論》："若乃凝寒靖夜，朗月長宵，獨處閒房，吟諷經典，音吐遒亮，文字分明足使幽顯忻踴，精神暢悦，所謂歌誦法言，以此爲音樂者也。"誦經者要精神歡快，把歌頌法言當作音樂。P.3718《梁幸德邈真贊》："故得皇王暢悦，每詔内燕而傳杯；宜依復還，捧授奇琛而至府。"皇王喜歡梁幸德，經常傳詔令其赴宴。北宋日本丹波康賴《醫心方》卷十九："凡服乳石，莫生嗔怒，調和情性，歡娱暢悦，節房室，省睡眠，不用大嗔、大喜、憂思哭泣，不宜食粗糲冷硬難消之物，可食細軟甘美之味以調之。"服石的人要心情舒暢歡快，纔能避免藥石發動。

第二章 敦煌邈真贊與唐代佛徒墓誌本土詞彙

（19）懇慕

P.3718《范海印寫真贊》："竊以韶年出俗,懇慕真風,訪道理尋師,三冬具進。"

懇慕,真切嚮往。P.2991《張靈俊寫真贊》："情懷金石,懇慕真空。""真風""真空"都喻指佛教義理。

（20）翹情

P.3718《張良真寫真贊》："從心之歲,翹情善緣。"

張良真七十歲時,心慕善緣,投師入寺。翹情,仰慕、懸想之義。P.2482《張懷慶邈真贊》："而又翹情向主,傾心共治而分憂。""翹情向主",仰慕、心想郡主。

（21）念惜

P.2991《張靈俊寫真贊》："譙公念惜良賢,就加紫綬之榮,重錫都僧政之號。"

念惜,義爲想念,憐惜。宋王令一《答友人》："叙其念惜心,投以吊勉詩。語愛則然爾,獨理似或遺。"

（22）唐化

P.4660《吳和尚邈真贊》："自通唐化,薦福明時。"

唐代時,唐指大唐國,而不僅是現在的朝代名。《敦煌歌辭‧獻忠心》："臣遠涉山水,來慕當今。到丹闕,御龍樓。棄氈帳與弓劍,不歸邊地。學唐化,禮儀同,沐恩深。"學唐化,即向"大唐"學習。唐樊綽《蠻書》卷四："雖拘於蠻,心皆向唐化。""唐化",指盛世唐朝的教化。"唐"與"蠻"相對,"蠻"指當時的邊疆小國,與中原大國"唐朝"相對。P.4660《吳和尚邈真贊》："自通唐化,薦福明時。""明時",對當朝的稱頌,意思是政治清明。"明時"與"唐化"相對,"唐化",即指盛世大唐。P.4660《吳和尚邈真贊》："自歸唐化,溥福王畿。"自歸唐化,即接受唐朝的管理。唐化,本是對漢族統治者的美稱,猶"聖朝"。東晉謝靈運《謝對康樂侯表》："值遭泰路,日月改暉,榮落代運,輸稅唐化,生幸無已,不悟天道下濟,鴻均曲成。"唐化,美稱當朝的東晉政府。《敦煌變文校注‧張淮深變文》："諸蕃

79

納質歸唐化。"歸唐化,歸身唐朝,敦煌在大中年間已經不再屬於戎王贊普統治。

（23）畢功

P.4660《梁僧政邈真贊》:"大唐大中十二年歲次戊寅二月癸巳朔十四日丙午畢功記。"

畢功,即完工。北魏楊衒之《洛陽伽藍記》卷一:"裝飾畢功,明帝與太后共登之。"永寧寺裝修完工,明帝和太后共同登寺視察。唐武則天《唐大饗拜洛樂章‧昭和》:"九玄眷命,三聖基隆。奉成先旨,明臺畢功。宗祀展敬,冀表深衷。永昌帝業,式播淳風。"明臺,指明臺樂章。畢功,即完工後,人人作詩慶賀。北宋王溥《唐會要》卷十二《廟制度》:"伏望號爲昭武廟,以昭聖祖受功之盛。興功日,望令差東都分司郎中一人薦告。至畢功日,別差使展敬。"興功,指開始動工,畢功,即完工。昭武廟完工後,需派使者祭拜。P.4660《梁僧政邈真贊》:"大唐大中十二年歲次戊寅二月癸巳朔十四日丙午畢功記"。畢功,説明"贊"是慶祝邈影完工時所寫的。

第三節　文言詞語

兩種文獻因文體所限,在內容句式相同的情況下,爲避重複,顯揚文才,作者必然要精心"遣詞造句",使文義上下相對或相提并舉,因而形成了大量的同義或近義詞語。如邈真寫影類詞語,謙稱自己文辭淺薄的詞語,疾病喪亡類的詞語,描寫後人哀悼傷悲的詞語,形容男性誌主聰明英俊、女性誌主柔順貌美的詞語等等,凸顯了兩種文獻在詞彙上的特色。它們反映了漢語詞彙的豐富性,了解它們的詞彙特點,對校點、閱讀和研究邈真贊文獻有重要的意義。歸納分析這些詞彙,目的不在於發現它們對詞典詞量的補充作用,而是分析詞彙產生的時代、原因和用字的時代特點等,以及利用它們對文獻釋讀的積極作用,以糾正校釋中的失誤,明確掌握文獻通例對校釋文本的意義。

第二章　敦煌邈真贊與唐代佛徒墓誌本土詞彙

1. 宗族世系類

陳述贊主或誌主的裔派，是喪葬類文獻的大要之一。在表述世系族出的句式中，運用到的主要詞語有派、枝派、別派、胤派、貴派、上派等。

（1）派

P.4660《李和尚寫真贊》："派流天外，一胤西陲。"P.4660《王景翼邈真贊》："太原望族，派引敦煌。"

派，指宗族的分枝。述及喪亡者出身時，常用詞語有枝派、別派等詞。P.4660《梁僧政邈真贊》："森森枝派，落落花叢。"《大唐□□寺故比丘尼法琬法師碑文》："曾祖故鄭王亮，諡曰孝，咸池別派，□□□枝，乾垂帝子之星，坤列天孫之岳。"P.2482《張懷慶邈真贊》："南陽上族，胤派西陲。"用來誇讚喪亡者出身高貴，常用詞語有貴派、上派等。P.4660《索公邈真贊》："閥閱貴派，毅勇軍前。"P.3718《程政信邈真贊》："和尚俗姓程氏，香號政信，則武昌之貴派矣。"P.2991《張靈俊寫真贊》："清河貴派，蓮府應賢。"P.3718《李潤晟邈真贊》："公乃渭州上派，因官停轍于龍沙；隴西鼎原，任職已臨於蓮府。"

（2）芳枝

P.3882《□元清邈真贊》："府君宗聯貴族，葉盛芳枝。"

芳枝，對樹枝的美稱。引申指宗族世系。北魏《穆纂墓誌銘》："而昊天不弔，景命云徂。折玉嶺之芳枝，落中天之素月。"折玉嶺之芳枝，比喻穆纂之死亡。南朝徐陵《在北齊與宗室書》："其後金柯玉葉，霞振雲從，耆舊通人，茂才多士。或以天下之貴，負石自沉；王命之尊，拂衣高蹈。或熊衣雉制，青組朱旗；儒盛江東，文高河北。或復分齊處魯，移魏居燕；瓜瓞雖遙，芳枝無遠。""瓜瓞"喻宗族，與"芳枝"近義對舉。P.3882《□元清邈真贊》："府君宗聯貴族，葉盛芳枝。"葉盛芳枝，比喻元清之宗脉世系是貴族豪宗。

（3）一枝

P.3718《范海印寫真贊》："一枝無望，泣淚潺湲。"

枝，樹幹旁生的枝條。比喻家族的分支。常用的詞語有"宗枝""良枝""芳枝""高枝"等。P.4660《李和尚寫真贊》:"五涼甲族,武帝宗枝。"P.2991《報恩吉祥窟記》:"蓋乃金枝玉八(葉),帝子帝孫,與磐石而連基,共維城而作固。"P.3630《閻會恩邈真贊》:"西裔高枝,實敦煌之大蔭。"S.5405《張福慶邈真贊》:"清河貴望,玉塞良枝。"P.3882《□元清邈真贊》:"府君宗聯貴族,葉盛芳枝;家門紹于官班,親派乃承於寵烈。""一枝",整個家族。P.3718《范海印寫真贊》:"一枝無望,泣淚潺湲。"一枝,指范海印家族。今西北方言仍用"枝""枝葉""高枝"等指代家族。P.3718《曹盈達寫真贊》:"一枝無望,哽噎萬千。"一枝,指曹盈達家族。

（4）親枝

P.3718《張喜首寫真贊》:"日流東海之昏,親枝慟傷雲雁。"

親枝,指直系宗族。北魏佚名《元略墓誌銘》:"僞主蕭氏,雅相器尚,等秩親枝,齊賞密席。"等秩親枝,當作親族對待。親枝,指送葬的親族們。其韻文對應句子作"宗親告別,晷刻難移。""宗親",即親枝。《宋大詔令集》卷一百七十九《置睦親宅詔》:"朕丕承天序,厚撫親枝。荷廟祧錫羨之祥,致藩戚廣滋之慶。并開邸第,散處都城。"親枝,指與皇上有血脈關係的其他弟兄。

（5）的親

P.3718《閻勝全邈真贊》:"統權將幕,訓士卒而可謂的親;守職轅門,理戎徒而無偏黨。"

的親,直系親屬。閻勝全對待士兵,就像對待自己的親人一樣,公平均等。P.4638《曹良才邈真贊》:"治民德(得)衆,士卒戀之而的親;雄猛超群,志列共陳平竟轡。"曹良才愛護士兵,得到士兵的擁戴,士兵把他當作自己的親人。宋王栐《燕翼詒謀錄》卷一:"舊制,縣尉捕盜無改官者。乾德六年三月庚寅詔:'尉逐賊被傷,全火,賜緋;三分之二者,減三選、加三階;五分之二者,減二選、加二階;三分之一者,減一選、加一階。縣令獲全火,昇朝人,改服色。余如尉賞。身死者,錄用的親子弟。'"錄用的親子弟,即錄用直系親屬。

82

第二章　敦煌邈真贊與唐代佛徒墓誌本土詞彙

（6）親羅

P.3718《梁幸德邈真贊》："聞之傷切,睹者潸溰。親羅哽咽,預寫生前。"

羅,本指捕鳥的網。"親羅",泛指有各種關係的親戚。梁幸德死後,聽到的、看到的人都很悲傷,送葬的親戚悲嘆氣塞,泣不成聲。《敦煌變文校注·金剛醜女因緣》:"生身父母多嫌棄,姊妹朝朝一似嗔。夫主入來無喜色,親羅未看見殷勤。"金剛醜女因奇醜無比,遭到身邊的父母、姊妹、丈夫的嫌棄,但因是國王的女兒,藏在深閨,親戚們不曾看到她的真實面貌,所以大獻殷勤。

2. 讚頌類

陳述贊主和誌主的行治和履歷,旨在對贊主和誌主歌功頌德,兩類文獻因而彙聚了大量的褒獎詞語,用來讚頌誌主天性和德行。受文體體例所限,記述人物幼年的天資聰穎和成年後的文韜武略最爲集中。

（1）立性——利性

S.5405《張福慶邈真贊》："和尚生之異俊,立性殊奇。"

立性,即稟性,生性。P.4638《曹大王夫人宋氏邈真贊》:"温恭立性,高名傳九族之中。"P.3556《張清净戒邈真贊》:"立性恪節,不犯煩宣;安居守道,廣展金田。"P.3556《張戒珠邈真贊》:"自生神授於坤儀,立性天資於婦道。"P.2991《張靈俊寫真贊》:"和尚早歲出家,童孺學業,心靈以(與)皎月明,利性而宿因自得。"利性,爲"立性"的同音替代。北齊佚名《齊故堯公妻吐谷渾墓誌之銘》:"兼以天情儉素,立性謙虛,親執中饋,躬勞紡績。""天情",天生的性情。與"立性"對舉。隋釋彦琮《法純像贊序》:"昂少所慈育,親供上行,爲之碑文,廣陳盛事。兼以立性閑穆,識悟清爽,文藻橫被,聞於京室。"立性閑穆,指生性大方自如。唐戴孚《廣異記·唐參軍》:"唐洛陽思恭里,有唐參軍者,立性修整,簡於接對。"立性修整,其生性嚴肅認真。P.4638《曹夫人宋氏邈真贊》:"婦道俱明,軌範恒彰於五郡。温恭立性,高名傳九族之中;愕節清貞,美響透六親之内。"温恭立性,稟性温和謙恭。P.3556《張清净戒邈真贊》:"堅持戒學,秋月齊圓。立性恪節，不犯煩宣。"立性恪節，生性恪守志節。而"利性"指藥性快。宋陳師文《太平惠民和劑局方》："此藥無利性，不損氣，脾胃偏虛寒者最宜服。"宋朱瑞章《衛生家寶產科備要》卷六："切不可用利性藥，但調和粥食。如後説調養，津液生則自然流利也。"P.3718《劉慶力邈真贊》："戒圓盛月，長嚴而密護鵝珠。利性爽然，該博而研窮内外。"利性爽然，即立性直爽。"利性"爲"立性"的同音替代。

（2）膺胎——膺世

P.3718《范海印寫真贊》："裕像膺胎，時爲龍沙人也。"

裕像，福像之義。膺胎，懷胎，托胎轉世。P.2991《張靈俊寫真贊》："和尚俗姓張氏，香號靈俊，清河郡天錫之貴系矣，福星膺胎，遂爲敦煌人也。""福星膺胎"與"裕像膺胎"同義。"福星膺胎"或作"福星胎胤"，都表示前世託胎轉世。P.3718《程政信邈真贊》："和尚俗性程氏，香號政信，則武昌之貴派也。福星胎胤，遂爲敦煌人也。"P.3718《曹盈達寫真贊》："公乃英門傑族，膺台宿而誕形。""台"，原卷即作"台"，通"胎"，"膺台宿而誕形"，即託胎轉世。P.3718《張明德邈真贊》："英髦雄傑，濟濟仁風。挺生五百，胎膺星宮。""胎膺星宮"，即誕生傑出的兒子。"膺胎"或作"有胎""託胎"等。P.3556《陳法嚴邈真贊》："和尚俗姓陳氏，香號法嚴，即先大唐三藏卌代之雲孫矣，福生有胎，敦煌人也。"有胎，也指懷孕得子。P.3718《薛善通邈真贊》："託胎而異衆殊祥，藝透而超倫獨秀。"託胎，轉世投生。"應胎"，又與"膺世"義近。多用來描寫賢才的誕生。P.3556《渾子盈邈真贊》："門傳鼎族，歷代名家，行播人間，神聰膺世。"神聰膺世，神奇聰明地來到世間。P.3541V⁰《張善才邈真贊》："偉哉釋首，間代英賢。奇聰神異，膺世半千。"間代，指五百年纔出世。

（3）天錫

P.2991《張靈俊寫真贊》："和尚俗姓張氏，香號靈俊，即清河郡天錫之貴系矣。"

天錫之貴系，上天賜予的高貴世系。晉干寶《搜神記》卷九："雨止，送至門，乃謂比干曰：'公有陰德，今天錫君策，以廣公之子孫。'因出懷中

第二章 敦煌邈真贊與唐代佛徒墓誌本土詞彙

符策,狀如簡,長九寸,凡九百九十枚,以授比干。"天錫,上天賜予。唐柳宗元《祭六伯母文》:"伏惟天錫壽考,神資淑德,高明而和,柔惠且直。敬長慈幼,宗姻仰則,不偕貴位。"其六伯母壽年八十一歲,是上天賜予她長壽。

（4）天假——神假

P.4660《三藏法師（王禪池）圖真贊》:"奇哉高士,天假大志。"

天假,義爲上天授與。用來誇贊人的天賦。P.4660《宋律伯彩真贊》:"賢哉德靈,奇惠天假。"P.4660《令狐公邈真贊》:"幼而天假,長乃日新。"P.3390《張安信邈真贊》:"公乃天假盛貌,神受英靈。""天假"與"神受"對舉義同。"天假"又與"神假"同義,義爲神靈賜與。P.4660《張僧政贊》:"敦煌甲族,墨池張氏。神假精靈,天資秀氣。"P.4660《悟真邈真贊》:"美靈神假,風骨天資。"其"假"字作" "。P.3390《張安信邈真贊》:"天資盛貌,神假英雄。"《長安昭成寺尼大德三乘墓誌》:"神假溫恭,天資淑德,無言成教,有儀是則。"其"假"作" "。

（5）別俊

P.3718《范海印寫真贊》:"前王觀師別俊,偏獎福田之榮。"

別俊,即特別英俊,超出一般人。邈真贊多有其例。P.3556《張清净戒邈真贊》:"天資別俊,應世多奇。"P.3718《曹盈達寫真贊》:"故得鄉傳別俊,大王聞之納心。累度遐瞻,觀顔悚其上識,當娉金枝之女,玉葉相承。"P.3718《張清通寫真贊》:"府君諱清通,字文信,裔派臨也,敦煌人也,年初別俊異傑,天聰神童。"S.390《氾嗣宗邈真贊》:"幼年別俊,早歲天聰。""別俊",或作"別儁"。P.3718《閻子悦寫真贊》:"韶年別儁,業包吐鳳之才;二八之臨,頓獲忠貞之節。"其"儁"字原卷作" "。

（6）鼎師

P.4660《吴和尚邈真贊》:"大哉辯士,爲國鼎師。"

"鼎",義爲"大"。如"鼎族""鼎臣"等詞,其義爲"大族""大臣"。後周庾信《周車騎大將軍賀婁公神道碑》:"公六郡良家,西河鼎族,地壯金

85

行,人雄塞氣。""良家""西河鼎族",即西河大族。與"六郡良家"相對爲文,指其出身高貴。後晉劉昫《舊唐書·高祖本紀》:"隋右驍衛大將軍李金才、左光禄大夫李敏,并鼎族高門,元功世胄,横受屠殺,朝野稱冤。"[1]"鼎族""高門"同義并舉。P.3718《□憂道邈真贊》:"鼎族傳芳,勳庸宿著。""鼎族傳芳",大族芳名流傳。S.390《氾嗣宗邈真贊》:"師姓氾氏,香號嗣宗。濟北名家,敦煌鼎族。""名家""鼎族"對舉。晉胡義周《統萬城功德銘》:"然宰司鼎臣,群黎士庶,僉以爲重威之式,有闕前王。""宰司鼎臣",代指高官大臣。《宋大詔令集》卷十七《册曹皇后文》:"自爲宗黨之憲,長秋曠位。陰教未序,諮求訓範,統正六列。宗公鼎臣,誦言於朝。"鼎臣,指輔佐朝庭的要臣。故"鼎師"義爲"大師""高僧"。P.4660《吴和尚邈真贊》:"大哉辯士,爲國鼎師。""爲國鼎師",即國家的高僧大師。唐時有名的高僧,法名即作"鼎師"。唐張鷟《朝野僉載》卷三:"則天朝有鼎師者,瀛州博野人,有奇行。太平公主進,則天試之,以銀甕盛酒三斗,一舉而飲盡。"鼎師,即大師。

(7)美響

P.4638《曹大王夫人宋氏邈真贊》:"温恭立性,高名傳九族之中;愕節清貞,美響透六親之内。"

美響,美好的名聲。《齊故郡君尉氏娘娘墓誌銘》:"恐美響莫流,加以鐫刻。"美響莫流,美好的名聲不能流傳。P.3556《賈和尚邈真贊》:"□試法律都判,美譽獨振于玄門。後遷賜紫崇秩,美響播傳于蓮塞。"美譽,好的名聲。與"美響"同義對舉。P.4638《曹大王夫人宋氏邈真贊》:"温恭立性,高名傳九族之中;愕節清貞,美響透六親之内。""高名"與"美響"對舉,都指好名聲。

(8)孤邁

P.4660《故法和尚贊》:"大哉我師,碩德孤邁。"

"碩德孤邁",讚法和尚德行超然不俗。孤邁,多形容人物精神風度清

---

[1](後晉)劉昫《舊唐書·高祖本紀》,北京:中華書局,1997年,7頁。

第二章　敦煌邈真贊與唐代佛徒墓誌本土詞彙

高不俗的樣子。唐蘇頲《奉和姚令公溫湯舊館永懷故人盧公之作》："樹德豈孤邁，降神良并出。"北宋文瑩《湘山野錄》卷上："余嘗謂深於詩者，盡欲慕騷人清悲怨感以主其格，語意清切脫灑孤邁則不無。"《漢語大詞典》誤釋其義爲"獨自往來"。并舉書證爲五代劉崇遠《金華子雜編》卷下："（李節）自稱東山道士，杖策孤邁，居止無定所。"杖策孤邁，是指李節經常遠遊，因而居無定所，"孤邁"喻其清高超然不俗，而非獨自往來。

（9）效勇

P.3718《張明集寫真贊》："張掖城下，效勇非輕，左旋在抽，曾何介意。"

效勇，即貢獻武力。後魏崔僧淵《復族兄惠景書》："文士競謀于廟堂，武夫效勇於疆場，若論事勢，此爲實矣。"效勇，貢獻武力和勇氣。南朝蓋吳《上表歸順》："臣以庸鄙，仗義因機，乘寇虜天亡之期，藉二州思奮之憤，故創迹天台，爰暨咸、雍，義風一鼓，率土響同，威聲既張，士卒效勇，師不崇朝，群狡震裂，殄逆鱗于函關，掃凶迹于秦土，非仰協宋靈，俯允群願，焉能若斯者哉。"士卒效勇，士卒在戰場上奮勇殺敵，貢獻力量。P.3718《張明集寫真贊》："張掖城下，效勇非輕，左旋在抽，曾何介意。"效勇非輕，即貢獻了重要的力量。

（10）趍步

P.4660《翟和尚邈真贊》："幼挺英靈，趍步殊常。"

趍，原卷作"踄"，同"趍"。趍步，即"趨步"，義爲舉止、行走，描寫翟和尚與衆不同，特別出衆的樣子。邈真贊通例，另有"獨步"一詞，義爲超出別人，特別出衆。P.3718《閻勝全寫真贊》："鐘鼎家承，閥閱每傳于貴族。間生英傑，處衆而獨步出人。"P.4660《吳和尚邈真贊》："兒率天上，獨步巍巍。"S.4653《薛訶上人寄錫雁閣留題并序呈獻》："至於求經之依，孤征而益暢；道芽匡救之賢，獨步而頗佳。"P.3718《范海印寫真贊》："是以程吞闐域，王宮獨步而頻邀。"P.3720《河西都僧統陰海晏墓誌銘并序》："和尚稟性清廉，名高物外；逍遥獨步，意慕其（真）空。"獨步，常用來描寫某人在某方面有特別的才能，不同於一般人。P.3677《劉金霞和尚遷神誌銘并序》:"秉律則龍堆獨步,修空乃雁塔星條。"P.4640《吳僧統碑》:"長林獨步,賞志新田。"P.4638《曹良才邈真贊》:"故德(得)儒宗獨步,裁詩而滿樹花開;指硯題文,動筆乃碧霄霧散。"P.3718《□憂道邈真贊》:"獨步精通,峭爾丹霄之上。內韜大麓,乘萬古之高踪。"P.3718《李潤晟邈真贊》:"歌令分明,音樂絕世,更兼裁詩獨步,動筆而霧卷雲收。"P.2970《陰善雄邈真贊》:"三端獨步,六順具通。"

（11）優榮

P.3792《張和尚寫真贊》:"儒釋道俗皆投化,郡主稱賢揩優榮。"

優榮,優待和獎勵。梁沈約《宋書·臧質傳》:"遂爵首元等,職班盛級,優榮溢寵,莫與爲疇。"[1]優榮溢寵,優待和獎勵、加倍寵愛。宋薛居正《舊五代史·梁書四·太祖本紀第四》:"癸巳,以禪代已來,思求賢哲,乃下令搜訪牢籠之,期以好爵,待以優榮,各隨其材,咸使登用。"[2]待以優榮,即用優待和獎勵對待賢哲。P.3792《張和尚寫真贊》:"儒釋道俗皆投化,郡主稱賢揩優榮。"譙王提拔獎掖張和尚,賜其爲首座,故序文中曰"金山聖帝,愜擢崇榮"。優榮,即優待并加以褒獎的舉措。

（12）背碑

P.4660《悟真邈真贊》:"人驚玩市,物怪背碑。"

背碑,把石碑上的內容背下來。比喻人很聰慧,有很強的記憶力。隋江總《爲陳後主在東宮臨學聽講令》:"假詞而誦,豈類背碑？吾稟訓晨昏,言詩立禮。"假詞而誦,看到內容即可背誦出來。背碑,即將石碑內容背下來。北宋李昉《太平廣記》卷一四七《高智周》:"智周聰慧,舉朝無比,日誦數萬言,能背碑覆局,淡泊於冠冕,每辭職輒遷,贈越州都督,謚曰定。"後晉劉昫《舊唐書·張蘊古傳》:"張蘊古,相州洹水人也。性聰敏,博涉書傳,善綴文,能背碑覆局,尤曉時務,爲州閭所稱。"[3]"覆局",把

---

〔1〕（梁）沈約《宋書·臧質傳》,北京:中華書局,1975年,1917頁。

〔2〕（宋）薛居正等撰《舊五代史·梁書·太祖紀第四》,北京:中華書局,1995年,63頁。

〔3〕（後晉）劉昫《舊唐書·張蘊古傳》,北京:中華書局,1997年,4992頁。

第二章 敦煌邈真贊與唐代佛徒墓誌本土詞彙

棋路復述一遍。形容記憶力强。"背碑"與"覆局"并舉,都形容人記憶力强。P.4660《悟真邈真贊》:"人驚玩市,物怪背碑。"物怪背碑,人們奇怪悟真有"背碑"的能力,"背碑"用來描寫悟真的聰慧。

(13) 清畏

S.289《李存惠邈真贊》:"不注司局,清畏人知。讓實越於前賢,知足過於後輩。"

清畏,指爲官清廉。後周庾信《周太子太保步陸逞神道碑》:"暗夜有人餉羅數十匹,公閉門不受。行人干觸,具以聞奏。朝野稱之。太尉揚震,直推故吏之金;涼州張奂,高揖羌人之馬。清畏人知,我無慚德。"清畏,指不接受别人財物。宋歐陽修、宋祁《新唐書・王綝傳》:"方慶約官屬不得與交通,犯者痛論以法,境內清畏。"[1]境內清畏,指統治區域廉潔奉法。宋文瑩《玉壺清話》卷七:"後淳化中,參太宗大政。性極清畏。"賈黄中後來因不貪財,得到皇帝"賜錢三百萬,以旌其潔"。"旌其潔"與"清畏"之評語相應,清畏義當是清廉,而非威猛。

(14) 欽伏

P.4660《義曧邈真贊》:"一郡人師,五涼欽伏。"

欽伏,欽佩敬伏。唐柳宗元《與邕州李域中丞論陸卓啓》:"伏承閣下言論之余,每所嗟異,優給家屬,恩禮特殊,行道之人,皆所欽伏。"行道之人,即路人。唐段安節《樂府雜録・俳優》:"即令隔屏風歌之,一聲不失。樂工大驚異,遂請相見,欽伏不已。"樂工唱完新曲後,才人張紅紅,馬上隔著屏風,一聲不差地復唱了一遍,這讓樂工佩服不已。宋釋道原《景德傳燈録》卷十二:"故淺機之流往往嗤之,唯玄學性敏者欽伏。由是諸方歸慕。"玄學性敏的人敬服陳尊宿。P.4660《義曧邈真贊》:"一郡人師,五涼欽伏。""五涼",指代甘肅地區。"五涼欽伏",當地人都敬服義曧和尚。

(15) 高科

P.3556《張戒珠邈真贊》:"是以名因德播,貴以能昇,遷秉義大德之高

---

[1] (宋)歐陽修、宋祁《新唐書・王綝傳》,北京:中華書局,1975年,4223頁。

89

科,授教誡臨壇之上位。"

高科,本指考中科舉。引申指高位。《敦煌變文校注·父母恩重經講經文一》:"堂堂六尺丈夫身,雪色衣裳稱舉人。霄漢會當承雨露,高科登第出風塵。(第,原校作弟)""高科""登第"同義并列。後晉劉昫《舊唐書·元載傳》:"(載)策入高科,授邠州新平尉。"[1]天寶初年,元載科舉高第,被授官邠州新平尉。P.3556《張戒珠邈真贊》:"是以名因德播,貴以能昇,遷秉義大德之高科,授教誡臨壇之上位。""高科",指所昇的"秉義大德"這個高位。

(16)周勤

S.390《氾嗣宗邈真贊》:"繼恩叨承門史,幸忝周勤。"

周勤,周到、完備。《宋大詔令集》卷一百八十五《政事三十八》:"守方遵請朔之文,爰尚周勤,靡忘欽顧。"希望能周到完備,不忘皇家的恩顧。宋郭若虛《圖畫見聞志》卷三:"陳用智,潁川鄢城人,天聖中爲圖畫院祇候。未久,罷歸鄉里。工畫佛道、人馬、山川、林木,精詳巧贍,難跨伊人。但意務周勤,格乏清致。"意務周勤,意在周到完備。《宋大詔令集》卷二百三十七《政事九十》:"爰修于貢職,問安甚至,祝慶惟虔,永念周勤,寔深嘉嘆,故兹示諭。"永念周勤,宋皇帝永遠想著高麗國王的周到勤快。S.390《氾嗣宗邈真贊》:"繼恩叨承門史,幸忝周勤。"繼恩時任節度管内諸司都勾押孔目官兼御史大夫,所以謙虛地説"叨承門史,幸忝周勤",周勤,周到勤快。引申指在身邊服務。

(17)周旋

P.3718《張良真寫真贊》:"遺留祀禮,粗佐虧悊。余以寡識,聊表周旋。"

周旋,意思是周到、完美。敦煌邈真贊習見。P.3718《劉慶力邈真贊》:"逝遷之已(祀),聊佐周旋。余以寡識,助薦同年。"P.3718《張清通寫真贊》:"僉之縣宰,理物周旋。"P.3720《張淮深造窟功德碑》:"侍從龍

---

[1] (後晉)劉昫《舊唐書·元載傳》,北京:中華書局,1997年,3409頁。

第二章　敦煌邈真贊與唐代佛徒墓誌本土詞彙

天,悉周旋而邈塑。裝間衆人,盡[來]擔(瞻)依。體挂六殊,疑聞四諦。"P.3541V⁰《張善才邈真贊》:"乃居西寺,蘊業周旋。"

（18）直實

P.2482《羅盈達邈真贊》:"加以常修直實,不慕奸欺。"

直實,正直誠實。北宋李昉《太平廣記》卷一八四《黃生》:"有黃生者,擢進士第。人問與頗同房否？對曰:'別洞'。黃本溪洞豪姓,生故以此對。人雖哂之,亦賞其直實也。"

（19）提獎

P.3718《梁幸德邈真贊》:"俊以不才之器,寔慚提獎之名；頻邀固詞,粗申輕塵之頌。"

提獎,提拔獎勵。句中靈俊謙虛地認爲自己并無才學,實在有愧前輩的提拔獎勵。唐李百藥《北齊書・魏收傳》:"然提獎後輩,以名行爲先,浮華輕險之徒,雖有才能,弗重也。"〔1〕魏收提拔獎勵後輩,首先考慮其品行道德。後晉劉昫《舊唐書・李百藥傳》:"性好引進後生,提獎不倦。所得俸祿,多散之親黨。"〔2〕李百藥喜歡舉薦、提拔獎勵後輩。宋李燾《續資治通鑒長編》卷四百十三:"原其深意,蓋爲父兄已居柄任,而京師之官多是要劇,爲大臣者,既不能人人爲朝廷推至公之心,振拔滯淹,提獎寒素,而貪權好利,多爲子孫之謀,援引親屬,并據高勢,根連蒂固,更相朋比,絕孤寒之進路,增膏粱之驕氣,寖成大弊,有不勝言。""提獎寒素",即提拔獎勵出身貧寒的人。

（20）薦委

P.3718《張良真寫真贊》:"故主司空稱愜,薦委首鄉大由,久歲均平,廣扇香風御衆。"

鄭本標點作 P.3718《張良真寫真贊》:"故主司空稱愜,薦委首鄉大官,久歲均平,廣扇香風御衆。"薦委,即舉薦委任。隋盧思道《在齊爲百官

---

〔1〕（唐）李百藥《北齊書・魏收傳》,北京:中華書局,1972年,495頁。
〔2〕（後晉）劉昫《舊唐書・李百藥傳》,北京:中華書局,1997年,2577頁。

賀甘露表》："而上玄乃顧，神物薦委，飛甘灑潤，玉散珠連。"神物薦委，指甘露降臨。《宋大詔令集》卷五十五《陳執中進昭文相制》："自右輔之偃休，實朝家之瞻賴。薦委北門之重，且邇大河之防。"陳執中因才學出衆，是朝庭國家的依賴，因而被舉薦委以重任。

（21）疑情

P.4660《曹僧政邈真贊》："後輩疑情，賴承斬決。"

疑情，疑惑不通之處。後輩疑情，意思是後輩學習瑜伽時碰到疑惑時，依靠曹僧政分析決斷。唐釋玄奘《大唐西域記》卷四《秣底補羅國》："覃思佛經，十數不決，研精雖久，疑情未除。"疑情，指所研習佛經中疑惑不明之處。《敦煌變文校注·廬山遠公話》："遠公便制疏抄，前後三年，方始得成，猶恐文字差錯，義理不通，將其疏抄八百餘卷至寺東門外，夾置疏抄於火中，廣積香火，重重啓告十方諸佛菩薩賢聖：'弟子今者爲諸衆生迷心不解，未悟大乘，欲悟疑情，故修疏抄，若經與義相同，願火不能燒之，若與疏抄經（疏抄與經）相同，水不能溺。'"疑情，大乘中所存疑惑不通之處。

（22）繩愆

P.4660《曹僧政邈真贊》："葺治伽藍，繩愆有截。"

"愆"，原卷作"㥪"。唐玄應《一切經音義》卷三："㥪，今作愆。"繩愆，意爲糾正錯誤。陳徐君敷《辭尚書右丞劄子四首》："況臣位居執法，職在繩愆，苟有官非其人，爵逾於德，法所當治，臣敢弗言。"作爲臣子，主要職務是"繩愆"，即糾正錯失。P.4660《曹僧政邈真贊》："葺治伽藍，繩愆有截。""繩愆有截"，指糾正錯誤有決斷。宋蘇轍《奏劾武陵王伯禮》："聖上愛育黔黎，留情政本，共化求瘼，早赴皇心，遂復稽緩歸駿，取移涼懊，遲回去鷁，空淹載路，淑慎未彰，違惰斯在，繩愆檢迹，以爲懲戒。""繩愆檢迹"近義并舉，都指檢查糾正。《宋大詔令集》卷二百十《安惇落職制》："肅正紀綱，糾繆繩愆。""糾繆""繩愆"同義并舉，"繩愆"，即糾正錯誤。

（23）陣面

P.4660《康通信邈真贊》："橫戈陣面，驍勇虎賁。"

第二章　敦煌邈真贊與唐代佛徒墓誌本土詞彙

唐裴庭裕《東觀奏記》卷下："有蕃中酋帥,衣緋茸裘,繫寶裝帶,所乘白馬,駿異無比,鋒鏑未交,揚鞭出於陣面者數四,頻召漢軍鬥將。"揚鞭出於陣面者數四,蕃將多次揮鞭出現在戰場,以挑釁漢軍。《敦煌變文校注·張議潮變文》："其宰相三人,當時於陣面上生擒,祇向馬前,按軍令而寸斬。生口、細小等活捉三百餘人,收奪得駝馬牛羊二千頭匹,然後唱大陣樂而歸軍幕。""當時於陣面上生擒",意思是馬上在戰場上活捉。唐李頻《贈李將軍》："天心待破虜,陣面許封侯。"P.4660《康通信邈真贊》："橫戈陣面,驍勇虎賁。"陣面,指戰鬥的現場,即陣地、現場。面,原卷作"𠚑",爲"面"之俗簡字形。《玉篇》："𠚑,同面。"句中用來描寫康通信的武藝,即在戰場上努力奮戰。邈真贊中此類句子還有P.3718《梁幸德邈真贊》："自從入選,八陣動先。"P.3718《張明集寫真贊》："對陣臨鋒,前蕩後出。"

（24）拔拒

P.2970《陰善雄邈真贊》："達怛犯塞,拔拒交鋒。"

拔拒,古代軍營中武戲的一種。或作"拔距"。梁江淹《尚書符》："或飲羽石梁,或超逾亭樓。索鐵拔距,鷹瞵鶚視。顧昕則前後生風,喑嗚則左右激電。""鷹瞵鶚視",相互瞪大眼睛對視的樣子。唐張彥遠《法書要錄》卷五："若投石拔距,怒目揚眉。"投石,拿起石頭投擲。"投石""拔距"并舉,"拔距"也是訓練力氣的一種武戲。"怒目揚眉",瞪大眼睛的樣子。形容這兩種遊戲博弈時的樣子。晉左思《吳都賦》："袒裼徒搏,拔距投石之部。"東漢班固《漢書·晁錯傳》："兵不完利,與空手同;甲不堅密,與袒裼同。"[1]"袒裼",指脱去上衣,裸露肢體。"徒搏",赤手相搏。拔距,即兩人對峙,赤手相搏,比拼誰的力氣大。釋真觀《與徐僕射領軍述役僧言》："若必有拔距投石之能,索鐵伸鈎之力,則并從軍幕,久預長驅。""投石"與"拔距"并舉,都是比力氣的遊戲。唐皮日休《鹿門隱書序》："然後世之君,猶有喜角抵而忘政,愛拔拒而過賢者。"角抵,相撲,又稱"爭交",

---

[1]（東漢）班固《漢書·晁錯傳》,北京:中華書局,1973年,2280頁。

類似于現代的摔跤。"角抵""拔拒"相對舉。拔拒,指兩者相互對抗的遊戲。引申爲"對抗"。唐李隆基《觀拔河俗戲》:"壯徒恒賈勇,拔拒抵長河。欲練英雄志,須明勝負多。"拔拒,拔河時兩隊相對抗的樣子。唐趙元一《奉天錄》卷三:"將士拔距,爭效死節。"將士拔距,將士與敵人對抗。《大唐宗子隴西李氏再修功德記碑》:"次男間子,飛馳拔拒,唯慶忌而難儔;七劄穿楊,非由基而莫比。"慶忌是吳王之子,勇捷而有力。東漢趙曄《吳越春秋》:"吳公子慶忌,吳王僚子也。勇捷,爲人所聞,筋力果勁,萬人之敵也。""拔拒",指其有力。P.2970《陰善雄邈真贊》:"達怛犯塞,拔拒交鋒。""拔拒交鋒",與敵人直接對抗。拔拒,又引申指軍隊音樂名。唐李筌《神機制敵太白陰經·宴設音樂篇》第六十二:"古人出師,必犒以牛酒,頒賞有序,淆席有差,以激勵於衆。酒酣拔劍起舞,鳴笳角抵,伐鼓叫呼,以增其氣。弦竹哀怨悽愴,征夫感而泣下,銳氣沮喪,復安得而用哉!……隨筵樂例:大鼓、杖鼓、腰鼓、舞劍、渾脱、角抵、笛、拍板、破陣樂、投石、拔拒、蹵鞠。"拔拒,軍隊出征前宴設樂例之一。唐長孫無忌《請封禪表》:"豈容前歌拔拒,戢武之後辭勞。"前歌拔拒,出征前歌唱拔拒。東漢班固《漢書·甘延壽傳》:"少以良家子善騎射爲羽林,投石拔距絶於等倫,嘗超逾羽林亭樓,由是遷爲郎。"[1]顏師古注:"應劭曰:'投石,以石投人也。拔距,即下超逾羽林亭樓是也。'……師古曰:'投石,應説是也。拔距者,有人連坐相把據地,距以爲堅而能拔取之,皆言其有手掣之力,超逾亭樓,又言其趫捷耳,非拔距也。今人猶有拔爪之戲,蓋拔距之遺法。'"顏師古認爲應劭注釋"投石"是對的,注釋"拔距"錯了。師古認爲:"拔距者,有人連坐相把據地,距以爲堅而能拔取之,皆言其有手掣之力。"師古認爲"拔距"是"連坐相把據地",這也是不對的。"拔距",或寫作"拔拒",與"坐在地上"没有關係。"拔拒",是練習臂力的一種武戲,與"投石""角抵"同類,類似於徒手相搏,兩人對抗,一人用力壓制對方,一人用力反抗,雙方竭盡全力,以至於眼睛大瞪,雙方怒目而視。

---

[1] (東漢)班固《漢書·甘延壽傳》,北京:中華書局,1973年,3007頁。

第二章　敦煌邈真贊與唐代佛徒墓誌本土詞彙

（25）練磨

P.4660《康使君邈真贊》："夙標勇捍,早著驍雄,練磨星劍,蘊習武功。"

"練磨"與"蘊習"對舉,都是"學習揣摩研究"之義。宋黃庭堅《頭陀贊》："練磨三境,攝化三乘。"練磨三境,學習研究揣摩體會佛理。宋頤藏主《古尊宿語錄》卷四："知其邪正,不是娘生下便會,還是體究練磨一朝自省。""體究",體會研究。"體究"與"練磨"同義并舉,"練磨",即學習研究。

（26）蘊習

P.4660《康使君邈真贊》："夙標勇捍,早著驍雄,練磨星劍,蘊習武功。"

蘊習,不斷學習研究。後魏崔浩《食經叙》："余自少及長,耳目聞見,諸母諸姑,所修婦功,無不蘊習酒食。"蘊習酒食,學習研究釀酒和飲食。北齊魏收《魏書·殷紹傳》："練精銳思,蘊習四年,從穆所聞,粗皆髣髴。"[1]殷紹爲求"九章要術",蘊習四年,纔有了大概。"蘊習",揣摩研究。宋釋道原《景德傳燈錄》卷五："祖呵曰：'禮不投地,何如不禮。汝心中必有一物,蘊習何事邪。'師曰：'念《法華經》已及三千部。'"蘊習,揣摩研究《法華經》。

3. 疾病亡化類

兩類文獻以紀念頌讚已故的佛教徒爲主題,在陳述離世之因,卒亡之事時,固定表達句式聚彙了大量的與疾病和亡化相關的詞語。

（1）遘疾——構疾

P.4660《李和尚寫真贊》："遘以時疾,藥物無施。""遘"字,原卷寫作"遘"。P.4660《左公贊》："膏肓構疾,俄謝而痿。"其"遘"字也作"遘"。《大唐崇義寺思言禪師塔銘并序》："遂遘清羸,日居月諸,奄先朝露。"其"遘"字作"遘"。"遘"用同"構"。《優婆姨張常求墓誌》："開元十年構

----

〔1〕（北齊）魏收《魏書·殷紹傳》,北京：中華書局,1995年,1957頁。

疾,至其年二月二十五日逝化於懷德之私第焉。"其"構"字作"􀀀",爲"構"之俗字。因唐時書寫習慣"扌""木"旁混同而成。

（2）湊疾

P.3718《梁幸德邈真贊》："倏加湊疾,掩世俄然。"

泛指疾病。後魏裴伯茂《豁情賦序》："余攝養乖和,服餌寡術,自春徂夏,三嬰湊疾。"三嬰湊疾,比喻疾病到來。宋張耒一《止酒贈郡守楊環寶》："何妨二豎即奔忙,不廢三嬰更滋澤。""二豎"與"三嬰"相對,二者義相近,都是關於疾病的典故。唐杜甫《八哀詩·贈左僕射鄭國公嚴公武》："炯炯一心在,沉沉二豎嬰。顏回竟短折,賈誼徒忠貞。"二豎嬰,比喻死亡。

（3）痾疾

P.3718《李潤晟邈真贊》："忽染痾疾,藥餌難痊。"

痾疾,即疾病。南朝蕭子顯《南齊書·文惠太子傳》："攝生乖和,構離痾疾,大漸惟幾,顧陰待謝,守器難永,視膳長違,仰戀慈顏,內懷感哽。"[1]唐魏徵、令狐德棻《隋書·蕭巋傳》："每願躬擐甲冑,身先士卒,掃蕩逋寇,上報明時。而攝生乖舛,邊罹痾疾,屬纊在辰,顧陰待謝。"[2]

（4）侵纏

P.2991《張靈俊寫真贊》："年餘七九,風疾侵纏。四蛇不允,二鼠交煎。"P.3718《閻子悦寫真贊》："從心之載,風疾侵纏。知身虛假,幻休難延。"風疾,因風而致病,泛指風痹、半身不遂等症。侵纏,侵襲糾纏。引申指犯病後久治不愈。四蛇與二鼠,皆佛教語。四蛇指地、水、火、風,喻爲四毒蛇。二鼠,以白鼠喻白晝、太陽,黑鼠喻黑夜、月亮。不允,不被敬信。P.3718《梁幸德邈真贊》："路臨張掖,獫狁侵纏。"獫狁,指當時犯邊的少數民族。梁幸德回程中,碰到獫狁侵襲糾纏,因而"守節亡軀"。義同"纏牽"或"侵牽"。P.3718《閻子悦寫真贊》："齡當八九,風疾纏牽。""風疾纏

---

[1]（梁）蕭子顯《南齊書·文惠太子傳》,北京：中華書局,1974年,402頁。
[2]（唐）魏徵、令狐德棻《隋書·蕭巋傳》,北京：中華書局,1982年,1793頁。

第二章 敦煌邈真贊與唐代佛徒墓誌本土詞彙

牽",風病纏繞牽扯。P.3718《范海印寫真贊》:"王絛有限,迥路羈纏。四蛇不順,二鼠侵牽。"

(5)喪目

P.4660《炫闍梨贊》:"慈母喪目,向經數年,方術醫治,竟不痊退。"

喪目,義爲失明。東晉竺佛念《阿育王子法益壞目因緣經序》:"群徒潛淪於幽壑,神陟輪飄而不改,身酸歷世之殃畔,不曉王子之喪目,斯中報也。""喪目",即標題中的"壞目",意思是眼睛看不見,失明。唐張彥遠《法書要録》卷二:"梁鵠書如太祖忘寢,觀之喪目。""梁鵠書",指梁鵠的書法作品。金張子和《子和醫集·儒門事親》卷四:"頭與項痛者,是足太陽膀胱之經也;攢竹痛,俗呼爲眉棱痛者是也;額角上痛,俗呼爲偏頭痛者,是少陽經也,如痛久不已,則令人喪目。以三陽受病,皆胸膈有宿痰之致然也。"長久頭痛,會讓人眼睛生毛病而失明。

(6)天禄——逝路

P.2482《羅盈達邈真贊》:"天禄將盡,逝路來期。"天禄,天賜福禄。引申指天命。天禄將盡,喻生命將去。《大魏高宗文成皇帝嬪耿氏墓誌銘》:"上以母儀聿顯,委保嬪御。春秋七十有二,天禄永終。"天禄永終,喻永遠離世。唐王珪《咏淮陰侯》:"功成享天禄,建旗還南昌。千金答漂母,百錢酬下鄉。"天禄,天命。淮陰侯韓信功成之後應當享受天賜福禄。宋王安石《發運轉運提刑判官等制》:"先帝享國四十餘年,内外晏然,克終天禄,豈非獻臣才士助之力哉?""克終天禄",得享天賜福禄。P.2970《陰善雄邈真贊》:"將謂岳石齊固,抱壯智以佐君威,何乃天降妖災,逐風燈而沉逝路。"風燈,比喻生命短促,人生無常。"逐風燈"與"沉逝路"近義,都指奔向死亡之路。P.2482《羅盈達邈真贊》:"天禄將盡,逝路來期。七州無望,五郡含悲。""逝路來期",即死亡之路來約。

(7)休藏

P.4660《陰律伯真儀贊》:"自兹不絕,永庇休藏。"

休,先人埋葬之地,引申爲蔭庇。唐令狐德《周書·静帝紀》:"藉祖考之休,憑宰輔之林。"藉祖考之休,即依賴先祖葬地之庇護。宋曾鞏《仙源縣君曾氏墓誌銘》："賴先人遺休,嫁之皆以時。"藏,指墓穴、葬地。唐張鷟《朝野僉載》卷五："父母年五十,自營生葬。"生葬,活着時修的墓穴。休、藏二詞,同義并列,構成"休藏"一詞,義爲"墓穴"。P.4660《陰律伯真儀贊》："自兹不絕,永庇休藏。""永庇休藏",即永遠庇護葬地之義,以求得到福蔭。"休藏"一詞,又引申爲"隱居"。宋王禹偁《次韻和仲咸送池秀才西游》："齊列幽齋畔,休藏古澗濱。"

(8) 流浪

《大唐净域寺大德法藏禪師塔銘并序》："世之業,生滅若輪環者,則雖塵沙作數,草木爲籌,了無遺纖哉。吁不可知者,其惟流浪乎？"

流浪,比喻輪回。五代南唐静、筠二禪僧編《祖堂集》卷七《雪峰和尚》："未嘗一念暫返神光,流浪生死,劫盡不息。"流浪生死,即生死輪回。宋佚名《異聞總錄》卷一："汝無始以來,迷己逐物,爲所轉溺於淫邪,流浪千劫,不自解脱。"宋洪邁《夷堅丙志》卷十六《陶象子》："爲物所縛,溺於淫邪。流浪千劫,不自解脱。"流浪千劫,即輪回千劫。

(9) 遷流

《唐故甘泉院禪大師靈塔記》："以師之形則遷流委順矣,以師之神□明清净矣,師之法則一燈燃百千燈矣。"

遷流,義爲變化,演變。佛教認爲時空變化,人生即無常。因此比喻人的滅亡。北齊王融《奉養僧田篇頌》："照空觀法識遷流,撫俗瞻光厭生老。"宋釋道原《景德傳燈録》卷四："師曰：真實之物,無古無今,亦無軌躅。有爲之法,四相遷流。法當埋厄,君侯可見。"佛教以離、合、違、順爲四相。南朝梁簡文帝《莊嚴旻法師成實論義疏序》："四相乃無常之刀,三聚爲苦家之質。"因此,四相遷流,比喻人生無常。

4. 傷悼類

對亡者的悲傷悼念,是喪葬類文獻的主題之一,兩種文獻中運用了大量悲痛、哀傷、眷戀和惋惜等詞語。

(1) 叫切

P.4638《曹大王夫人宋氏邈真贊》："小娘子叫切,此世難望。"

第二章　敦煌邈真贊與唐代佛徒墓誌本土詞彙

叫切,形容哭聲悲傷哀切。唐齊己《春興》:"叫切禽名宇,飛忙蝶姓莊。時來真可惜,自勉掇蘭芳。"宇,指杜宇,即杜鵑。相傳爲古蜀王杜宇之魂魄所化。春末夏初,常晝夜啼鳴,其聲哀切。叫切,形容叫聲悲傷哀切。《敦煌變文校注·八相變一》:"太子聞偈,哽噎非常,遂乃叫切含悲,亦道一偈:太子聞道病來侵,萬般愁苦轉縈心。"叫切含悲,形容哭聲哀切。P.4638《曹大王夫人宋氏邈真贊》:"小娘子叫切,此世難望。"叫切,大聲哭喊。

(2) 酸悼

P.3718《張清通寫真贊》:"稚女含涕酸悼,肝腸寸斷。"

"酸悼",即傷痛之義。P.3718《張清通寫真贊》:"稚女含涕,酸悼肝腸寸斷。"三國魏張揖《廣雅·釋詁三》:"酸,痛。"南朝劉子業《追恤新安王子鸞詔》:"第十二皇女、第二皇子子師俱嬰謬酷,有增酸悼,皇女可贈縣公主,子師復先封爲南海王,并加徽謚。"

(3) 一叫

P.4660《張興信邈真贊》:"痛臨墳之一叫,靉愁雲之四起。"

一叫,叫一聲。用來形容悲痛達到極限狀態。南朝蕭子顯《南齊書·孝義傳》:"又永興概中里王氏女,年五歲,得毒病,兩目皆盲。性至孝,年二十,父母死,臨尸一叫,眼皆血出,小妹娥舐其血,左目即開,時人稱爲孝感。"[1] "臨尸一叫",面對父母尸體大叫一聲,以至於感天動地。宋王讜《唐語林校證》卷五《顔真卿集和政公主神道碑》:"嗚呼!皇上友愛天深,痛毒兼至,恚然一叫,聲淚俱咽,哀動木石,豈伊人倫?" "恚然一叫",即大喊一聲,描寫皇上對女兒和政公主去世的悲痛之狀。唐杜牧《子規》:"一叫一回腸一斷,三春三月憶三巴。"一叫一回腸一斷,描寫子規鳥叫聲的悲涼。

(4) 交煎

P.4660《索智岳邈真贊》:"三界火宅,八苦交煎。"

交煎,義爲交替煎熬,輪番受折磨。P.4660《索智岳邈真贊》:"三界火

---

[1]（梁）蕭子顯《南齊書·孝義傳》,北京:中華書局,1974年,959頁。

宅,八苦交煎。"八苦,佛教認爲人生有八種苦難,即生、老、病、死、愛、別離、求不得、怨憎會、憂悲。這八種苦難交替折磨人,讓人痛苦。《敦煌變文校注·佛說阿彌陀經講經文二》:"既無秋冬春夏,豈逢冷熱交煎,朝朝合掌花間,日日彌陀受記。"冷熱交煎,冷與熱交替折磨人。唐寒山《世人何事可吁嗟》:"世人何事可吁嗟,苦樂交煎勿底涯。""苦樂交煎",苦與樂交替煎熬、折磨人。

(5)顰蹙

P.4660《義晉邈真贊》:"梵宇淒傷,行路頻蹙。"

"頻",原卷作"頻",當爲"顰"的同音替代。兩句文義上下相對,一者描寫佛寺弟子的淒傷,二者描寫行路世人的憂愁,兩者并提,凸顯人們對義晉逝世的悲痛心情。"淒傷",同義并列複合詞,與"頻蹙"相對舉,故"頻""蹙"也當爲同義複合詞。"顰蹙",本義爲皺眉,引申爲愁悶不樂。北齊顏之推《顏氏家訓》卷一:"嘗寄人宅,奴婢徹屋爲薪略盡,聞之顰蹙,卒無一言。"大魏吉迦夜共曇曜譯《雜寶藏經》:"二名和顏悦色施。于父母、師長、沙門、婆羅門,不顰蹙惡色。"顰蹙惡色,愁悶不樂的樣子。元脱脱《宋史·張洽傳》:"居閑不言朝廷事,或因災異變故,輒顰蹙不樂,及聞一君子進用,士大夫直言朝廷得失,則喜見顏色。"

(6)戀惜

P.3556《渾子盈邈真贊》:"三軍戀惜,九族悲啼。"

P.2970《陰善雄邈真贊》:"明王戀惜,舉郡傷嗟。""戀惜"與"傷嗟""悲啼"對舉。戀惜,即戀戀不捨。晉摯虞《駁潘岳古今尺議》:"度量是人所常用,而長短非人所戀惜,是多而易改者也。"戀惜,捨不得。唐姚思廉《梁書·江革傳》:"乃除都官尚書。將還,民皆戀惜之,贈遺無所受。"[1]江革任都官尚書,臨走時,百姓戀惜他,捨不得讓他離開。後晉劉昫《舊唐書·崔戎傳》:"將行,州人戀惜遮道,至有解轡斷鐙者。"[2]崔戎,離任劍

---

〔1〕(唐)姚思廉《梁書·江革傳》,北京:中華書局,1973年,525頁。
〔2〕(後晉)劉昫《舊唐書·崔戎傳》,北京:中華書局,1997年,4251頁。

第二章　敦煌邈真贊與唐代佛徒墓誌本土詞彙

南東西兩川宣慰使時,當地人捨不得他離開,有的堵住道路,有的甚至要脱掉他靴子,極盡挽留之情。

（7）奠謁

P.3718《張清通寫真贊》:"三時奠謁,千秋萬年。"

奠謁,祭奠拜謁。唐武則大《武后明堂樂章·登歌》:"禮崇宗祀,志表嚴禋。笙鏞合奏,文物維新。敬遵茂典,敢擇良辰。絜誠斯著,奠謁方申。"奠謁,祭奠拜謁。P.3718《張明集寫真贊》:"三時奠謁,萬古長春。"P.3718《張清涌寫真贊》:"三時奠謁,千秋萬年。"三時奠謁,指春、夏、秋三季的祭祀與拜謁。P.3718《張喜首寫真贊》:"四時奠謁,千秋瞻仰。"四時,指春、夏、秋、冬四季。

（8）仰戀

P.3556《賈向尚邈真贊》:"君侯仰戀,懼景落而行迷;僧俗嘆思,痛梁摧(而)凶極。"

仰戀,義爲敬仰思念。晉陶侃《上表遜位》:"仰戀天恩,悲酸感結。"仰戀天恩,敬仰思念皇上的恩德。南朝蕭子顯《南齊書·文惠太子傳》:"攝生舛和,構離痾疾,大漸惟幾,顧陰待謝,守器難永,視膳長違,仰戀慈顔,内懷感哽。"[1]文惠太子,病重之際,感謝皇父的探望,因此説"仰戀慈顔,内懷感哽"。元脱脱《金史·蕭裕傳》:"裕曰:'久蒙陛下非常眷遇,仰戀徒切,自知錯繆,雖悔何及。'海陵哭送裕出門,殺之,并誅遥設及馮家奴。"[2]酷吏蕭裕與海陵王友善,犯法將誅,與海陵王生死離别,所以是"仰戀徒切",即敬愛思念痛心至極。P.3556《賈向尚邈真贊》:"君侯仰戀,懼景落而行迷;僧俗嘆思,痛梁摧(而)凶極。""君侯仰戀"與"僧俗嘆思"相對爲文,表達不同地位的人對賈和尚的愛戴。

5. 謙虚類

邈真贊文獻有相對固定的套路。例如在繪影圖真之後,即叙述請人

---

[1]（梁）蕭子顯《南齊書·文惠太子傳》,北京:中華書局,1974年,402頁。
[2]（元）脱脱《金史·蕭裕傳》,北京:中華書局,1975年,2792頁。

撰寫贊文,撰寫者多自謙自己文才不高。無論是贊文還是誌文,撰者在受邀寫作時,一定會謙遜辭讓,所以兩類文獻中有大量表示謙虛意義的詞語。

(1) 忝

P.3556《賈和尚邈真贊》:"厶忝恒山一翼,忽值分飛,幽顯兩歧,俄然阻隔。"

忝,有愧于,常用作謙詞。邈真贊文獻中,撰寫者在贊文末,通常要謙虛一番,認爲自己才疏學淺,不配爲亡者寫贊等等,常用句式往往爲:某人自稱名+忝+……。P.3541V⁰《張善才邈真贊》:"寫真綿賬,用祀標尊,佑忝寡才,奉贊不畢。"P.3564《莫高窟功德記》:"琳忝無智德,每愧賢良,不度寡詞,聊申頌曰。"P.2482《羅盈達邈真贊》:"繼恩忝居儒肆,未辯端倪。忽奉固邀,多慚荒拙。"撰寫者與亡故者關係比較熟悉,可能是朋友、師徒、親屬、同鄉等。P.3718《劉慶力邈真贊》:"俊以忝爲時儻,難免固邀。慷申鄙詞,聊題陋句。"P.3718《程政信邈真贊》:"俊忝時友,聊陳數行。以俟他日,歸依法王。"P.3718《薛善通邈真贊》:"明亮忝同戟佐,慚無薄藝之功。既奉固邀,不敢遺命。"P.2482《閻海員邈真贊》:"厶乙雖慚薄藝,忝在班行。既奉固邀,難拒高命。"P.2482《張懷慶邈真贊》:"厶乙忝同衙佐,每受知憐。握管潛悲,而爲頌曰。"P.3556《康賢照邈真贊》:"厶乙釋中才荒,忝侍門人,奉贊難免,固辭狂圖,乃爲頌曰。"P.2482《氾府君圖真贊》:"厶乙忝同師訓,每沐恩知,泣喪友人,而爲頌曰。"S.5405《張福慶邈真贊》:"道林忝沾釋侶,奉命固邀,不度荒虛,聊陳頌曰。"P.3718《張良真寫真贊》:"俊以忝爲姻(宗),元睽槐市之音。枉簡斐然,聊表瑣陋之頌。"P.3718《□憂道邈真贊》:"厶乙忝爲微眷,奉命裁□,□□(駐筆)含悲,不盡生前之效。"P.3556《賈和尚邈真贊》:"厶忝恒山一翼,忽值分飛,幽顯兩歧,俄然阻隔。"此篇邈真贊無撰寫人署名,但據此通例,推知撰寫者與亡故者之間的關係,應是同鄉關係。鄭炳林在注釋中據S.5861《姓氏書》:"賈姓三望:河東郡賈,平陽郡賈,武威郡賈。"而此句"厶忝恒山一翼","厶",是撰者自稱,"忝"爲謙詞,"恒山一翼",即恒山一族,指明撰者和亡

第二章　敦煌邈真贊與唐代佛徒墓誌本土詞彙

故者都是恒山賈姓。恒山,在山西中北部。恒山賈姓,當屬平陽郡賈姓的分枝。

（2）薄藝

P.3718《薛善通邈真贊》:"明亮忝同戟佐,慚于薄藝之功。"

謙詞。淺薄的技藝。喻才能低下。後魏高佑《上疏論選舉》:"今之選舉,不采職治之優劣,專簡年勞之多少,斯非盡才之謂。宜停此薄藝,棄彼朽勞,唯才是舉,則官方斯穆。"薄藝,指選舉之事。高佑認爲選舉是淺薄的技藝。唐元稹《臺中鞫獄憶開元觀舊事呈損之兼贈周兄四十韻》:"薄藝何足云,虛名偶頻遂。"薄藝,指科舉考試。後晉劉昫《舊唐書·鄭畋傳》:"況沉舟墜羽,因聖主發揚,有薄藝微才,受鴻恩知遇。"[1]"薄藝""微才"并舉,謙稱自己才能低下。P.3718《薛善通邈真贊》:"明亮忝同戟佐,慚于薄藝之功。"P.3718《薛善通邈真贊》的作者孔明亮,謙虛地説自己撰文的才能是"薄藝之功"。

（3）昧劣

P.3718《馬靈信邈真贊》:"余以昧劣,業寡繁言。"

昧劣,愚昧無才學。P.3718《馬靈信邈真贊》的作者靈俊認爲自己才學愚昧低下,不配爲亡者寫撰。唐柳宗元《上大理崔大卿應制舉不敏啓》:"而宗元樸野昧劣,進不知退,不可以言乎德;不能植志於義,而必以文字求達,不可以言乎才;秉翰執簡,敗北而歸,不可以言乎文;登場應對,刺繆經旨,不可以言乎學,固非特達之器也。"柳宗元謙虛地認爲自己"樸野昧劣",即質樸不聰明。

（4）寡文

P.3718《張明集寫真贊》:"余拙寡文,聊爲頌曰。"

拙,不擅長。寡文,缺少文才。用來作爲謙詞。或作"寡文才""寡文思"。南朝徐陵《玉臺新咏·聽鄰妓》:"披衽乏遊術,憑軾寡文才。"唐賈島《送盧秀才游潞府》:"雨餘滋潤在,風不起塵沙。邊日寡文思,送君吟

---

[1]（後晉）劉昫《舊唐書·鄭畋傳》,北京:中華書局,1997年,4632頁。

月華。"

邈真贊文獻中,還有"寡識""寡才""寡詞"等詞語。P.3718《范海印寫真贊》:"余以寡識,駐筆難旋。"P.3541V°《張善才邈真贊》:"佑忝寡才,奉贊不畢。"P.3564《莫高窟功德記》:"琳忝無智德,每愧賢良,不度寡詞,聊申頌曰。"或者用"業寡"類的短語來謙虛自己文才一般,不夠優秀。P.3633V°《張安左邈真贊》:"余自慚才非通人,更業寡縑緗。"P.3556《氾福高邈真贊》:"福佑門人之内,業寡荒蕪,謹奉師言,輒爲狂簡。"

(5) 微詞

P.4660《曹僧政邈真贊》:"銀鉤啜(綴)兮微詞,記香名兮長設。"

微詞,謙稱所撰詩文。唐徐鉉《回至南康題紫極宫裏道士房》:"何以寬吾懷,老莊有微詞。"微詞,指老莊的作品。宋蘇轍《再和三首》:"每作微詞還自笑,偶漸余潤亦成酣。公詩精絕非倫擬,自古騷人盡在南。"微詞,蘇轍謙稱自己的詩作。P.4660《曹僧政邈真贊》:"銀鉤啜(綴)兮微詞,記香名兮長設。"微詞,悟真謙稱自己所寫的《曹僧政邈真贊》。

(6) 邀命

P.3556《曹闍梨邈真贊》:"余奉邀命,難可通融。直論美德,用贊奇功。"

敦煌邈真贊文獻中,作者認爲自己才學疏淺,撰寫贊記是受到邀請,不得已而爲之,常用的套語是"奉邀命"。P.3556《渾子盈邈真贊》:"恩奉邀命,自愧不才,略述芳名而爲贊曰:間生傑俊,國下英賢。"P.3556《曹闍梨邈真贊》:"余奉邀命,輒述荒無(蕪),徒以筆翰生疏,自慚漏略。"P.3556《□慶德邈真贊》:"既蒙邀命,豈敢拒違,不憚荒詞,輒陳淺見。"P.3718《閻勝全寫真贊》:"厶乙累奉邀命,自愧荒虛,不避哂之。"P.3718《張明德邈真贊》:"殊勳已立,邀命庭中。"

(7) 高命

P.2482《閻海員邈真贊》:"既奉固邀,難拒高命。"

高命,對別人命令囑托的敬稱。晉釋慧遠《答秦主姚興書》:"欲令作《大智論》序,以伸作者之意。貧道聞懷大非小渚所容,汲深非短綆所測。

披省之日,有愧高命。"秦主姚興命釋慧遠作《大智論》序,釋慧遠敬稱爲"高命"。隋釋真觀《夢賦》:"忽睹光儀,良有嘉慶。欲伸諮請,願垂高命。"

(8)駐筆

P.2970《陰善雄邈真贊》:"繼恩謹奉上命,難免固辭。駐筆含悲,乃爲頌曰。"

駐筆,停筆。晉王羲之《用筆賦》:"或改變駐筆,破真成草,養德儼如,威而不猛;遊絲斷而還繢,龍鸞群而不諍,髮指冠而皆裂,據純鈎而耿耿。"改變駐筆,改變停筆的方式和趨勢。唐方幹《與桐廬鄭明府》:"映林顧兔停琴望,隔水寒猿駐筆聽。"駐筆聽,放下筆聽猿聲。P.2970《陰善雄邈真贊》:"繼恩謹奉上命,難免固辭。駐筆含悲,乃爲頌曰。"楊繼恩替陰善雄邈真贊,因悲傷停下筆。邈真贊多用此詞,表示因悲傷、慚愧等停筆。P.4638《曹夫人宋氏邈真贊》:"某等謹奉旨命,略述數言;駐筆念悲,乃爲贊曰。"P.3718《范海印寫真贊》:"余以寡識,駐筆難旋。"S.390《氾嗣宗邈真贊》:"輒便(陳)短見,用贊高功,駐筆悲號,乃爲頌曰。"P.3390《孟授上祖莊上浮圖功德記并序》:"余聚螢久學,鱗角無成;駐筆多慚,略銘年月。"

6. 邈真類

"邈真"類,即用來表達描畫真容或肖像的詞語,主要有皃、貌、邈;畫、圖寫、繪畫;邈真、貌真、邈像、邈影、邈寫真容;寫真、寫影;圖真、圖形、圖像、圖寫影像;繪像、繪影、繪真形、仿佛等詞和短語。

(1)皃——貌——邈

P.4660《閻公邈真贊》:"天資容貌(皃),美德仁周。"

兩類文獻中,作爲名詞的"貌"多寫作"皃"。P.4660《閻公邈真贊》:"天資容貌(皃),美德仁周。"P.3718《索律公邈真贊》:"會真形於綿帳,圖生像於儀容,依俙玉貌,想滅遺踪。"貌,原卷作"皃"。P.3718《張明集寫真贊》:"魁偉美貌,筆寫難真。"貌,原卷作"皃"。P.3718《程政信邈真贊》:"體隆二八,敦業富於三冬;瑞相天資,儀貌如同盛月。"貌,原卷作

"▢"。P.3718《薛善通邈真贊》:"公之德也,異衆殊功。公之貌也,絶代高宗"。貌,原卷作"▢",鄭本録作"邈",作動詞,應以名詞"貌"爲是。"皃",偶而可通"貌",義爲描繪。P.4660《禪和尚贊》:"于此路首,貌形容儀。丹青既畢,要假文暉。"貌,原卷即作"▢"。貌形,即畫其真容。也有寫作"貌"的,但用例較少。P.4660《陰法律邈真贊》:"堂堂容貌,風威若虎。"貌,原卷作"▢"。而更多邈真贊例子中"貌"字,讀 mò,義爲描繪。P.4660《故吴和尚贊》:"貌影瞻戀,恐隔慈顔。"貌,原卷作"▢",讀 mò,貌影,即描繪真影。而"邈",讀 miǎo,用同"貌",義爲描繪。P.4660《梁僧政邈真贊》:"邈之影像,播美無窮。"其"邈"字,原卷作"▢"。P.4660《翟神慶邈真贊》:"大唐河西道沙州敦煌郡將仕郎、守敦煌縣尉翟公諱神慶邈真贊。"其"邈"字,原卷作"▢"。P.3718《張明德邈真贊》:"丹青髣髴,邈影生同。""邈",原卷作"▢"。

(2) 貌真

《張有誠供養題記》:"時天復拾載庚午七月十五日彩繪大聖一軀兼尼法律貌真功畢記。"

貌真,即描畫大聖佛像和尼法律真容。貌,義爲描繪,用同"邈"。唐杜甫《奉先劉少府新畫山水障歌》:"貌得山僧及童子。若耶溪,雲門寺。吾獨胡爲在泥滓,青鞋布襪從此始。"宋普濟《五燈會元》卷六:"曰:'和尚爲甚麽貌不得?'師曰:'渠不以苟我顔色,教我作麽生貌?'"貌,即畫和尚真容。北宋錢易《南部新書·丙》:"薛逢命一道士貌真,自爲贊曰:'壯哉薛逢,長七尺五寸,放筆終未能續。'"薛逢讓一道士爲自己描畫真相,並自己題贊。貌真,亦即"邈真"。邈真,描畫人的真容。P.4638《張保山邈真贊》:"大唐河西歸義軍節度左馬步都押衙銀青光禄大夫檢校右散騎常侍兼御史大夫上柱國故張府君邈真贊并序。"其贊文部分又作:"合郡哀噎,君主斂容。邈真題影,兼贊奇功。"邈真題影,即先描畫人的真容相貌,然後在其像旁題寫贊記。義同"邈像"。P.2991《張靈俊寫真贊》:"遂命門

106

第二章 敦煌邈真贊與唐代佛徒墓誌本土詞彙

人上首,歿後須念師情,邈像題篇,以表有爲之迹。"

（3）貌影

P.4660《故吴和尚贊》:"貌影瞻戀,恐隔慈顔。"

貌,原卷雖作"䝴"字,實通"邈",爲描寫、描畫之義,"貌影",即"邈影"。"邈影",意思是描畫吴和尚真容。"瞻戀",意思是仰慕和依戀。後蜀何光遠《鑒誡録》卷七:"麥積崖無可瞻戀,米谷峽何足聞知。"《大昊天寺建寺功德主傳菩薩戒妙行大師行狀碑》:"師令左右,惟念彌陀,勿生瞻戀,師亦隨念氣□。""勿生瞻戀",即不生依戀之心。元脱脱《金史·樂志》:"雖非昔時,朕無異視。瞻戀慨想,祖宗舊宇。屬屬音容,宛然如睹。童嬉孺慕,歷歷其處。莊歲經行,恍然如故。"[1]"瞻戀慨想",即思念回憶故鄉的人和物。"邈影"的目的之一,就是爲了"瞻戀",因爲擔心有一天會陰陽分隔。如果校録定爲"貌影",則變成了名詞,使文義不通。敦煌邈真贊中,"貌",多通"邈"。P.4660《梁僧政貌真贊》:"故沙州釋門賜紫梁僧政邈真贊",其"邈"字,原卷也作"貌"。P.4660《禪和尚贊》:"于此路首,貌形容儀。""貌",原卷作"![]",爲"貌"的俗體簡化。"貌形",即描繪容貌。

（4）仿佛

P.4660《陰文通邈真贊》:"圖形縑障,仿佛毫篇。"

南朝佚名《三輔黄圖》卷五:"宗,尊也;廟,貌也,所以仿佛先人尊貌也。漢立四廟,祖宗廟異處,不序昭穆。""仿佛先人尊貌"即描摹先人容貌,以示尊敬。唐釋玄奘《大唐西域記》卷二:"昔有佛影,焕若真容,相好具足,儼然如在。近代已來,人不遍睹,縱有所見,仿佛而已。"昔日佛影,形象完整。到了唐代,已不多見,即使見到,也祇是描摹或仿製而已。邈真贊語料中,多次用到"仿佛"一詞。都是動詞描摹、摹寫的意思。P.4660《陰文通邈真贊》:"圖形縑障,仿佛毫篇。""圖形""仿佛"近義對舉。

---

[1]（元）脱脱《金史·樂志》,北京:中華書局,1975年,892頁。

P.3718《閻子悦寫真贊》:"遺影家庭,丹青仿佛。"P.3718《張明德邈真贊》:"丹青仿佛,邈影生同。願超穢士,浄界留踪。"《唐沙州龍興寺上座馬德勝和尚宕泉創修功德記》:"三十二相,以朱紫而發輝。八十希容,簡丹青而仿佛。"P.3792《張和尚寫真贊》:"乃命丹青而仿佛,懇盼生儀寫真刑(形)。"

7. 真容類

真容,即真實的容貌,指邈真贊中所描繪的僧人像或佛像。主要有真、真儀、真影、真圖、真容、真貌、真形、真迹、真像、寫真圖;影、影像;像、靈像、生像、像儀、形影;儀貌、容貌、容儀、顏貌、面貌、玉貌、盛貌、異貌等詞語。

(1) 真迹

P.4660《王景翼邈真贊》:"痛臨墳之哽噎,寫真迹而流芳。"

真迹,本指作者本人的書畫作品。唐封演《封氏聞見記》卷十:"蕭詣邕云:'有右軍真迹,寶之已久,欲呈大匠。'"蕭誠爲了報復李邕,故意把假帖當作右軍的書法真品。右軍,即王羲之,曾任右軍將軍。唐杜甫《戲題畫山水圖歌》:"能事不受相促迫,王宰始肯留真迹。"但在佛教文獻中,另有所指。晉釋慧遠《襄陽丈六金像并序》:"乃道福兼宏,真迹可踐,三源反流,九神同淵。"佛教認爲通過描繪塑造佛像,可以頌揚宣化佛法,句中"真迹"指所造的丈六金像。唐裴度《真慧寺》:"遍尋真迹躙莓苔,世事全抛不忍回。"真迹,指佛的真影。P.4660《王景翼邈真贊》:"痛臨墳之哽噎,寫真迹而流芳。"寫真迹,即描繪高僧王景翼的肖像。與其他邈真贊文獻相類同,"寫真迹"即"邈真",而與書畫作品無關。

(2) 真影

指人或佛的肖像畫。邈真贊中主要指僧人的畫像。P.2482《閻海員邈真贊》:"略題真影,用紀他年。"P.2991《張靈俊寫真贊》:"乃召良工,丹青繪留真影。"唐張喬《吊棲白上人》:"篇章名不朽,寂滅理如何。內殿留真影,間房落貝多。"真影,指白上人的肖像。宋陳舜俞《廬山記》卷三:

108

第二章　敦煌邈真贊與唐代佛徒墓誌本土詞彙

"凡居山十有二年,自正月感疾,便依念佛三昧,誦阿彌陀佛。至六月初。果見白毫相,次見佛真影。""白毫相""佛真影"都指佛的真容。後晉天福八年《優婆姨阿張供養題記》:"時遇初秋白月團圓,憶戀慈親,難覩靈迹,遂召良工用邈真影之間,敬畫大悲觀世音菩薩一軀并侍從,又畫水月觀音一軀二鋪觀音。"

（3）像儀

《大唐德業亡尼墓誌》:"輔仁既爽,福善徒施。奄歸永夜,長違像儀。逝川難駐,閱水方馳。一往奄歹,影滅名垂。"像儀,即容顏。

（4）生像

P.3718《索律公邈真贊》:"會真形與綿帳,圖生像於儀容。"P.4660《張興信邈真贊》:"邈生前之影像,遺子孫之瞻視。"生像,即生前之影像。

（5）盛貌

P.2482《張懷慶邈真贊》:"天資盛貌,神授英奇。"

容貌壯偉的樣子。P.3390《張安信邈真贊》:"公乃天假盛貌,神受英靈。"頌文又作:"天姿盛貌,神假英雄。"《魏故處士王君墓誌銘》:"堂堂盛貌,穆穆神儀,三德克融,六藝唯熙。""堂堂盛貌"與"穆穆神儀"并舉,"堂堂",即修飾"盛貌"。

（6）異貌

P.3556《□慶德邈真贊》:"天資異貌,月角成姿。"

奇特的容貌。用來稱讚高僧相貌異樣,不同於一般人。P.3556《□慶德邈真贊》:"間生異貌,月角齊芳。"P.3792《張和尚寫真贊》:"師乃童孺異貌,早歲殊英。"北宋李昉《太平廣記》卷一百三十《竇凝妾》:"如是每日輒至,則咳嚼支體,其鬼或奇形異貌,變態非常,舉家危懼,而計無從出,并搏二女,不堪其苦。"此例"異貌"指鬼怪的樣子,與敦煌邈真贊例之"異貌"感情色彩不同。

8. 瞻仰類

撰寫邈真贊,目的是爲了瞻禮仰望,以寄托思念之情,其意義相近的詞彙有瞻仰、瞻戀、瞻謁、瞻禮、瞻依、瞻攀、瞻望、瞻視、瞻睹、盼瞻、瞻容、瞻儀、瞻影、仰戀、懇慕等。

（1）瞻攀

P.4660《翟和尚邈真贊》："邈生前兮影像，筆記固兮嘉祥。使瞻攀兮盼盼，想法水兮汪汪。"

邈寫生前影像，目的是爲了人們瞻仰和紀念。盼盼，形容急切盼望的樣子。瞻攀，瞻仰和攀附。句中引申指代仰慕的人們，急切盼望看到翟和尚的邈真像。《敦煌變文校注・維摩詰經講經文一》："所以龍天仰望，賢聖瞻攀，人人歌稀有之□，個個稱善哉之字。""仰望""瞻攀"同義對舉，瞻攀，義同仰望。

（2）盼瞻

P.3718《馬靈信邈真贊》："四衆顧戀哀鳴，繪睹生顔；二部同臻呼嗟，盼瞻故貌。"

盼瞻，與"瞻望""瞻視""瞻仰"等詞近義。《李净覺塔銘》："於是攀援泣血，罔拯崩心，如何昊天，獨貽大戚，瞻望不見，何恃何依。"P.4660《張興信邈真贊》："邈生前之影像，遺子孫兮瞻視。"P.4660《陰法律邈真贊》："邈之影像，往來瞻睹。"

（3）瞻儀——瞻容——瞻影

P.3556《氾福高邈真贊》："釋門都統，四道瞻儀。"

《唐故東都安國寺比丘尼劉大德墓誌銘并序》："色身示滅，法性長存。慈悲濟苦，雅操殊倫。超然厭俗，邈矣歸真。道雖離著，思豈忘親。仰德如在，瞻容靡因。寂寂空山，悠悠白雲。涕泗橫集，緘哀爲文。"P.3718《索律公邈真贊》："瞻影難停，俄然殞逝。""瞻儀""瞻容""瞻影"爲近義詞，都表示瞻仰真容的意義。

9. 綿幛類

綿幛，指用來圖畫真像的絹帛。主要詞語有綿幛、綿帳、縑幛、新幛等，與之相關需要辨析的詞語有綿帳、錦帳、縑障、新帳、新障等詞語。

綿帳

P.3718《范海印寫真贊》："古召良工，預寫生前之儀，綿帳丹青

第二章　敦煌邈真贊與唐代佛徒墓誌本土詞彙

繪影。"

其"綿"字作"綿"。綿,多張邈真贊原卷"綿帳"之"綿"清晰作"綿"字。又如P.2991《張靈俊寫真贊》:"俄然坐化,綿帳題篇。"P.3718《閻勝全寫真贊》:"圖真綿帳,用記他時。"P.3390《張安信邈真贊》:"圖形綿帳,繪畫真容。"P.2482《張懷慶邈真贊》:"圖形綿帳,繪邈真儀。"S.5405《張福慶邈真贊》:"留真綿帳,記贊他時。"以上例中"綿帳",陳皆錄作"錦帳",應以"綿帳"爲是。"綿""縑"等詞,指繪畫所用絹帛紙張。P.4660《陰文通邈真贊》:"圖形縑障,仿佛毫篇。""綿""縑"義近。P.3633V《張安左邈真贊》:"余自慚才非通人,更業寡縑緗。"縑緗,本書寫用的淺黃色細絹,句中指代學識不足,畫技不高。而"錦帳"多指華美的帷帳,與繪畫無關。因此,應錄作"綿"字爲是。P.3718《馬靈信邈真贊》:"圖形綺帳,俟厲他年。""綺帳",用來美稱畫肖像的絹帛。與"綿""縑"等近義。

10. 散見於語料中的其他新詞

兩類文獻在記述贊主和誌主的生平中,描寫了唐代社會生活的方方面面,一些詞語反映了當時的宗教、文化、官制等現象。

（1）節相

P.4660《故吳和尚贊》:"法律教授,御衆推先。節相遥禮,敬重如山。"

節相,武官官職的一種。《敦煌變文校注·雙恩記》:"武魯人人皆節相,文儒個個是公卿。八方禮義曾無亂,四海風儀別有情。""節相"與"公卿","武魯"與"文儒"相對,說明"節相"應是當時武官的名稱。P.4660《炫闍梨贊》:"帝王崇重,節相欽推。""帝王"與"節相"對舉,節相指官員。魏晉南北朝時已設立。陳廢帝《曲赦湘巴二郡詔》:"其賊主帥節相,并許開恩出首,一同曠蕩。""主帥""節相"并舉,指不同的叛亂者。南宋張津《乾道四明圖經》卷九《仙釋》:"僧法忠鄞縣之萬齡鄉姚氏子也。……藩帥節相争邀致之,復住南。""藩帥""節相"并舉,說明"節相"指邊地的武官。宋代仍然沿用。元脫脫《宋史·宋祁傳》:"三曰使相節度,不隸藩要。夫節相之建,或當邊鎮,或臨師屯,公用之設,勞衆而食賓

111

也。"從節相的建制來看,應與節度使相關。或是使相、節度的省稱。南宋西湖老人《西湖老人繁勝録》:"節日大船,多是王侯節相府第及朝士賃了,餘船方賃市户。岸上遊人,店舍盈滿。路邊搭蓋浮棚,賣酒食也無坐處,又於賞茶處借坐飲酒。""王侯""節相""相府""朝士"等各色人等并舉。節度使,官名。唐初沿北周及隋舊制,於重要地區設總管,後改稱都督,總攬數州軍事。其初,僅於邊地有之,安史之亂後遍設於國内。一節度使統管一道或數州,總攬軍、民、財政。宋以節度使爲虚銜,遼金沿置,元廢。"節相"與"節度使"兩種官職相比較,疑爲同一官職的不同稱謂。"御衆",指領導百姓。晉殷仲堪《合社文》:"然三人之行,必有其師,故優選中正立三老者,惟公理以御衆,稽舊章以作憲。"後晉劉昫《舊唐書·郭幼明傳》:"郭幼明,尚父子儀之母弟也。性謹愿無過,不工武藝,喜賓客飲燕,居家御衆,皆得其歡心。"[1]"法律教授,御衆推先。節相遥禮,敬重如山",句中"御衆推先",即領導百姓有方。"御衆"與"節相"上下文相對,一者説民,二者談官,意在描寫吴和尚在民衆和官員中的威望。"節相遥禮",即官員們對他遠遠敬重崇拜。

(2) 五制

P.3718《梁幸德邈真贊》:"五制侍主,轉任超遷。"

五制,五種制度。用來規定臣子的禮儀制度。元脱脱《宋史·晁宗愨傳》:"宗愨性敦厚,事父母孝,篤故舊,凡任子恩,皆先其族人。在翰林,一夕草將相五制,褒揚訓戒,人得所宜。"草將相五制,起草將相對君王的禮儀制度。P.3718《閻子悦寫真贊》:"匡國輪勞,遐邇未辭於艱切。五制侍使,長捐纖隙之僭。""五制侍使",按照五制侍奉特使。P.3718《梁幸德邈真贊》:"五制侍主,轉任超遷。"五制侍主,按照五制侍奉君主。

(3) 牢城

P.3718《閻勝全邈真贊》:"牢城數載,清慎人傳。"

喻堅固的城池。句中指敦煌。後魏皮豹子《乞遣高平兵赴仇池表》:

---

〔1〕(後晉)劉昫《舊唐書·郭幼明傳》,北京:中華書局,1997年,3474頁。

第二章　敦煌邈真贊與唐代佛徒墓誌本土詞彙

"今外寇兵強,臣力寡弱,拒賊備敵,非兵不擬,乞選壯兵,增戍武都,牢城自守,可以無患。"後魏邢巒《言鍾離必無克狀表》:"今若往也,彼牢城自守,不與人戰,城漸水深,非可填塞,空坐至春,則士自弊苦。"牢城自守,堅守堅固的城池。三國吳張儼《默記述佐篇》:"仲達據天下十倍之地,杖兼并之衆,據牢城,擁精銳,無禽敵之意,務自保全而已,使彼孔明自來自去。""據牢城",據守堅固的城鎮。P.3718《張良真寫真贊》:"唐河西節度押衙知應管内外都牢城使銀青光禄大夫檢校國子祭酒兼御史大夫柱國清河郡張公牛前寫贊并序。"P.3718《張良真寫真贊》:"虜降蕃相,金玉(王)來川。委牢城務,酬勉安眠。從心之歲,翹情善緣。投師就業,頓捐蓋纏。了身不久,俄恐逝遷。"P.3718《李潤晟邈真贊》:"一舉節度押衙,兼遷敦煌務。注持數載,人無告勞。"宋以後,開始指監獄。宋魏泰《東軒筆録》卷十:"有朝士陸東,通判蘇州而權州事,因斷流罪,命黥其面,曰:'特刺配某州牢城。'"陸東被判流放,并在臉上刻字,發配某州監獄。宋李心傳《建炎以來繫年要録》卷八十二:"吉州厢軍曾方等謀爲變,牢城卒項勝告,獲之後,以勝爲保義郎。"牢城卒,監獄中的士兵。《宋大詔令集》卷二百二《定強盗刑詔》:"自今強盗不持杖不得財,徒二年。每千加一等,十千及傷人者絞,持仗不得財流三千里,流滿五千里者絞,傷人者斬,仍不分首從,不持仗滿千及持仗罪不致死,并論如流配千里外牢城。"流配里外牢城,即發配千里外監獄。

（4）大雲

P.4660《左公贊》:"大雲垂象,月角勵勵。"

大雲,猶祥雲。唐魏徵、令狐德棻《隋書·天文志》:"視四方常有大雲,五色具者,其下有賢人隱也。"[1]唐徐堅《初學記》卷一《天部上》:"京房《易飛候占》曰:視四方,常有大雲五色,其下賢人隱也。青雲潤澤在西北,爲舉賢良;黃雲如覆車,大豐也。"宋黃庭堅《常父惠示丁卯雪十四韻謹同韻賦之》:"春皇賦上瑞,來寧黃屋憂。下令走百神,大雲庇

---

〔1〕（唐）魏徵、令狐德棻《隋書·天文志》,北京:中華書局,1982年,589頁。

九丘。""大雲庇九丘",即祥雲庇護九州島。P.4660《左公贊》:"大雲垂象,月角勖勖。""大雲垂象",即祥雲顯示徵兆。此句用來稱頌左公的出生不凡。

(5) 間錯

P.4660《義曇逸真贊》:"黄金間錯,白銀縷鎏。"

唐釋玄奘《大唐西域記》卷二:"君王朝座,彌復高廣,珠璣間錯,謂師子床,敷以細氀,蹈以寶機。凡百庶僚,隨其所好,刻雕異類,瑩飾奇珍。""珠璣間錯",珠玉相互交錯,鑲嵌其中。《敦煌變文校注・佛說觀彌勒菩薩上生兜率天經講經文》:"天人造塔有何難,傾克(頃刻)莊嚴幾萬般,百寶合成深可羨,千花間錯更堪觀。"千花交錯,各種花卉交相輝映。南宋李攸《宋朝事實》卷十五:"諸豪以時聚首,同用一色紙印造。印文用屋木人物,鋪户押字,各自隱密題號,朱墨間錯,以爲私記。""朱墨間錯",紅、黑兩色相互交雜。P.4660《義曇逸真贊》:"黃金間錯,白銀縷鎏。""黃金間錯",指所造佛龕佛刹用黃金交錯雕飾。"白銀縷鎏",用白銀雕鏤鍍飾,上下文義相承,刻畫了所造佛龕佛刹之精美。

(6) 尋沐

S.289《李存惠逸真贊》:"尋沐君主慎求,遂乃超昇班帙。"

尋沐,是一個短語,意思是不久碰上、不久遭逢。宋李燾《續資治通鑒長編》卷三十五:"臣本自草萊,擢居臺閣,雖罹譴放,尋沐甄收。"王禹偁雖然被貶官流放,但不久又被審核録用。遼沙門恒劭《靈岩寺碑銘碑陰銘》:"衹斯精舍,尋沐居僧,狀請棲息。"尋沐居僧,不久碰上做僧人的機會,所以請求棲息佛門。S.289《李存惠逸真贊》:"故得入於儕輩,折旋以越于常倫;凡居朋寮,起就獨彰於群彦。僉諧衆口,舉薦人多。尋沐君主慎求,遂乃超昇班帙。"尋沐君主慎求,遂乃超昇班帙。意思是不久之後,碰上君主求賢,於是就做了官。"尋沐",應屬下句"君主慎求"。由於不明"尋沐"之義,再加上原卷爲了標示尊敬和避諱,"君"字前又空了兩格,鄭誤標點爲:僉諧衆口舉薦,人多尋沐;君主慎求,遂乃超昇班帙。"僉諧衆口",意思是都合衆議,"舉薦人多",推薦的人很多。如果標點爲"人多

第二章 敦煌邈真贊與唐代佛徒墓誌本土詞彙

尋沐",則句義不通。

(7) 衆類

P.3390《張安信邈真贊》："而又謙恭守道,清慎每播於人倫;恪節居懷,忠貞以傳於衆類。"

"人倫"與"衆類"對舉,都泛指大衆。《荀子·富國》："人倫并處,同求而異道,同欲而異知。"楊倞注："倫,類也。"梁蕭統《陶淵明集序》："其文章不群,辭彩精拔,跌宕昭彰,獨超衆類,抑揚爽朗,莫之與京。"獨超衆類,文采超越大衆。P.3718《閻子悅寫真贊》："三端早就於躬懷,六教常垂於衆類。""六教常垂於衆類",即以六教教化大衆。宋釋道原《景德傳燈錄》卷十九："師曰:'才昇霄漢,衆類難追。'"

(8) 逐要

P.3718《張清通寫真贊》："執理當途,豈懼勢情逐要。"

逐要,追逐權貴政要。P.3718《張喜首寫真贊》："師乃最稱第一,請棄逐要之司,轉遷釋門僧政。"逐要之司,追逐權利重要的衙門。引申指根據重要性來處理事情。(日)仁井田陞輯《唐令拾遺·獄官令》："諸流人應配者,各依所配里數,無要重城鎮之處,仍逐要配之,惟得就遠,不得就近。"逐要,根據重要性。北宋王溥《唐會要》卷六十七《武德年令》："宜賜延康坊閻令琬宅一所,仍令所司檢計,與量修改,及逐要量約什物。"逐要量約什物,根據重要性去舍所用東西。北宋王溥《唐會要》卷八十三《二十五年三月三日敕》："并宜準時價變粟取米,送至京。逐要支用。"逐要支用,根據重要性支取使用。

(9) 業術

P.4660《陰文通邈真贊》："記功勳兮永固,播業術兮長年。"

業術,指專門的技藝。隋潘徽《韻纂序》："徽業術已寡,思理彌殫。心若死灰,文慚生氣。徒以犬馬識養,飛走懷仁。敢執顛沛之辭,遂操狂簡之筆。"潘徽作《韻纂序》,謙虛地認爲自己的專門知識不足。(日)仁井田陞輯《唐令拾遺·醫疾令》："諸醫針生,博士月一試,太醫令丞季一試,太常丞年終總試。若業術過於見任官者,即聽補替。其在學九年無成

115

者,退從本色。"業術,指專門的醫術。P.4660《陰文通邈真贊》:"記功勳兮永固,播業術兮長年。"業術,指專門的佛學知識。

(10) 布蔱

P.4660《義晉邈真贊》:"禪慧兼明,戒香芬馥。寒松比操,慈雲布蔱。"

慈雲布蔱,即慈悲心懷分散播撒。慈雲,佛教語,比喻慈悲心懷如雲,廣被世界、衆生。"布蔱",或作"布潤""布集"等,意義都是分散播撒,教化衆人。P.2551《李君莫高窟佛龕碑并序》:"更紹真乘,初隆正法;大雲遍布,寶雨滂流。""遍布""滂流"相對,都是大量傳播之義。P.4640《陰處士碑》:"然則金烏東谷,隨佛日以施人;玉兔西山,引慈雲而布潤。"布潤,散布滋潤。P.4640《吴僧統碑》:"則聖神贊萬里化均,四鄰慶附,邊虞不誡,勢勝風清,佛日重暉,聖雲布集。""布集",即遍布各地。

(11) 林窟

P.4660《禪和尚贊》:"樂居林窟,車馬不騎。"

林窟,源於梵語,本作"賓波羅窟"。喻指佛教徒修行的地方。唐杜光庭《墉城集仙録·徐仙姑》:"獨游海内三江五岳,天台、四明、羅浮、括蒼,名山勝賞,無不周遍,多宿巖麓林窟之中。"P.4660《故吴和尚贊》:"久坐林窟,世莫能牽。"《唐故上都唐安寺外臨壇律大德比丘尼廣惠塔銘并序》:"上奉乾越之真諦,識楞伽之要義,賓波羅窟,深入禪菁;阿耨達池,恒藏戒水。"賓波羅窟,即林窟。五代南唐静、筠二禪僧編《祖堂集》卷一《大迦葉尊者》:"其數四百九十有九,悉集王舍城耆闍崛山賓鉢羅窟,此云七葉巖。"耆闍崛山賓鉢羅窟,漢譯爲七葉巖。耆闍崛山賓鉢羅,又省作"畢鉢羅窟"。宋普濟《五燈會元》卷十《天台山德韶國師》:"上堂,僧問:'世尊以正法眼付囑摩訶迦葉,祇如迦葉在畢鉢羅窟,未審付囑何人?'由迦葉所居洞窟,泛指佛教徒避世修行之地。

第三章　敦煌邈真贊與唐代佛徒墓誌佛教義詞彙

　　漢語詞彙發展史上，就外來詞彙對漢語詞彙的影響而言，當屬佛教詞彙對漢語詞彙的影響最大。王力認爲"佛教變成了人們生活不可缺少的一部分，佛教用語（包括借詞和譯詞）不可避免地要輸入漢語詞彙裏來。……但是佛教借詞和譯詞同西域借詞和譯詞有些不同：按時代的先後來說，西域借詞和譯詞的時代要早得多（大約早五百年），雖然後代也有一些，按影響的大小來說，佛教借詞和譯詞的影響要大得多。"[1]而敦煌邈真贊與唐代佛徒墓誌正是佛教詞彙的淵藪。"從漢語史的角度看，佛教漢語研究的最終目的，在於揭示印度佛教的傳入尤其是佛經翻譯對漢語的影響。"[2]兩種文獻中，彙聚了大量的與佛教相關的詞彙，這些詞彙具有三個主要特點，一是典故詞語多，二是音譯詞越來越"本土化"，如有的音節趨向縮略，多數省變爲雙音節形式，有的被意譯詞或新詞替代，三是聚合了大量的同義或近義詞語。這些特點反映了與佛教相關的詞彙構成特徵，以及"本土化"的發展演變過程，從而全面深入地反映了唐代的佛教

---

〔1〕　王力《漢語史稿》，北京：中華書局，2004年，591頁。
〔2〕　朱慶之《一個梵語詞在古漢語中的使用和發展》，《中國語文》2011年第4期。

詞彙對漢語詞彙的交融現象。

第一節　典故詞語

　　與佛教相關的典故詞彙，是指兩種文獻中引用的佛教故事或有來歷出處的詞語。這些詞語由來已久，與最初佛經翻譯時意義相比，有的詞語意義已經發生變化；有些詞語因與佛教故事相關，字面意義與詞語意義分離，詞語的含義需要充分了解相關故事後纔能明確其義。例如與釋迦牟尼成道相關的典故詞語就有"雪山""道樹""雙樹""白鶴成林""俱尸"等。還有的詞語是化用魏晉時名人學佛成道的典故，如"明帝推入夢之祥""梁武顯施身之願"等。有的又與唐時或唐以前有名的佛徒人物相關，如"杯度""赤髭"等。加之受到兩種文獻體例和韻例的限制，這些典故詞彙往往還會變換成別的詞語。因此，爲掃除閱讀佛經文獻時的障礙，今選擇數例佛教典故詞語加以釋證。

　　1. 疾病亡化類

　　敦煌邈真贊和唐代佛徒墓誌在記述佛教徒喪亡時，爲表示尊敬和避諱，大量用到死亡義的典故詞語，尤其是佛教中與死亡義相關的典故詞語最爲集中。

　　（1）二鼠——四蛇——藤危——危藤

　　P.3390《張安信邈真贊》："方欲致身奉命，上報君恩，何期二鼠忽臨，四蛇將逼。"

　　二鼠，佛教語。"二鼠，黑白之二鼠，以譬喻晝夜或日月。"[1]四蛇，以四毒蛇喻地、水、火、風之四大也。[2] 因此，二鼠、四蛇，常上、下對舉，比喻置人死地的各種因素。例中"二鼠忽臨，四蛇將逼"比喻人將面臨死亡。典故源于《翻譯名義集·增數譬喻》引《大集經》："昔有一人避二醉

---

〔1〕　丁福保《佛學大辭典》，北京：中華書局，2011年，90頁。
〔2〕　丁福保《佛學大辭典》，北京：中華書局，2011年，772頁。

第三章　敦煌邈真贊與唐代佛徒墓誌佛教義詞彙

象(生死),緣藤(命根)入井(無常)。有黑白二鼠(日月)齧藤將斷,旁有四蛇(四大)欲螫,下有三龍(三毒)吐火,張爪拒之。其人仰望二象已臨井上,憂惱無託。忽有蜂過遺蜜滴入口(五欲),是人噉蜜,全亡危懼。"後來引申比喻死亡將臨。北齊佚名《比丘僧道略等造神碑尊像銘》:"故知二鼠之暴不停,四蛇之毒長在。"《敦煌曲子詞·十二時·禪門十二時》:"法船未達涅盤時,二鼠四蛇從後至。人身猶如水上泡,無常煞鬼忽然至。三日病臥死臨頭,善惡之業終難避。"唐龐蘊《詩偈》:"身如水上沫,命似當風燭。常須慎四蛇,持心舍三毒。"唐王梵志《愚夫痴杌杌》:"頂戴神靈珠,隨身無價物。二鼠數相侵,四蛇摧命疾。"P.4660《沙門悟真邈真贊》:"了蟾蜍之魄盡,覩毀篋之藤危。""藤",原卷作"騰"字,爲"藤"的同音替代字。藤危,喻命懸一線。又變文作"危藤"。《幽棲寺尼正覺浮屠之銘》:"即願危藤永茂,朽樹長春。"危藤永茂,句意爲人命長壽。

(2)雙樹(雙樹枝崩、雙樹塵矇)——雙林(雙林變鶴、雙林變白、雙林言滅、魄瘞雙林、雙林示疾)——白鶴成林

P.3726《杜和尚寫真贊》:"不祥瑞應,雙樹枝崩。"

雙樹,佛教語,娑羅雙樹,也稱雙林,是釋迦牟尼入滅處。"雙樹林爲釋迦化身之涅槃,故明極樂之化土借之。"[1]源於北凉曇無讖譯《大般涅盤經》卷一:"一時佛在拘施郡城,力士生地,阿利羅跋提河邊,娑羅雙樹間……二月十五日大覺世尊將欲涅盤。"北齊魏收《魏書·釋老志》:"釋迦年三十成佛,導化群生,四十九載,乃於拘尸那城娑羅雙樹間,以二月十五日而入般涅盤,涅盤譯云滅度,或言常樂我净,明無遷謝及諸苦累也。"[2]雙樹,又稱"雙林"。由此故事,變化出以上許多詞語。雙樹、雙林,還可以泛指佛教、釋尊、高僧等。後魏任城王澄《奏禁私造僧寺》:"苟能誠信,童子聚沙,可邁於道場;純陀儉設,足薦於雙樹。"道場,與"雙樹"對舉。唐王維《薦福寺光師房花藥詩序》:"上人順陰陽之動,與勞侶而

---

[1] 丁福保《佛學大辭典》,北京:中華書局,2011年,2811頁。
[2] (北齊)魏收《魏書·釋老志》,北京:中華書局,1995年,3027頁。

作，在雙樹之道場，以衆花爲佛事。"《大唐濟度寺故比丘尼法燈法師墓誌銘》："精誠懇至，慕雙樹之高踪；童子出家，殊柏舟之自誓。"句中雙樹，都泛指佛教。《唐故東都安國寺比丘尼劉大德墓誌銘并序》："哀法幢傾摧，咸願百身，流涕雙樹。"《大唐故興聖寺主尼法澄塔銘并序》："號慕之情，有如雙樹。"句中"雙樹"，比喻像失去釋迦牟尼一樣悲痛。經常用作佛徒亡化的典故。如雙樹枝崩、雙樹塵蒙。P.2481《副僧統和尚邈真贊》："何圖示滅，雙樹塵蒙。"或作雙林變鶴、雙林變白、魄瘞雙林、雙林示疾、白鶴成林等。P.3541V⁰《張善才邈真贊》："雙林變鶴，七衆哀纏。"P.2481《副僧統和尚邈真贊》："奈何雙林變白，赴覺路之無生，寶樹萎黄，舍閻浮子之濁世。"《大唐故興聖寺主尼法澄塔銘并序》："雙林言滅，金棺復開。有緣既盡，歸向蓮臺。"P.4660《宋律伯彩真贊》："魄瘞雙林，魂隨識駕。"P.3556《氾福高邈真贊》："忽恩雙林示疾，降十夢于中天；分骨荼毗，散七花於異域。"《大唐□□寺故比丘尼法琬法師碑文》："□□黄金布地，尚疑須達之園；白鶴成林，即是菩提之樹。"佛在娑羅雙樹間入滅時，林色變白，如白鶴之群棲，故稱。唐玄奘《大乘大集地藏十輪經序》："白鶴林變色，慧日寝光。達學電謝以息肩，真人長往而寂滅。"遼張明《感化寺智辛禪師塔記》："咸想鶴林，宜歸火葬。"

（3）雪山現疾——雪山示疾——示疾——現疾

佛教語。謂佛菩薩及高僧得病。"雪山現疾"，當是化用"雙林入滅"或"雪山示疾"的典故。雪山，山名。原指印度北部喜馬拉雅諸山，"印度之北境有高聳大山，千古頂雪，故云雪山"。[1] 傳説釋迦牟尼成道前曾在此苦行。菩薩以示疾説法，因而泛指高僧生病。南朝劉潛《雍州金像寺無量壽佛像碑》："昔者出城石轉，還林現疾，夢樹既沉，梵花獨反。"後周庾信《陝州弘農郡五張寺經藏碑》："若夫法雲深藏，師子雷音，梵志往生，聲聞説戒，雪山羅漢之論，鷲嶺菩提之法，本無極際，何可勝言。"《敦煌變文校注·太子成道經》："六年苦行在山中，鳥獸同居爲伴侶。日食麻麥求勝

―――――――
〔1〕 丁福保《佛學大辭典》，北京：中華書局，2011年，1873頁。

第三章　敦煌邈真贊與唐代佛徒墓誌佛教義詞彙

行,雪山修道證菩提。"《唐故上都唐安寺外臨壇律大德比丘尼廣惠塔銘并序》:"豈謂毗城示老,雪山現疾,雖菩薩之善,本生没是常,而金剛之威力,堅持不壞。"唐佚名《亡尼墓誌》:"雪山現疾,舍利□業之風氣,旦嬰毗城,老火宅苦海之淹留忽謝,以長安二年十一月四日死。"又省作"現疾"。唐崔琪《唐心境大師碑》:"以咸通七年秋八月三日現疾告終,享年七十七,僧臘五十七。"唐釋玄奘《大唐西域記》卷七《吠舍釐國》:"去此不遠有一神舍,其狀迭磚,傳雲積石,即無垢稱長者現疾説法之處。去此不遠有窣堵波,長者子寶積之故宅也。""示疾"或作"現疾",唐龐藴《詩偈》:"十方同一乘,無心記南北。慈悲説斯法,現疾爲衆生。""現疾"與"示疾"同義。P.4660《義晉邈真贊》:"俄然示疾,今也云薨。"P.3556《氾福高邈真贊》:"忽思雙林示疾,降十夢于中天;分骨茶毗,散七花於異域。"《嵩山□□□故大德浄藏禪師塔銘并序》:"春秋七十有二,夏三十八臘,無疾示疾,憩息禪堂,端坐往生,歸乎寂滅。"《大唐靈山寺故大德禪師塔銘并序》:"春秋六十有七,臘四十六,時貞元五年八月十一日示疾,未久,隨生順流,至十四日,不舍威儀,儼然而化。"《唐故東都麟趾寺律大師墓誌銘并序》:"貞元十八年七月十日示疾歸終,俗年八十八,僧臘六十七。"《大唐荷恩寺故大德姚常一塔銘》:"前後奏置寺一十二所,度僧一千餘人,忽焉示疾彌留,會緣將畢,奉敕令有司造檀像寶幡,送至院内。"P.4660《炫闍梨贊》:"示疾方丈,世藥難治。"

(4) 慧日——慧日既虧——慧日之潛暉——慧日將沉

《崔法師墓誌》:"弟子等哀慧日之潛暉,痛慈燈之永滅。"

慧日,本指普照一切的佛慧。"佛智能照世之盲冥,故比之於日"。[1] 慧日潛暉,比喻釋迦牟尼之死亡。也泛指高僧亡化。例句中慧日潛暉即比喻崔法師之死。後魏魏靈藏《造釋迦像》:"自雙林改照,大千懷綴嘆之悲;慧日潛暉,含生銜道慕之痛。是以應真悼三乘之靡憑,遂騰空以刊像。"此句指釋迦牟尼的亡化。此典故又有多種變化,形

---

[1] 丁福保《佛學大辭典》,北京:中華書局,2011年,2532頁。

成許多近義詞語。釋道宣《上榮國夫人楊氏沙門不合拜俗啓》："然以慧日既隱,千載有餘,正行難登,"慧日既隱,與慧日潛暉義相近。《慈潤寺故大靈琛禪師灰身塔銘文》："慧日既虧,群迷失望。"《大唐澄心寺故優曇禪師之塔銘并序》："豈意兩楹告變,二豎成災。朗月與落宿俱沉,慧日共愁雲并暗。"《大唐澄心寺故優曇禪師之塔銘并序》："邪山欲暗,慧日將沉。"

（5）累足——右脅——趺坐——結跏趺坐

《興國寺故大德上座號憲超塔銘并序》："金泉磴及梨園鋪,吾之衣鉢,將入常住,以爲永業。言已怡然,累足而去也。"

累足,兩足相迭。以佛徒亡化的坐姿來喻死亡。源於釋迦牟尼涅槃亡化姿式。"釋尊於菩提樹下成正覺時之身爲吉祥坐。……其吉祥坐,先以左趾押右股,後以右趾押左股,令二足掌仰於二股之上"。[1] 唐李華《東都聖善寺無畏三藏碑》："開元二十三年十一月七日,右脅累足,涅槃於禪室,享齡九十九,僧臘八十。"《楚金禪師碑》："粵以乾元二年七月七日子時,右脅薪盡火滅,雪顏如在,昭乎上生於贍養之國矣!"右脅,佛教徒亡化時的卧姿。唐日本僧人圓仁《入唐求法巡禮行記》卷二："吃茶之後,入涅盤道場,禮拜涅盤相:于雙林樹下,右脅而卧。"五代南唐静、筠二禪僧編《祖堂集》卷十七《溟州山□窟山故通曉大師》："即以五月一日右脅累足,示滅於山□窟山寺上房。"或省作"右脅"。宋釋道原《景德傳燈錄》卷五："大曆十年十二月九日,右脅長往。弟子奉靈儀于党子谷建塔。敕諡大證禪師。"累足,又作"趺坐"。《大唐法雲寺尼辯惠禪師神道誌銘并序》："以天寶十三載十二月廿二日于延康里第趺坐正念,德音具存,椎磬焚香,超然乘化。"趺坐,雙足交迭而坐。南朝范泰《與司徒王弘諸公書論道人踞食》："此風不革,難乎取道,樹王六年,以致正覺,始明玄宗,自敷高座,皆結跏趺坐,不偏踞也。"唐施肩吾《題山僧水閣》："山房水閣連空翠,沉沉下有蛟龍睡。老僧趺坐入定時,不知花落黄金地。"北宋蘇軾《東坡志

---

[1] 丁福保《佛學大辭典》,北京:中華書局,2011年,2266頁。

第三章 敦煌邈真贊與唐代佛徒墓誌佛教義詞彙

林》卷三《故南華長老重辨師逸事》:"契嵩禪師常瞋,人未嘗見其笑;海月慧辨師常喜,人未嘗見其怒。予在錢塘,親見二人皆趺坐而化。"

(6) 眼滅

《大唐澄心寺故優曇禪師之塔銘并序》:"況甘棠重翦,道樹再焚。四輩颯然,一方眼滅。"

眼滅,比喻佛徒亡化。句中指優曇禪師的逝去。佛教是世間慈燈,人間慧日。佛教徒離世,世人即看不清方向,即眼滅。隋吉藏《與智顗啓》:"但佛日將沉,群生眼滅,若非大師弘紉,何以克興?"也源於釋迦牟尼亡化的故事。唐釋玄奘《大唐西域記》卷六《四國》:"摩耶聞已,悲哽悶絶,與諸天衆至雙樹間,見僧伽胝、鉢及錫杖,拊之號慟,絶而復聲曰:'人天福盡,世間眼滅!今此諸物,空無有主。'"宋惠洪《禪林僧寶傳》卷二十三《黃龍寶覺心禪師》:"嗚呼! 隕此偉人,世間眼滅。"

(7) 劫石——拂石有虧——劫遷

P.2482《閻海員邈真贊》:"方保榮禄,劫石長延。"

劫石,佛教典故。P.4660《故禪和尚贊》:"劫石將盡,功名不槃。"例中用"劫石將盡"比喻時間再久遠,禪的功德依舊不能減滅。典故源于後秦鳩摩羅什譯《大智度論》卷五:"佛以譬喻説劫義。四十里石山,有長壽人,每百歲一來,以細軟衣拂拭此大石盡,而劫未盡。""佛示劫量之長,以天衣拂磐石爲喻,因而謂爲磐石劫。"[1]後用來指時間久遠。隋釋彦琮《福田論》:"自可天基轉高,比梵宫之遠大;聖壽恒固,同劫石之長久。"唐盧綸《慈恩寺石磬歌》:"吾師寶之壽中國,願同劫石無終極。"或作"拂石有虧"。《前任游□將軍京兆府宿衛折衝尹伏生塔銘并序》:"雖拂石有虧,而斯福無盡,仰報深恩,故勒斯記。"句中"拂石有虧",即化用"劫石"典故。五代天復十年《張友誠供養題記》:"見存眷屬,劫石遐長。"其"劫"字,馬德《敦煌絹畫題記輯録》誤録爲"動"字。劫遷,比喻佛教徒死亡。《大唐崇義寺思言禪師塔銘并序》:"形隨物弊,身將劫遷。哀纏没後,痛

---

[1] 丁福保《佛學大辭典》,北京:中華書局,2011年,1222頁。

結生前。變通誰察,起現何年?"

2. 誕生類

（1）間生

P.4660《三藏法師（王禪池）圖真贊》："非上達於間生,誓傳燈于像季者,曷能若斯?"

間生,古人以爲五百年出一賢者,是爲"間生"。意思是間隔五百年纔會出生一位賢人。唐王貞白《送建昌馮明府》："賢人五百年,間生信非虚。清風激貪冒,白雲同卷舒。"《南嶽小録·田先生寫真贊》："靈根獨秀,真人間生。仙非積學,道乃天成。""真人",即修行者。宋劉仙倫《賀新郎》："五百年而名世,允謂間生；八千歲而爲春,定膺難老。"P.4660《三藏法師（王禪池）圖真贊》："非上達於間生,誓傳燈于像季者,曷能若斯?"像季,佛教語,指像法的末期。"像法"的時限説法不一。一般認爲在佛去世五百年後的一千年之間。梁釋慧愷《攝大乘論序》："籠小乘於形内,挫外道於筆端,自斯已後,迄于像季,方等圓教,乃盛宣通。"唐劉禹錫《送慧則法師歸上都因呈廣宣上人并引》："釋子慧則,生於像季,思濟劫濁,乃學于一支,開彼群迷。""間生"一詞,敦煌邈真贊中數見其例,共計21例,足以説明此詞在敦煌邈真贊中的使用頻率。其他例子如下《大唐宗子隴西李氏再修功德記碑》："間生神異,誠（成）太保之徵猷。"P.3556《渾子盈邈真贊》："恩奉邀命,自愧不才,略述芳名,而爲贊曰：間生傑俊,國下英賢。"P.4660《索法律邈真贊》："間生律伯,天假聰靈；木秀于林,財（材）充工用。"P.4660《索公邈真贊》："間生英傑,穎拔恢然。"P.4660《索智岳邈真贊》："間生仁賢,懿德自天。"P.4660《翟和尚邈真贊》："間生斯息,桂馥蘭芳。"P.4660《義曑和尚邈真贊》："間生兹息,知機厭欲。應法從師,披緇離俗。"P.4660《左公贊》："金方茂族,間生一枝。"P.4660《故吳和尚贊》："勇哉達士,間世稱賢。襄劫修德,受勝良緣。"P.3556《□慶德邈真贊》："間生異貌,月角齊芳。懷文冠古,用武名彰。"P.3556《張清净戒邈真贊》："間生異俊,奇藝天然。幼而别衆,實可名賢。"P.3630《閻會恩邈真贊》："間生龍象,清衆白眉。"P.3718《閻子悦寫真贊》："其詞曰：間生奇傑,穎

第三章 敦煌邈真贊與唐代佛徒墓誌佛教義詞彙

拔恢然。"P.3718《□憂道邈真贊》:"蓋聞奇傑間生,謨猷英秀,世不乏賢,則何代而不有。"P.3718《馬靈信邈真贊》:"間生仁傑,懿德自天。"P.3718《梁幸德邈真贊》:"贊曰:間生奇傑,五百應賢。"P.3718《閻勝全寫真贊》:"間生英傑,處衆而獨步出人。"P.3718《閻勝全寫真贊》:"間生俊傑,應世英奇。"P.2482《羅盈達邈真贊》:"應世而與凡不同,間生而殊常傑衆。"P.2481《副僧統和尚邈真贊》:"未歸解脱之源,皆有榮枯之理,厥斯僧統和尚者,間生異俊,神授英聰;望高朱紫之風,族重琳琅之貴。"P.2481《副僧統和尚邈真贊》:"間生英俊,神假奇聰。望高朱紫,族美儒風。"P.3390《孟授上祖莊上浮圖功德記并序》:"師乃間生豪族,異世英雄;位亞及于三賢,智鄰通于十埊。""間生"也作"厯生"。P.3726《杜和尚寫真贊》:"厯生五百,仙賢一昇。"P.4660《曹僧政邈真贊》:"丕哉粹氣,厯生髦傑,領步超群。"其"厯"字原卷作"歷",爲書手誤抄。

與"間生"搭配的詞語不外乎"英傑""俊傑""仁傑""英俊""奇傑""仙賢"等近義詞,説明了敦煌邈真贊文獻的封閉性,即執筆者大多爲敦煌郡的文人,有相互模仿的痕跡。"間生"或作"間世""間代"等。P.4660《李教授寫真贊》:"大哉法主,間世英首。位高十德,解盡九流。"P.3541V⁰《張善才邈真贊》:"偉哉釋首,間代英賢。奇聰神異,膺世半千。"P.3556《曹闍梨邈真贊》:"偉哉釋首,間代英賢。奇聰神異,膺世半千。"

(2) 間氣

P.3718《張良真寫真贊》:"間氣仁哲,膺宿生焉。"

間氣仁哲,五百年間纔有的運氣,誕生的賢人。間氣,五百年間生的命運。比喻很難得的人才。唐錢起《送李大夫赴廣州》:"一賢間氣生,麟趾鳳凰羽。何意人之望,未爲王者輔。"一賢間氣生,比喻李大夫是難得的人才。唐劉長卿《湖南使還,留辭辛大夫》:"大才生間氣,盛業拯橫流。"間氣,五百年纔有的氣運。宋羅大經《鶴林玉露》卷四《乙編》:"西天又出一活佛,南極添成兩壽星。幾百年方鍾間氣,八千春願祝修齡。"方鍾間氣,纔會碰到的運氣。

（3）半千

半千，即"五百"。古人認爲五百年纔可出一位賢人，故"半千"成爲賢人誕世的典故。東魏《□挺墓誌》："加以尺蠖居身，虛舟在物，浮沉用舍，脫略威儀，躡有道之清塵，想太丘之爲德，斯所謂通人靡滯，歷半千而一遇者已。"唐李中《獻中書潘舍人》："運叶半千數，天鍾許國臣。"唐劉肅《大唐新語》卷四："員半千本名餘慶，與何彥先師事王義方。義方甚重之，嘗謂曰：'五百年一賢，足下當之矣。'改名半千。"P.3541V⁰《張善才邈真贊》："偉哉釋首，間代英賢。奇聰神異，膺世半千。"P.3718《梁幸德邈真贊》："異骨奇模，挺半千而誕世。"挺半千而誕世，即五百年而出生。故P.3718《梁幸德邈真贊》韻文對應句子爲："間生奇傑，五百應賢。"

半千，在本土詞彙主要表示數量"五百"，與此典故不同。唐段安節《樂府雜錄·康老子》："康老子即長安富家子，落魄不事生計。常與國樂遊處，一旦家產蕩盡。偶一老嫗持舊錦褥貨鬻，乃以半千獲之。"半千，五百錢。《敦煌變文校注·維摩詰經講經文一》："半千寶蓋，行行而總已擎持；一國英賢，浩浩而齊聲贊嘆。"半千寶蓋，五百寶蓋，比喻數量之多。北宋何薳《春渚紀聞》卷八："又受異人之教，每斤止售半千，價雖廉而利常贏餘。"半千，售價五百。

3. 佛法類

（1）鵝珠——護珠

本來源於佛教故事。後來用"鵝珠"作捨身護戒之典。又比喻佛教。唐張鷟《滄州弓高縣實性寺釋迦像碑》："鵝珠護戒，標苦節于堅林；龍鏡澄空，照真規於靜域。"P.4660《都僧統邈真贊》："嘗悲六趣，每諭三車。心遊物外，鵝珠去邪。"P.4660《索智岳邈真贊》："鵝珠謹護，浮囊鏊全。"因鵝珠常作爲護戒之典，又產生"護珠"一詞。《大唐□□寺故比丘尼法琬法師碑文》："地乃護珠，人惟杖錫，故得禪枝日茂，覺蘂年芳。"《大唐淨域寺大德法藏禪師塔銘并序》："護珠圓朗，智刃雄鳴。伏違順之鬼魔，碎身心之株杌。"

第三章　敦煌邈真贊與唐代佛徒墓誌佛教義詞彙

（2）髻珠——髻寶

佛教語。本指國王髮髻中的明珠。比喻佛的第一義諦。唐時泛指佛法。南朝梁元帝《梁安寺剎下銘》："苦流長泛，愛火恒燃。髻珠孰曉，懷寶詎宣。"《楚金禪師碑》："若然，則浮圖之化，髻珠之教，風靡千界，皆禪師之力，豈止金丹五天而已哉！"《新羅國故兩朝國師教謚朗空大師白月棲雲之塔碑銘》："潛認髻珠，密傳心印，達斯道者，豈異人乎？大師是也！"《大唐真化寺多寶塔院故寺主臨壇大德尼如願律師墓誌銘并序》："六宫誰授其髻寶，八部孰示於衣珠，覺路醒而却迷，人花茂而還落。"髻寶與衣珠對舉，髻寶、衣珠近義，與髻珠同義。

（3）頭燃——救頭——救頭然（燃）

佛教語。頭然，頭上火燃也[1]。比喻事情之急迫。用來描寫一心勤行精進之情態。

五代南唐静、筠二禪僧編《祖堂集》卷八《雲居和尚》："決擇之次，如履輕冰；勤求至道，如救頭然，更有什摩餘暇？如火逼身，便須去離。"北宋蘇軾《岐亭五首》："心法幸相語，頭然未爲急。願爲穿雲鶻，莫作將雛鴨。"遼王鼎《故壇主守空大師遺行碑》："雖行在毗尼，而志尚達摩。因負笈尋師，不解衣者多歲。爲攻堅木，切救頭然。以致名數相應，税金吼石等論，宗旨明白，曰義類條貫。"S.5405《張福慶邈真贊》："至於四分十誦，猶涉海而姻浮囊；七聚五篇，等救頭而防猛炎。""等救頭"，類似於救頭燃，對於"七聚五篇"這些佛教經典，像救頭燃一樣迫不及待地學習。

（4）半偈

P.3541V⁰《張善才邈真贊》："別親告侄，勸尋半偈之靈文；遺囑門人，祗念送師而舍泣。"

梵語"偈佗"（Gatha）的簡稱，即佛經中的唱頌詞，通常以四句爲一偈。半偈，偈語的一半，即兩句偈語。半偈，源於佛本生故事。北凉曇無讖譯

---

[1] 丁福保《佛學大辭典》，北京：中華書局，2011年，2712頁。

127

《涅槃經》十四："謂釋迦如來往昔入雪山修菩薩行時，從羅刹聞前半偈，歡喜而更欲求後半偈，羅刹不聽，乃約舍身與彼，欲得聞之。故謂雪山之半偈亦曰雪山之八字。"後用來比喻未看到經文等。南朝釋僧祐《出三藏記集・注解大品序第三》："輕生以重半偈，賣身以尊一言，甘渫血而不疑，欣出髓而無吝。"輕生以重半偈，即輕視生命而看重佛家偈語。南朝梁僧祐《弘明集》卷十《答釋法雲書難范縝神滅論》："博約載弘，廣大悉備。一音半偈，顯茲悟拔。"一音半偈，很少的佛語，即可彰顯佛力。半偈，常與"全身"相對。《魏州故禪大德獎公塔碑》："啓顧全身，惟思半偈。"唐耿湋《題童子寺》："半偈留何處，全身棄此中。雨餘沙塔壞，月滿雪山空。"唐李端《贈衡岳隱禪師》："半偈傳初盡，群生意未回。唯當與樵者，杖錫入天台。"《大唐□□寺故比丘尼法琬法師碑文》："至若貫花散花之典，滿偈半偈之經，莫不吞若胸臆，如指諸掌。"唐齊己《寄峴山願公三首》："片言酬鑿齒，半偈伏姚秦。""片言""半偈"相對舉，即使是很少的偈頌，也教化了姚秦。《敦煌變文校注・長興四年中興殿應聖節講經文》："聞半偈而捐舍全身，求一言而祇供千載。""半偈""一言"對舉，聽到半偈而願意捨棄全身，足見對佛的崇拜。

4. 高僧名字簡稱類

漢魏以來，佛教在輸入本土中，不斷被本土化，佛教詞語變得越來越像漢語詞彙，甚至一些佛教高僧的名字，也變成了簡稱，大多由原來的多音節音譯詞，簡化爲雙音節的不完全音譯詞，結構上很像漢語的雙音節詞，但實際是外來詞的音譯省簡，省簡後的音譯詞不是一個完整的詞，也不能按照原來的外來詞對譯回去，祇能保留原詞完整音節時的意義。一些有名的、常見的佛教人物，在當時人們耳能詳熟，并以最精煉的簡稱出現在文獻中，成爲現在人閱讀的障礙。例如康僧會、竺法護、佛圖澄、鳩摩羅什、道生、道安、竺法蘭、道安、慧遠等高德大僧，其僧名往往用簡之外，還經常化用與他們相關的故事。

(1) 鳩摩羅什——羅什——鳩摩——什

P.3726《杜和尚寫真贊》："昔時羅什，當代摩騰。"P.4660《都僧統邈真

第三章　敦煌邈真贊與唐代佛徒墓誌佛教義詞彙

贊》："秉安遠之德,蹈羅什之踪。"

羅什,即鳩摩羅什,又名鳩摩羅耆婆。西域高僧,東晉太元八年(384),在甘肅涼州居一十七年弘揚佛法,後秦弘始三年(401)入長安,與弟子譯成《大品般若經》《法華經》《維摩詰經》《阿彌陀經》《金剛經》等經和《中論》《百論》《十二門論》等重要佛經。鳩摩羅什,其名本爲外族取名方式,即"父名+母名"。南朝釋僧祐《出三藏記集·鳩摩羅什傳第一》："初,什,一名鳩摩羅耆婆,外國制名,多以父母爲本,什父鳩摩炎,母字耆婆,故兼取爲名。"鳩摩羅什,還可省稱爲"鳩摩"。北齊佚名《比丘僧道略等造神碑尊像銘》："自夢影東翻,金人感帝,像法肇興,鳩摩啓悟。方知城芥易窮,五衣時往,雲電屢馳,石光何速。"又作"鳩摩什"。隋釋彦琮《通極論并序》："自後康僧會、竺法護、佛圖澄、鳩摩什繼踵來儀,盛宣方等,遂使道生、道安之侣,慧嚴、慧觀之徒,并能銷聲桂冠,翕然歸向。"與"羅什"相對舉的高僧有"圖澄""摩騰"等,梁沈約《佛記序》："圖澄之龍見趙魏,羅什之鳳集關輔。"隋皇甫毗《玉泉寺碑》："自摩騰入洛,羅什游秦,名教更弘,道風斯熾。""圖澄"即"佛圖澄"之省略[1]。後晉劉昫《舊唐書·姚崇傳》："崇奏曰：'佛不在外,求之於心。佛圖澄最賢,無益于全趙；羅什多藝,不救于亡秦,何充、苻融,皆遭敗滅；齊襄、梁武,未免災殃。但發心慈悲,行事利益,使蒼生安樂,即是佛身。何用妄度奸人,令壞正法？'上納其言。"[2]例中圖澄、摩騰、羅什、佛圖澄等高僧名對舉。

(2) 迦葉摩騰——攝摩騰——摩騰——騰(滕)

P.3726《杜和尚寫真贊》："昔時羅什,當代摩騰。"

迦葉摩騰,又名攝摩騰,或簡稱摩騰。相傳爲中天竺僧人,東漢明帝時,用白馬負載佛像和經典來到洛陽。梁釋慧皎《傳譯論》："及通夢金人,遣使西域,乃有攝摩騰、竺法蘭懷道來化,挾策孤征,艱苦必達,傍峻壁而

---

〔1〕　丁福保《佛學大辭典》,北京：中華書局,2011年,1176頁。
〔2〕　(後晉)劉昫《舊唐書·姚崇傳》,北京：中華書局,1997年,3023頁。

臨深,躡飛絙而渡險。遺身爲物,處難能夷,傳法宣經,初化東土,後學與聞,蓋其力也。"攝摩騰,即摩騰,與竺法蘭二名僧并舉。"摩騰"與"康會""僧會"等名僧對舉。南朝釋惠津《與瑗律師書》:"且復康會來吳,才堪師表;摩騰入漢,行合律儀者哉?"唐玄奘《新譯經論并求御製經序表》:"暨乎摩騰入洛,方被三川;僧會游吳,始沾荆楚。"P.3556《賈和尚邈真贊》:"可謂法場師子,德侔安、遠之先;惠地麒麟,道齊騰、蘭之後。"騰蘭,即摩騰和法蘭二位高僧省簡後的并舉。南朝王曼穎《與沙門慧皎書》:"年歲五百,時經六代。自摩騰、法蘭,發軫西域;安侯、支謙,荷錫東都。雖迹標出没,行實深淺。咸作舟梁,大爲利益。固宜緇素傳美,鉛槧定辭。昭示後昆,揄揚往秀。而道安、羅什,間表秦書;佛澄、道進,雜聞趙册。"南朝釋慧皎《傳譯論》:"支謙,康會、竺護等,并異世一時,繼踵宏贊。然夷夏不同,音韻殊隔,自非精括詁訓,領會良難。屬有支謙、聶承遠、竺佛念、釋寶雲、竺叔蘭、無羅叉等,并妙善梵漢之音,故能盡翻譯之致。"

(3) 優婆鞠多——净名大士

P.3556《氾福高邈真贊》:"文開百法,通依説盡瑜珈;論立千門,合理指爲本地。有緣化度,等深優婆鞠多;隨類開昏,鄰亞净名大士。"

鄭標點此段内容爲:"文開百法通依,説盡瑜珈;論立千門,合理指爲。本地有緣,化度等深,優婆鞠多;隨類開昏。鄰亞净名大士。"此處句式結構相同,上下句之間相互對仗。故饒本標點爲是。鄭標點誤在不明兩個佛教人物,一是優婆鞠多,阿育王時僧人。禪祖尊爲西天第四祖,異世五師之一。唐法海《六祖壇經》:"六祖言:初傳受七佛,釋迦牟尼佛弟七,大迦葉弟八,阿難弟九,末田地弟十,商那和修弟十一,優婆掬多弟十二,提多迦弟十三,佛陁難提弟十四,佛陁蜜多弟十五……"宋普濟《五燈會元》卷一:"尊者化緣既久,思付正法。尋于吒利國,得優波鞠多以爲給侍。"二是净名大士,指金粟如來。過去佛之名,爲維摩居士前身。唐尚顔《自紀》:"欲畫净名居士像,焚香願見陸探微。"宋僧圜悟克勤《碧巖録》卷九:"梵語云維摩詰,此云無垢稱,亦云净名,乃過去金粟如來也。"此處用兩位

第三章　敦煌邈真贊與唐代佛徒墓誌佛教義詞彙

佛祖來比擬氾福高宣揚佛教的功勞。

（4）南能——北秀

P.4660《翟和尚邈真贊》："南能入室，北秀昇堂。"

慧能與神秀是唐代佛教禪宗的兩大禪師，二人同事東山寺僧弘忍，即禪宗五祖。慧能接受弘忍衣鉢在嶺南傳教故稱南能，弘忍死後，武則天征神秀入京傳教，故稱北秀。唐法海《六祖壇經》："世人盡傳南能北秀，未知根本事由。且秀禪師，于南荆府當陽縣玉泉寺住持修行，惠能大師于韶州城東三十五里漕溪山住。法即一宗，人有南北。因此便立南北。"五代南唐静、筠二禪僧編《祖堂集》卷三《荷澤和尚》："因此自傳心印，演化東都，定其宗旨。南能北秀，自神會現揚。曹溪一枝，始芳宇宙。"敦煌邈真贊文獻中，常用南能北秀喻指佛教的不同流派。南能，或作"南宗"。P.4660《索法律邈真贊》："燈傳北秀，導引南宗。""北秀""南宗"對舉，泛指唐代不同的佛教流派。P.3792《張和尚寫真贊》："一從秉義，律澄不犯于南宣；静慮修禪，辯決詎殊於北秀。"宣，原卷作"宣"。今疑原卷誤抄"南宗"字爲"南宣"。P.3718《索律公邈真贊》："傳燈鹿苑，導引南宗。"正作"宗"。

（5）金粟——金粟如來

《唐故上都唐安寺外臨壇律大德比丘尼廣惠塔銘并序》："文殊戾止，金粟來儀。窮象譯之微言，罄龍宮之奧典，即我唐安大德其人也。"

文殊戾止，意思是文殊菩薩來到。金粟來儀，意思是維摩詰大士到來。金粟，即金粟如來。《敦煌變文校注·維摩詰經講經文一》："緣毗耶城内，有一居士，名號維摩，他緣是東方無垢世界金粟如來，意欲助佛化人，暫住娑婆穢境。"唐劉禹錫《送慧則法師歸上都因呈廣宣上人》："雪山童子應前世，金粟如來是本師。"

（6）安遠——騰蘭——澄蘭——佛圖澄（佛澄、圖澄）

P.3556《賈和尚邈真贊》："可謂法場師子，德侔安、遠之先；惠地麒麟，道齊騰、蘭之後。"

受句式所限，一些有名的、常見的佛教人物，甚至以最精煉的簡稱出

131

現在碑銘贊類文獻中。例如安、遠，即指釋道安、釋慧遠。安、遠，"道安與慧遠二師者，皆晉代之高僧世并稱之"。[1] 騰、蘭，指竺摩騰、竺法蘭。"法蘭，人名，竺法蘭之略稱。"[2] "安、遠"與"騰、蘭"對舉，指四大高僧。用來比喻賈和尚的佛教教養。楊曉宇《敦煌寫本功德記讀校劄記》[3]，認爲《劉金霞和尚遷神誌銘并序》中"名亞澄蘭"句之"澄蘭"連文，用來比附襯托賢者之志操與品德，并指明鄭本誤校"澄"字爲"騰"。其實該句中"澄蘭"與《賈和尚邈真贊》之"騰、蘭"相類同，"名亞澄、蘭"，意思是名字僅次於澄、蘭兩位高僧。澄，當是"佛圖澄"的省略。梁沈約《佛記序》："圖澄之龍見趙魏，羅什之鳳集關輔。""圖澄"即"佛圖澄"之省略。"佛圖澄，天竺人，故云竺佛圖澄，佛圖澄者，梵語也，無翻名"。[4] 佛圖澄，晉時高僧，晉懷帝永嘉四年來洛陽，以種種神異弘揚大法，但没有漢名，佛圖澄是他的梵語名字。後來，與漢語音節特點相適應，其名省作"佛澄"或"圖澄"等雙音節。此例中，與"法蘭"并舉而省作"澄、蘭"，成爲單名。唐劉軻《大唐三藏大遍覺法師塔銘并序》："自大教東流，翻譯之盛，未有如法師者。雖滕、蘭、澄、什、康、會、竺、護之流，無等級以寄言，其彬彬鬱鬱已布唐梵新經矣。"滕、蘭、澄、什、康、會、竺、護等即爲高僧們的簡稱。

第二節　音譯詞語

隨着時間的推移，在詞彙發展過程中，佛教詞彙與漢語詞彙的交融進一步深化。到了唐代，大量的佛教詞彙，與魏晉時期相比，已經有了很大不同，更加"漢化"。梁曉虹、徐時儀、陳五雲認爲："所謂漢化，就是使外來詞失去或者盡量少一些外來的'面孔'，實際也就是盡可能使之適合漢

---

[1] 丁福保《佛學大辭典》，北京：中華書局，2011年，978頁。
[2] 丁福保《佛學大辭典》，北京：中華書局，2011年，1416頁。
[3] 楊曉宇《敦煌寫本功德記讀校劄記》，《甘肅社會科學》2010年第2期。
[4] 丁福保《佛學大辭典》，北京：中華書局，2011年，1176頁。

第三章　敦煌邈真贊與唐代佛徒墓誌佛教義詞彙

語詞彙的規律,讓更多的人能懂能用。"[1]尤其是一些音譯詞,經歷了最初的直接音譯多音節形式,省變成三音節,直至雙音節形式。有的詞語雖然保留了原來的音譯形式,而詞義已經悄然發生變化。有的甚至省變成一個單音節形式,之後,又進而作爲語素構成新的詞彙。原來寫法多樣的音譯詞,其用字也逐漸固定下來。有的詞還被意譯詞、新生詞替代了。那些適合漢語構詞方式、語義特點的詞彙得到了發展和留存,反之,則受到限制或逐漸淘汰,不再使用。這些音譯詞的詞義發生過程,往往不是單線式的縱向發展,而是多種方式的融合結果。

（1）頭陀

《僧順禪師墓誌》:"卅餘年忽遇當根佛法,認惡推善,乞食頭陀。"

頭陀,佛教語,梵語 dhūta 的音譯。意爲抖擻。即除去衣、食、住三種貪欲,去掉塵垢煩惱。本來指佛教的一種苦行方式。後魏荀濟《論佛教表》:"佛家遺教,不耕墾田,不貯財穀,乞食納衣,頭陀爲務。今則不然,數十萬衆,無心蘭若,從教不耕者衆,天下有飢乏之憂。"北魏吉迦夜共曇曜譯《雜寶藏經》:"昔優填王子名曰'娑羅那',心樂佛法,出家學道,頭陀苦行,山林樹下,坐禪繫念。"《大唐故道安禪師墓誌》:"童子出家,頭陀苦行。學三階集錄,功業成名,自利既圓,他利將畢。"唐白居易《夜雨》:"不學頭陀法,前心安可忘。"北宋李昉《太平廣記》卷一〇九《李氏》:"隱禪師者,本是客僧,配寺頓丘,年向六七十,自從出家,即頭陀乞食,常一食齋,未嘗暫輟,遠近大德,并皆敬慕。"又音譯作"杜多"。《大唐崇義寺思言禪師塔銘并序》:"俯臨寶刹,仍從梵衆之遊;却背皇居,尚起杜多之行"。宋王安石《又次叶致遠韻二首》:"庵成有興亦尋春,風暖荒萊步始匀。若遇好花須一笑,豈妨迦葉杜多身。"或音譯作"投阤"。《李净覺塔銘》:"或投阤曠野,或宴居山林。"頭陀的方法,即向人乞食,後來指行脚乞食的僧人。唐段成式《酉陽雜俎續集》卷三《支諾皋下》:"長慶中,有頭陀悟空,常裹

---

[1]　梁曉虹、徐時儀、陳五雲《佛經音義與漢語詞彙研究》,北京:商務印書館,2005年,221頁。

糧持錫,夜入山林,越咒侵虎,初無所懼。"隨着苦行方式的禁止,宋元以後,頭陀一詞範圍擴大,泛指僧人,并沿用至明清時期。元劉祁《歸潛志》卷五:"睹時政將亂,一旦棄妻子,徑入嵩山,薙髮爲頭陀,自號照了居士,改名知非,字無咎。"明心月主人《醋葫蘆》第二回:"行者擊鼓,頭陀打鐘,齊齊合掌恭敬,各各瞻依頂禮,口中各各暗暗的禱祝些甚麽。"行者與頭陀對舉,泛指僧人。

　　唐代佛徒墓誌資料反映頭陀苦行是三階教教徒主要修行方式,唐初貞觀年間,流行三階教,武則天時期遭到禁止,開元時期唐玄宗發令滅三階教[1]。敦煌絹畫中有行脚僧人像,常身背經篋,手牽虎豹,可與佛徒墓誌中的苦行相印證。《大唐故興聖寺主尼法澄塔銘并序》:"託事蔣王,求爲離俗,遂於上元二年出家,威儀戒行,覺觀禪思,迹履真如,空用恒舍,遂持瓶鉢,一十八事,頭陀山林,有豹隨行,逢神擁護,於至相寺康藏師處聽法。"

　　頭陀,雖然最初即譯爲雙音節形式,流傳較爲久遠,但最終還是不如僧人、和尚等詞通行。

　　(2) 般涅盤——涅盤——泥洹

　　P.4638《張保山邈真贊》:"坐寄决勝,涅盤卧龍。"

　　般涅盤,梵語的音譯,常省略作"涅盤"。指佛教全部修習所要達到的最高理想,一般指熄滅生死輪迴後的境界。唐王維《大薦福寺大德道光禪師塔銘》:"春秋五十二,凡三十二夏,以大唐開元二十七年五月二十三日入般涅盤於薦福僧坊。"《威神寺故思道禪師墓誌銘》:"其月二日,禪河流竭,坐般涅盤,驚慟知聞,悲覃飛走。"《大唐淨域寺大德法藏禪師塔銘并序》:"自佛般入涅盤於今千五百年矣。"般入涅盤,應是入般涅盤之誤。《敦煌變文校注·佛説觀彌勒菩薩上生兜率天經講經文》:"上生即往昇,即彌勒菩薩當日之時,於人間般涅盤後,上生兜率也。"般涅盤,即滅度。之後,往昇兜率,即昇西方極樂世界處。又省作"涅盤"等。北齊魏收《魏

---

[1] 湯用彤《隋唐佛教史稿》,武漢:武漢大學出版社,2008年,185~188頁。

第三章　敦煌邈真贊與唐代佛徒墓誌佛教義詞彙

書・釋老志》:"涅盤譯云滅度,或言常樂我浄,明無遷謝及諸苦累也。"[1]《大唐大安國寺故大德惠隱禪師塔銘并序》:"奄然滅度,臨涅盤時,遺曰:吾緣師僧父母,并在龍門,可安吾於彼處,與尊者同一山也。"或譯爲"泥洹"等。《唐少林寺同光禪師塔銘并序》:"弟子等心傳衣鉢,得了義於無生,淚盡泥洹,示現存之有相。"

(3) 卑鉢羅——思惟樹——菩提樹——道樹

《新羅國故兩朝國師教謚朗空大師白月栖雲之塔碑銘》:"啓如來之室,演迦葉之宗,道樹之陰,禪流所聚。"

道樹,例中喻指佛教之地。道樹,即"菩提樹"。又名"思惟樹"。梵語音譯爲"賓撥梨婆力義"或"阿濕曷咃婆刀義"。唐時已經省作"卑鉢羅",意譯爲道樹。兩種文獻中僅見"道樹"用例。傳説釋迦牟尼在此樹下成道。梁武帝《注解大品經序》:"般若無生,非去來相,豈可以數量拘?寧可以次第求?始於道樹,終於雙林,初中後時,常説智慧,復何可得,名爲漸教。"唐顧況《題歙山棲霞寺》:"寶瓶無破響,道樹有低枝。已是傷離客,仍逢靳尚祠。"北宋李昉《太平廣記》卷四〇六《菩提樹》:"菩提樹出摩伽陁國,在摩訶菩提樹寺,蓋釋迦如來成道時樹,一名思惟樹。莖幹黄白,枝葉青翠,經冬不凋。至佛入滅日,變色凋落,過已還生。此日國王人民,大小作佛事,收葉而歸,以爲瑞也。樹高四百尺,下有銀塔,周回繞之。彼國人四時常焚香散化,繞樹下作禮。唐貞觀中頻遣使往,於寺設供,并施袈裟。至高宗顯慶五年,於寺立碑,以紀聖德。此樹有梵名二:一曰賓撥梨婆力義,二曰阿濕曷咃婆刀義。《西域記》謂之'卑鉢羅',以佛於其下成道,即以道爲稱,故號'菩提婆刀義'。漢翻爲道樹。"《大唐澄心寺故優曇禪師之塔銘并序》:"况甘棠重翦,道樹再焚。四輩颯然,一方眼滅。"道樹,指菩提樹。道樹再焚,比喻佛徒的死亡。

(4) 制多——制底——支提——塔

《弟子智炬爲亡師造支提》:"大唐貞觀十八年四月十三日弟子智炬

---

[1] (北齊)魏收《魏書・釋老志》,北京:中華書局,1995年,3027頁。

于師亡後,念恩深重,建此支提,以旌長代。"

　　支提,梵語 caitya 的音譯,義爲集聚。佛火化後以土石、香柴積聚而成的紀念物。因而爲塔、刹的別名。也譯作"制底""制多"等。梁簡文帝《下僧正教》:"此州伽藍支提棊列,雖多設莊嚴,盛修供具,觀其外迹,必備華侈,在乎意地,實有未弘。"伽藍、支提棊列,即寺院、寶塔樹立。南朝徐陵《四無畏寺刹下銘》:"若夫外家問訊,遥疑緣構,御者衣服,曾無彩繡,咸傾寶飾,用構支提,僧若檀林,寺同祇苑。"《妙法蓮華經音義》曰:"寶塔,諸經論中,或作藪門波,或作塔婆,或云兜婆,或言偷婆,或言蘇偷婆,或言支帝浮都,亦言支提浮圖,皆訛略也,正言窣睹波,塔字諸書所無,唯葛洪《字苑》云：塔,佛堂也。"唐劉軻《大唐三藏大遍覺法師塔銘并序》:"自爾支提梵刹、神奇靈迹往往而有,法師皆誠盡敬,耳目所得,孕成多聞,與夫世稱博物者,何相萬耶。""支提""梵刹"并舉,"梵刹"指佛塔頂部的裝飾物。《聖道寺比丘尼善意灰身支提塔》:"聖道寺比丘尼善意灰身支提塔,弟子法閏、智慧、法勝、善静、法神等爲和尚敬造。"《大唐袁州萍鄉縣楊岐山故甄叔大師塔銘并序》:"長留舍利鎖山河,光透支提照岩穴。"《唐故甘泉院禪大師靈塔記》:"極追攀於痛悼,盡愛敬於師資,鏤字支提,用彰先覺。"在兩種文獻中,"支提"用例已經遠遠少於"塔"的用例。

　　(5)伽藍——寺

　　P.4660《炫闍梨贊》:"先住居鎦金光明伽藍,依法秀律師受業。"

　　伽藍,梵語,僧伽藍摩的省音,義爲僧衆居住的庭園。泛指寺院。《陳書·江總傳》:"太清四年秋七月,避地於會稽龍華寺。此伽藍者,余六世祖宋尚書右僕射州陵侯元嘉二十四年之所構也。"[1]伽藍,即龍華寺。唐太宗《沙汰佛道詔》:"又伽藍之地,本曰净居,棲心之所,理尚幽寂。近代已來,多立寺舍,不求閑曠之境,唯趣喧雜之方。"伽藍之地,本是僧人居住。

────────

〔1〕(唐)姚思廉《陳書·江總傳》,北京:中華書局,1972年,344頁。

第三章　敦煌邈真贊與唐代佛徒墓誌佛教義詞彙

寺,本是漢語本土詞彙,指官署。相傳漢明帝時,西域僧人攝摩騰、竺法蘭用白馬駄經至洛陽,後建白馬寺,遂以寺爲佛教廟宇之名。爲有別於官署,最初表示佛教寺院時,多作"佛寺"或"僧寺"或"寺院名+寺"或"寺院名+佛寺",後來"寺"泛指佛教廟宇之稱。唐李百藥《北齊書・武成胡后傳》:"武成胡后自武成崩後,數出詣佛寺,又與沙門曇獻通。"[1]佛寺,用來泛指。或作"僧寺"。又《北齊書・段韶傳》:"時苑内須果木,科民間及僧寺備輸,悉分向其私宅種植。"[2]唐李延壽《北史・高祖文帝本紀》:"皇妣曰呂氏,以周大統七年六月癸丑夜,生帝于馮翊波若寺。"[3]又《北史・文成文明皇后馮氏傳》:"孝文詔罷鷹師曹,以其地爲太后立報德佛寺。"[4]又《北史・馮亮傳》:"亮既雅愛山水,又兼工思,結架巖林,甚得棲遊之適。頗以此聞,宣武給其工力,令與沙門統僧暹、河南尹甄深等同視嵩山形勝之處,遂造閒居佛寺,林泉既奇,營制又美,曲盡山居之妙。亮時出京師,延昌二年冬,因遇篤疾,宣武敕以馬輿送令還山,居嵩高道場寺,數日卒。"[5]馮翊波若寺、報德佛寺、閒居佛寺、嵩高道場寺等都是寺院名。

敦煌邈真贊和佛徒墓誌語料中,"僧伽藍摩"不僅已經漢化、省變作雙音"伽藍",且用"伽藍"稱寺院的例子僅有數例,遠遠少於用"寺"的例子。《大唐濟度寺故比丘尼法樂法師墓誌銘并序》:"以咸亨三年九月十九日遷化于蒲州相好之伽藍。"《唐故法界寺比丘尼正性墓誌銘并序》:"闍梨初隸上都法界寺,常云清净者心,心常解脱,故生不居伽藍之地。"《甘肅省博物館藏:報父母恩重經變圖》:"童年舍俗,齠歲求真白業,慕於伽藍青绿,墮於佛地。"P.4660《曹僧政邈真贊》:"葺治伽藍,繩愆有截。"P.4660《炫闍梨贊》:"先住居鎦金光明伽藍。依法秀律師受業。"

---

[1]（唐）李百藥《北齊書・武成胡后傳》,北京:中華書局,1972年,126頁。
[2]（唐）李百藥《北齊書・段韶傳》,北京:中華書局,1972年,215頁。
[3]（唐）李延壽《北史・高祖文帝本紀》,北京:中華書局,1974年,399頁。
[4]（唐）李延壽《北史・文明皇后馮氏傳》,北京:中華書局,1974年,495頁。
[5]（唐）李延壽《北史・馮亮傳》,北京:中華書局,1974年,2910頁。

(6) 耆婆——祇婆

P.3541V⁰《張善才邈真贊》:"奈何化周現疾,祇婆頂謁而遥辭,示滅同凡,日暮嵎山可駐。"祇,原卷作"䃽"。因是音譯詞,"耆"字又作"祇"字。耆婆,梵語 Jivaka 的音譯,耆婆本是印度古代名醫,後來作爲名醫的代稱。P.3718《張明德邈真贊》:"從心之秋,忽遘懸蛇之疾。尋師進餌,鶺鴒瘵而難旋;累月針醫,耆婆到而不免。《□宋故清河郡娘子張氏繪佛邈真贊并序》:"六天降禍,親戚傷悼。耆婆之秘術奚施,□□□榆附之神方何效。子媳痛切,抽割心腸。"

(7) 苾蒭——比丘

P.4660《李教授寫真贊》:"釋門都法律兼副教授苾蒭洪晉述。"蒭,原卷作"芻"。"蒭",《龍龕手鏡》作"苾蒭"。又作"蒭"。故"芻"字當爲"蒭"的訛變。苾蒭,或作"苾芻"。本是西域草名,梵語用來比喻出家的佛弟子。唐貫休《再游東林寺作五首》:"白薔葡花露滴滴,紅苾芻草香濛濛。田地更無塵一點,是何人合住其中。"唐釋玄奘《大唐西域記》卷六《如來洗病比丘處》:"給孤獨園東北有窣堵波,是如來洗病苾芻處。"病苾芻,生病的苾芻。經如來以手捫摩,病苦皆愈。宋黃庭堅《勸石洞道真師染袈裟頌》:"丈夫出家,當被壞色衣。蜀僧袈裟,多似苾芻尼。輕羅縐縠,染成春柳絲。撩蜂引蝶,唯欠遠山眉。"後寫作"比丘""比丘僧"。女的稱爲"比丘尼"。

(8) 劫——塵劫——歷劫——永劫——劫難

《唐少林寺靈運禪師功德塔碑銘并序》:"虛空廣乎其體,智慧圓融乎其用,凝而不生,湛爾常寂,離修離證,非色非心,歷微塵劫,□□沙界,無量國土皆清净,無量昏暗皆光明,誰其得之,吾聞諸上人矣。"

劫,梵語 Kalpa 的譯音,作"劫波"或"劫簸"。後簡稱"劫"。與漢語其他詞相結合,構成許多詞彙。例如塵劫、歷劫、無量劫、億劫、永劫、劫盡、山塵海劫等。例如《樊繼壽供養題記》:"是以窮年歷劫,帝主人倫,信於模鏤真身,爭敬□圖寶相。"《魏州故禪大德獎公塔碑》:"和尚以無量劫中,修菩薩行。"《唐故信州懷玉山應天禪院尼禪大德塔銘并叙》:"靈骨茲

第三章　敦煌邈真贊與唐代佛徒墓誌佛教義詞彙

崇,億劫罔遷。"《圭峰禪師碑銘》:"深明形質不可以久駐,而真靈永劫以長存,乃知化者無常,存者是我。"《崔法師墓誌》:"粵以貞觀十八年歲次甲辰十一月十五日於此名山,鐫高崖而起塔,寫神儀於龕内,録行德於廟側,覬劫盡山灰,形名人嗣,乃爲銘曰。"《故大靈琛禪師灰身塔》:"崖高帶綠水,鐫塔寫神儀,形名留萬古,劫盡乃應虧。"

除以上常見詞彙外,"劫"還構成其他詞語,如"一劫""二劫""十劫""初劫""三劫""劫遷"等詞語,這些詞語主要是化用佛教的教義,佛教分劫爲大劫、中劫、小劫。謂世上人的壽命有增有減,每一增及一減,各爲一小劫。合一增一減爲一中劫。一大劫包括"成""住""壞""空"四個時期,通稱"四劫"。例如《李净覺塔銘》:"舍俗出家,懇心趣道,住持禁戒,受具聲聞。已殖三千大千之所,匪唯一劫二劫之漸。"《唐少林寺同光禪師塔銘并序》:"佛法現前,宴坐寧勞於十劫,嗚呼禪師!嗚呼禪師!"P.3630《閣會恩邈真贊》:"意願同延初劫,保闡空門;何期早棄凡間,速生極樂。"五代南唐静、筠二禪僧編《祖堂集》卷二十《瑞雲寺》:"如是三劫中,一切諸佛出現於世,攝化群生,相傳授記,分毫不錯矣。"發展到現代漢語,以"劫"構成的詞語還有"劫數""劫難"等。

第三節　新 詞 新 義

佛教在東漢明帝傳入中國後,魏晉南北朝時期得到迅猛發展,到隋唐時達到鼎盛。唐宋時期與佛教相關的詞彙不僅在數量上達到高峰,其構詞特點也極爲鮮明,而且還出現了許多與佛教相關的新詞和新義。

一、與佛教教義相關的稱名詞語

1. 佛教教名類

唐代,用來稱説"佛教"的詞語十分繁多。這些新詞以原有佛教詞彙爲基礎,以漢語複合詞的構詞方式構詞,可分爲三類,主要有:

(1) 以"某"佛教義語素爲基本語素,與同義或近義的漢語義語素結合,佛教義語素修飾限定漢語義語素,形成一組同義或近義詞,如"佛教""佛法""佛門"等。用來構詞的佛教義語素主要有佛、禪、釋、慈、像、法、真等。它們有的源於佛教音譯詞的縮略,如"佛""釋""禪"等。佛,本是梵語 Buddha 的譯音,或譯爲"浮屠""浮圖""菩提""勃馱"等,簡稱爲佛。有的源於佛教意譯詞的縮略或指代,如"法""像"等。法,本是梵語 dharma 的意譯,指事物及其現象。像,本是佛教語正、像、末"三時"之一。

(2)以"某"漢語義語素爲基本語素,與同義或近義的佛教義語素結合,佛教義語素仍然修飾限定漢語義語素,形成一組同義或近義詞,如"釋門""法門""禪門""佛門""真門"等。用來構詞的漢語義語素主要有教、法、門、氏等表示教派門類的名詞。

(3)較少詞彙由佛教詞彙縮略而成。如"大法"一詞,雖然與"佛法""像法"一樣,都可以指佛教,但"大法"的"大",并不是佛教語素,而是"大乘佛法"的縮略。雖然説詞彙意義的範圍大致都與佛教稱名相關,但確切詞義需要根據上、下文義來確定。因此,在考察敦煌邈真贊與唐代佛徒墓誌兩種文獻的基礎上,我們根據它們在詞彙史各階段的用例現象,分析它們的發展演變過程及更替變化背後的社會因素。

就"佛教""釋教""像教"三詞而言,相同語料庫統計數例説明(參見表一),從魏晉到清,漢語詞彙史上"佛教"一詞使用用例最多,使用範圍最爲廣泛。如果以"佛教""釋教"兩詞在元明清的用例比爲參照,清代的用例比明顯提高,説明"佛教"一詞在清代最爲常用,超過了其他所有詞。因此,到了現代漢語,"佛教"一詞就成爲常用詞,活躍在人們的口語和書面語中。從魏晉到清,"釋教"一詞雖然比"佛教"一詞用例少,但遠遠高於其他詞,也比較常用。應當注意到隋唐宋時期,"釋教"所用例與"佛教"一詞相差不遠,如果以魏晉南北朝時期兩詞用例比爲參照,用例比明顯提高,可以側面反映"釋教"一詞在唐時較爲流行。"像教"一詞,在元明之後,用例明顯減少,一是因爲"佛教"一詞廣爲流行,二是元明之後,用來代表佛教的造像極速衰落,用"像教"指稱佛教,也因此衰減了。"禪教"一詞,本指静坐默念,引申爲禪學,泛指與佛教相關的事物,進而又泛

第三章 敦煌邈真贊與唐代佛徒墓誌佛教義詞彙

指佛教,其意義應該受到唐代禪宗的影響纔產生,所以其用例以隋唐五代宋遼金時期爲多。

表一：相關詞語分時代用例統計表

漢籍語料庫	魏晉南北朝	隋唐五代	宋元	明	清
佛教	100	90	151	157	375
釋教	56	38	140	85	139
像教	11	16	25	0	22
釋門	3	39	32	41	44
禪門	2	58	44	37	70
法門	51	89	164	114	281
僧門	0	16	34	8	25
佛門	2	7	14	87	261

就"釋門""禪門""法門""僧門""佛門"等詞而言,門,表示宗教派別,敦煌邈真贊語料中,以"釋門"爲多,唐代佛徒墓誌兼及"禪門""法門",説明唐時泛指佛教多用"釋門""禪門"或"法門"。釋門,即佛門。常泛指寺院等與佛教相關的意義。P.3726《杜和尚寫真贊》："釋門大蕃瓜沙境、大行軍銜知兩國密遣判官智照撰。"《大唐法雲寺尼辯惠禪師神道誌銘并序》："十八受半戒,廿受具戒,纔三日於東都大安國寺通誦聲聞戒經,聖言無遺,清音如貫,釋門稱以敏識,啓心要于大照禪師,依教住於悟空比丘。"《大唐荷恩寺故大德法律禪師(姚常一)塔銘》："釋門梵宇,福庇人寰,爰賜嘉名,用旌法界。"釋門與梵宇對舉,指佛門寺院。"僧門"一詞,泛指佛教,唐時雖有用例,至明清仍在使用,但并不廣泛。如後蜀何光遠《鑒誡録》卷六："釋道二門,各宗教本,雖分内外,意曉筌蹄。前蜀佑聖國師有過人之辯,爲僧門一瑞也。"《濟公全傳》第一百八十九回："悟禪在松泉寺,跟着長眉羅漢,習學僧門裏的規矩,奉經念佛,修道學法。"而"佛門"一詞,唐時雖有用例,但并不常見,宋元明以後,得到廣泛應用,成爲常用詞語。《敦煌曲子詞·十二時·普勸四衆依教修行》："終年迷醉長無

明,肯信佛門堪倚賴。"元鄭廷玉《布袋和尚忍字記》三折:"想我佛門中,自一氣纔分,三界始立,緣有四生之品類,遂成萬種之輪迴。"明凌濛初《二刻拍案驚奇》卷一:"却説唐朝侍郎白樂天,號香山居士,他是個佛門中再來人,專一精心内典,勤修上乘。"與"釋門"構詞相類,還有"禪門""法門""僧門""佛門"等詞。《大唐德業寺故尼法矩墓誌銘并序》:"每游心惠路,肆志禪門,而暴疾繁增,□大漸將至。"《大唐净域寺大德法藏禪師塔銘并序》:"至永徽中,頗似妙年,經業優長,奉敕爲濮王度,所謂天孫利益,禪門得人。"法門,指修行者入道的門徑。也泛指佛門。《威神寺故思道禪師墓誌銘》:"次就有德轉相師,師禪行法門,戒律經論,耳目聞見,紀之心胸,緇錫來求,簪裾欽仰。聽習者鶴林若市,頂謁者鹿苑如雲。"《唐故優婆姨段常省塔銘》:"蓋聞宿殖勝因,生逢政教,仰尋師友,意達直心,學普敬法門,慕不輕密行。"《唐少林寺同光禪師塔銘并序》:"乃演大法義,開大法門,二十餘年,振動中外,從師授業,不可勝言。"開大法門,義爲弘揚佛教。

2. 佛徒稱謂類

佛教傳入中國之後,佛教徒的稱謂詞,除了保留最初的音譯詞如比丘、優婆塞、優婆夷、沙彌、和尚、阿闍梨等,唐時還產生了許多符合漢語構詞規律的新詞。

(1) 法梁

P.3718《范海印寫真贊》:"緇流顧戀,恨師掙逝他鄉;聽衆白衣,不忍法梁早墜。"

法,本是佛教語,梵語 dharma 的意譯,指佛法。以"法"爲核心語素與漢語語素結合,構成的詞彙有法王、法將、法徒、法衆、法子等。法梁,意爲佛教的棟梁,用來敬稱高僧。例中緇流,指佛教徒。白衣,指世人。范海印法師是佛界的棟梁。"法梁",也作"佛法梁棟"。隋釋智顗《與晉王書請爲匡山兩寺檀越》:"遠是彌天釋道安之高足,安是大和尚佛圖澄之弟子。三德相承,如日月星。真佛法梁棟,皆不可思議人也。""遠",指道安的高足慧遠,"安",即道安,是佛圖澄的弟子。他們都是佛法棟梁。

142

第三章 敦煌邈真贊與唐代佛徒墓誌佛教義詞彙

P.3720《河西都僧統陰海晏墓誌銘并序》："忽遇法梁傾大廈,何圖舍世殞終催。""法梁",指陰海晏是敕授河西管内都僧統京城内外臨壇供奉大德兼闡揚三教毗尼藏主賜紫沙門,法梁傾,即喻其死亡。《大唐故大智禪師塔銘》："及游步上都,載詣咸洛,法梁是荷,人寶歸尊。"法梁是荷,指大智禪師擔當了法界棟梁之任。

（2）釋衆

P.2991《張靈俊寫真贊》："千千釋衆,舉郡皆嗟；萬萬法徒,剛柔同嘆。"

釋,源於釋迦或釋迦牟尼的簡稱,用來泛指佛教或僧人。後來表示與佛教相關的意義,用來構成新詞,具有極强的構詞力。如表示佛教的詞有釋氏、釋門、釋教,表示佛經的詞有釋典,表示佛教和道教的詞有釋老、釋聃、釋道等,表示佛教徒的詞有釋子、釋侶、釋流、釋家,表示佛教徒和世俗人士的詞有釋俗、釋儒等。

釋衆,指僧人。例中釋衆與法徒對舉,都指僧人。隋江總《群臣請贖武帝懺文捨身》："便欲拂衣崆峒,高步六合,到林間而宴坐,與釋衆而同遊。"釋衆而同遊,即與僧人同行。《大唐故扶風郡夫人馮氏墓誌銘》："夫人孀居苦節,備禮從家,婉順執心,三隨婦道,常依釋衆,齋戒有時,早悟空緣,修持真諦。"《敦煌變文校注·太子成道經》："父王聞時可笑怒,釋衆聞之發大嗔。"宋釋道原《景德傳燈録》卷二："即命破毀伽藍,袪除釋衆。"袪除釋衆,指滅佛中解散佛徒、勒令還俗的事情。

又寫作"釋中",釋中,指僧徒,僅見于邈真贊用例中。P.3556《曹闍梨邈真贊》："釋中恨别于高踪,尼衆傷嗟而灑涙。"P.4640《李僧録贊》："律公,即故臨壇三學毗尼教主福慧和尚之嗣侄也……心堅燕石,貞明冲粹,釋中之貴。"李僧録是福慧和尚的侄子,因其堅信佛教,被稱爲"釋中之貴",即僧徒中的高貴者。P.3630《閻會恩邈真贊》："釋門三教大法師沙門紹宗述。……宗且釋中下晒,自揣不才,奉命題襃,難贊奇德。"沙門紹宗認爲自己在佛徒中才學不够,祇能奉命寫贊。P.3556《曹闍梨邈真贊》："釋中俊德,尼衆明燈。""釋中"與"尼衆"一詞對舉,非短語。

143

（3）緇俗

P.4660《李教授寫真贊》："蕃秦互曉,緇俗齊優。"蕃秦,指吐番和大唐,與緇俗對舉,緇俗,即指所有人。緇,僧尼的服裝,因而可指代僧尼。又引申泛指佛教。主要詞語有緇衣、緇錫、緇素、緇徒、緇流、緇林、緇門等。與這些詞語相關,兩種文獻中又衍生出新的詞語。

緇,指代僧尼,俗,指代世人。緇、俗反義并舉,指代僧俗兩類人。《唐寧刹寺故大德惠空和尚墓誌銘》："緇俗之會如林,未達者號塔哭路,蓋不能已。"緇俗,指送葬的人,有僧有俗。

（4）緇倫

S.5405《張福慶邈真贊》："故得緇倫仰重,榮遷講義之仁師;俗吏僉提,恩獎紫彰之貴帙。"

"緇倫"與"俗吏"對舉,緇倫,指僧衆。緇,指代僧尼,倫,指同類人。緇倫,即指僧衆。P.3630《閻會恩邈真贊》："崇修古迹,立新改古于洪基;繼紹緇倫,終始寬弘而覆衆。"繼紹緇倫,繼承僧衆。

（5）緇侶

《唐東都安國寺故臨壇大德塔下銘并序》："曁戒依緇侶,殞叩呼天,於戲,慎所從也。"緇,指代僧尼,侶,指同伴。緇侶,即指僧衆。唐雲真《西林寺水閣院經藏銘》："朗師精通律部,宏護法門,屢陟香壇,廣度緇侶。"度緇侶,即剃度人爲僧。五代南唐静、筠二禪僧編《祖堂集》卷二十《瑞雲寺》："厭處喧華之地,長游静默之中,遂乃懇告二親,將隨緇侶。"隨緇侶,即出家爲僧。表達加入僧尼行列的常用詞語有披緇、被緇等,兩種文獻中還出現"岥緇""投緇"等詞。《大唐龍興大德香積寺主净業法師靈塔銘并序》："高宗忌辰,方階落彩,岥緇七日,旋登法座,觀經疑論,剖析玄微,念定生因,抑揚理要。"岥,原石清晰作"岥",當同"披"。"披緇",即披上緇衣。謂出家當僧尼。《大慈恩寺大法師基公塔銘并序》："時年一十七,既脱儒服,披緇衣,伏膺奘公。"P.4660《義訔邈真贊》："應法從師,被緇離俗。"P.4660《索智岳邈真贊》："投緇割愛,頓憩攀緣。"投,原卷作"投",非"披"字。投緇,即投身到緇衣行列,做僧人。P.4660《曹僧政邈真贊》：

144

第三章　敦煌邈真贊與唐代佛徒墓誌佛教義詞彙

"厭世諠華,預投緇烈(列)。"投,原卷作"扱"。另外,由"緇衣"衍生出"皂白"一詞。

（6）皂白

《慈潤寺故大靈琛禪師灰身塔銘文》:"□合城皂白,祇教弗違,含悲傷失。"

合城皂白,指全城人衆,無論僧俗。《楚金禪師碑》:"遂奏兩寺,各建一塔,咸以'多寶'爲名,度緇衣在白雲,昭其靜也。"緇衣,本指僧尼的服裝,指代僧尼。與"緇衣"相對,世人即稱"白衣"。P.3718《范海印寫真贊》:"緇流顧戀,恨師捐逝他鄉;聽衆白衣,不忍法梁早墜。"唐周惟簡《新建金剛碑》:"莫不緇侶雲臻,白衣霧集。"緇流、緇侶與白衣對舉,故稱俗人爲"白衣"。"緇"與"皂"同義,"皂"與"白"義反,又產生"皂白"一詞,指僧俗兩類人群。後周曇積《諫周太祖沙汰僧表》:"大檀越德握乾坤,心懸日月,照燭無私之道,卷舒不測之化,能威臨皂白,悲及僧尼,控引玄綱,示之出路。"僧尼,指男僧、女尼。皂白,指僧、俗兩類。兩詞相互對舉。《慈潤寺故大靈琛禪師灰身塔銘文》:"□合城皂白,祇教弗違,含悲傷失。"合城皂白,指全城人衆,無論僧俗。

3. 佛徒身體類

稱謂佛教徒身體的詞語,主要有色身、法身、全身、灰身、法體、肌膏等。

（1）全身

《唐故法雲寺大德真禪師墓誌銘并序》:"貞元十六年八月二十四日,京邑淄素,銜涕會於其地,蓋虔奉全身,永悶幽壤,從像教也。"全身,指佛徒火化時的整個身體,即與肉身、色身同義。《大唐東都敬愛寺故開法臨壇大德法玩禪師塔銘并序》:"以貞元六年秋八月十三日寂滅於東都敬愛寺,越十九日,門弟子等奉全身建塔於嵩丘少林寺之西偏,縗杖執紼,赴葬會葬者以萬數。"唐李吉甫《杭州徑山寺大覺禪師碑銘》:"明年二月八日,奉全身於院庭之内,遵遺命也。建塔安神,申門人之意也。"宋蘇轍《閑禪師碑》:"薪盡火滅,全身不散,以油沃薪益之,乃化。"

（2）肌膏

《故大靈琛禪師灰身塔》："肌膏纔盡，闍維鏤塔。"肌膏，即文中所言血肉身體。

（3）色力

P.3718《索律公邈真贊》："冀色力而堅久，何夢奠而來侵。"例中"冀色力而堅久"，即希望體力和精力長久。色力，指體力和精力，引申指身體。三國吳康僧會《六度集經》卷一："天帝即使天醫神藥傳身，瘡愈，色力逾前，身瘡斯須豁然都愈。"瘡愈，瘡口愈合。宋釋道原《景德傳燈錄》卷二："時彼國王名天德，迎請供養。王有二子，一凶暴而色力充盛，一和柔而長嬰疾苦。"色力充盛，即精力旺盛。

4. 塵世愛纏類

佛教認爲人在當世，受到各種煩惱，這些煩惱像網一樣，讓人難以割捨，此類詞彙有愛河、火宅、塵網、塵勞、塵累、客塵、塵迷、愛網、代網、緣愛、染愛、嗜愛等等。

（1）愛纏

P.4660《李教授贊》："恒爲惠劍，割斷愛纏。"

"愛纏"，佛教語，心愛、糾纏不捨的東西。佛教認爲人應該割捨愛纏，以求解脫。宋普濟《五燈會元》卷三："努力向前，須猛究取，莫待耳聾眼暗，面皺髮白，老苦及身，悲愛纏綿，眼中流淚，心裏惶懅，一無所據，不知去處。"這種愛，往往讓人心不能清净，因而又稱爲"濁愛"。宋釋道原《景德傳燈錄》卷二九："徒勞一生虛過，永劫沉淪生老。濁愛纏心不捨，清净智心自惱。"明馮夢龍《三教偶拈・濟顛羅漢净慈寺顯聖記》："裂風掀番出愛纏，金田得入效金仙。髮隨刀落塵根净，衣逐雲生頂相圓。"出愛纏，即跳出心愛糾纏之地，遁入佛門。

（2）厭離

P.4660《吳和尚邈真贊》："奈何捐世，而棄厭離。"

厭離，佛教語。動詞，因討厭而離開、拋棄。南朝梁釋僧祐《出三藏記集・安世高傳第一》："後王薨，將嗣國位，乃深惟苦空，厭離名器。"安世

第三章　敦煌邈真贊與唐代佛徒墓誌佛教義詞彙

高是安息國王的太子，他深悟佛法，因而"厭離名器"，即討厭、拋棄那些名貴的寶物。唐釋玄奘《大唐西域記》卷二："至於年耆壽耄，死期將至，嬰累沉痾，生崖恐極，厭離塵俗，願棄人間，輕鄙生死，希遠世路。"厭離塵俗，即離開俗界。宋普濟《五燈會元》卷一："即于四門遊觀，見四等事，心有悲喜而作思維，此老、病、死、終可厭離。"厭離，即離開、拋棄。也作名詞，泛指令人厭棄的世俗或厭世的念頭。P.4660《吳和尚邈真贊》："奈何捐世，而棄厭離。""棄厭離"，即拋棄了令人厭棄的世俗。《敦煌變文校注·維摩詰經講經文三》："恰愚（遇）維摩詰，談空甚喜歡，一時生厭離，合掌入庵園。"一時生厭離，一下子產生厭世的念頭，而入佛門。

（3）割己

S.390《氾嗣宗邈真贊》："空持一鉢，餘資棄舍於塵泥；祇具三衣，割己賑貧而守道。"

出家修行，需要割斷的不外乎物和情，如"割捨""割愛""割財""家產""愛纏""煩籠"等。割己，割捨自己的資產，來做各種佛事。北齊闕名《鄉老舉孝義雋修羅碑》："披幽釋古，奉敬如來，割己施造，傾力舍財。"割捨資產，來修碑造像。元脫脫《宋史·范旻傳》："且割己奉市藥以給病者，愈者千計，復以方書刻石置廳壁，民感化之。"割己奉市藥，舍去自己的奉禄，買藥救人。S.390《氾嗣宗邈真贊》："空持一鉢，餘資棄舍於塵泥；祇具三衣，割己賑貧而守道。""割己賑貧"，即割捨自己的資財來賑濟窮人。P.3718《張明集寫真贊》："割己賑下，拔濟孤貧。"割己賑下，把自己的財物分贈給手下。"割"，原卷作"割"，鄭誤録作"刻"字。

（4）縲籠

《圭峰禪師碑銘》："破内魔之高壘，陷外賊之堅陣，鎮撫邪雜，解釋縲籠。"

解釋縲籠，即放下世俗的煩惱。籠，本是關鳥獸的籠子。比喻塵世的束縛和煩惱。以"籠"爲核心語素，構成的詞語有樊籠、煩籠、塵籠等。P.4660《曹公邈真贊》："冀法輪而長駕，永舟濟於樊籠。"P.3556《賈和尚邈真贊》："而乃深觀竹馬，諦視車牛，捐鐻佩於樊籠，挂餅盍（瓶盂）於净

147

境。"P.4640《法心贊》:"樊籠人事,久累沉痾。"《大唐衆義寺故大德敬節法師塔銘并序》:"柩窆歸於泉壤,性遥拔於樊籠,挫一代之濁命,流千古之清風。"佛教認爲塵世即煩惱,因而又作"煩籠""塵籠"。P.4640《沙州釋門索法律窟銘》:"若乃至道幽玄,理出輪回之表;性相無相,頗乏凡聖而無觀。然則拯拔煩籠,如來以如來出現;隨機誘迪,降法宇(雨)於大千。"P.3556《曹闍梨邈真贊》:"辭親割愛,行潔貞松。熏莘不染,頓棄煩籠。堅持禁戒,廣扇玄風。釋中俊德,尼衆明燈。臨壇秉義,每播高踪。壽期有限,魄逐飛空。"P.2481《副僧統和尚邈真贊》:"披緇落髮,割捨煩籠。五乘曉朗,八藏該通。"隋嚴德盛《吴郡横山頂舍利靈塔銘》:"獨善非德,兼濟爲功。俱成法雨,用息塵籠。"塵籠,比喻俗世的煩惱。法雨可以息滅俗塵。《唐故比丘尼智明玄堂記并序》:"恒依法侣,參道問津,晚歲出家,始契心地,去煩籠之愛染,修福智於慈門。"P.4660《梁僧政邈真贊》:"出家入士,永捨煩籠。"塵世之煩惱,是一種羈絆,因而又作"纍籠"。

(5) 煩諠——煩喧

S.390《氾嗣宗邈真贊》:"加又辭親割愛,頓棄煩諠。"

煩諠,煩雜喧囂。泛指塵世。《敦煌變文校注·八相變一》:"如是六天之内,近上則玄極太寂,近下則閙動煩喧,中者兜率陀天,不寂不閙,所以前佛後佛,總補在依此宫。""閙動""煩喧"同義并舉,即煩雜喧閙。煩諠,同"煩喧"。《敦煌變文校注·八相變一》:"捨割世間恩愛,唯求佛果菩提。不戀煩諠,精勤大教,此名師僧。"不戀煩諠,即不戀塵世,祇求佛果菩提。S.390《氾嗣宗邈真贊》:"加又辭親割愛,頓棄煩諠。""頓棄煩諠",果斷離開塵世,墜入佛門。

5. 佛徒法物類

落髮出家之後,佛教徒需服僧衣,持法物,以學法傳法。所用器物主要有瓶、鉢、杖、珠等。

(1) 瓶盂

《魏州故禪大德獎公塔碑》:"遂於薊三河縣盤山甘泉院依止禪大德曉方,乃親承杖履,就侍瓶盂。"

第三章 敦煌邈真贊與唐代佛徒墓誌佛教義詞彙

瓶盂，和尚所持的净瓶和盂鉢。唐周賀《寄新頭陀》："見説北京尋祖後，瓶盂自挈繞窮邊。相逢竹塢晦暝夜，一别苕溪多少年。"唐齊己《懷體休上人》："杉蘿寺裏尋秋早，橘柚洲邊度日晡。許送自身歸華嶽，待來朝暮拂瓶盂。"宋陳師道《送法寶禪師》："豐臺兩禪子，三請期一覯。翩然挈瓶盂，白里往相就。"

（2）瓶鉢

《大唐故興聖寺主尼法澄塔銘并序》："託事蔣王，求爲離俗，遂於上元二年出家，威儀戒行，覺觀禪思，迹履真如，空用恒舍，遂持瓶鉢，一十八事，頭陀山林，有豹隨行，逢神擁護，於至相寺康藏師處聽法。"

瓶鉢，僧人出行所帶的餐具。瓶盛水，鉢盛飯。唐劉長卿《送靈澈上人歸嵩陽蘭若》："作梵連松韻，焚香入桂叢。唯將舊瓶鉢，却寄白雲中。"元辛文房《唐才子傳》卷三《道人靈一》："一公，剡中人。童子出家，瓶鉢之外，餘無有。"明周清原《西湖二集》第七卷："若是堂上吃齋之時，衆弟子一齊上堂，威儀嚴整，瓶鉢必須齊集。"

（3）戒珠——衣珠

P.3726《杜和尚寫真贊》："戒珠恒朗，行潔清冰。"

戒珠，佛教語。常用義項有二，一是比喻戒律精潔，有如明珠。"戒珠，戒律潔白，莊嚴人身，譬如珠玉"。P.3726《杜和尚寫真贊》："戒珠恒朗，行潔清冰。"P.4660《炫闍梨贊》："戒珠圓潔，歷落芳菲。"P.3718《馬靈信邈真贊》："戒珠皎皎，恒暉滿月之光；行潔冰壺，每儆持而無失。"恒朗、圓潔、皎皎等都是形容冷清玉潔。《興國寺故大德上座號憲超塔銘并序》："戒行嚴潔，松篁比貞。秉志堅直，如昆如荆。衣珠内瑩，獨耀心靈。精持妙法，德冠群英。"戒行與衣珠對舉，比喻戒律光潔。二是指念珠。唐王勃《廣州寶莊嚴寺舍利塔碑》："人握戒珠，家藏寶印。"因念珠或握在手中，或挂在衣服上。因而派生出"衣珠"一詞。《大唐棲巖寺故大禪師塔銘》："行有餘力，綴己惠人，緶汲群蒙，衣珠密繫，使夫股肱之人，一變至於道者，十八九焉。"由衣服上的戒珠，引申隱含佛法的意義。《大唐光宅寺殁故□□和尚道廣荼毗遺記》："七葉傳芳，授衣珠于賀宅之門，光流千祀。"

《敦煌變文校注·三身押座文》："輪王髻寶此時逢,窮子衣珠今日得,十法行中行一行,六千功德用嚴身。""髻寶"與"衣珠"相對舉,泛指佛法。唐姚謨《大唐潤州句容縣大泉寺新三門記》："元和再歲,乃于潤州龍興寺依年具戒,振錫經行。見色相之皆空,識衣珠之無價。"

(4) 錫挂

P.4660《凝公邈真贊》："空留禪室,錫挂垂楊。"

錫,指錫杖。爲僧徒常備之物。南朝梁釋慧皎《高僧傳·釋僧群》："忽有一折翅鴨,舒翼當梁頭就唼群,群欲舉錫杖撥之,恐畏傷損因此回還。"錫挂,或作"挂錫"。用來表示僧人駐足停留。唐賈島《贈僧》："亂山秋木穴,裏有靈蛇藏。鐵錫挂臨海,石樓聞異香。"又《送知興上人》："錫挂天涯樹,房開岳頂扉。下看千里曉,霜海日生微。"唐劉得仁《題山中故静禪師》："當時挂錫處,樹老幾枝傾。"唐楊夔《送日東僧遊天台》："攀蘿躋石徑,挂錫憩松風。回首雞林道,唯應夢想通。"P.4660《凝公邈真贊》："空留禪室,錫挂垂楊。"凝公離世之後,祇有禪室和錫杖還在。表達了作者對凝公物在人世的悲傷和懷念。

二、以"某"爲核心語素構成的新詞

兩種文獻中,不僅聚集了大量的同義或近義詞,組成不同的多組語義場,而且以"某"爲核心語素構成的新詞,更具特色。繫聯這些詞語,不僅有益於文獻的釋讀,有助於辨析原卷中的漫漶不清的字形,更能反映新詞的產生方式,反映詞語的組合關係和親屬關係[1],爲考察漢語詞彙系統及其發展變化提供更加豐富的語料。

1. 以"慈"爲核心語素

慈氏,本指佛教中的彌勒菩薩,梵語 Maitreya,意譯爲"慈氏",即繼承釋迦佛位的未來佛。慈,指佛或菩薩對衆生的愛護。與"慈"相結合構成的雙音節詞彙主要有慈雲、慈風、慈雨;慈燈、慈光、慈明;慈航、慈舟;慈

---

[1] 蔣紹愚《古代漢語詞彙綱要》,北京:商務印書館,2005年,290頁。

第三章　敦煌邈真贊與唐代佛徒墓誌佛教義詞彙

眼、慈忍、慈悲等。

（1）慈風

S.5405《張福慶邈真贊》："方保耆山等壽,廣扇慈風。"扇慈風,發揚光大佛的力量。慈風,比喻慈悲心懷如風一樣廣布,可以惠及衆生。與"慈雲""慈雨"等詞近義。《大唐□□寺故比丘尼法琬法師碑文》："貞心雪皎,慧性霜凝。陶善誘而日深,沐慈風而歲遠。悲法眼之淪照,痛禪宇之摧梁。"沐慈風,享受佛的普照。《敦煌變文校注·長興四年中興殿應聖節講經文》："惠日照摧心卜惡,慈風吹散國中災。"普照一切的佛慧,驅除塵俗一切惡念。慈風,指佛的力量。"惠日""慈風"泛指佛光普照,惠愛衆生。後蜀何光遠《鑒誡録》卷六："佛日明時齊舜日,皇風清處接慈風。一乘妙理應難測,萬劫良緣豈易窮。"皇風清處接慈風,喻指太平盛世。P.4660《梁僧政邈真贊》："棲神四念,遊觀三空。恒施法雨,廣扇慈風。"P.3556《曹闍梨邈真贊》："方欲鴻（弘）揚佛教,永扇慈風。"扇慈風,即張揚佛法。

（2）慈舟

慈舟,佛、菩薩以慈悲之心度人,如航船之濟衆,使脱離生死苦海,與"慈航"同義。P.4660《李教授寫真贊》："等然惠炬,遍運慈舟。""惠炬",即"慧炬",與"慈舟"對舉,比喻佛力。《大唐濟度寺故比丘尼法樂法師墓誌銘并序》："喻筏俄舍,慈舟遽捐。幽扉永晦,雅譽空傳。"慈舟遽捐,比喻佛徒死亡。《大唐東都敬愛寺故開法臨壇大德法玩禪師塔銘并序》："至若布甘露于法林,架慈舟於苦海,反邪歸正,化昏作明,教被瀍洛,德高嵩少,實我禪師其人也。"架慈舟於苦海,即依靠佛的慈心脱離苦海。

（3）慈忍

《圭峰禪師碑銘》："以知見爲妙門,寂静爲正味,慈忍爲甲盾,慧斷爲劍矛。"

慈忍,慈悲和忍辱。《唐故法雲寺大德真禪師墓誌銘并序》："懿深慧,悟真空。體慈忍,導昏蒙。"唐姚思廉《梁書·劉杳傳》："杳治身清儉,無所嗜好。爲性不自伐,不論人短長,及睹釋氏經教,常行慈忍。"[1]

---

[1]　（唐）姚思廉《梁書·劉杳傳》,北京：中華書局,1973年,717頁。

2. 以"群"爲核心語素

（1）群品

S.390《氾嗣宗邈真贊》："談千經之正教，勸化有情；演萬論之宏宗，度脱群品。"

群品，義爲衆生。有情，佛教語，指人和一切有情識的動物。唐法海《六祖壇經》："善自護念，廣度有情。""有情"與"群品"同義對舉，群品，義爲衆生。北魏桓階《奏請追崇始祖》："臣等以爲太尉公侯，誕育聖哲，以濟群品，可謂資始，其德之號，莫過於大王。"濟群品，即普救衆生。隋楊堅《禁毁盗佛道神像詔》："佛法深妙，道教虚融，咸降大慈，濟度群品，凡在含識，皆蒙覆護。"P.2551《李君莫高窟佛龕碑并序》："拔衆生之毒箭，作群品之良醫。""群品"與"衆生"同義對舉。

（2）群迷

《慈潤寺故大靈琛禪師灰身塔銘文》："慧日既虧，群迷失望。"

群迷，喻指迷失方向的百姓。北齊佚名《洛陽合邑諸人造像銘頌》："籍此勝善，願國祚永隆，三寶增盛，法界四生，七世先靈，存亡父母，現在眷屬，發菩提心，彌勒下生，恒爲導首，開化群迷，廣修萬行，共集善根，同證菩提之道。"開化群迷，開導勸化百姓。《敦煌變文校注·頻婆娑羅王后宫綵女功德意供養塔生天因緣變》："婆羅大王治黔黎，常生十善化群迷，於諸衆生普平等，感得時和内外清。""黔黎"與"群迷"對舉，都指普通百姓。

3. 以"金"爲核心語素

兩類文獻中，以"金+□"構成的詞語，本土詞語僅見金石、金錢、金枝、金帛、金幣等少數詞語。P.3718《程政信邈真贊》："厶乙不才之器，敢當金石之言。"P.4660《吳和尚贊》："志如金石，勁節松堅。"P.3718《曹盈達寫真贊》："遷充子分，每賜金錢。"P.3718《曹盈達寫真贊》："當聘金枝之女，玉葉相承。"《大唐故净住寺智悟律上人墓誌銘并序》："雅好無爲，深精玄妙，視軒冕如桎梏，等金帛如塵埃。"《唐故龍花寺内外臨壇大德韋和尚墓誌銘并叙》："門人宗師，信士響仰，如水走下，匪我求蒙，持一心之修繕佛宇，來四輩之施捨金幣。"但大部分詞語是與佛教相關的詞語。如

第三章　敦煌邈真贊與唐代佛徒墓誌佛教義詞彙

"金棺""金骨""金地""金口""金界""金身""金繩""金言""金田""金字"等詞語,這些詞語中的"金"字,其語義都與佛教意義相關。"金"字作爲語素,唐時新詞還有:

（1）金刀

P.3792《張和尚寫真贊》:"斯又金刀落髮,辭貴族之瓊華;幼慕空門,棄雜煩而凈住。"

《敦煌變文校注·廬山遠公話》:"是時相公再在連（蓮）宮之會,重開香積之筵,大集兩街僧尼,遂將金刀落髮。"唐白居易《吹笙内人出家》:"雨露難忘君念重,電泡易滅妾身輕。金刀已剃頭然髮,玉管休吹腸斷聲。"以上例子中,金刀喻指剪子。除了在佛教類文獻中多有用例外,本土文獻也多有用例。唐李遠《剪綵》:"葉逐金刀出,花隨玉指新。"南唐成彦雄《楊柳枝》詞之六:"綠楊移傍小亭栽,便擁濃烟撥不開。誰把金刀爲删掠,放教明月入窗來。"

（2）金磬

磬,本指寺院中召集衆僧用的樂器。南朝梁慧皎《高僧傳·興福第八·釋慧元》:"自是寺内常聞空中應時有磬聲,依而集衆,未嘗差失。"唐代出現"金磬"一詞,與"磬"同義,所指相同。《楚金禪師碑》:"貝葉翻手,孰指宗通？金磬發林,誰宣了義？以子分座御榻,同習天台,爰託斯文,鏤之真石。""金磬"與"貝葉"對舉,貝葉,指代佛經。金磬,指寺院用樂器。唐代詩歌中,多用對稱的字句加强語言的表達效果,與"金"相對的字有"玉""貝""寶""珠"等。唐白居易《卧聽法曲霓裳》:"金磬玉笙調已久,牙床角枕睡常遲。"唐張祜《觀宋州於使君家樂琵琶》:"歷歷四弦分,重來上界聞。玉盤飛夜雹,金磬入秋雲。"唐許渾《冬日宣城開元寺贈元孚上人》:"寒風金磬遠,晴雪玉樓重。"唐貫休《寄天台道友》:"水聲金磬亂,雲片玉盤粗。"唐皮日休《奉和魯望寒夜訪寂上人次韻》:"數葉貝書松火暗,一聲金磬檜烟深。"唐韓偓《永明禪師房》:"寶香爐上爇,金磬佛前敲。"唐李珣《女冠子》:"醮壇開,金磬敲清露,珠幢立翠苔。"以上詩例,可以説明唐詩的語言表達形式,促成了"金磬"一詞的産生。唐代,許多由"金"構成的詞語,都具有"佛教"義,所以"金"字還可以與"梵""僧"對舉。唐薛濤《聽僧吹蘆管》:"罷閱梵書聊一弄,散隨金磬泥清秋。"唐唐求《題友人寓居》:"何處一聲金磬發,古松南畔有僧家。""金磬"一詞,是唐時佛教興盛的社會和詩歌韻文流行的語言共同作用下而產生的新詞。

4. 以"舟"爲核心語素

舟,本指船。因佛教把塵世間的煩惱和苦難比作苦海,"舟"可以渡人於海,因而與"舟"相關的詞就產生了"拯救""濟拔"的意義,主要詞語有舟航、舟梁、寶舟、法舟等。

（1）舟楫

唐蔡景《三尊真容像支提龕銘》:"應權利物,導引隨方。群生舟楫,甘海津梁。"

舟楫,本指船槳。比喻拯救人於苦海的工具,與"舟航"義近。P.4660《陰律伯真儀贊》:"群氓導首,苦海舟航。"《崔法師墓誌》:"法師意欲啓般若之門,開無爲之路;運乘火宅,舟航愛河。"《唐故張禪師墓誌銘并序》:"義琬禪行素高,爲智海舟航,是釋門龍象,心超覺路。"唐玄奘《謝得一切經表》:"竊尋三藏聖教,蓋是照迷真之寶鏡,出愛海之舟航,入淨慧之良因,趣菩提之妙軌。"

（2）舟筏

《衢州龍興寺故律師體公碑》:"故律爲知見根本,開入扃户,持其要、得基宗者,有若長老體公。蓋毗尼之堂室,尸羅之燈炬,三昧之舟筏也。"

筏,水上交通工具。用竹或木編排而成,或用牛羊皮等制囊而成。舟筏,義同舟楫。比喻佛教可渡人苦海,如同舟船。

（3）智舟

《唐故信州懷玉山應天禪院尼禪大德塔銘并叙》:"一百八之煩惱,仰戒日以霜消;五十五之聖階,乘智舟而海越。"

智舟,即智慧之舟。比喻佛教之智慧可渡人於苦海。《新羅國故兩朝國師教謚朗空大師白月栖雲之塔碑銘》:"聞夫真境希夷,元津杳渺。澄如滄海,邈若太虛,智舟何以達其涯,慧駕莫能尋其際。"《唐大薦福寺故大德

第三章 敦煌邈真贊與唐代佛徒墓誌佛教義詞彙

思恒律師誌文并序》："弟子智舟等，彼岸仍遥，津梁中奪，心猿未去，龍象先歸，禪座何依，但追墳塔。"智舟，雖是佛教徒的法名，也藴含了佛教教義，意爲渡人苦海的智慧之舟。

5. 以"風"爲核心語素

（1）真風

P.2991《張靈俊寫真贊》："師子座前，廣扇真風之理。"

真風，佛教語，喻佛教教義。P.4660《索法律邈真贊》："平治心地，克意真風。燈傳北秀，導引南宗。"P.3718《范海印寫真贊》："竊以韶年出俗，懇慕真風，訪道理尋師，三冬具進。""真風"，又可變通作"慈風""玄風""香風"等。

（2）玄風

P.3556《氾福高邈真贊》："爰至吏部尚書秉政敦煌，大扇玄風。"P.3556《陳法嚴邈真贊》："爰至吏部尚書秉政蓮府，大扇玄風，封賜内外都僧統之班，兼加河西佛法主之號。"P.3718《張喜首寫真贊》："秉政光曜，大扇玄風。"貞觀三年《故大靈琛禪師灰身塔》："遜聽玄風，高惟遠量。"

（3）香風

P.3718《張良真寫真贊》："故主司空稱愜，薦委首鄉大由；久歲均平，廣扇香風御衆。"

香風，"香"與"香名""香號"等語素義相同，香風，泛指佛教。

6. 以"緣"爲核心語素

緣，本是佛教語，主要有三個意義，一是相對於"因"而言，佛教謂事物生起或壞滅的主要條件爲"因"，輔助條件爲"緣"。因而有因緣、機緣、隨緣、緣業、業緣、有緣、生緣等詞。二是塵緣的簡稱，有塵緣、俗緣、攀緣等詞。三是泛指佛教，有善緣、勝緣、化緣等詞。唐時新詞有：

（1）良緣

《大唐□□寺故比丘尼法琬法師碑文》："方釋塵累，遂託良緣，心清鏡澈，戒潔珠圓，精誠苦行，雪凜冰鮮。"託良緣，依託佛教。"良緣"與"善緣"同義，美稱佛教。南朝梁簡文帝《相宮寺碑》："皇太子蕭緯，自昔藩邸，便結善緣。"結善緣，即信佛教。P.3718《張良真寫真贊》："從心之歲，翹情善緣。"翹情善緣，即投入佛教。

（2）香緣

《大唐荷恩寺故大德法律禪師（姚常一）塔銘》："惟師平昔早悟香緣，青春舍家，白月護戒。"香緣，泛指佛教。

（3）緣愛

《唐故内供奉翻經義解講律論法師晉空塔銘并序》："年八歲，心已向佛，誠請既行，緣愛自去，遂授經于惠雲，卒學景鷟。"

緣愛，比喻人世間的愛恨煩惱。《敦煌變文校注・廬山遠公話》："於是善慶爲相公説十二因緣：無明緣行，行緣識，識緣名色，名色緣六入，六入緣觸，觸緣受，受緣愛，愛緣取，取緣有，有緣生，生緣老病死憂悲苦惱，老病死憂悲，[苦惱緣無名（明）]。"

（4）息緣

《僧順禪師》："心存認惡，普敬爲宗，息緣觀佛，不揀秋冬。"

息緣，停止相關的世俗事情。隋楊廣《與釋智顗書》："若未堪敷化，且暫息緣；如可津梁，便開秘藏。"息緣，停止俗務。隋智顗《小止觀・具緣第一》："第四息緣諸務。有四意：一者治生緣物，不作有爲事業。二息人間緣務，不追尋俗人朋友親戚知識，斷絶人事往還。三息工巧技術緣務，不作世間工匠技術醫方禁咒卜相書數算計等事。四息學問緣務，讀誦聽學等悉皆棄舍。此爲息諸緣故。所以者何？若多緣務，則行道事廢，心亂難攝。"如果不停止俗間事務，就會心亂難以控制。

（5）緣氏

《大唐净域寺大德法藏禪師塔銘并序》："禪師諱法藏，緣氏諸葛，蘇州吴縣人。"

緣氏，指塵緣之姓氏。猶"俗姓"，佛教信徒稱出家前的本姓。

（6）生緣

《聖道寺比丘尼善意灰身支提塔》："和上生緣姓袁，故立銘記。"

第三章　敦煌邈真贊與唐代佛徒墓誌佛教義詞彙

生緣,託生、轉世的機緣。借指出生的地方。梁陸倕《志法師墓誌銘》:"法師自説姓朱,名保志,其生緣乘梓,莫能知之。"唐王洙《東陽夜怪録》:"乃問:'高公生緣何鄉?何故棲此?又俗姓云何?既接恩容,當還審其出處。'"生緣何鄉,意思是什麼地方人。《敦煌變文校注·燕子賦二》:"本貫屬京兆,生緣在帝鄉。但知還他窟,野語不相當。""本貫",指家鄉所在地,與"生緣"同義對舉。生緣,即指出生地。唐王維《燕子龕禪師》:"上人無生緣,生長居紫閣。"唐齊己《逢鄉友》:"無況來江島,逢君話滯留。生緣同一國,相識共他州。"袁,原石作"𡊄",爲"袁"的俗字。《彙編》録作"素"。

(7) 膏緣

《大唐崇義寺思言禪師塔銘并序》:"濟蕩塵冥,法侣雲趨,俗徒霧委,請教無倦,屢照忘疲,熏以香焚,膏緣明盡,因兹不念,遂遘清羸,日居月諸,奄先朝露。"膏,原卷清晰作"𦞙",此處比喻人的肉身。膏緣,用來比喻俗緣。

(8) 遇緣

P.3556《康賢照邈真贊》:"降龍制虎,出自陲邊。遇緣羊鹿,跪聽尊前。"

佛教語,有緣,碰到機緣。梁王僧孺《禮佛唱導發願文》:"故欲洗拔萬有,度脱群生,濯净水于寶池,蔭高枝於道樹,折伏攝受之仁,遇緣而咸拯,苦言軟語之德,有感而斯唱,日用不知,利益莫限。"遇緣而咸拯,碰到機緣就普度拯救衆生。P.3556《康賢照邈真贊》:"降龍制虎,出自陲邊。遇緣羊鹿,跪聽尊前。"康賢照不僅能降龍制虎,如果機緣碰巧的話,羊和鹿也會跪從聽命。宋僧圜悟克勤《碧岩録》卷十:"爾若識得去,逢境遇緣,爲主爲宗。"逢境遇緣,即碰上某種境地或機緣。

(9) 應緣

P.4660《陰法律邈真贊》:"隨機授藥(業),應緣化度。"

"隨機",順應時機。與"應緣"近義對舉,"應緣"即順應機緣。北宋

157

王溥《唐會要》卷四十七《封諸嶽瀆》："應緣祭事,并令本州島島府備具,祀文,所司祭前五日送京兆府。"應緣祭事,即臨時、根據形勢舉行的祭事。宋秦觀《次韻子由題光化塔》："古佛悲憐得度人,應緣來現比丘身。"應緣,隨緣,根據機緣、運氣。

（10）攀緣

P.3718《劉慶力邈真贊》："師之心境,已絕攀緣。"

絕攀緣,斷絕了俗間煩惱。佛教語,佛教認爲心隨外境紛馳而多變,好像猿攀樹枝搖曳不定,比喻世俗煩惱。梁武帝《立神明成佛義記》："若心用心於攀緣,前識必異後者,斯則與境俱往,誰成佛乎?"P.3718《劉慶力邈真贊》："師之心境,已絕攀緣。"絕攀緣,斷絕了俗間煩惱。《敦煌變文校注・佛說阿彌陀經押座文》："舍利鳥吟常樂韻,迦陵齊唱離攀緣。"離攀緣,離開苦惱。唐高適《同馬太守聽九思法師講金剛經》："深知億劫苦,善喻恒沙тент。舍施割肌膚,攀緣去親愛。"五代南唐靜、筠二禪僧編《祖堂集》卷十四《百丈和尚》："俱歇一切攀緣,貪嗔愛取,垢淨情盡。"攀緣,即貪嗔愛取等煩惱。

7. 以"福"爲核心語素

尊崇信仰佛教,祈求賜福造福是信徒的心願,"福"也因而生義,泛指與佛教相關的事情,并構成一些詞語。

（1）福事

齋戒、度僧、超度等等與佛教相關的事情,因佛教信衆認爲它們能給人帶來福佑,故稱"福事"。隋王劭《舍利感應記別錄》："今營福事於舍利塔內,獲非常之鳥,既以出處爲異,謂合嘉祥。"福事,指安放舍利之事。後晉劉昫《舊唐書・蕭俛傳》："昔貞觀中,高宗在東宫,以長孫皇后疾亟,嘗上言曰:'欲請度僧,以資福事。'后曰:'爲善有徵,吾未爲惡,善或無報,求福非宜。且佛者,異方之教,所可存而勿論。豈以一女子而縈王道乎?'故謚爲文德。"[1]福事,指度僧求福之事。P.3556《康賢照邈真贊》："福

────────

[1]（後晉）劉昫《舊唐書・蕭俛傳》,北京:中華書局,1997年,4481頁。

第三章　敦煌邈真贊與唐代佛徒墓誌佛教義詞彙

事將畢，非獨已彩繪影真，亦資助君王，永保延祥獲吉。"福事，指彩畫佛像之事。

（2）福疏

《唐東都安國寺故臨壇大德塔下銘并序》："師幼無華飾，性與道俱，未式義（彙編作乂）以持心，元身净而進戒，宗崇福疏，誦讀精通，總諸部律，周徹制止，洛中事法常闕，共難其人，蓋求者多而讓者寡。"

福疏，僧道拜懺時所焚化的祈禱文。宋張師正《括異志》卷五《胡殿承》："胡屢詢以冥司所職，但云未可輕泄。居無何，胡以先人忌晨，飯僧課經，具疏焚楮泉。迨明日，其吏至案前，以手就懷探昨日所焚疏示，若新寫者。"焚疏，將祈禱後的文書焚燒，以求靈驗。明蒙正發《三湘從事錄》："發又詣永郡內外各廟祠寺觀，行香焚疏，願滅壽一紀，爲師延算。"行香焚疏，上香祈禱後燒化文書，以替其師延長壽年。

8. 以"香"爲核心語素

魏晉南北朝時，指稱佛教聖地的詞有許多，如"香土""香地""香國""香城""香積""香刹"等。南朝梁簡文帝《菩提樹頌》序："天人舞鳳，去照園而讚善；菩薩飛象，越香土而來儀。"南朝梁簡文帝《答湘東王書》："鳴銀鼓於寶坊，轉金輪於香地。"後秦鳩摩羅什譯《維摩詰經·香積佛品》曰："上方界佛土有國名衆香，佛號香積，其界一切皆以香作樓閣，經行香地苑園皆香，其食香氣周流十方無量世界。"後因以"香國"指佛國。南朝梁武帝《摩訶般若懺文》："願諸衆生……同到香城，共見寶臺。"唐沈佺期《紹隆寺》："香界縈北渚，花龕隱南巒。"唐顧況《獨遊青龍寺》："春風入香刹，暇日獨遊衍。"唐杜甫《岳麓山道林二寺行》："塔劫宫墙壯麗敵，香厨松道清凉俱。"唐劉長卿《秋夜肅公房喜普門上人自陽羨山至》："早晚來香積，何人住沃洲？"

受這些詞語的影響，以"香"爲核心語素，構成複合詞，用來泛稱與佛教相關的物品，如"香杖""香門""香蹬"等詞。南朝劉潛《雍州金像寺無量壽佛像碑》："猶有香杖迭衣，紅爪紺髮。"唐劉松《題甘露寺》："香門接巨壘，畫角聞清鐘。"唐李延壽《北史·史寧傳》："梁武帝引寧至香蹬前，謂之曰:'觀卿風表,終是富貴,我當使卿衣錦還鄉。'"[1]邈真贊語料中,此類詞也不乏其例。P.2551《李君莫高窟佛龕碑并序》:"香積之餅俱臻,純陀之供齊至。極於無極,共喜芬聲,人及非人,咸歆晟饌。"P.3720《張淮深造窟功德碑》:"門當危嵍,鑿成香積之宮;再換星霜,化出蓬萊之傾(頂)。"P.4640《翟家碑》:"香厨辦供,每設芳筵。爰召僧瑤,橫真續聖。"P.4640《吴僧統碑》:"香泥印印,福備無垠。慶設頻頻,回資有識。"除了此類詞外,敦煌邈真贊語料中還有"香號""香名"等詞,用來指稱佛徒的名號。

(1) 香號

P.3541V⁰《張善才邈真贊》:"師俗姓張氏,香號善才。"

邈真贊語料中,"香號"一詞,計有17例,其意義都是由法師所起的名字,即"法名"。P.3718《范海印寫真贊》:"和尚俗姓范氏,香號海印,則濟北郡寺門首净禪公之貴派矣。"P.3718《張喜首寫真贊》:"和尚俗性張氏,香號喜首,即首廳宰相吏部尚書張公之中子也。"

(2) 香名

P.4660《陰法律邈真贊》:"彩筆綴兮龍文,記香名兮永固。"

P.4660《曹僧政邈真贊》:"銀鈎啜兮微詞,記香名兮長設。"P.4660《陰法律邈真贊》:"彩筆綴兮龍文,記香名兮永固。"P.4660《張僧政邈真贊》:"宣毫綴以龍文,記香名而不墜。"P.3718《劉慶力邈真贊》:"和尚俗姓劉氏,香名慶力,即豫章之貴系矣。"以上諸例中,"香名"都是"法名"的意思,即作爲佛徒由法師所起的名字。而在佛教以外的文獻用例中,"香名"指美好的名聲,與表示佛教的"香"義無關。例如《齊故侍中假黄鉞左丞相文昭王墓銘》:"粤以武平七年歲次丙申二月庚戌朔十一日庚申遷定於鄴城西北三十里釜水之陰。雖香名將蘭菊共遠,盛德與峴山俱傳,恐高岸之爲谷,紀芳烈於幽泉。"香名,指文昭王美好的名聲,將會與蘭菊一樣芳香遠揚。唐岑參《送魏昇卿擢第歸東都,因懷

---

[1] (唐)李延壽《北史·史寧傳》,北京:中華書局,1974年,2186頁。

第三章　敦煌邈真贊與唐代佛徒墓誌佛教義詞彙

魏校書、陸渾、喬潭》："問君今年三十幾,能使香名滿人耳。"香名滿人耳,讓人們都能聽到他的美名。

三、寺院和法諱名詞

兩種文獻中有大量的佛教寺院名和佛徒釋名法號等。這些詞語都與佛教義相關,字面簡單但佛理深奧,理解它們有益於佛教的普及教化。爲了宣揚傳播佛教教義,使弟子謹記佛法真諦,法師在爲佛徒弟子起名時,其法號釋名與佛教内容密切相關。這些法號釋名,也屬於佛教詞彙。以《大唐東都敬愛寺故開法臨壇大德法玩禪師塔銘并序》所記爲例,佛教徒名稱有"少林寺弟子上座净業,寺主靈湊,都維那智寰,專檢校修塔智圓,開法道義、明悟、實壽,臨壇智詮,臨壇義暉、惟肅、秀清、惟清、惟秀、道悟、幽湛、常貴、明進、智惠、照心、志恭。敬愛寺開法心堅,講律園暉、體悟、恒浚、行滿、難勝。會善寺臨壇靈珍。永泰寺曇藏。岳寺臨壇智深、那靈鋭、道詮。善才寺上座法液、寺主法俊、寺主詮表、都維那迥秀。修行寺尼寺主明詮。寧刹寺尼臨壇契一。安國寺尼志元、惠凝"。敦煌邈真贊中因地域所限,寺院主要有福德寺、報恩寺、金光明寺、乾元寺,祗有一例爲金光明伽藍。唐代佛徒墓誌遍布全國,涉及多地寺院,主要有慈潤寺、聖道寺、德業寺、澄心寺、濟度寺、相好寺、香積寺、崇義寺、净域寺、幽棲寺、宣化寺、龍興寺、靈泉寺、大安國寺、興聖寺、會善寺、法昌寺、崇教寺、少林寺、棲岩寺、法雲寺、聖善寺、威神寺、長生禪寺、净安寺、靈隱寺、開元寺、六度寺、大乘寺、净住寺、真化寺、千福寺、證果寺、法界寺、敬愛寺、會善寺、永泰寺、善才寺、靈山寺、寧刹寺、修行寺、大明寺、光天寺等。這些寺院名稱和佛徒法諱名稱,許多是唐時新詞或在唐時產生了新義。

(1) 薦福

《唐大薦福寺故大德思恒律師誌文并序》："開元十四年十一月廿六日終於京大薦福寺,年七十有六。"

薦福,義爲求福。宋歐陽修、宋祁《新唐書·魚朝恩傳》："朝恩有賜墅,觀沼勝爽,表爲佛祠,爲章敬太后薦福,即后謐以名祠,許之。"[1]宋談鑰《吳興志》卷十八《夢馬堂》:"因請於朝。以嘉會爲墳,寺改號崇因薦福,依北方墓法作大冢,冢前起獻堂,以夢馬名之。"

(2)慈潤

《慈潤寺故道雲法師灰身塔》:"慈潤寺故道雲法師灰身塔,大唐永徽二年四月八日敬造。"

慈潤,慈愛滋潤。比喻佛恩浸潤世間,故用作寺名。三國吳康僧會《六度集經》卷八:"南王慈潤,澤無不至,八方上下,靡不嘆德。"隋釋智越《謝皇太子施香爐銅鐘等物啓》:"越等凡微,謬當恩沐。慈潤重邅,難可克勝。"慈潤重邅,佛恩接連來至。隋陳子秀《荆州道俗請智顗講法華經疏》:"庶令貴賤上下,咸識一乘,大葉小枝,等蒙慈潤。"蒙慈潤,承受慈愛。唐賀蘭敏之《僧道拜君親議》:"由是龍宮梵化,灑慈潤於大千;澹泊凝真,沖寂宏於內。"灑慈潤於大千,對大千世界布施慈愛。

(3)興聖

《大唐故興聖寺主尼法澄塔銘并序》:"法師諱法澄,字無所得,俗姓孫氏,樂安人也。"

興聖,振興聖教之意。隋文帝《立舍利塔詔》:"門下仰惟正覺,大慈大悲,救護群生,津梁庶品。朕歸依三寶,重興聖教,思與四海之內,一切人民,俱發菩提,并修福業。"興聖寺,在長安城通義坊。貞觀元年立爲尼寺。睿宗景雲二年,因寺中有柿樹死而復活,睿宗因此大赦天下。北宋王溥《唐會要》卷四十八《寺》:"興聖寺,通義坊。本高祖潛龍舊宅。武德元年,以爲通義宮。貞觀元年,立爲尼寺。"

(4)海德

《光天寺乞食衆故大比丘尼海德禪師灰身塔》:"光天寺乞食衆故大比丘尼海德禪師灰身塔,大唐永徽五年五月八日弟子徒衆及眷屬等敬造。"

---

[1](宋)歐陽修、宋祁《新唐書·魚朝恩傳》,北京:中華書局,1975年,5865頁。

第三章　敦煌邈真贊與唐代佛徒墓誌佛教義詞彙

海德,大海一樣的德性,比喻佛無所包容。宋蘇轍《謝翰林學士宣召狀二首》:"茲蓋伏遇皇帝陛下,天心廣大,海德并包。"海德,與天心相對,比喻包容之心。常用作僧名。唐封演《封氏聞見記》卷八:"余曾于小朱山僧海德房中見一石,與前後所見者相類。"

(5)法玩

《大唐東都敬愛寺故開法臨壇大德法玩禪師塔銘并序》:"禪師諱法玩,俗姓張氏,其先魏人也。"

法玩,是熟悉佛法的意思。兩類語料中,關於佛徒的法號,以"法"爲核心語素構成的有法樂、法澄、法雲等等。而漢語本土詞彙"法玩"一詞則是對法律玩忽、鬆懈的意思。《宋大詔令集》卷一百八十一《常平》:"常平散斂之法。民受其賜,逾三十年,歲久法玩,吏緣爲奸。"年歲久遠,法律就沒有以前那麽嚴格,也就是懈怠了。明嚴從簡《殊域周諮錄》卷二《東夷》:"奈何邇來事久而弊,法玩而弛,前項備倭衙門官員徒擁虛名,略無實效。"法玩而弛,意思是時間久了,因習以爲常,法律就鬆馳徒有虛名,沒有效力。

第四章　敦煌邈真贊校注考辨

敦煌邈真贊文獻爲唐宋時手抄本卷子，楷錄和校注這些卷子是研究的基礎工作。由於唐宋時語言文字與今不同，其文獻在用詞、用韻方面具有時代特徵；其原卷又因是當時書手所抄，用字特點非常明顯，不僅多用唐宋俗字，且常出現誤、漏、衍等失誤現象，個人書寫風格也造成某些字難以辨認。加上時隔久遠，原卷字迹又多有漫漶不清之處。前賢篳路藍縷，對文獻的輯校和研究具有奠基之功。校注以饒宗頤的《敦煌邈真讚校錄并研究》和鄭炳林的《敦煌碑銘贊輯釋》爲代表，饒宗頤在校注中，還對陳、鄭的校注加注了説明。此次研究邈真贊詞彙過程中，我們注意到相同一張卷子，饒本和鄭本校注後的文字内容并不完全相同，同一個字，存在不同的辯識認定。P.4660《悟真邈真贊》："恢張坦坦，關麗巍巍。"其"關"字，原卷作"[圖]"，饒本作"關"字，而鄭本却作"開"字。孰是孰非，如果不加以判定，將直接影響到詞彙的解釋。因此，在采納前賢校注成果的基礎上，我們根據敦煌邈真贊的文獻特點，采用依據韻例辨析韻腳字，依據文體格式形成的套路句式確定詞彙等方法，結合字形的辨識，重點辨析考證了饒本和鄭本中相左不一、尚存疑惑不明或失誤的字詞近百餘處，另有一些尚未考辨之處袛在錄校中列舉相異文字以示比對。對它們的辨析、闡釋和比對，將有益於發掘敦煌邈真贊的研究價值。爲了和附録中的校録

第四章 敦煌邈真贊校注考辨

相對照,便於讀者核查考證,以下條目按校錄中的順序排列。

（1）朋——用

P.3726《杜和尚寫真贊》:"謝此濁世,淨土招承。一歸極樂,三界無朋。龍花一會,洗足先登。"

"朋"字,原卷作"⿰"字,爲唐時書寫習慣而成的俗字。本篇中"不詳[祥]瑞應,雙樹枝崩"句中之"崩"字,俗寫爲"⿰"。P.2970《陰善雄邈真贊》:"甘泉早竭,良木先崩。"其"崩"字也作"⿰"。P.4660《汜和尚寫真贊》:"不詳[祥]瑞應,雙樹枝崩。"其"崩"字亦作"⿰"。"崩""薨""承""朋""登"皆屬平聲登韻,韻相諧押,如果錄爲"用"字,則屬去聲用韻,即出韻,不合押韻要求。《唐故甘泉院禪大師靈塔記》:"橫身塞河決之波,舉手□山崩之勢。"其"崩"字作"⿰"。本張卷子"朋"字作"⿰",爲兩個"月"字的省簡合并。S.289《李存惠邈真贊》:"凡居朋寮,起就獨彰於群彦。"其"朋"字亦作"⿰"。P.4660《都僧統邈真贊》:"豈謂寶鼎三足,金龜十朋。"其"朋"字則作"⿰"。

（2）奔驟

P.3726《杜和尚寫真贊》:"香風前引,奔驟千僧。"

奔,饒本作"奔"、鄭本作"奪"。原卷作"⿰"。驟,饒本作"驟"、鄭本作"□"未識。原卷作"⿰",已不清晰。P.4660《李教授贊》:"傾城傾郭,奔驟問禪。"其"奔"字作"⿰","驟"字作"⿰"。可資參證。按:此句原卷附夾在"龍花一會,洗足先登"句旁,與其他字句相異,應是後來所改加。

（3）默——嘿

P.3726《杜和尚寫真贊》:"蒼生已度盡,寂默入蓮城[花]。"

其"默"字,原卷作"⿰"。P.4660《李教授贊》:"蒼生已度盡,寂默入蓮花。"其"默"字,原卷作"⿰"。嘿,同"默"字。依體例應指明當同"默"字,而有別於"嘿",音 hēi,作嘆詞或象聲詞。

165

(4）宦——官

P.4660《陰律伯真儀贊》："始平起儀,隨宦敦煌。"

其"宦"字,原卷作"官",即"宦"的俗體字形,而非"官"字。P.4660《翟和尚邈真贊》："一支從宦,徙居敦煌。"其"宦"字,原卷亦作"官"。古人因作官遷移某地,稱作"因宦""從宦""隨宦"等,是叙述人物裔派時的常用詞彙。《魏故中常侍大長秋卿平北將軍并州刺史雲陽男張整墓誌銘》："源出荊州南陽郡白水縣。五世祖充,晉末爲路川戍主,因宦遂居上黨焉。"《高麗國彌智山菩提寺故教謚大鏡大師元機之塔碑銘》："遠祖出於華胄,蕃衍王城,其後隨宦西征,從居藍浦。"或作"從官"。北齊魏收《魏書·邢巒傳》："後爲滄州,復啓孤兄子昕爲府主簿,而其子并未從官。世人以此多之。"[1] 據原卷字形,此處當校爲"隨宦"。

(5）園——園

P.4660《陰律伯真儀贊》："天垂甘露,靈瑞呈祥。"

原卷"天"字,作"園"。陳、鄭等皆錄此字作"園"字,爲"園垂甘露,靈瑞呈祥"。P.3541V⁰《張善才邈真贊》："況且臨隮壞寺,化成雁塔祁園。"其"園"字,原卷作"園"。《唐故張禪師墓誌銘并序》："卅五年後焚身,留吾果園,待其時也。"其"園"字作"園"。兩"園"字形都與"園"相異,故"園"字非"園"字。

今疑爲"天"字。《重訂直音篇·卷一·一部》："兓、兓、兓、兓、兓,并古天字。""天"字作"兓",或作"兓"。《千唐誌齋藏誌》第405方墓誌《唐故邢州任縣主簿王君夫人宋氏(尼子)墓誌銘并序》："是依天地,利根潛痾,法性弘通,營求四果。"其"天"字即作"兓"。《大周張(道)君墓誌銘》："天弧演鑒,地掖疏疆。南陽西鄂,玉秀瓊芳。"其"天"字則作"兓"。"垂降甘露"者,祇能是"上天"。梁蕭昱《遵敕舍老子受菩薩戒

[1]（北齊）魏收《魏書·邢巒傳》,北京:中華書局,1995年,1449頁。

第四章 敦煌邈真贊校注考辨

啟》："故能降慈悲雲，垂甘露雨。"《敦煌變文校注·十吉祥》："天垂甘露滿瓊枝，美味鮮香世所希。"唐錢鏐《秋景》："天垂甘澤朝朝降，地秀佳苗處處香。"宋普濟《五燈會元》卷十："南康軍羅漢行林祖印禪師，僧問：'天垂甘露，地涌七珍。是甚麼人分上事？'""天"與"地"相對爲文。

（6）導——遵

P.4660《陰律伯真儀贊》："群氓導首，苦海舟航"。

"導"，原卷作"導"，正爲"導"字。鄭錄甲本作"遵"，成爲"遵守"一詞，與文義不符。原文旨在讚頌陰律伯爲佛界領袖，帶領百姓苦海共渡，而不是"百姓遵守"之義。

導首，即領路人，帶頭人。佛教文獻中常用此語。梁釋慧皎《唱導論》："其後廬山釋慧遠，道業貞華，風才秀發。每至齊集，輒自昇高座，躬爲導首。"釋慧遠，每次佛徒聚集時，他都親自帶頭，唱導佛法，成爲"導首"。唐釋永明《定慧相資歌》："萬行門中爲導首，一切時中稱法王。""法王"，本是佛教對釋迦牟尼的敬稱，也泛指高僧。"導首"與"法王"近義并舉，都指領袖類人物。

（7）物——總

P.4660《三藏法師（王禪池）圖真贊》："嗟夫，泉先竭兮爲甘，木先折兮由直，人先殂兮爲賢，惣遷變兮由極。"

"惣"，即"總"之俗字，原卷"總"字作"惣"。但"總遷變兮由極"文義費解，有不通之處。此處"總"字當爲"物"字之誤抄。"泉""木""人""物"同爲名詞，上下相提并舉，泉水枯竭是因爲甘甜，樹木折斷是因爲直而有用，人先死亡是因爲賢德，萬物變遷是因爲到了盡頭。文中排比此類句式，重在表達對主人公王禪池離世的感傷和無奈。人之生死，猶萬物遷變，是大千世界之常態。唐任彥思家鬼《血書詩》："物類易遷變，我行人不見。珍重任彥思，相別日已遠。"唐呂岩《口占》："非神亦非仙，非術亦非幻。天地有終窮，桑田幾遷變。"宋普濟《五燈會元》卷四："欲識諸佛師，向無明心內識取。欲識常住不凋性，向萬物遷變處識取。"俗字"物"

之上部作"物",與"物"之俗字"㫜"相同。P.4660《三藏法師(王禪池)圖真贊》:"聲名動物,居衆有異。"其"物"字作"㫜"。故"㧾"字是原書手誤抄。木,原卷作"木",饒本疏誤,録爲"本"字。

(8) 所——以

P.4660《三藏法師(王禪池)圖真贊》:"見德不彰,君子所恥。"

所,原卷作"祈",鄭本失誤,定作"以"字。P.4660《李教授贊》:"樞機發日,若矢在弦。所橄皆中,匪憑鏃穿。"該卷"所"字,亦作"祈"。

(9) 痾——疴

P.4660《故法和尚贊》:"示有病〈痾〉{痾}{疴}瘵,化迹潛移。"

其"痾"字,原卷作"病"。痾,指疾病,用例數見。雖與"疴"同義,依原字形當校爲"痾"字。P.4640《法心贊》:"樊籠人事,久累沉痾。"其"痾"字,原卷作"病"。P.3718《劉慶力邈真贊》:"齡當六九,遇染痾纏。"其"痾"字,原卷作"病"。

(10) 橄——撒

P.4660《李教授贊》:"樞機發日,若矢在弦。所撒皆中,匪憑鏃穿。"

"撒",原卷作"橄"。饒本校記作:"陳、唐、鄭皆作撤。應作橄,通撒。"

據唐代文字書寫體例,"扌"與"木"旁不分別,常混爲一體,故"橄",當是"撒"的俗寫。"撒",義爲擊、敲。《莊子·至樂》:"莊子之楚,見空髑髏,髐然有形,撒以馬捶。"成玄英疏:"撒,打擊也。""所撒皆中",意思是每次所擊都能射中目標,用來讚頌李教授對佛經的領悟和闡發,能切中要旨。録作"橄"或"撤",都有礙文義。

(11) 刪——那

P.4660《李教授贊》:"刪除剖贅,剷略詞繁。"

此句饒本校録爲:"刪除贅,略詞繁。"并校記曰:"刪,唐、鄭作那,誤。"鄭録作:"那除剖贅,剷略詞繁。"原卷"刪"字作"刪",與"那"字形近。《龍龕手鏡·刂部》:"刪,俗。刪,正。所班反。定也,削也,除

第四章　敦煌邈真贊校注考辨

也。""刪除"與"劀略"近義對舉。"劀",《說文解字·刀部》:"劀,減也。"《龍龕手鏡·刂部》:"兹損反,減也,截也。"詞繁,文辭繁雜。唐柳宗元《第五表》:"詞繁而不能陳明,誠竭而未蒙察納,德美盛而猶蔽,憲度缺而莫修,罪戾是憂,冰炭交集。"南宋王明清《揮麈後錄》卷一:"師樸先以邦直草定文字示衆人,衆皆以爲詞繁不可用,遂已。"

(12) 纂——[字]

P.4660《李教授贊》:"纂製章論,迅切潺湲。"

纂,原卷作"[字]",唐代文字書寫慣例,"竹""艹"字頭不別,混同一體,"[字]"即"纂"字。饒本校記爲:"唐作纂,誤。""纂製章論",即撰寫文章、論議。宋歐陽修《乞補館職劄子〈治平三年〉》:"明于仁義禮樂,通於古今治亂,其文章論議,與之謀慮天下之事,可以決疑定策、論道經邦者,謂之儒學之臣。""迅切潺湲",形容其撰寫文章速度快而且內容豐富。

(13) 千方——千萬

P.4660《李和尚寫真贊》:"遘以時疾,藥物無施。千方不遂,今也云隳。"

方,原卷作"[字]"。鄭、饒本錄定爲"萬"字。陳錄定作"方"。此處應是"千方",而不是"千萬"。"千方",意思是想盡各種方法。宋佚名《西江月》:"飲罷高陽人散,曲終巫峽雲飛。千方修合鬥新奇。須帶別離滋味。""千方修合",想盡各種辦法譜奏曲子。"千方"與"千方萬計""千方百計"等意義相同。《敦煌變文校注·降魔變文》:"若論肯賣,不諍價之高低;若死腰楔,方便直須下脱。千方萬計,不得不休。""千方""萬計"相提并舉,意思是想盡辦法。"千方萬計"或作"萬計千方"。宋陳德武《蝶戀藥·送春》:"昨夜狂風今日雨。風雨相催,斷送春歸去。萬計千方留不住。春歸畢竟歸何處。"其用法與"千方百計""百計千方"相同。宋沈括《夢溪筆談》卷十二:"千方百計後,北神、召伯、龍舟、茱萸諸堘,相次廢革,至今爲利。"工部郎中方仲荀等人,想方設法廢堘爲閘,造福百姓。宋趙長卿《探春令·雨屑風瘦》:"凡花且莫相嘲譴。盡強伊寂寞。便饒他、

169

百計千方做就,醞藉如何學。"邈真贊因受四言一句格式限制,故用"千方"一詞。P.4660《李和尚寫真贊》:"遘以時疾,藥物無施。千方不遂,今也云隳。""千方不遂",意思是想盡辦法,也沒有治好病,最後還是死亡了。P.3718《張明集寫真贊》:"纏眠(綿)痾疾,萬計尋師;累月醫料(療),千方進藥。天命有限,難舍去留。臨終之日,別父母,永謝長辭。""方"原卷作"方",鄭錄作"萬"。此"方",依文義當爲"方"。"千方進藥"與"萬計尋師"對擧,用來表示想盡辦法求醫問藥。P.3718《張清通寫真贊》:"美之盛年,忽遇懸蛇將逼,千方料疾,竟無驗於減瘳;百術醫治,固難容於限。"其"方"字作"方"。"千方"與"百術"相對爲文。"千方",也指各種方法。

P.3718《張明集寫真贊》:"臨終之日,別父母,永謝長辭。遺叔姊妹弟兄,千萬無因再睹。"萬,原卷作"万",饒、鄭本等皆錄作"萬"字。且鄭標點爲:"遺叔姊妹弟兄千萬,無因再睹。"姊妹弟兄千萬,無乃太多。P.3718《張明集寫真贊》:"遺叔姊妹弟兄,千萬無因再睹。"文義是人死後,活着的兄弟姐妹親屬,再也不可能有機會相見了。而不是說"活着的兄弟姐妹的有千萬個"。

(14) 幛——障——帳

P.4660《李和尚寫真贊》:"圖形新障,寫舊容儀。奄却青眼,誰當白眉。"

障,原卷作"障"。鄭錄作"幛",饒本錄作"障"。障,在敦煌邈真贊文獻中作"障"或"帳"等形。P.4660《左公贊》:"丹青於障,圖寫真儀。"障,原卷寫作"障"字。P.4660《李和尚寫真贊》:"圖形新障,寫舊容儀。"圖形,即描畫人的相貌,圖形新障,意思是在新的絹帛上作畫,并與下句"寫舊容儀"相對爲文。P.3718《范海印寫真贊》:"古召良工,預寫生前之儀,綿帳丹青繪影。""帳"字作"帳"。帳,原卷作"帳"。P.3718《張清通寫真贊》:"圖真綿帳,猶想可觀。"帳,原卷作"帳"。兩例皆是是"帳"之手寫,而非"悵"字。P.3718《索律公邈真贊》:"會真形於綿帳,圖生像於儀

第四章　敦煌邈真贊校注考辨

容,依俙玉貌,想滅遺踪。"據文義以及邈真贊之體例,應以"幛"字爲是。幛,指畫幛。在幛上作畫,應是伴隨唐時寫真之風而興起的。《題畫幛背》:"雲霞圖幛子,山水畫屏風。"雲霞圖幛子,即在幛子上作畫。《題河陰崔少府素幛》:"真玉不顯文,至人不逞迹。君見華堂幛,轉覺虛室白。"題素幛,即在絹幛上題詩。而"障"字與繪畫材料無關,因此邈真贊文獻中所用"幛"字之形,無論"障""帳"都是"幛"的同音替代字。

(15) 糸——參——叅——慘

P.4660《李教授寫真贊》:"哀哀地慟,糸糸天愁。"

其"糸"字,原卷作"![]"。糸,同"參"。例中通"慘"。參,作爲聲旁,敦煌邈真贊中多寫作"糸"形。P.4660《陰處士邈真贊》:"列宿參羅,誕半千而千德。"其"參"字作"![]"。P.3630《閻會恩邈真贊》:"黄雲暗黪,蟾影無輝。"其"黪"字作"![]"。P.2482《羅盈達邈真贊》:"七州慟哭而雲雁愁容,五郡含悲而星光暗![]。"《大唐故張居士墓誌銘并序》:"水咽晨悲,松風夕慘。"其"慘"字作"![]"。《大唐衆義寺故大德敬節法師塔銘并序》:"荒郊悲慘慘,烟氣亂蔥蔥。"其"慘"字作"![]"。

(16) 藏——歲

P.4660《炫闍梨贊》:"都權僧柄,八藏蒙施。"

藏,原卷作"![]"。"八藏",佛教語。鄭本認爲炫闍梨擔任沙州釋門都教授,精研佛經,故録爲"八藏"。P.4660《故法和尚贊》:"八藏五乘,神精意解。"其"藏"字作"![]"。P.4660《李教授寫真贊》:"五乘研激,八藏精修。"其"藏"字作"![]"。P.3556《賈和尚邈真贊》:"窮八藏於心源,尺璧非珍。"其"藏"字作"![]"。P.4660《梁僧政邈真贊》:"大唐大中十二年歲次戊寅二月癸巳朔十四日丙午畢功記。"其"歲"字作"![]"。P.2913V°《吴和尚邈真贊》:"唐咸通十年歲次乙丑七月廿八日題記。"其"歲"字作"![]"。P.3718《張喜首寫真贊》:"累歲勾當五尼,終身鋼[剛]柔兩用。"

171

其"歲"字作"<image>"。依據原卷字形，以"八藏"更近文義。

（17）戒行——解行

P.4660《炫闍梨贊》："希哉我師，解行標奇。"

"解"，原卷作"解"。而 P.4640《吳和尚贊文》與此段內容雷同，但此句作："希哉我師，戒行標奇。"碑銘贊韻文是對序部分內容的概括，序文中有"戒行細微，鵝珠謹護"句，與此相對照，此處"解行"也應是"戒行"。"戒行標奇"，是指炫闍梨戒行高超奇異。而"解行"，是兩個詞的并列，一是理解，二是實行。北齊任道林《修述鄴宮新殿廢佛詔對事》："龍虎以銛牙爲能，猿鳥以超翔爲才，君子以解行爲道，賢哲以真實成德，故使内外稱奇，緇素高尚。若唯解而無行，同沙井之非潤，專虛而不實，似空雲而無雨。"解行，意思是先明白，再實行。如果是"解而無行"，就像空有雲而不下雨一樣。宋普濟《五燈會元》卷十二："求道後出世蘇臺、天峰、龍華、白雲，府帥請居志公道場，提綱宗要，機鋒迅敏，解行相應，諸方推服。""解行相應"，意思是禪師對於機鋒，不僅能明白，而且還能實行。《遼代石刻文編·崇昱大師墳塔記》："祥謹等念師解行之絕倫，性相之該博，誘物之貪緣，講傳之獨步，恐陵移海變，泯落嘉聲，謹募殊工，刻石成記。""解行"與"性相"相對舉，"性相"，是佛教語。性指事物的本質，相指事物的表像。"性""相"爲兩個詞，二者是并列關係。故"解"與"行"也是兩個詞的并列。據他卷異文與文義，知原卷"解"字爲"戒"之同音誤寫。

（18）咸——感

P.4660《禪和尚贊》："千秋不朽，有耳咸知。"

咸知，都知道。其前多爲指稱人的詞語。晉王羲之《報殷浩書》："吾雖無專對之能，直謹守時命，宣國家威德，故當不同於凡使，必令遠近咸知朝廷留心於無外，此所益殊不同居護軍也。"晉張華《女史箴》："人咸知飾其容，而莫知飾其性；性之不飾，或愆禮正。"後蜀何光遠《鑒誡錄》卷一："中外咸知，莫不驚駭。"P.4660《禪和尚贊》："千秋不朽，有耳咸知。""有耳"，意思是有耳朵的人，代指所有人。"有耳咸知"，意思是"所有人都知道禪和尚"。"咸",原卷作"㦠",姜、鄭本誤錄作"感"字。如果錄爲"有耳感知",則不合文義。

(19) 叚——假——段

P.4660《禪和尚贊》:"丹青既畢,要叚文暉。"

假,原卷作"叚"字。"叚",爲"假"的古字。《説文解字·又部》:"叚,借也。"要假,意思是要借用、要依靠。"要假",作爲一個短語,在唐時文獻中多有用例。唐段成式《呈輪上人》:"東林水石未用此,要假遠公方有名。"唐章導《金液還丹歌》:"三四同居共一室,一二夫妻爲偶匹。要假良媒方得親,遂使交遊情意密。"五代南唐静、筠二禪僧編《祖堂集》卷二《菩提達摩和尚》:"震旦雖闊别無路,要假侄孫脚下行。"侄孫,唐時傳法弟子。要想到震旦國去,祇有讓大師侄孫導化。P.4660《禪和尚贊》:"于此路首,貌形容儀。丹青既畢,要叚文暉。略述其德,萬不一施。"描繪和尚的容貌之後,還要憑藉文采,記述他的大德,即作"贊"頌揚,因此稱爲"邈真贊",可見先描影,再寫贊文,是"邈真"及寫"贊"的慣例。類似的句式有 P.4660《索智岳邈真贊》:"貿丹青兮彩邈,筆毫記兮功鏤。"P.3718《李潤晟邈真贊》:"丹青繪影,留在日之真容;略述片言,傳生前之美德。"P.3718《劉慶力邈真贊》:"故召良工,乃就丹青之績。俊以忝爲時儻,難免固邈。愧申鄙詞,聊題陋句。"鄭本誤錄"叚"爲"段"。

(20) 慇——潸

P.4660《梁僧政邈真贊》:"恒施法雨,廣扇慈風。慇懃善誘,不倦傳通。"

慇,原卷作"慇"字,爲"慇"的手寫字形。慇懃,意爲情意懇切。善誘,義爲善於教化百姓。P.4660《索智岳邈真贊》:"衆所推先,慇懃善誘。"其"慇"字也作"慇"。"慇"與"潸"形近。潸,義爲悲傷。《玉篇·心部》:"潸,悲傷也。"潸懃,則不成詞。

(21) 櫝——匵(櫃)

P.4660《翟神慶邈真贊》:"昔賢糟粕,藴櫝而存。"

藴櫝,儲藏、包容之義。《晉書·伍朝傳》:"進趨者乘國故以僥幸,守道者懷蘊櫝以終身,故令敦褒之化虧,退讓之風薄。"〔1〕宋葉紹翁《四朝聞見錄甲集·布衣入館》:"爾學有師承,親聞道要。蘊櫝既久,聲實自彰。"親聞老師的教導,包容、含藏久了,名聲和修養自然就顯赫了。或作"韞櫝"。源於《論語·子罕》:"有美玉於斯,韞櫝而藏諸?求善賈而沽諸?"何晏集解引馬融曰:"韞,藏也。櫝,匱也。"晉郭元祖《列仙傳贊》:"商丘子胥。商丘幽棲,韞櫝妙術。渴飲寒泉,飢茹蒲術。吹竽牧豕,卓犖奇出。道足無求,樂茲永日。""韞櫝妙術",即學習儲備奇妙的法術。北宋張君房《雲笈七籤》卷七十:"金爲水母,母隱子胎。水者金子,子藏母胞。此言金水自相含孕,韞櫝於母中,須造化而生也。"韞櫝,即包藏之義。"蘊櫝""韞櫝"兩詞,因源於《論語》,歷代文獻數見其用例,碑銘贊也不例外。P.4660《翟神慶邈真贊》:"昔賢糟粕,蘊櫝而存。"文義稱讚翟神慶有修養,能包容前賢的不足。"櫝",原卷作"▢",爲"櫝"的異體字。現簡化爲"椟"字。"櫝",本義是"木匣,木櫃",引申爲蘊藏。"▢",因與"匱"字形近,鄭誤錄爲"匱"字。

(22) 始——姑

P.4660《翟神慶邈真贊》:"開疆效節,始布酬恩。"

始,原卷作"▢"。字右上角爲"厶"形,故非"姑"字。

(23) 名——各

P.4660《陰文通邈真贊》:"三場入戰,百勝心堅。名彰鳳閣,敕授榮班。"

名,原卷作"▢"。名彰,名字彰顯。用來稱讚某人在某時代、或某類人中有名聲。例如後魏高允《徵士頌并序》:"劉、許履忠,竭力致躬。出能騁說,入獻其功。輶軒一舉,撓燕下崇。名彰魏世,享業亦隆。"南宋李攸《宋朝事實》卷三:"見事而敏,抱器自然,壯志無窮,日新其德。許國常存於懷抱,令譽以至於名彰。"宋王栐《燕翼詒謀錄》卷二:"後僧徒共建一

―――――――

〔1〕(唐)房玄齡《晉書·伍朝傳》,北京:中華書局,1974年,2436頁。

第四章 敦煌邈真贊校注考辨

殿,申嚴崇奉,名彰武殿,且請降御容,使民庶瞻仰。""名"鄭本誤錄爲"各",因二字形近疏失。"名彰",敦煌邈真贊文獻中常見。P.4660《閻公邈真贊》:"名彰身退,瘞窆荒丘。邈之形影,永奉風流。"P.4660《王景翼邈真贊》:"身經百戰,順效名彰。剛柔正直,列職姑臧。"《唐大薦福寺故大德思恒律師誌文》:"名願托勝因,思陳盛美,法教常轉。"名,誌文作者爲"常東名",句中"名"用來謙稱自己,《全唐文》誤錄爲"各"。原文首行作:"唐大薦福寺故大德思恒律師誌文并序。鄠縣尉常□□(東名)□文。"

(24) 派——泒

P.4660《宋律伯彩真贊》:"顓頊之苗,姬周之派"。

其"派"字,原卷作"![]"。派,在兩類文獻中,以"泒"爲常用字形。P.4660《李和尚寫真贊》:"派流天外,一胤西陲。"派,原卷作"![]",爲"派"之俗寫。派流天外,指其宗族移居敦煌地區。P.4660《梁僧政邈真贊》:"森森枝派,落落花叢。"P.4660《義晉邈真贊》:"軒皇之派,龍堆鼎族。""派"作"![]"。P.4660《索公邈真贊》:"閥閱貴泒,毅勇軍前。""派"作"![]"。P.4660《王景翼邈真贊》:"太原望族,泒引敦煌。""派"作"![]"。P.4660《曹公邈真贊》:"陳王泒![]息,猶継仁風。"或作"![]"。P.4660《宋律伯彩真贊》:"顓頊之苗,姬周之派。""派"作"![]"。P.3718《李潤晟邈真贊》:"公乃渭州上派,因官停轍于龍沙;隴西鼎原,任職已臨於蓮府。""派"作"![]"。而"泒",音 gū,水名。因與"派"形似,古書中時常相互訛誤。

(25) 留——貿

P.4660《索智岳邈真贊》:"留丹青兮彩邈,筆毫記兮功鐫。"

留,原卷作"![]"字,即"貿"字,當是書手誤寫"留"字而成。

丹青繪影,筆毫題贊,其目的是留給後人悼念時有所憑依。敦煌邈真贊文末必有此類句式,以爲通例。P.4660《禪和尚贊》:"丹青既畢,要假文暉。略述奇德,萬不一施。"P.4660《左公贊》:"丹青於障,圖寫真儀。譽流千載,永播銘基。"P.3718《曹盈達寫真贊》:"死後真容,丹青髣髴。"P.3718

《閻子悅寫真贊》："遇因凋瘵，以寫生前。遺影家庭，丹青髣髴。"P.3718《閻子悅寫真贊》："乃召匠伯，預寫生前。丹青繪像，留影同先。"P.3718《張明德邈真贊》："辭宗未罷，俄然已終。丹青髣髴，邈影生同。願超穢土，淨界留踪。"P.3718《梁幸德邈真贊》："平生容貌，儵電奔弛；歿後真儀，丹青絢彩。"P.3718《李潤晟邈真贊》："丹青繪影，留在日之真容；略述片言，傳生前之美德。"又"丹青繪影，留傳他年。"S.289《李存惠邈真贊》："遂請丹青輒會容儀，又邀儒生以贊芳美。"據此通例，"丹青留影"纔符合句義。"留"字與"貿"字形近，因而書手誤抄。P.4660《張僧政贊》："提河四句，遺留滿字。"其"留"字即作"󰂑"。

（26）參——忝

P.4660《索公邈真贊》："功庸阜績，名播九天。位參衙爪，敕賜衣冠。"

參，原卷作"󰂑"，饒本錄作"忝"。"參"與"忝"形近，但有別。最主要的區別在於字上部的起筆。忝，以"一"起筆。P.3556《康賢照邈真贊》："厶乙釋中才荒，忝侍門人。"其"忝"字，原卷作"󰂑"。P.3541V°《張善才邈真贊》："佑忝寡才，奉贊不畢。"其"忝"字，原卷作"󰂑"。P.3718《□憂道邈真贊》："厶乙忝爲微眷，奉命……"其"忝"字，原卷作"󰂑"。"忝"，多用爲謙詞，以上例皆爲贊文撰者多自謙文才荒疏。而"參"以"丿"起筆。P.3718《劉慶力邈真贊》："普豐化俗，儒道參前。"其"參"字，原卷作"󰂑"。"參"上三個"厶"常會連寫省筆作"󰂑"。P.4660《陰處士邈真贊》："列宿參羅，誕半千而降德。"其"參"字作"󰂑"。P.4660《曹僧政邈真贊》："參禪問道，寢食俱輟。"其"參"字作"󰂑"。"位參衙爪，敕賜衣冠"，兩句并舉，用來描寫索公的職居高位，爲撰者誇讚索公，所以"󰂑"當是"參"字。

（27）卒——倅

P.4660《索公邈真贊》："元戎軫悼，士倅哀纏。"

倅，原卷作"󰂑"，爲"倅"的俗字。"倅"，同"卒"。《廣韻·沒韻》：

第四章　敦煌邈真贊校注考辨

"倅,百人爲倅。《周禮》作卒。"

（28）𩙪

P.4660《張祿邈真贊》："夜泉忽奄,悲雲四𩙪。"

"𩙪",義爲風。引申爲動詞,刮、起。"悲雲四𩙪",即"悲雲四起"。喪葬類文獻中,此類句子比比皆是,用"悲雲"來襯托人們在墓地的悲涼之情。後周庾信《周柱國大將軍紇干弘神道碑》："孝水先枯,悲雲即起。世數存没,哀榮終始。"P.4660《曹僧政邈真贊》："法鼓絶音,渠波水噎。愁雲四起,門人泣血。"此處用"𩙪",是爲了押韻,其他韻腳字都爲虞部的字,如"族""儒""廬""湖""殊""孚""枯""徂""駒""壺"等。𩙪,《龍龕手鏡·風部》："𩙪,同'夫風'。"《集韻·虞韻》："夫風,大風也。通作扶。"

（29）裹行——裏行

P.4660《張祿邈真贊》："從侄沙州軍事判官將仕郎兼監察御史裹行球撰。"

裹,原卷作"裹",爲"裹"字。裹行,是唐時官職。據記載此官可能始于龍朔元年八月。北宋王溥《唐會要》卷六十"監察御史"："龍朔元年八月,忻州定襄縣尉王本立,爲監察御史,裹行之名始於此。《六典》又云:裹行始于馬周。未知孰是。"唐杜佑《通典·職官典》："内供奉、裹行者各如正員之半。太宗朝,始有裹行之名。高宗時,方置内供奉及裹行官,皆非正官也。開元初,又置御史裹使及侍御史裹使、殿中裹使、監察裹使等官,并無定員,義與裹行同。"裹行官,并非正官。邈真贊文獻中張球曾擔任過此官。因與"裏"形似,鄭本誤録作"裏行"。

（30）後——復

P.4660《閻公邈真贊》："先施百戰,後進七州。"

其"後"字,原卷作"後",鄭本作"復"。"後""復"字形相似,容易發生誤認。P.4660《炫闍梨贊》："後經數年,方盡其壽。"其"後"字,原卷作"後"。饒本作"復",鄭本作"後"。P.2482《羅盈達邈真贊》："故能訓齊士卒,可謂如虎如貙;部領軍機,每有前盈後勝。"其"後"字作"後"。

177

P.3718《李潤晟邈真贊》:"後乃張掖城下,立萬載之高名;酒泉郡前,播雄聲於千古。"其"後"字作"![]"。P.4660《炫闍梨贊》:"因婆兩目再朗,復是希奇。"饒本、鄭本皆作"復"。原卷作"![]"。其"![]"字雖然極似"![]"字,但右上角明顯不同。"復""後"之不同主要在字的右上部分。P.4638《張保山邈真贊》:"張掖再復,挺劍先衝。"其"復"字作"![]"。P.3718《梁幸德邈真贊》:"皇王暢悦,每詔内燕而傳杯;宜依復還,捧授奇琛而至府。"其"復"字作"![]"。P.3718《范海印寫真贊》:"復攀昆峰靈集,願頂普賢神踪。"其"復"字作"![]"。

(31) 清恪——清洽

P.4660《閻公邈真贊》:"蒞官清恪,攝轍懷柔。"

恪,原卷作"![]",鄭本校作"洽"。清恪,義爲廉潔恭謹。唐房玄齡《晉書・華表傳》:"恒清恪儉素,雖居顯列,常布衣蔬食,年老彌篤。"[1] P.4660《令狐公邈真贊》:"治官清恪,愛富憐貧。"P.3718《索律公邈真贊》:"勤恪忘疲,威以[與]秋霜比麗。"其"恪"字原卷也寫作"![]"。

(32) 意——魚

P.4660《張僧政贊》:"舟航筏喻,忘筌得意[魚]。"

魚,原卷作"意",校爲"魚"。當是書手誤寫同音字。意,《廣韻・志韻》"於記切"。魚,《廣韻・魚韻》"語居切"。敦煌邈真贊文獻中,"以"又常寫作"與",説明唐時兩字音近。P.3541V⁰《張善才邈真贊》:"幼居襁褓,以衆不群。"以,原卷作"以",當是"與"的同音替代,即"與衆不群"。P.3718《索律公邈真贊》:"勤恪忘疲,威以秋霜比麗。"原卷也作"以",當是"與"的同音替代,即威與秋霜比麗。以,《廣韻・止韻》"羊己切"。與,《廣韻・語韻》"余吕切"。意、魚;以、與兩組字誤寫,實爲同音替代,反映了唐五代時期西北方言的實際狀態。

―――

[1] (唐)房玄齡《晉書・華表傳》,北京:中華書局,1974年,1263頁。

第四章　敦煌邈真贊校注考辨

(33) 滿字——借字

P.4660《張僧政邈真贊》:"提河四句,遺留滿字。"

四句,指佛教偈語。梁武帝《舍道事佛疏文》:"故如來漏盡,智凝成覺,至道通機,德圓取聖。發慧炬以照迷,鏡法流以澄垢。啓瑞迹於天中,爍靈儀於像外。度衆生於苦海,引含識於涅盤。登常樂之高山,出愛河之深際。言乖四句,語絶百非。應迹娑婆,示生浄飯。王宮誕相,步三界而爲尊;道樹成光,普大千而流照。"四句,佛教偈語,引申指佛教教義。言乖四句,即不合佛教教義。唐白居易《郡齋暇日憶廬山草堂,兼寄二林僧社三十韻,多叙貶官已來出處之意》:"閑吟四句偈,静對一爐香。"滿字,佛教梵文術語。梁釋僧祐《梵漢譯經音義同異記》:"又梵書制文,有半字滿字。所以名半字者,義未具足,故字體半偏,猶漢文'月'字,虧其傍也。所以名滿字者,理既究竟,故字體圓滿,猶漢文'日'字,盈其形也。故半字惡義,以譬煩惱;滿字善義,以譬常住。又半字爲體,如漢文'言'字;滿字爲體,如漢文'諸'字。以'者'配'言',方成'諸'字。'諸'字兩合,即滿之例也;'言'字單立,即半之類也。半字雖單,爲字根本,緣有半字,得成滿字。"滿字,引申指佛教文獻。隋釋彦琮《辨正論》:"在昔圓音之下,神力冥加;滿字之間,利根回契。"唐高宗《述三藏聖教序記》:"遠涉恒河,終期滿字。"P.4660《張僧政邈真贊》:"提河四句,遺留滿字。"文義旨在説明張僧政懂得梵文偈語,留下梵語的作品。滿字,原卷作"![]",因字形與"借"字形近,唐、鄭皆録作"借"。本是佛教詞彙,誤作漢語詞彙理解,造成失誤。

(34) ![]——囤

P.4660《辭弁邈生贊》:"積穀防飢,儲貯數囷。"

原卷作"![]",鄭本録作"囤"。囷,讀 chuán,用竹或草編織的圓形盛穀器。《釋名·釋宫室》:"囷,以草作之,團團然也。"《玉篇·口部》:"囷,或作簞。"《敦煌曲子詞·十二時·普勸四衆依教修行》:"養鷄鵝,喂猪狗,雀鼠穿審囷囤漏。"《敦煌變文校注·解座文滙抄》:"溢倉囷,收麥

179

粟,萬石千車冬收畜[蓄]。"

（35）援筆——授筆

P.4660《辭弁邈生贊》:"援筆記事,功不唐捐。"

原卷此字作"㓡",故以"援筆"爲是。鄭本作"授",因字形相近而疏略後誤錄。

（36）兮——之

P.4660《張興信邈真贊》:"邈生前之影像,遺子孫兮瞻視。"

兮,原卷作"㕣",爲兮字。"兮"上"八"變體作"丷",右點雙較模糊,而造成字形因與"之"形近而誤錄。

（37）禮——剉

P.4660《陰法律邈真贊》:"克〈禮〉王書,文波談吐。"

禮,原卷作"礼",饒本、鄭本校作"剉"。"禮",邈真贊中常寫作簡體字形"礼"。P.4638《張保山邈真贊》:"立身苦節,蕃抱禮容。"其"禮"字作簡化字形"礼"。因形似"札"而誤。P.4660《凝公邈真贊》:"蓮花會上,親禮無央。"禮,原卷作"礼"。P.3718《張明集寫真贊》:"禮法趄蹐,無間乖失。"禮,原卷作"礼"。

（38）藥——業

P.4660《陰法律邈真贊》:"隨機授藥〈業〉{藥}{業},應緣化度。"

業,原卷作"業",饒校作"藥",認爲鄭校作"業"誤。P.4660《河西都僧統沙門悟真邈真讚》:"逗根演教,藥病相宜。"其"藥"字作"藥"。P.4640《先代小吴和尚讚》:"示疾方丈,世藥難治。"其"藥"字作"藥"。P.3718《張明德邈真贊》:"累申方藥,難免妖凶。"其"藥"字作"藥"。P.3718《薛善通邈真贊》:"天命奪徵,神藥無驗。"其"藥"字作"藥"。P.3541V⁰《張善才邈真贊》:"長至韶年,超（□□□。□□□）歲,辟春而樂出家。"其"樂"字作"樂"。P.3556《陳法嚴邈真贊》:"虔迎頂送,出入鍾皷[鼓]而交鳴;信受奉□,往來樂音而合韻。"其"樂"字作"樂"。無論

180

第四章　敦煌邈真贊校注考辨

是"藥"還是"樂"，其下一橫非常明顯，而"業"字，其上一橫非常突出，兩個字明顯不同。P.4640《法心贊》："既平神烏，克復河湟。職業嵩隆，以有懸車之志。"其"業"字作"▨"。P.3633V°《張安左邈真贊》："功業已成，酬恩未足。"其"業"字作"▨"。P.3541V⁰《張善才邈真贊》："況且臨隴壞寺，化成雁塔祇園；癈業疲徒，合衆全爲龍象。"其"業"字作"▨"。以上"藥""業"兩字形相比，原卷當爲"藥"字無誤。

但是，依邈真贊行文體例，授業、化度是較爲籠統寬泛的救度，授藥、藥餌是具體的診療方式。P.4660《張僧政贊》："隨機設教，圓融真僞。"P.3718《索律公邈真贊》："善巧隨機，雅合四衆。"《大唐光宅寺歿故□□和尚道廣荼毗遺記》："隨機剖尺，投敬大聖。"故例中"隨機授業"與"應緣化度"相對舉，文義更爲順暢。因此，原卷"藥"字可能是書手誤抄"業"字而成。

（39）蕆——藏

P.4660《悟真邈真贊》："蕆嘉猷於貽厥，侚吞烏兮題玆。"

蕆，讀 chǎn，義爲完成、完工。原卷作"▨"，即"蕆"字。唐、鄭皆誤錄作"藏"。"蕆嘉猷於貽厥"，句義是完成好的規劃而遺留後世，但沒想到很快就亡故，有了這篇題記。北宋王溥《唐會要》卷五十二《忠諫》："四年五月，上以富有春秋，畋獵之暇，好治宫室，嘗建別殿，以新譙遊，及庀徒蕆事，功用至廣。""蕆事"，義爲完工。宋歐陽修、宋祁《新唐書·崔衍傳》："衍儉約畏法，室無妾媵，祿稍周於親族，葬埋嫁娶，倚以濟者數十家。及卒，不能蕆喪，表諸朝，賜賻帛三百段，米粟稱之。"[1]"蕆喪"，完成喪事。南宋李攸《宋朝事實》卷十五："今欲述先烈，循祖考前規，申命攸司，因時蕆事。"因時蕆事，根據時機完成事情。

（40）徒——徙

P.4660《索法律邈真贊》："丹之［墀］遠派，親忱則百從無疎，撫徙敦煌，宗盟則一宗無異。"

---

［1］（宋）歐陽修、宋祁《新唐書·魚朝恩傳》，北京：中華書局，1975 年，5042 頁。

従,原卷作"㣧"。徙,原卷作"徒"。撫徙敦煌,意思是平安徙居敦煌。饒本誤録爲"徒"字。徒,其右上爲"土"字,與"止"形近,容易誤認。喪葬類文獻首先要記述亡者家族世系。如果亡者爲當地人,則常用某地望族、豪宗之句,如果亡者是後遷到某地時,則常用遷徙、隨宦、因官等句。P.3718《閻子悦寫真贊》:"公字子悦,則太原府之貴派矣。漢元鼎年中,先系奉詔安邊,遂爲敦煌人也。"P.4660《陰律伯真儀贊》:"始平起儀,隨宦敦煌。"《大唐龍興大德香積寺主浄業法師靈塔銘并序》:"法師諱象,字浄業,趙姓,族著天水,代家南陽,冠冕相輝,才名繼美,因官徙屬,今爲京兆人也。"徙,原石作"徙"。P.4660《翟和尚邈真贊》:"一支從宦,徙居敦煌。"從,原卷作"㣧",徙,原卷作"徙"。從,右上兩點,俗寫從簡表示兩個"人"。徙,右上爲"止"形的俗寫。P.3718《程政信邈真贊》:"門人失序,徒衆惶惶。"徒,原卷作"徒"。P.3630《閻會恩邈真贊》:"門徒號叫,俗侣興悲。"徒,原卷作"徒"。P.4660《張興信邈真贊》:"痛臨墳之一叫,靈愁雲之四起。"P.4660《陰法律邈真贊》:"教誡門徒,宗承六祖。"徒,原卷作"徒"。

(41) 佳冶——莊冶

P.4986《杜氏邈真贊》:"含和雅雅,佳冶邕邕。"

佳冶,指嬌美豔麗。唐柳宗元《太府李卿外婦馬淑志》:"容之豐兮藝之功,隱憂以舒和樂雍,佳冶雕殞逝安窮。諧鼓瑟兮湘之澨,嗣靈音兮永終古。"佳冶,嬌美豔麗的女子,藉以指代馬淑。P.4986《杜氏邈真贊》:"含和雅雅,佳冶邕邕。"佳冶邕邕,描寫杜氏嬌美大方。佳,原卷作"佳",當以"佳"爲是。鄭本作"莊"。S.5448《渾子盈邈真贊》:"德業日新,振佳聲於鄉里。"其"佳"字作"佳"。

(42) 早——罕

P.4640《李僧録贊》:"罕深禹穴,知九流之派源。"

其"罕"字作"罕",爲"早"字之俗訛。早、罕兩字,字的外形輪廓雖然相似,一般情況下并不相混。因爲敦煌邈真贊是手抄卷子,兩字手寫而

182

第四章　敦煌邈真贊校注考辨

形極似,原卷時有誤抄,導致各家校注不同。P.4660《索智岳邈真贊》:"早明夢幻,喜預真詮。"其"早"字作"□"。P.4660《張祿邈真贊》:"仁風早扇,橫亮江湖。"其"早"字作"□"。P.3718《張清通寫真贊》:"曷能逃於愛別。嗟之清廉,人間罕匹。"其"罕"字作"□"。以上"早""罕"雖然形近,但并不誤。

但下列例中,"罕"字實爲"早"字誤寫。P.3718《馬靈信邈真贊》:"罕識慈仁,定長皆而濟物。"其"罕"字作"□"。"早識慈仁",方能長而濟物。P.3718《劉慶力邈真贊》:"罕窮内外,辯若河玄[懸]。"其"罕"字作"□"。"罕窮",義爲少知,既然少知,又怎能辯若懸河?"罕窮内外"與"辯若河玄[懸]"相矛盾。P.3718《張良真寫真贊》:"恒懷節義之心,罕慕忠貞之操。"其"罕"字"□"。"早慕"與"恒懷"相對,文義暢通無礙。P.4640《李僧録贊》:"罕深禹穴,知九流之派源。"禹穴,指大禹得黄帝之書而又所藏之地,所以知九流之源流。如果是校爲"罕"字,則文義相違。

與這些例子相類,敦煌邈真贊文獻中常用"早"類句式,描寫誌主從小或很久以來的情懷。P.4660《張僧政贊》:"早歲披緇,能攻妙理。"P.3718《張明集寫真贊》:"長具三端,早備六全之藝。"P.3718《張清通寫真贊》:"神童智效先成,韶亂早能立事。"P.3718《閻子悦寫真贊》:"三端早就於躬懷,六教常垂於衆類。"P.3556《□慶德邈真贊》:"早年用武而超群,壯歲懷文而冠古。"以上例中"早"字誤抄寫爲"罕"字,與手寫相關。而唐代佛徒墓誌爲石刻,字多工整,兩字并不相混。《大唐大安國寺故大德惠隱禪師塔銘并序》:"至道希夷,代罕能窺。"《唐故内供奉翻經義解講律論法師曇空塔銘并序》:"佛有妙法,使皆清浄,世界罕聞,色塵皆盛。"其"罕"字皆清晰作"罕"形,不與"早"字混誤。《大唐故張居士墓誌銘并序》:"揮孫登之一弦,重榮啓之三樂。不希九辟,罕務七徵。清文蔚以成章,麗槩渙而流咏。"其"罕"字正作"□"形。

(43) 盡——盈——乃

P.4640《李僧録贊》:"頤空去執,乃知大教之門;暎雪聚螢,以就四科

183

之義。"

乃，原卷作"![乃]"。"乃"與"以"相對，都爲承接連詞，使上下文義相承。乃，饒本校作"盡"。"盡"在敦煌邈真贊文獻中，時有出現，如 P.4660《康通信邈真贊》："剛柔相伴，文質彬彬。盡忠奉上，盡孝安親。"盡，原卷作"![盡]"。鄭本校作"盈"。而"盈"在敦煌邈真贊文獻中，也有出現，如 P.3718《曹盈達寫真贊》："公諱盈達，字盈達。""盈"字作"![盈]"。P.3718《囗憂道邈真贊》："諸司籌算，克己盈官。""盈"字作"![盈]"。P.3718《張清通寫真贊》："軍糧豐贍，收租貯積盈倉。""盈"字作"![盈]"。無論是"盡"還是"盈"，其字下部"皿"形清晰。而原卷明顯在原字上![乃]塗描"乃"形，淡化原字形，且字形下部絕非"皿"形。《唐故甘泉院禪大師靈塔記》："乃千乃百哭盈庭。"乃，原作"![乃]"。P.4660《義晉邈真贊》："乃璇璣兮遑運，何年矢兮催促。"乃，原卷作"![乃]"。P.4660《令狐公邈真贊》："幼而天假，長乃日新。"乃，原卷作"![乃]"。《李僧錄贊》中，盡、盈、乃三字相比，當以"乃"字爲是。

（44）萬杼——萬抒

P.2913V°《吳和尚邈真贊》："博覽萬抒，定四威儀。"

"博覽萬抒"，即博覽群書。依敦煌俗字慣例，"扌""木"偏旁經常不別。"杼"，織布機上的軸子。用來比喻成卷的書。萬杼，比喻群書。P.2913V°《吳和尚邈真贊》："博覽萬抒，定四威儀。"其"抒"字，原卷作"![抒]"，饒本錄爲"抒"。"抒"，實爲"杼"字。"博覽"一詞，其後常爲"書籍"義一類的詞語。南朝釋僧祐《出三藏記集·康僧會傳第四》："爲人弘雅有識量，篤志好學，明練三藏，博覽六典，天文圖緯，多所貫涉，辯於樞機，頗屬文翰。"隋周彪《陳伏波將軍驃騎府諮議參軍陳詡墓誌》："君幼而聰敏，長而好學，博覽百家，漁獦（獵）九部，懸梁刺股，手不釋書，天才雋拔，思若有神。"唐戴孚《廣異記·常夷》："唐建康常夷字叔通，博覽經典，雅有文藝。"依此行文慣例，"萬杼"，義爲"萬卷"，指代各類書籍。P.4640《吳和尚邈真贊》："博覽萬

第四章　敦煌邈真贊校注考辨

抒,定四威儀。"其"抒"字作"⿰扌＋"，當是"抒"的誤抄。

（45）初——福

P.3556《康賢照邈真贊》："似從兜率而初來。"

初,原卷作"⿰＋"字。P.3541V⁰《張善才邈真贊》："飛登初地,歸依四禪。"初,原卷作"⿰＋"字。初地,佛教語,謂修行過程十個階位中的第一階位。鄭本兩例皆録作"福"。"初"字與"福"字形近,但并不同。P.4660《翟和尚邈真贊》："聿修懇懇,景福禳禳。"其"福"字作"⿰＋"。P.4660《陰律伯真儀贊》："聖明福德寺僧惠苑述。"其"福"字作"⿰＋"。

（46）捐——損

P.3556《康賢照邈真贊》："不戀煩囂,□□捐簪。"

捐,原卷作"⿰＋"。捐簪,義同"投簪"。《維大唐光宅寺歿故□□和尚道廣荼毗遺記》："投簪毳門,紹傳燈於像代。"P.4660《李教授贊》："投簪弱冠,削髮髫年。"投簪,扔掉固定頭髮的簪子。比喻拋棄世俗,或歸隱,或爲僧。南朝梁釋僧祐《出三藏記集·慧遠法師傳第三》："乃于關左遇見安公,一面盡敬,以爲真吾師也。遂投簪落髮,委質受業。""投簪"與"落髮""削髮"對舉,喻指離開俗世,出家爲僧。P.4660《李教授贊》："美哉仁賢,忠孝自天。投簪弱冠,削髮髫年。""投簪"還可比喻棄官歸隱。晉陸機《應嘉賦》："苟形骸之可忘,豈投簪其必谷？"宋范仲淹《閱古堂詩》："僕已白髮翁,量力欲投簪。公方青春期,抱道當作霖。""作霖",義爲"下甘雨",比喻爲官降福百姓。與"投簪"文義相反,故對舉。"捐"與"損"形近,鄭本作"損"。P.3718《馬靈信邈真贊》："捐離公私,常棄世榮之務。"捐,原卷作"⿰＋"。P.3718《劉慶力邈真贊》："棄捐榮位,頓樂金田。"捐,原卷作"⿰＋"。P.4660《陰律伯真儀贊》："尊禮重樂,靡損于常。"損,原卷即作"⿰＋"。

（47）曾敏——曾閔

P.3633V⁰《張安左邈真贊》："懷清慎已,有曾閔之風。"

原卷作"敏",鄭本作"參"。P.3718《□憂道邈真贊》："學深顏敏,名

185

高彭越。"顏敏,指顏回和閔子騫。敏,原卷作"敏",爲書手誤寫"閔"字。曾參、顏回、閔子騫等爲孔子弟子,詩文中常用來指代有才學的人。例中,敏爲閔的同音誤替。

(48) 功曹——功庸——功業

P.3633V°《張安左邈真贊》:"略竭鄙陋,以贊功曹。"

饒錄"曹"字爲"庸",鄭錄爲"業"。細核原卷,該字作"![]",實爲"曹"字。功曹,爲官名。漢代郡守有功曹史,簡稱功曹,除掌人事外,得以參預一郡的政務。北齊後稱功曹參軍。唐時,在府的稱爲功曹參軍,在州的稱爲司功。張安左時任"西漢金山國左神策引駕押衙兼大内支度使銀青光禄大夫檢校國子祭酒御史中丞上柱國",故用"功曹"一職指代張安左本人。P.3718《閻子悅寫真贊》:"曹公之代,揀異多緣。"其"曹"字作"![]"。P.3718《張明集寫真贊》:"郎君諱明集,字富子,即今河西節度曹太保親外甥也。"其"曹"字也作"![]"。"曹"或作"曺"。P.3718《薛善通邈真贊》:"伏自曹王秉政,收復甘肅二州。"其"曹"字作"![]"。而"功庸"一詞,義爲"功勞""業績"。《國語·晉語七》:"臣聞之,曰無功庸者,不敢居高位。"P.3718《憂道邈真贊》:"府君公諱厶乙,字憂道,鼎族傳芳,勳庸宿著。"其"庸"字原卷作"![]"。P.4660《索公邈真贊》:"功庸阜績,名播九天。"其"庸"字作"![]"。原卷字形與"庸""業"都不同,實爲"曹"字。

(49) 案——床——房——乘

P.3556《氾福高邈真贊》:"故能須彌案上,九會談演而花嚴;七寶床中,三座廣宣而實理。"

"案"字,陳作"座",唐疑作"臺",鄭作"案"。今辨其字,該字旁先有一"座"字,後改爲"案"字,爲了和下句"床"字對。床,鄭錄"床"作"房",唐錄"中"作"上"。原卷實作"床中"二字。"須彌案"與"七寶床"二語對舉,意思是高僧氾福高精通佛教。P.3541V⁰《張善才邈真贊》:"方欲須彌座上,立馬鳴之高踪;師子案中,留世親之盛德。""須彌座"與"師子案"對

186

第四章　敦煌邈真贊校注考辨

舉,文義是描述張善才的佛教造詣高。案字,陳誤録作"乘"字。原卷"案"字作"󰀀",當是"案"字。"案"字與"乘"字因形近而失辨。P.4660《索智岳邈真贊》:"真乘洞曉,儒墨兼宣。"其"乘"字,即作"󰀀"。"󰀀""󰀀"形似易誤。P.3718《曹盈達寫真贊》:"石渠案下,頓曉七步之才;鵝觀場中,累納亞夫之勇。"案,作"󰀀"。"石渠案"與"鵝觀場"對舉,描寫大僧曹盈達在文才和武略方面的表現。石渠,本指石渠閣,西漢皇室藏書的地方。東漢班固《漢書·施讎傳》:"詔拜讎爲博士。甘露中與五經諸儒,雜論同異于石渠閣。"〔1〕P.2991《張靈俊寫真贊》:"石碁案上,親傳孔父之文;師子座前,廣扇真風之理。""石碁案"與"師子座"對舉,描寫大僧張靈俊既精儒學又通佛學。碁,原卷清晰作"碁"字,即"棋"字。"棋",渠之切,讀群母平聲,之韻。"渠",强魚切,讀群母平聲,魚韻。二者音近相通。石碁,即石渠。

(50)　卌——世——丗

P.3556《陳法嚴邈真贊》:"和尚俗姓陳氏,香号法嚴,即先大唐三藏卌〈卌〉{世}{丗}代之雲孫矣。"

饒本作"世",鄭本作"丗"。而原卷清晰作"󰀀"。卌,爲數詞,四十。與"世"字不同。P.3718《曹盈達寫真贊》:"何兮逝速,居世難延。"其"世"字作"󰀀"。P.3718《閻子悦寫真贊》:"金王之世,奉命朝天。"其"世"字作"󰀀"。《唐故張禪師墓誌銘并序》:"吾滅度後卌年内,有大功臣置寺,度遺法居士爲僧。"其"卌"字作"󰀀"。《大唐濟度寺故比丘尼法燈法師墓誌銘》:"以總章二年十月五日遷化於蒲州相好寺,春秋卌有九,權殯於河東縣境。"其"卌"字作"󰀀"。"卌"字,既與"世"相異,也與"丗"不同。"世"字,左邊筆畫相連不斷開,"丗"字,豎畫僅三豎。貞元十三年《唐聖善寺故證禪師玄堂銘并序》:"僧臘卌六,□齡七十一。"其"卌",原拓作"󰀀"。"󰀀"與"󰀀"字形相同。又開元廿一年《宣化寺尼比丘尼堅行

---

〔1〕　(東漢)班固《漢書·施讎傳》,北京:中華書局,1973年,3598頁。

187

禪師塔銘》："春秋七十有六，夏卅矣。"其"卅"字作"▨"。"▨"與"▨"形近微殊。邈真贊中常用"雲孫"來序遠祖。P.3718《張明德邈真贊》："府君諱明德，字進達，則芝公弟（第）廿一代之雲孫也。"P.3718《張良真寫真贊》："公字良真則前涼天錫弟（第）二十八代之雲孫矣。"故，原卷當以"卅"爲確。

（51）羑——羑——美

P.3556《陳法嚴邈真贊》："尋經海闕，德高龍樹之名；帝釋談藪，行越誌公之羑。"

羑，原卷清晰作"▨"，饒本、鄭本皆録爲"美"。"▨"，實爲"羑"字，非"美"字。"羑"，爲"羑"的俗寫，讀 yǒu。《龍龕手鏡·羊部》："羑，羑的俗字。"羑，義爲誘導。《說文·羊部》："羑，進善也。"段玉裁《說文解字注》："進當作道。道善，導以善也。"王筠《說文句讀》："羑同誘，亦借牖……進謂獎進之，道謂導引之，文異而義同。"P.3556《陳法嚴邈真贊》："尋經海闕，德高龍樹之名；帝釋談藪，行越誌公之羑。"句中"龍樹""誌公"都是名僧。龍樹，是印度古代高僧，馬鳴菩薩的弟子。他著作甚富，爲三論宗、真言宗等之祖。其母在樹下生下他，因名阿周陀那（樹名），以龍成其道，故以龍配字，號曰龍樹。誌公，指南朝梁高僧寶誌（一作保誌）。南朝梁慧皎《高僧傳·神異下·保誌》："今上即位，下詔曰：'誌公跡拘塵垢，神遊冥寂，水火不能燋濡，蛇虎不能侵懼，語其佛理則聲聞以上，談其隱倫則遁仙高者，豈得以俗士常情，空相拘制。'"誌公，因善解佛理，在多人聚談之所，常能誘導教化群生。句中"誌公之羑"，即指"誌公的誘導"。文中讚揚陳法嚴的德、行可與二位高僧比肩，故以"德高龍樹之名"與"行越誌公之羑"相對舉。

（52）整——▨——▨——▨

P.3718《程政信邈真贊》："年當而立，整濟津梁。"

其"整"字，原卷作"▨"，因塗改，已難辨其形。而 P.4660《故法和尚贊》："整龍象之威容，潔冰霜之净戒。"整，原卷作"▨"，爲"整"的俗

第四章 敦煌邈真贊校注考辨

字。P.4660《凝公邈真贊》:"春秋始茂,整濟津梁。"整,原卷作"[圖]",也爲"整"的俗字。兩句文義相同,據邈真贊句式,故"[圖]"亦當爲"整"字。

(53) 無——無以

P.3718《馬靈信邈真贊》:"俊乃久蒙師訓,無懷答教誨之恩,狂簡斐然,聊題讚頌。"

P.3718《張清通寫真贊》:"余同班之下,泣血交并,無以答懷,狂簡數行。"寫真贊的作者杜太初與張清通同班爲官,關係密切,沒有用來報答的,就爲他寫了此篇贊文。P.3556《陳法嚴邈真贊》:"悲悼傾城,念之不息。太初久蒙見獎,無以答懷,狂簡數行,聊爲贊曰。"太初,即都頭知上司孔目官兼御史中丞上柱國杜太初,長時間受陳法嚴的褒獎,沒有用來報答的,因而寫了此贊文。據以上兩則行文體例,"無以"是"沒有用來"之義。正因爲"沒有用來",所以纔寫此贊文,兩句之間構成因果關係。P.3718《馬靈信邈真贊》:"俊乃久蒙師訓,無懷答教誨之恩,狂簡斐然,聊題讚頌。"其"無"字後當漏脫了"以"字。漏脫"以"字後,全句變成否定句,句義變爲"沒有報答教導的恩德",與下句"狂簡斐然"不構成因果關係,與文義不符合。故當補錄"以"字,作"無以"。

(54) 一如——一妙

P.3718《馬靈信邈真贊》:"弱冠之初,秘戀一如之境。"

如,原卷作"[圖]",先寫作"妙",後又改作"如"。"一如",佛教語。一二曰一,不異曰如,不二不異曰"一如"。"一如",即真如之理,泛指佛教。P.3720《張淮深造窟功德碑》:"寶臺指嘆,致群迷于一如;無去無來,導有緣于五蓋。"P.3556《賈和尚邈真贊》:"既朗萬法,納衆流以一如;多悟四生,修六度而咸等。""致群迷于一如""納衆流以一如"近義,都是讓大衆歸於佛教。

(55) 歲——[圖]

P.3718《馬靈信邈真贊》:"證三教而窮通,修四禪而[圖]朗。"

189

    "☒",讀 huò,同"奯"。《玉篇・大部》:"☒,空也,大目也。"奯,《說文解字・大部》:"奯,空大也。從大,歲聲。""奯"字,或作"☒"。P.3556《康賢照邈真贊》:"精通萬法,辯□□(若河)決争流;☒曉千門,談如傾盆競涌。"P.3556《氾福高邈真贊》:"三乘☒闡,海口波馳。"饒、鄭本依原卷摹録。今疑"☒""☒""☒"爲同一字,即"奯"字。P.3541V⁰《張善才邈真贊》:"□乘☒曉,窮海藏而該通;三教俱明,罄龍宮而遍覽。"而"歲"字則作"☒"。P.3541V⁰《張善才邈真贊》:"長至韶年,超……歲,辭眷而樂出家,弱冠之齡,習業……"

    (56)☒——齊——聲

    P.3718《馬靈信邈真贊》:"遂使門人茶毒,雲雁叫而齊悲;俗眷攀號,泣淚沾於鄰切。"

    其"齊"字,原卷作"☒"。P.3718《馬靈信邈真贊》:"寒松比操,金石齊堅。""齊"字也作"☒"。饒本、鄭本等皆録"☒"字作"齊"。P.3718《□憂道邈真贊》:"如齊國喪於夷吾,似鄭人悲於子產。"其"齊"字作"☒",與"☒"字同爲一字。P.3718《曹盈達寫真贊》:"宗枝傷悼而聲悲,雲雁哀鳴而響切。"饒本在"聲"字條注:"原寫'☒',此處爲聲之俗字,陳、唐、鄭皆作齊。"饒本認爲"☒"字爲"聲"之俗字。本例中其"聲"字,當爲"齊"字,纔能和他卷相吻合,同一俗字,在不同篇目中被誤録爲不同的字。P.3630《閻會恩邈真贊》:"佳聲未響,現疾今時。"其"聲"字作"☒",與"☒"不同。

    (57)煩喧

    P.3718《劉慶力邈真贊》:"命垂朝夕,免後煩喧。"

    "煩"字,原卷作"☒"。饒本録作"顏",陳作"頌",鄭作"煩"。《敦煌變文校注・八相變一》:"如是六天之内,近上則玄極太寂,近下則鬧動煩喧,中者兜率陀天,不寂不鬧,所以前佛後佛,總補在依此宫。""煩喧",

第四章 敦煌邈真贊校注考辨

煩惱喧嘩。P.3556《曹闍梨邈真贊》:"辭親割愛,女亥(孩)乳而不近熏莘;頓棄煩喧,舍俗而囂塵永罷。"煩喧,比喻俗塵。S.390《氾嗣宗邈真贊》:"加以辭親割愛,長棄煩喧;桂壁清廉,松篁間氣。"

(58)湝——潛

P.3718《馬靈信邈真贊》:"門人動[慟]哭,泣淚湝湲。"

湝,原卷作"![]"。潛,同"湝"。《集韻·諫韻》:"湝,《説文》'涕流貌'。或作湝。"唐、鄭作"潛",陳作"潺"。

(59)悕 哲

P.3718《張良真寫真贊》:"元戎節下,不辛毫隙之非;異郡遐方,數受欽悕之捧。"

悕,原卷作"![]",饒本録爲"悕",鄭本録爲"哲"。"悕",讀 xī,恭敬。《廣韻·錫韻》:"悕,敬也。"P.3718《馬靈信邈真贊》:"談經析理,善閑苦空之音;剖釋義門,雅合生融之則。""析"字原卷作"![]"。依此字類推,"![]"字當爲"悕"。P.3718《劉慶力邈真贊》:"四衆欽悕,二部恭姸。""悕",原卷作"![]",饒、鄭本皆録作"悕"。"悕",敬重、尊敬。《説文解字·心部》:"悕,敬也。"《敦煌變文校注·秋胡變文》:"度周遊魯,魯侯召而悕之。"P.3718《張良真寫真贊》:"元戎節下,不辛毫隙之非;異郡遐方,數受欽悕之捧。"因而以録"悕"爲是。此"悕",義爲"敬"。"欽悕",同義連文,義爲敬仰。以"欽"爲語素構成的詞語還有"欽推""欽伏""欽雅""欽仰""欽崇"等,都與"欽悕"同義。P.4660《炫闍梨贊》:"帝王崇重,節相欽推。"P.4660《義晉邈真贊》:"一郡人師,五凉欽伏。"P.4660《宋律伯彩真贊》:"一郡軌儀,四方欽雅。"P.2991《報恩吉祥窟記》:"雖復王候顧遇,庶士欽仰。"P.3718《程政信邈真贊》:"道俗欽崇,四衆頻來詰難。""悕"有另一種用法,同"哲"。《説文解字·口部》:"哲,知也。悕,哲或從心。"《玉篇·心部》:"悕與哲同。"但碑銘贊文獻中,"哲"與"悕"字形不同。P.3718《張良真寫真贊》:"間氣仁哲,膺宿生焉。"其"哲"字作"![]"。P.3718《程政信邈真贊》:"况和尚韶年落髮,處世不侔衆凡,龍象

191

威容,寔膺半千之哲。"其"哲"字亦作"㪷"。

（60）㦗——愿——僣

P.3718《張良真寫真贊》:"遺留祀禮,粗佐虧愿。"

"愿",鄭錄作"僣"。"愿",原卷作"㦗",爲"愿"的俗字。P.3718《閻子悦寫真贊》:"五制侍使,長捐纖隙之愿;獨對皇朝,雅合元戎之惻。"其"愿"字也作"㦗"。僣,讀 jiàn,非"愿"字。

（61）首鄉——鄉首

P.3718《張良真寫真贊》:"故主司空稱愜,薦委首鄉大由,之歲均平,廣扇香風御橐。"

薦委首鄉,舉薦委任鄉官。"薦委"後,多爲所委任的官職名。故"首鄉",指敦煌鄉頭目。韻文對應的句子是"寵錫鄉領,處侶無喧"。寵錫鄉領,因受司空寵信,賜其鄉人首領,即鄉長之職。鄭注:"首鄉,指敦煌鄉。指張良真出任節度押衙兼敦煌鄉鄉官之職。"可資參證。"首鄉",也可能是"鄉首"的誤抄。碑銘贊文獻中有大量地方官、僧官的詞語,如"郡首""僧首""班首"等。P.3718《曹盈達寫真贊》:"公諱盈達,字盈達,則故敦煌郡首張公第十六之子婿矣。"敦煌郡首,敦煌郡官。P.4660《曹公邈真贊》:"僉擢僧首,上下和同。"僉擢僧首,提拔爲僧官。P.2482《張懷慶邈真贊》:"累受榮遷,已登班首。"班首,歸義軍班首。

（62）執槊——執矟

P.3718《曹盈達寫真贊》:"狼嶠山下,軍前輸效而應時;金河之郊,執矟決勝於此日。"

執矟,手握長矛。矟,原卷作"矟",爲"槊"的異體字。"執槊",手握長矛。用來描寫戰爭時的勇敢。唐李延壽《南史·羊侃傳》:"侃執槊上馬,左右擊刺,特盡其妙。"[1]執槊,手執長矛。羊侃所執長矛,爲當時新造的兩支長矛,長二丈四尺,圍一尺三寸。唐張讀《宣室志·開業寺》:

---

〔1〕（唐）李延壽《南史·羊侃傳》,北京:中華書局,1975年,1544頁。

第四章　敦煌邈真贊校注考辨

"先是,闔人宿門下,夢一人,長二丈餘,被金甲,執槊,立於寺門外。"執槊,手握長矛,描寫開業寺神人的勇猛。

（63）佷——悢

P.3718《范海印寫真贊》："儀貌藏昂,質相佷于龍猛。"

佷,原卷作"㑥",饒本録作"悢",鄭本録作"爽"。

佷,惡。三國魏張揖《廣雅‧釋古三》："佷,惡也。"悢,開朗豪爽。《正字通‧心部》："悢,性明也。通作爽。"據文義,此處應以"佷"字爲是。"佷于龍虎",比龍虎還要凶猛,與上文"儀貌藏昂"相承,歌頌范海印的威猛。而"悢"字無此義。

（64）均羹

P.3556《□慶德邈真贊》："克己不徇於私,美□每均於衆。"鄭録此句作 P.3556《□慶德邈真贊》："克己不徇於私,判差每均於衆。"

"美□",原卷作"羹",鄭録作"判差"二字。"羹"實爲"羹"字。

"均羹",均等分配羹粥,與士兵同飲食。後成爲"善撫士卒"的典故。源于三國時魏國將領"臧洪"的故事。臧洪爲青州刺史時,被袁紹所圍。糧食已盡,與全體士兵分薄粥食之。晉陳壽《三國志‧魏書‧臧洪傳》："初,尚掘鼠煮筋角,後無可復食者。主簿啓内厨,米三斗,請中分稍以爲糜粥。洪嘆曰：'獨食此何爲！'使作薄粥,衆分歠之。殺其愛妾,以食將士。將士咸流涕,無能仰視者。男女七八千人相枕而死,莫有離叛。"[1] 北魏《使持節侍中司徒公都督雍華岐三州諸軍事車騎大將軍雍州刺史章武武莊王融墓誌銘》："公部分如神,容無懼色,雖田橫之致士命,臧洪之獲人心,弗能過也。""臧洪之獲人心",即指分粥這件事。P.3718《閻勝全寫真贊》："守職轅門,理戎徒而元無偏儻,均羹感衆,勇絶飛馳。"其"羹"字正作"羹"。"均羹感衆",平均分配薄粥而感動衆人。P.3556《□慶德邈真贊》："克己不徇於私,美□每均於衆。"原句當爲"羹每均於衆",是"均

---

〔1〕（晉）陳壽《三國志‧魏書‧臧洪傳》,北京：中華書局,1964 年,236 頁。

193

羹感衆"的靈活使用。"羹"字無論録作"美□",還是"判差",都詞不達意。

（65）孤惟——孤雉

P.3718《梁幸德邈真贊》:"惸女哀鳴,孤惟庭際。"

"惟"原卷作"惟",饒本作"帷",唐、鄭本皆作"惟"。據文義,當爲"雉"字。

"惸女",孤獨的女兒。"孤雉",孤獨的男孩。"惸女"與"孤雉"對舉,二者皆指失去父親的孩子。"孤雉",或作"雉子""稚子",本指孤獨的鳥兒。唐李白《冬日歸舊山》:"穿厨孤雉過,臨屋舊猿鳴。"比喻失去親人的孩子。後周庾信《周大將軍聞嘉公柳遐墓誌銘》:"鳴琴在膝,或對故人;寶劍自隨,時過雉子。百年俄頃,嗚呼哀哉!""故人"與"雉子"對舉。"雉子",指小孩子。《樂府詩集·邯鄲郭公歌》:"邯鄲郭公九十九,技兩漸盡入膝口。大兒緣高岡,雉子東南走。不信吾言時,當看歲在西。"宋秦觀《田居四首》:"雉子隨販夫,老翁拜巫女。""雉子"與"大兒""老翁"相對,"雉子"都指小孩。P.3718《□憂道邈真贊》:"稚子摧心,悲纏逝水。"句中"庭際",是典故"過庭"的運用。"過庭",指承受父訓。源於《論語》。《論語·季氏》:"鯉趨而過庭,曰:'學詩乎?'對曰:'未也。''不學詩,無以言。'鯉退而學詩。他日又獨立,鯉趨而過庭,曰:'學禮乎?'對曰:'未也。''不學禮,無以立。'鯉退而學禮。聞斯二者。""孤雉庭際",意思是孤子在庭院前想起父親在時的教導。南朝梁釋僧祐《出三藏記集·沙彌十慧章句序第二》:"長無過庭善誘之教,悲窮自潛,無所繫心。"過庭善誘之教,即指父親教誨。晉王羲之《爲會稽内史稱疾去郡於父墓前自誓文》:"維永和十一年三月癸卯朔,九日辛亥,小子羲之敢告二尊之靈。羲之不天,夙遭閔凶,不蒙過庭之訓。"唐李商隱《五言述德抒情詩一首四十韻獻上杜七兄僕射相公》:"過庭多令子,乞墅有名甥。""過庭多令子",即受過父訓的兒子多是好兒子。

碑銘贊文獻中,"孥女""孤雉""孤男""孤子""雉女"(稚女)等經常

第四章　敦煌邈真贊校注考辨

出現在同類句式中,可以相互替換,且詞義相近。P.3718《梁幸德邈真贊》"孤男無望,號叫聲徹於蒼天;雛女含悲,哽咽哀傷而動地。"P.3718《張清通寫真贊》:"孤男執紼,號天罔極心摧;稚女含涕,酸悼肝腸寸斷。"P.3718《囗憂道邈真贊》:"少妻泣血,氣盡長城;稚子摧心,悲纏逝水。"P.3718《閻勝全寫真贊》:"孤男涕淚以驚天,雛(稚)女哀鳴而叫地。"

（66）維——摧

P.3556《囗慶德邈真贊》:"賢臣膺世,再整維綱。間生異貌,月角齊芳。"

饒本、鄭本皆録作"摧綱"。摧,原卷不甚清楚,作"![]"字。原卷"整"字作"![]"。P.4660《故法和尚贊》:"整龍象之威容,潔冰霜之净戒。"其"整"字作"![]"。P.4660《凝公邈真贊》:"春秋始茂,整濟津梁。何期棄世,歸於衆香。"整維綱,即整理綱紀。維綱,義爲法度。後晉劉昫《舊唐書·馬燧傳》:"《台衡銘》曰:惟衛及英,啓辟封疆。曰房與杜,振理維綱。亦有魏徵,忠謇昂昂。"[1]宋李廌《送杭州使君蘇内相先生》:"吾道無若人,孰能相維綱。""摧綱",則義不可解。"摧"字與"維"字,字形相近,區別僅在右上角之有無"山"形。P.4660《吴和尚邈真贊》:"願談維識,助化旌麾。"其"維"字作"![]"。P.4660《翟和尚邈真贊》:"林間水噎,殿上摧梁。一如荼毗,涕淚無怢。"其"摧"字作"![]"。P.3718《張清通寫真贊》:"孤男執紼,號天罔極心摧;稚女含涕,酸悼肝腸寸斷。"其"摧"字作"![]"。P.3718《李潤晟邈真贊》:"哀妻泣血,氣盡於長城;稚子摧心,望空床而躃踊。"其摧字亦作"![]"。唐代墓誌石刻多用正字,則較易辨認。《大唐故張居士墓誌銘并序》:"冀絳父而接袵,不謂曦光難駐,薤露易晞,玉樹俄摧,金箱奄碎。"其"摧"字作"![]"。《崔法師墓誌》:"律文通利,講宣十地、維摩兩部妙典。"其"維"字作"![]"。

―――――――
〔1〕（後晉）劉昫《舊唐書·馬燧傳》,北京:中華書局,1997年,3699頁。

195

（67）象——象

P.2991《張靈俊寫真贊》："森森龍象，侃侃精研。"

"象"，原卷作"![字]"，當爲"象"字。P.3630《閆會恩邈真贊》："間生龍象，清衆白眉。""象"，原卷作"![字]"。P.3541V⁰《張善才邈真贊》："況且臨隳壞寺，化成雁塔；祁園廢業，疲徒合衆，全爲龍象。""象"，原卷作"![字]"。P.3718《程政信邈真贊》："況和尚韶年落髮，處世不眸衆凡，龍象威容，寔膺半千之哲。""象"字作"![字]"。以上"龍象"，皆指高僧。而"龍衆"，不成詞。P.2991《張靈俊寫真贊》："異相多就，衆好俱圓。"其"衆"字，則作"![字]"。

（68）逗機緣——追機緣

P.2991《張靈俊邈真贊》："異類程凝，逗機緣而辯化。"

逗機，佛教語。用機鋒來闡釋佛教教義。後周王褒《靈壇銘并序》："逐境晦明，逗機深淺，或照盛業，方圖雲篆。"宋頤藏主《古尊宿語錄》卷十："夫説法者，須及時節。觀根逗機應病用藥，不及時節，總喚作非時語。"北宋張君房《雲笈七籤》卷一百一十八："左街道士張仁表，辯博多才。應內殿講論，逗機響答，抗敵折衝，莫能當之也。"逗，原卷作"![字]"。當以"逗機緣"爲是。"逗"，因與"追"字形近，鄭本作"追"。

（69）寇——冠

P.2970《陰善雄邈真贊》："戎寇屏迹，外賊無踪。"

冠，當爲"寇"字。原卷作"![字]"。鄭錄爲"寇"，爲是。"戎寇"，對當時西北侵犯唐朝的少數民族的蔑稱。後晉劉昫《舊唐書·崔寧傳》："久之，吐蕃與諸雜羌戎寇陷西山柘、靜等州，詔嚴武收復。"[1]"吐蕃""諸羌""戎寇"，都是唐代西北邊境上的少數民族，因經常侵犯唐朝，而稱之爲"寇"。宋羅大經《鶴林玉露》卷一《甲編》："諸郡兵不待見敵而潰，所過鈔略，甚於戎寇。獨義勇隨其帥進退，不敢有秋毫犯，蓋顧其室家門户故

---

[1]（後晉）劉昫《舊唐書·崔寧傳》，北京：中華書局，1997年，3398頁。

第四章 敦煌邈真贊校注考辨

也。""戎寇",指侵犯西北地方的少數民族。P.2970《陰善雄邈真贊》:"戎寇屏迹,外賊無踪。""戎寇"與"外賊"相對爲文,二者義近。北齊魏收《魏書·酈範傳》:"高祖詔範曰:卿身非功舊,位無重班,所以超遷顯爵,任居方夏者,正以勤能致遠。雖外無殊效,亦未有負時之愆;而鎮將伊利妄生奸撓,表卿造船市玉與外賊交通。規陷卿罪,窺覦州任。有司推驗,虛實自顯,有罪者今伏其辜矣。卿其明爲算略,勿復懷疑。待卿別犯,處刑及鞭,今恕刑罷鞭,止罰五十。卿宜克循,綏輯邊服,稱朕意也。"[1]"與外賊交通",即與外賊勾結。外賊,指邊境上的入侵者。高祖希望酈範能安撫邊域。唐長孫無忌《唐律疏議》卷八:"候望不舉,是名不警,若令蕃寇犯塞,外賊入邊;及應舉烽燧而不舉,應放多烽而放少烽者:各徒三年。""蕃寇""外賊"并舉,泛指從别國入侵的人。

(70) 鬱——

P.2970《陰善雄邈真贊》:"一郡廢業,坊巷停春。六親無望,灑淚連鬱。"

鬱,原卷作"",即"欝"字。"欝",同"鬱"或"鬱"。此段韻文韻脚字爲逢、公、松、通、忠、登、風、同、踪、庸、冲、重、隆、空、崩、容、春、功等,押平聲東(鐘)韻。僅"六親無望,灑淚連鬱"一句,韻脚爲"鬱",爲入聲屋韻。平聲東(鐘)韻與入聲屋韻相配通押。

(71) 鶯遷——薦遷

P.2970《陰善雄邈真贊》:"睹公良能,鶯遷蒞職。"鄭録作"薦"。"鶯",原卷作"",即"鶯"字。"鶯遷",爲用典,典故源於《詩經·小雅·伐木》:"伐木丁丁,鳥鳴嚶嚶。出自幽谷,遷于喬木。"唐以後,開始用作科舉登第、昇官或遷居的頌詞。唐李咸用《冬日喜逢吳價》:"鶯遷猶待銷冰日,鵬起還思動海風。""鶯遷""鵬起"都比喻提拔昇遷。唐白居易《東都冬日會諸同年宴鄭家林亭》:"桂折因同樹,鶯遷各異年。""桂折

---

[1] (北齊)魏收《魏書·酈範傳》,北京:中華書局,1995年,951頁。

"鶯遷"對舉,都科舉及第。宋東岡《百字令》:"出谷鶯遷,趨庭燕爾,袍縮登科綠。嫦娥分付,廣寒今夜花燭。"鶯遷,恭賀戴平軒喬遷新居。鄭録"█"作"薦"字,誤。"薦",俗作"█",與"█"字不同。P.3718《梁幸德邈真贊》:"故得譙王稱美,委薦親從之由。"鄭録"█"亦作"薦"。P.3718《范海印寫真贊》:"曹公之代,措薦良賢。"其"薦"字作"█"。P.4660《康使君邈真贊》:"薦其術業,名稱九重。"其"薦"字作"█"。

(72) 潤晟

P.3718《李潤晟邈真贊》:"府君諱潤晟,字繼祖,即前河西一十一州節度使張太保孫使持節墨厘軍諸軍事守瓜州刺史銀青光禄大夫檢校左散騎常侍兼御史大夫李公之長子矣。"

原卷先作"府君諱紹宗,字繼祖",後在其旁另加"潤晟"二字。古人名、字之間,所用詞多爲同義或反義關係,紹宗、繼祖即是同義關係。當以"紹宗"爲是。而另加"潤晟"二字待考。

(73) 大泛——大海

P.3718《李潤晟邈真贊》:"驪珠沉於大泛,良劍落在吳江。"

泛,原卷作"█"。據文義,此處"泛"字應爲"海"字。驪珠,寶珠。傳説出自驪龍頷下,驪龍居於大海之中。《莊子·列御寇》:"夫千金之珠,必在九重之淵,而驪龍頷下。"唐貫休《上顧大夫》:"碧海漾仙洲,驪珠外無寶。"唐丘丹《奉酬韋使君送歸山之作》:"涉海得驪珠,棲梧慚鳳質。"宋頤藏主《古尊宿語録》卷三十八:"問:'如何是不歷巨海獲驪珠底人?'師云:'四手八臂。'"元好問《游黄華山》:"驪珠百斛供一瀉,海藏翻倒愁龍公。"P.3718《李潤晟邈真贊》:"驪珠沉於大泛,良劍落在吳江。""海""江"相對舉。驪珠沉于大海,比喻贊主李潤晟得病死亡。而原卷作"大泛",則文義不明。

(74) 小俊——少俊

P.3718《李潤晟邈真贊》:"年芳小俊而出群,弱冠東征而西敵。"

小,原卷作"█"。但當爲"少"字。敦煌卷子中"少""小"二字經常

第四章　敦煌邈真贊校注考辨

混用。

少俊,唐時常用詞,形容年輕英俊,意氣風發的樣子。而"小俊"不成詞。芳,當爲"方"字。少俊,年輕英俊的時候。與"弱冠"相對舉,弱冠指二十歲成年。《敦煌變文校注·佛説阿彌陀經講經文一》:"我有一女在家,性行不方(妨)柔順,見汝少俊聰明,且要從其□□。"少俊聰明,既年輕漂亮又聰明。後晉劉昫《舊唐書·李嗣真傳》:"嗣真與同時學士劉獻臣、徐昭俱稱少俊,館中號爲'三少'。"[1]三少,指三位少年才俊。

(75) 立——交

P.3792《張和尚寫真贊》:"竊以龍塞首宗,陲方上望,玉交無點,冠冕聯鑣。"

交,原卷作"立",鄭録爲"立"。"交",當是"皎"的同音替代字。無點,没有瑕疵。梁劉潛《從弟喪上東宫啓》:"亡從弟遵,百行無點,千里立志,同氣三荆之友,假被十起之慈,皆體之于自然,行之如俯拾。"百行無點,各種品行没有污點。北宋李昉《太平廣記》卷一〇六《任自信》:"任自信,嘉州人,唐貞元十五年,曾往湖南,常持《金剛經》,潔白無點。"潔白無點,品行高潔無缺點。

(76) 生——香

P.3792《張和尚寫真贊》:"乃命丹青而仿佛,懇盼生儀寫真刑(形)。"

形,原卷作"刑"。生,原卷作"生",陳誤認作"香"字。"生儀"與"真形"相對爲文,指人的真容相貌。寫真,也指所畫的肖像。《新羅國故兩朝國師教謚朗空大師白月棲雲之塔碑銘》:"乾符二年,至成都府,巡謁到静衆精舍,禮無相大師影堂。大師新羅人也,因謁寫真。"寫真,即影堂所擺放肖像。P.3792《張和尚寫真贊》:"俗姓張氏和尚,生前寫真贊。"生前寫真,在生前畫像。

(77) 狂簡——枉簡

P.3792《張和尚寫真贊》:"狂簡數行遺歲月,永古千秋記標題。"

---

[1] (後晉)劉昫《舊唐書·李嗣真傳》,北京:中華書局,1997年,5098頁。

狂簡,撰者用來謙稱自己的題贊。P.3718《馬靈信邈真贊》:"狂簡美然,聊題讚頌。"唐王璬《大唐會稽郡餘姚縣化□寺主真法師行業贊》:"小子狂簡,斐然成章,述德書能,以傳不朽,凡我同好,寧孤贊之?時天寶八載孟春正月。"P.3718《張清通寫真贊》:"狂簡數行,聊爲贊曰。"狂,原卷作"狂"。P.4660《三藏法師(王禪池)圖真贊》:"輒申狂簡,以頌美焉。"狂,原卷作"狂","狂"與"枉"字形近,P.3792《張和尚寫真贊》例中其"狂"字原卷作"枉"。以上"狂"字之形,可見唐時"犭"旁和"木"旁也常混同。P.3718《張良真寫真贊》:"文懷夢錦,武賾啼猿。"其"猿"字即作"猿"。

(78)遺——遣

P.3792《張和尚寫真贊》:"狂簡數行遺歲月,永古千秋記標題。"

遺,原卷作"遣"。此字寫錯後,經過塗改,又因爲改後不清晰,再在旁邊重寫,故應以後寫的字爲准。即定"遺"爲是。"狂簡數行",即指所寫真贊,其寫贊目的是留給歲月,即"遺歲月",遺留後世門徒子孫,供其瞻仰并至"永古千秋",故非"遣"字。P.4986《杜氏邈真贊》:"繪生前之影像,想歿後之遺踪。"P.4660《索法律邈真贊》:"請宣毫兮記事,想歿後兮遺踪。"P.4660《曹公邈真贊》:"文波述其故迹,宣毫記其遺踪。"P.4660《張興信邈真贊》:"邈生前之形象,遺子孫兮瞻視。"P.2482《氾府君圖真贊》:"男女遺誰育養。"遺,鄭本又作"遣"。

(79)辯——辨

P.3792《張和尚寫真贊》:"一從秉義,律澄不犯于南宣;静慮修禪,辯决詎殊於北秀。"

辯,原卷作"辯",實爲"辯"字,而非"辨"。辯,指和尚的辯才。辯决,用來形容和尚語言流利,像河水一樣滔滔不絕。P.4660《悟真邈真贊》:"縱辯泉而江河噴浪,騁舌端而唇際花飛。"P.3630《閻會恩邈真贊》:"辯如海口,五郡咸知。"P.2991《張靈俊寫真贊》:"博通儒述,辯若河懸。"P.3718《張喜首寫真贊》:"問一知十,辯端明朗。"辯端,即辯才。故稱和尚

第四章 敦煌邈真贊校注考辨

爲"辯士"。P.4660《故吴和尚邈真贊》："大哉辯士，爲國鼎師。"辨、辯亦常混用。P.2482《羅盈達邈真贊》："繼恩忝居儒肆，未辨端倪。忽奉固邀，多慚荒拙。"辨，原卷作"辨"。P.2991《張靈俊寫真贊》："逗機緣而辯化。"辯，原卷作"辨"，鄭本録作"辮"。

（80）歲月——上昏

P.3792《張和尚寫真贊》："狂簡數行遺歲月，永古千秋記標題。"

有一些誤録，是因爲行文從上至下抄寫，誤將上、下二字混揉。有時上字下部分，與下字上部分相混爲另一字，而下字下部分又單獨成另一字等。P.3792《張和尚寫真贊》："狂簡數行遺歲月，永古千秋記標題。"歲月，原卷作"長氏"，唐録作"上昏"。上字本爲"歲"字，上部分爲"止"，因與"上"形近而誤爲"上"。下部分爲"戌"，又與"氏"形近而誤。下字"月"與"日"字形近又誤，同時，又將"氏"與"日"字合并爲"昏"字。原卷："于晉歲乙巳正月廿六日記"句中"歲"字正作"長"。

（81）衣鉢——不鉢

P.3792《張和尚寫真贊》："悟世虚華如罍隙，不鉢餘外離求索。"

不，原卷作"不"，不鉢，不成詞。"不"，當是"衣"的誤抄。衣鉢，指僧尼的袈裟與飯盂。佛教徒認爲衣鉢之外，所有財物皆可捨去。唐日本僧人圓仁《入唐求法巡禮行記》卷二："惟悉察其僧等緣身衣鉢，更無別物。"緣身衣鉢，即隨身携帶的衣物。宋周煇《清波雜志》卷八《慧林老》："大相國寺慧林禪院長老元正坐化，并無衣鉢，闕葬送之用。"衣鉢，衣物與飯盂。P.3792《張和尚寫真贊》："悟世虚華如罍隙，衣鉢餘外離求索。"衣鉢餘外，必備的袈裟和飯盂之外。

（82）枝柯——彼何——拔何（河）

P.3390《張安信邈真贊》："枝柯哽噎，甚世再逢。"

饒校"枝柯"爲"彼何"，鄭校"枝柯"爲"拔何（河）"，皆誤。原卷"枝"作"枝"，字迹不清，尚可辨爲"枝"字，"柯"字作"柯"，左邊的"木"旁連筆草寫，誤爲"亻"旁。原卷上句爲"鄰里哀泣，號叫匆匆"，與下句文義相

201

承,"鄰里"與"枝柯"相對,泛指鄉友親朋,共同傷悼張安信之逝。邈真贊中此類句式、詞語不乏例證。P.2482《張懷慶邈真贊》:"枝羅愴切,姻眷攢眉。"枝羅、姻眷對舉,泛稱親戚。P.3882《□元清邈真贊》:"府君宗聯貴族,葉盛芳枝。"P.3718《曹盈達寫真贊》:"一枝無望,哽噎萬千。"一枝,指曹盈達家族。P.3718《張喜首寫真贊》:"日流東海之昏,親枝慟傷雲雁。"親枝,泛指親朋。

(83) 遂——逐

P.3390《張安信邈真贊》:"魄逐風雨,惜久堂空。"鄭錄此句作"魄遂風雨,恒恒堂空。"魂、魄,是喪葬類文獻中經常用到的兩個詞,魂、魄是古人想像中一種能脫離人體而獨立存在的精神,附體則人生,離體則人死。所以常用魂、魄離體表示人的亡故。魂、魄離開人體,經常追逐、依附它物而飛去。梁鍾嶸《詩品·序》:"至於楚臣去境,漢妾辭宮,或骨橫朔野,或魂逐飛蓬,或負戈外戍,或殺氣雄邊,塞客衣單,霜閨淚盡。"魂逐飛蓬,靈魂跟隨飛蓬而去,是借飛蓬的漂泊無定,來比喻人的靈魂無所依附。唐鄭立之《哭林傑》:"才高未及賈生年,何事孤魂逐逝川。螢聚帳中人已去,鶴離臺上月空圓。"孤魂追逐逝水而去,不知流往何處。逐,動詞,追逐,跟隨。唐李洞《投獻吏部張侍郎十韻》:"淚隨邊雁墮,魂逐夜蟬驚。""隨""逐"對舉,都是動詞。P.4638《張保山邈真贊》:"何期逝逼,魂逐秋風。"魂、魄兩詞,詞義相同,經常對舉或并舉。"魂逐",也作"魄逐"。唐駱賓王《疇昔篇》:"驚魂聞葉落,危魄逐輪埋。"唐崔泰之《哭李嶠》詩:"魂隨司命鬼,魄逐見閻王。此時罷歡笑,無復向朝堂。"S.289《李存惠墓誌銘并序》:"魄引驚波,魂隨逝水。"《敦煌變文校注·廬山遠公話》:"死苦者,四大欲將歸滅,魂魄逐風摧,兄弟長辭,耶娘永隔,妻兒男女,無由再會。"無論是"魂逐"還是"魄逐",追逐的東西多是飄忽不定之物,以喻靈魂無所歸依。P.3718《李潤晟邈真贊》:"于時魂歸殊路,魄逐飛仙。"P.3556《陳法嚴邈真贊》:"魂游净城之宮,魄逐龍花之會。"P.3390《張安信邈真贊》:"魄逐風雨,惜久堂空。""魄逐風雨",靈魂追逐風雨而去,不知落到哪裏。P.3718《閻勝全寫真贊》:"魄逐雲飛,府寮戀惜。"其"逐"字正作"㊣"。P.4638《張保山邈真贊》:"何期逝逼,魂逐秋風。"其"逐"字作"㊣"。

(84)怕怕——恒恒——惜久

P.3390《張安信邈真贊》:"魄逐風雨,惜久堂空。"

"惜久堂空",饒校爲"怕怕堂空",鄭校"恒恒堂空"。原卷第一個字作"㊣",爲"忄"旁,因此處爲四字一句的韻文,應當空格,書手抄寫了"㊣"之後,發現没有空格,又重新抄寫,即作第二個字"㊣","㊣"字,當既不是"怕"字也不是"恒"字。一者,無論是"怕怕堂空"還是"恒恒堂空"都不成句。二者,碑銘贊文獻,散文、韻文内容前後對應。散文中,此句内容爲:"惜歸大夜,魂掩泉臺。"今核原卷,"惜歸大夜"之"惜",正作"㊣",與此"㊣"形近。一"惜"字,表達了對張安信逝去的痛惜和傷悼。P.3718《閻勝全寫真贊》:"府寮戀惜,主上含悲。"其"惜"字作"㊣"。P.3718《張明集寫真贊》:"太保愛惜,何藉珍。"其"惜"字作"㊣"。P.2482《羅盈達邈真贊》:"軍門痛惜,主上傷嗟。"其"惜"字也作"㊣"。第三個字原卷作"㊣",饒、鄭本都認爲是重文符號。仔細辯認原卷子,右下角有點,當是"久"字。故此句當作:"魄逐風雨,惜久堂空。""惜久堂空"與"惜歸大夜"句,散文部分、韻文部分上下相對接,都用來表達對死者離逝的惋惜悲傷。

(85)大務——大多

P.3390《張安信邈真贊》:"況公累任大務,當途不起而非邪;數度極司,克己謙和而向主。"

大務,重要職務。務,原卷字形皆作"務"。原卷漫漶後與"多"字形近而誤。晉摯虞《典校五禮表》:"臣典校故太尉顗所撰《五禮》,臣以爲夫革命以垂統,帝王之美事也,隆禮以率教,邦國之大務也,是以臣前表禮事稽留,求速訖施行。"邦國之大務,即國家之大事。北宋王溥《唐會要》卷三十五《學校》:"陛下何不詔天下冑子,使歸太學,而習業乎。斯亦國家之大務也。"大務,召學子歸太學是國家大事。P.4638《曹良才邈真贊》:"遂乃別選携持,重遷大務,榮加五州都將,委任一道指揮。"重遷大務,即昇遷更重要的事務,即加五州都將、一道指揮。P.3556《渾子盈邈真贊》:"給賜節度押衙兼百人將務"。其"務"也作"[務]"。P.3390《張安信邈真贊》:"况公累任大務,當途不起而非邪;數度極司,克己謙和而向主。"累任大務,多次委以重任,因而纔當途不起。鄭本誤錄作"累任大務"爲"累任大多",則文義不通。

(86) 罔間——同間

S.390《氾嗣宗邈真贊》:"運如弦之真,濟潤黎民;行平等之心,高低罔間。"

"罔"原卷作"[罔]",爲"罔"的俗字。非"同"字。"罔間",義爲沒有區别。晉郗超《奉法要》:"以經稱'丈夫畏時,非人得其便',誠能住心以理,天關内固,則人鬼罔間,緣對自息,萬有無以繫,衆邪不能襲。"人鬼罔間,人鬼之間没有區别。南宋李攸《宋朝事實》卷四:"同玉曆之惟新,與蒼生而共慶。盡日月照臨之内,罔間幽遐;極車書混同之邦,咸均雨露。""罔間"與"咸均"相對爲文,罔間,義爲沒有什麽區别。S.390《氾嗣宗邈真贊》:"運如弦之真,濟潤黎民;行平等之心,高低罔間。""高低罔間",對地位高低的人沒有區別。

(87) 塵泥——率泥

S.390《氾嗣宗邈真贊》:"空持一鉢,餘資棄舍於塵泥;祇具三衣,割己賑貧而守道。"

塵泥,塵土。唐孟東野《鴉路溪行,呈陸中丞》:"應憐泣楚玉,棄置爲塵泥。"泥,原卷作"[泥]",爲"泥"的俗字。"塵",原卷作"[塵]",爲"塵"的俗字。"泥"字受"塵"字類化,其下增一"土"字,鄭誤錄爲"率泥"。

(88) 故——放

P.3718《閻勝全寫真贊》:"故得謀懷五德,謙和守六禮之風。"

故,原卷作"[故]",因與"放"形近,饒本誤錄爲"放"。

第四章　敦煌邈真贊校注考辨

（89）儀——議——心

P.2482《張懷慶邈真贊》："圖形綿帳，繪邈真儀。"

"儀"，原卷作" "，爲"儀"的俗寫字形。"真儀"一詞，數見於文獻中。P.4660《左公贊》："丹青於幛，圖寫真儀。"P.3556《氾福高邈真贊》："日掩西山之後，將爲虔仰之真儀；月流東海之昏，狀表平生之法會。"真儀，義猶"真容"。"儀"字，或作"儀"。P.3556《氾福高邈真贊》："日掩西山之後，將爲虔仰之真儀；月流東海之昏，狀表平生之法會。"P.3718《梁幸德邈真贊》："歿後真儀，丹青絢彩。""儀"，鄭本疏失，作"議"。P.2482《張懷慶邈真贊》："圖形綿帳，繪邈真儀。"姜誤録爲"議"字。馬德《敦煌絹畫題記輯録》中所録《報父母恩重經變圖》："上圖佛會，下寫真心，建斯福分，不墜深沉。""真心"之"心"，據文義當是"儀"字之誤録。"上圖佛會，下寫真儀"，是供養邈真贊圖文布局格式。

（90）恒——時——每

S.5405《張福慶邈真贊》："恒調意馬，守節範肇誡僧徒；每伏心猿，奉公旨主持梵宇。"

恒，原卷先寫作"每"字，因爲"每"與下文的"每"字重複，不能對仗，後又在其旁，并列改之爲"恒"字，因此字模糊，不甚清晰，鄭録爲"時"字。此段文字，鄭本、饒本多處相異。饒本爲S.5405《張福慶邈真贊》："恒調意馬，守節範肇誡僧徒；每伏心猿，奉公旨主持梵宇。鴻基添益，豐盈而百倍□光；殿刹修崇，妙好而一寺□□。"鄭本則爲S.5405《張福慶邈真贊》："恒調意馬，□守節範，肇誡僧徒；每伏心猿。奉□公方，主持梵宇鴻基。緣益豐盈而百倍，遇光殿刹。修崇妙好而崢□，□□□□。""□守節范"，核查原卷，"守"字前無空白缺失之處，故鄭本誤，另加一"□"字。加"□"字後，此段文字誤點爲四字一句的格式。"奉□公方"，核查原卷，"公"字前空兩格。據碑銘贊文獻書寫慣例，在"君""公"等字前空兩格，以示敬諱。不需要補出文字，祇需直録。"方"字，原卷爲"旨"的俗體字形，與"方"字形近。緣，原卷作"添"。當時賜紫佛教徒在寺廟的主要職責是訓誡師徒和修繕光大佛寺，此處是讚頌張福慶對佛教的貢獻。此段文字應爲四、七對仗句式，原句應是："恒調意馬，守節範肇誡僧徒；每伏心猿，奉公旨主持梵宇。鴻基添益，豐盈而百倍□光；殿刹修崇，妙好而一寺□□。"

（91）割榮——（割）慕道

S.5405《張福慶邈真贊》："遂即辭親（割）慕道，落髮披緇。"

例中"割"，實爲衍字。鄭本錄作："遂即辭親割榮，落髮披緇。"S.4474《張安三父子敬造佛堂功德記》："遂割捨資財，謹依敦煌里自莊西北隅陰施主僧慈惠、龍應應地角敬造佛堂兩層一所。"P.3390《孟授上祖莊上浮圖功德記并序》："因以割捨珍財，抽減絲帛，謹于當莊佛堂內添繪功德圓就已畢。"P.4640《陰處士碑》："愁腸苦積，對法刃以殲除；喜地正看，割攀緣而不種。"P.4660《李教授贊》："恒爲惠劍，割斷愛纏。不假蟾魄，心燈本然。"P.3718《張明集寫真贊》："割己賑下，扶濟孤貧。"所割捨的這一切，都可稱爲"割愛"。P.4660《辭弁邈生贊》："童蒙割愛，落髮芳年。"P.4660《索智岳邈真贊》："披緇割愛，頓息攀緣。"P.3541V⁰《張善才邈真贊》："辭榮割愛，披削情□。"P.3556《張清淨戒邈真贊》："而又辭親割愛，舍煩惱於韶年。"P.3718《劉慶力邈真贊》："韶年割愛，一徑精專。棄捐榮位，頓樂金田。"P.2481《副僧統和尚邈真贊》："厭世榮之虛假，割愛辭親；仰客竟之真門，披緇落髮。"P.4640《法心贊》："子能頓悟，棄俗悛名。尋師落髮，割愛家城。"今核原卷，"割"下爲"慕"字，"慕"下爲"道"字。原卷實際作"辭親割慕道"。"慕道"，嚮往修道。P.4660《凝公邈真贊》："韶齔慕道，名聞四方。"P.3556《張戒珠邈真贊》："韶齔慕道，戒行孤精。"（後又改作"韶齔辭榮，戒行孤精"。）P.4660《悟真邈真贊》："驅烏慕道，應法投緇。""辭親慕道"與"辭親割愛"等近義，都表達出家修行之義。據以上諸多例證，即知"辭親割慕道"之"割"字，實爲寫作中，選擇"辭親慕道"和"辭親割愛"兩個短語時，誤留的衍字。鄭誤將"慕"字作"榮"字，故錄爲"割榮"。

（92）弃——奇

P.3556《曹闍梨邈真贊》："間生靈德，神授柔和，早年之異衆超群，齔

第四章　敦煌邈真贊校注考辨

歲之弃（奇）姿美貌。辭親割愛。女亥（孩）乳而不近熏莘；頓弃煩喧，舍俗而囂塵永罷。"

奇，原卷作"弃"，鄭録爲"奇"。據文義，應以"奇"爲是。齠歲，七八歲的樣子。與"韶齠"同義。碑銘贊文獻中，多用"齠歲"或"韶齠"兩詞，表達幼年之義。行文時有兩種套話，一者說明許多人在齠歲出家學佛。S.5405《張福慶邈真贊》："（韶）年慕道，齠歲披緇。"P.3792《張和尚寫真贊》："韶年早曉儒王教，齠歲歸真守嚴精。"P.3556《張清浄戒邈真贊》："而又辭親割愛，舍煩惱於韶年；不戀世榮，弃囂塵於齠歲。"P.4660《曹公邈真贊》："韶齠落髮，便事師宗。"P.4660《凝公邈真贊》："韶齠慕道，名聞四方。"P.4615《李明振墓誌銘》："府君之生也，韶齠歲已去童心，逮冠頗以韜鈐見重焉。"P.3556《氾福高邈真贊》："遂乃韶齠落髮，歸依極教之風；立政（正）摧邪，頓證中途（道）之理。"P.3556《陳法嚴邈真贊》："韶齠落髮，處世不侔衆凡。"二者稱讚某人在幼年時的聰慧。P.4640《翟家碑》："次侄懷恩，韶齠聰惠，智有老成。文勘師古，文（武）濟臨危。"P.4660《陰法律邈真贊》："襁褓不群，韶齠穎晤（悟）。"P.3718《張清通寫真贊》："年初別俊異傑，天聰神童。智效先成，韶齠早能立事。"P.3718《□憂道邈真贊》："神貌望之而異衆，韶齠聰俊以超先。"從 P.3556《曹闍梨邈真贊》中來看，原句作"間生靈德，神授柔和，早年之異衆超群，齠歲之弃（奇）姿美貌。"，"齠歲之弃（奇）姿美貌"，是描寫曹闍梨幼年的聰慧美貌，屬於第二種套話，而非第一種套話。"奇姿""美貌"兩詞并舉，句子結構工整，文義明暢。與序文相照應的贊語部分，此句也作："早超群輩，齠歲英聰。"故可以認定，原卷"弃"字爲"奇"字之誤抄。

（93）鼎門之旌——鼎門之族

P.3556《曹闍梨邈真贊》："鼎門之旌，實可豪宗。"

鼎門，指名門貴族。唐王勃《常州刺史平原郡開國公行狀》："公鼎門疏照，穴岫翔輝。""鼎門疏照"，指平原郡開國公出身高門。鼎族，鼎門之族的簡稱。泛指豪門大族。碑銘贊、墓誌類文獻中，常用來稱讚主人出身高貴。P.4660《義晉邈真贊》："軒皇之派，龍堆鼎族。"P.4638《曹良才邈真贊》："公乃是毫州鼎族，因官停（轍）于龍沙；譙郡高原，任職已臨於西府。"P.3718《□憂道邈真贊》："鼎族傳芳，勳庸宿著。""鼎族"常與"名家"等詞近義對舉。S.390《氾嗣宗邈真贊》："師姓氾氏，香號嗣宗；濟北名家，敦煌鼎族。"P.3556《渾子盈邈真贊》："門傳鼎族，歷代名家，行播人間，神聰膺世。""宗"，義爲"宗族"，常與"族"并舉或對舉。元脫脫《宋史·徐榮叟傳》："甚者富家巨室，武斷鄉閭，貴族豪宗，侵牟民庶。""貴族""豪族"并舉，二詞都指出身豪門。P.3556《曹闍梨邈真贊》："鼎門之旌，實可豪宗。""旌"，原卷雖作"旌"字，但據文義，知書手因兩字形近而誤抄，"旌"字實爲"族"字。而P.3630《閻會恩邈真贊》："故和尚乃太原鼎足，應質降誕於龍沙。西裔高枝，實敦煌之大蔭。""鼎足"，即"鼎族"的同音替寫。

（94）八萬

P.3556《曹闍梨邈真贊》："皴緇就業，八萬之細行無虧；禁戒堅持，三千之威儀匪犯。"

萬，原卷作"万"，與"方"形近，鄭本校作"八方"。八萬，佛教語。"八萬之細行"與"三千之威儀"對舉，指佛教徒的多種戒律。"行住坐臥之四威儀，各有二百五十戒，共爲一千，對於攝律儀戒等之三聚而爲三千……又配於貪瞋痴之三毒及等分之四煩惱爲八萬四千，是即八萬四千之律儀也"。[1]"八萬四千之律儀"取概數而省作"八萬"。《大唐真化寺多寶塔院故寺主臨壇大德尼如願律師墓誌銘》："乃曰威儀三千，吾鏡之矣；度門八萬，復焉在哉？"宋黃庭堅《南山羅漢贊十六首》："佛光影中大杜多，八萬細行滅塵勞。愛護有情如眼目，胡奴來供濾水囊。"杜多，指僧像。邈真贊中，"三千""八萬"常對舉。P.3630《閻會恩邈真贊》："自從進具，威儀不失於三千；得受戒香，駐想匪亡於八萬。"P.3718《馬靈信邈真贊》："三千眾內，廣扇馨蘭；百萬凡間，纖毫不怨。"P.3556《張清淨戒邈真贊》："三千細行，屬節不犯於教門；八萬律儀，謙和每遵

---

〔1〕 丁福保《佛學大辭典》，北京：中華書局，2011年，142頁。

第四章 敦煌邈真贊校注考辨

而奉式。"

（95）贊揚——贊場；故——敢

P.3556《賈和尚邈真贊》："淚窮朱血，恨無路而碎身；聊扣愚衷，敢贊場于盛德。"

場，原卷作"揚"，明顯爲"揚"字。如果錄爲"贊場"，句義不通。同張卷子："可謂法場師子，德侔安、遠之先。""場"字，原卷作"場"。"揚""場"二字形近易混。P.3556《賈和尚邈真贊》："淚窮朱血，恨無路而碎身；聊扣愚衷，故讚揚于盛德。"故，原卷作"敢"，辨其形，當爲"敢"字，而非"故"字。敢，謙詞，冒昧，用來表達謙虛的情懷。碑銘贊文獻中，多用謙詞，認爲自己撰寫贊語，有點勉爲其難。P.4660《索公邈真贊》："虛才敢述，遊筆多慚。"P.3718《程政信邈真贊》："厶乙不才之器，敢當金石之言，紕謬無誠，略名年月。"

（96）君侯——君俟

P.3556《賈和尚邈真贊》："君侯仰戀，懼景落而行迷；僧俗嘆思，痛梁摧（而）凶極。"

古人行文，上下句之間，句子結構、用詞多互爲對仗。君侯，泛稱"達官貴人"，與下句"僧俗"對舉，都指代人。晉江偉《襄邑令傅渾頌》："明明君侯，臨下有赫，克隆有光，惠我咫尺。"君侯，指傅渾。唐李白《與韓荆州書》："所以龍盤鳳逸之士，皆欲收名定價于君侯。"龍盤鳳逸之士，與君侯近義相對，君侯即達官貴者。宋頤藏主《古尊宿語錄》卷十三："來日將回，燕王下先鋒使，聞師不起，淩晨入院，責師慠亢君侯。"君侯，敬稱燕、趙二王。P.3556《賈向尚邈真贊》："君侯仰戀，懼景落而行迷；僧俗嘆思，痛梁摧（而）凶極。""君候"與下句"僧俗"對舉，都指代人。而唐校誤錄"君侯"爲"君俟"。

（97）寒燠——寒暖——寒懊

P.3556《賈和尚邈真贊》："三衣五綴，賑濟不替于初終；五夜六時，精練豈疲於寒燠。"

寒燠,即寒與熱,指時節變化。唐房玄齡《晉書·五行志》:"雨旱寒燠,亦以風爲本,四氣皆亂,故其罰恒風也。"[1]唐孫思邈《備急千金要方》卷一:"易稱天地變化,各正性命。然則變化之迹無方,性命之功難測。故有炎涼、寒燠、風雨、晦冥、水旱、妖災、蟲蝗、怪異,四時八節,種種施化不同。""炎涼""寒燠""風雨""晦冥""水旱"等都爲反義并列複合詞,"寒燠",意爲"寒熱"。P.3556《賈和尚邈真贊》:"三衣五綴,賑濟不替于初終;五夜六時,精練豈疲於寒燠。"此兩句上下對仗。五夜六時,指白天黑夜,寒燠,寒熱,一寒一熱,喻指時間,代指一年。"五夜六時,精練豈疲於寒燠",記述賈和尚,無論白天黑夜,年復一年地修煉。今核原卷,作"㥦"字,故錄以"燠"爲是。

(98) 誘——透

P.3556《張清净戒邈真贊》:"方欲宣傳戒學,爲釋教之棟梁,秉義臨壇,教迷徒而誘衆。"

誘,原卷作"透",當是"誘"字誤抄。誘,義爲誘導、教導。佛教徒常通過宣傳佛法教導勸誘俗衆。《新羅國故兩朝國師教諡朗空大師白月棲雲之塔碑銘》:"粤惟正覺,誘彼群類。"《圭峰禪師碑銘》:"故皇皇於濟拔,汲汲於開誘,不以一行自高,不以一德自崇。"《唐故上都唐安寺外臨壇律大德比丘尼廣惠塔銘并序》:"承筵作禮,肩繞玉之師子;出囂入净,同生火之蓮花,追荷法誘。"P.4660《梁僧政邈真贊》:"殷懃善誘,不倦傳通。"無論是"開誘""法誘"還是"善誘",都是設法勸導百姓。

(99) 繢圖——貴徒

S.289《李存惠邈真贊》:"邈畫生前貌,繢圖後人看。"

原卷作"貴徒",書手先俗簡"繢"字作"貴",又誤寫"圖"字爲"徒"而成。依邈真贊行文體例,"貴徒",實爲"繢圖"二字。

繪畫生前面貌,爲邈真贊文獻固定套語。邈畫生前真容,目的是使後人悼念有畫像可憑依。P.4660《義䚇邈真贊》:"圖寫生前兮影像,筆端聊

---

〔1〕(唐)房玄齡《晉書·五行志》,北京:中華書局,1974年,884頁。

第四章 敦煌邈真贊校注考辨

記兮軌躅。"P.4660《翟和尚邈真贊》:"邈生前兮影像,筆記固兮嘉祥。使瞻攀兮盼盼,想法水兮汪汪。"法水,指佛法,謂佛法能消除心中煩惱,猶如水能洗滌污垢,故稱。P.4660《張興信邈真贊》:"邈生前之影像,遺子孫兮瞻視。""邈"與"繪"近義,都爲描繪義。P.4660《索法律邈真贊》:"繪生前之影像,想歿後之遺踪。""繪",也常寫作"繢"。P.3718《劉慶力邈真贊》:"值因凋瘵,預寫生前之儀。故召良工,乃就丹青之繢。""繢",原卷作"![字]"。P.4660《王景翼邈真贊》:"兹繢像者,何處賢良?"繢,原卷作"![字]"。繢像,畫大僧之肖像。P.4660《索公邈真贊》:"棱層意氣,粉繢永傳。"繢,原卷作"![字]",爲"繢"之俗簡字形。"繪",亦作"會"。S.289《李存惠邈真贊》:"遂請丹青,輒會容儀。"會,原卷即作"會"。與"繪"相類,"繢"也寫省簡俗作"貴"。P.3718《張良真寫真贊》:"故命良工,爰繢丹青之貌。"其"繢"字作"![字]"。鄭、陳皆録作"繪"。P.3718《索律公邈真贊》:"會真形於綿帳,圖生像於儀容。"會,原卷作"![字]",爲"繪"之同音替代字。P.4660《索法律邈真贊》:"繢像真影,睛盼邕邕。"以上例中"繢"字,鄭、陳皆録作"繪"。"繢",意爲繪畫。《周禮·考工記·畫繢》:"畫繢之事,雜五色。"後晉劉昫《舊唐書·狄仁傑傳》:"今之伽藍,制過宮闕,窮奢極壯,畫繢盡工,寶珠殫於綴飾,瓌材竭於輪奐。"〔1〕因今人多用"繪"不用"繢"字,故鄭、陳皆録改爲"繪"字。P.3718《閻子悦寫真贊》:"乃召匠伯,繪影生前。"P.4638《曹良才邈真贊》:"丹青繪影,留在日之真儀;略述片言,傳生前之美德。"繪,原卷即作"繪",故"繢"用同"繪",無須改。供養類邈真贊中則多用"繪"字。某年九月《李文定供養題記》:"有清信佛弟子李文定兼慈親父等發心敬繪大悲救苦觀世音菩薩壹軀并侍從。"〔2〕唐時人們撰寫邈真贊目的,是留影後代,令人追思和頌揚。追思和頌揚贊主的人主要是所在佛寺的門徒或後來的人。P.4660《曹僧政邈

---

〔1〕 (後晉)劉昫《舊唐書·狄仁傑傳》,北京:中華書局,1997年,2893頁。
〔2〕 (日)秋山光和《西域美術·大英博物館》Ⅱ,東京:講談社,1982年,29圖。

真贊》:"愁雲四起,門人泣血。圖玆影像,往來瞻謁。銀鈎綴兮微詞,記香名兮長設。"P.4660《陰法律邈真贊》:"既喪尊師,迷情失路。邈之影像,往來瞻睹。"P.4660《張興信邈真贊》:"邈生前之形象,遺子孫兮瞻視。"P.4660《李和尚寫真贊》:"遐邇瞻仰,無不歸依。"而用"貴"修飾限制某人或某類人,主要是表示對人的敬重。P.4638《曹良才邈真贊》:"貴侄酸涕,怨瓊枝而彫墜。府僚哽噎,道路悲泣。""貴侄",對其侄子的美稱。P.3556《張清净戒邈真贊》:"法律闍梨者,即前河西一十一州節度使張太保之貴孫矣。"貴孫,敬稱張法律尼清净戒是節度使張太保的孫子。P.3718《曹盈達寫真贊》:"金枝貴胤,玉葉相連。"貴胤,美稱其後代。S.1523《李光庭莫高靈岩佛窟碑并序》:"通義大夫使持節沙州諸軍事沙州刺史兼豆盧軍使上柱國隴西李府君,帝顓頊之貴胄,涼武昭王之茂族。"貴胄,美稱其後人。P.4615《索崇恩和尚修功德記》:"牽緣俗臣,接叙貴徒。頂省青雲,對元戎而捐鞭;性逸巢遊,倚繩床而不待。""貴徒"與"俗臣"相對,"貴徒"是敬稱他的門徒。S.289《李存惠邈真贊》:"邈畫生前貌,貴徒後人看。"兩句字詞文義上下相對,瞻仰其真貌的是其"後人"。"貴徒"與"邈畫"文義相對。貴徒,即是"續圖"二字。而非"敬稱門徒"。

（100）洞歸——洞賾

P.4660《張祿邈真贊》:"洞賾政法,安然不徂。"

賾,原卷作"歸"字,爲"歸"字,當爲書手誤抄"賾"字。鄭本依原卷錄作"歸",饒本校作"賾"。洞賾,意爲深奧。P.2913V°《吴和尚邈真贊》:"洞[洞]賾典奧,峭然天機。"又引申爲動詞,意爲探究。P.4660《都僧統邈真贊》:"壯[莊]老洞賾,靈辯恒沙。"賾,原卷又作"賾"。

（101）狂象——狂鳥

《大唐棲嚴寺故大禪師塔銘》:"寺主令賓,師之同志,恨寳渚無梁,衢樽莫挹,鷄林墜月,狂象易奔。"

狂象,《唐代墓誌彙編》錄作"狂鳥",誤。"象",原卷作"爲",爲"象"之俗寫,與"鳥"形近而誤。

第四章　敦煌邈真贊校注考辨

"鸚林",指鸚鵡聚集的树林,常用來代指禪林。"鸚林墜月",喻高僧逝世。例中與"狂象易奔"對舉。狂象,化用"龍象"一詞。P.3718《程政信邈真贊》:"況和尚韶年落髮,處世不眸衆凡,龍象威容,寔膺半千之哲。"P.3630《閣會恩邈真贊》:"間生龍象,清棠白眉。"句中"龍象"指代高僧。龍象,本是用龍和象作比喻,水行中龍力氣大,陸行中象力氣大,佛教用來比喻修行勇猛有最大能力的人。"龍"與"象"不僅可以並提,也可以對舉。《唐故上都唐安寺外臨壇律大德比丘尼廣惠塔銘并序》:"文殊戾止,金粟來儀,窮象譯之微言,罄龍宮之奧典,即我唐安大德其人也。"《大唐濟度寺故比丘尼法樂法師墓誌銘》:"既而禪室淪精,羈象心而有裕;法場探秘,蘊龍偈而無遺。"句中"狂象易奔"喻指失去了高僧指導,佛心就會迷亂無定。而"舄",本是一種木底鞋,與佛教義無關。録作"舄",是受句中"奔"字影響,誤解爲"舄是用來走路"的。

附録一：敦煌邈真贊録文

敦煌邈真贊校録説明：

1. 原卷中俗體字、誤寫的錯字或同音替代字，先照録原卷文字，然後在括弧[ ]裏補充校正後的字。如"閲[閲]""仏[佛]""蜜[密]"。

2. 原卷中若有漏字、衍字，在該字後用( )，標注某字漏、某字衍。如"(史字漏)"。原卷字迹殘缺漫漶不清之字，以□補出。如果缺字過多，用⎡⎡⎡⎡標示。

3. 饒本、鄭本和本次校注有相異的文字，在其後加〈〉{ }{ }標明。〈〉{ }{ }依次表示本次校、饒本校、鄭本校。校中各家漏録或認定不録的文字用〇標示，增補説明的文字用( )標示，不能辨識的字用□標示。如〈〇〉{〇}{(述)}，代表本校與饒校都認爲不必校補，鄭本校補"述"字。鄭本所校文字依舊用簡體字。

4. 原卷有倒乙、重文、塗抹改動之處，祇録校正後的字句。

5. 本次校注按饒本原來的題名和順序排列，便於讀者校核。原卷每行結束後，用/標示。

6. 校注中汲取了前賢時輩的成果，因行文體例所限，没有一一説明，在此特別致謝。

附錄一：敦煌邈真贊錄文

1. 杜和尚寫真贊

P.3726　故前釋門都法律京兆杜和尚寫真讚

故前釋門都法律京兆杜和尚寫真讚。/釋門大蕃瓜沙境大行軍衙知兩國蜜[密]遣判官智照撰。/曆生五百，仙賢一昇。髫年學道，衆口皆稱。非論持律,/修禪最能。曰[因]玆秉節，編入高僧。昔時羅什，當代摩騰。/三車併跡，都歸一乘。戒珠恒朗，行潔清水[冰]。千重闇室,/藉一明燈。助仏[佛]揚化，法王股肱。耨池安密，湛湛常凝〔耨池安密流斷，湛湛凝電常凝〕。捨穢歸净，佛教誰興？/不詳[祥]瑞應，雙樹枝崩。今晨早像，法律言薨。門人聚哭,/何以爲憑？謝此濁世，净土[土]招承。一歸極樂，三界無朋〈朋〉{明}{用}。/香風前引，奔〈奔〉{奔}{夺}驟〈驟〉{驟}{□}千僧。龍花一會，洗足先登。/詩曰：/夙植懷真智，髫年猒[厭]世榮。不求朱紫貴，高謝/帝王庭。削髮清塵境，披緇躡海精。蒼生已/度盡，寂默〈默〉{默}{嘿}入蓮城。/

2. 陰律伯真儀贊

P.4660　39. 前燉煌都毗尼蔵[藏]主始平陰律伯真儀讚

前燉煌都毗尼蔵[藏]主始平陰律伯真儀讚。/龍支聖明福德寺僧惠菀述。/太〈太〉{太}{大}哉物望，可讚可揚。戒圓[圓]白月，鬱鬱桂香。/天資純善，生懼探湯。門傳積慶，花萼流芳。/禪枝異秀，律綱竒[奇]躅。群氓導首，苦海舟航。/學業无倦，修文有郎。冨[富]不奢泰，貴不優倡。/尊礼[禮]重樂，靡損於常。斯人尟〈尟〉{尟}{鮮}矣，難測難量。/代傳法印，家盛人康。始平起儀，隨宦〈宦〉{宦}{官}燉煌。/清廉衆許，令譽獨彰。天〈天〉{園}{园}垂甘露，靈瑞呈祥。/鄉人咸味，味若瓊漿。移風易俗，美[美]播巨唐。/因加俸〈俸〉{俸}{奉}禄，列土[土]封壇[疆]。自玆不絶，永庇休蔵[藏]。/

3. 三藏法師(王禪池)圖真贊

P.4660　37. 燉煌三藏法師圖真贊

燉煌三藏[藏]法師圖真贊。報恩寺王法闍梨諱禪池。/沙门[門]善

215

来[來]〈○〉{○}{(述)}。/嗟夫,泉先竭兮爲甘,木〈木〉{本}{木}先折兮由直。人先/殞兮爲賢,物〈物〉{惣}{総}遷變兮由極。今則我禪律公,/仁行則忠孝芳菲,慈悲則戒香芬馥。解廣/兮肅肅,行高兮雍雍。可謂一方兮僧寶,一郡兮/人師[師]。毀而不怨,譽而不忻。非上達於間[間]生,誓/傳燈于像季者,曷能若斯?豈其所作已終,/薪爐火止,超極樂之净[淨]方,捨閻浮之穢滓。/見德不彰,君子所〈所〉{所}{以}恥[耻]。輒申狂簡[簡],以頌美[美]焉。/竒[奇]哉高士,天假大志。聲名動物,居衆有異。/五部三乘,曉無不理。世上榮華,觀若泥滓。/

4. 故法和尚贊

P.4660　38. 故法和尚讚

故法和尚讚。弟[第]子比丘利濟[濟]述。/大哉我師[師],碩德孤邁。八藏[藏]五乘[乘],神精意解。/惣[整]龍象之威容,潔冰[冰]霜之净[淨]戒。嗚呼,混彼/世間[間],示有痾〈痾〉{痾}{疴}瘵。化迹潛移,靈姿宛在。一建鴻名,/千齡靡壞。/

5. 李教授贊

P.4660　34. 故李教授和尚讚

故李教授和尚讚。釋門[門]法將善来[來]述。/美[美]哉仁賢,忠孝自天。投簪[簪]弱冠,削髮髫年。樞機發口,/若矢在弦。所撤〈撤〉{橄}{撤}皆中,匪憑鏃穿。八蔵[藏]窮妙,五部精研。/删〈删〉{删}{那}除刬〈刬〉{○}{刬}略詞繁。纂[纂]製章論,迅切潺湲。恒爲惠劒,/割斷愛纏[纏]。不假蟾魄,心燈本然。名高一郡,道貫僧口。/傾城傾郭,奔驟問[問]禪。詩:夙植懷真智,髫年猒[厭]世華。不求朱紫貴,高謝/帝王家。削髮清塵境,披緇[緇]躡海涯。蒼生已度/盡,寂默〈默〉{嘿}{嘿}入蓮花。/

6. 李和尚寫真贊

P.4660　35. 故沙州緇[緇]門[門]三學法主李和尚寫真贊

附錄一：敦煌邈真贊錄文

故沙州緇[緇]門[門]三學法主李和尚寫真贊。/宰相判官兼太學博士從兄李顒撰。/五涼甲族,武帝宗枝。泒〈派〉|派||泒|流天外,一瀸[胤]西陲。柯分葉散,留跡階墀。/稚息雕弊,編入皇枝。河隴阻絶,三代於玆。燉煌淪陷,甲子云耆。/宗祊是一,史錄生耀〈耀〉|輝||耀|。猒[厭]斯俗務,志樂無爲。髫年問[問]道,弱冠披緇。/事親無怠,味法忘疲。披経[經]討論,無不知機。精持戒律,白月無虧。/舉朝僉議,遷爲道師[師]。河湟畏記,相無不知。公名肅肅,道行巍巍。/邁以時疾,藥物無施,千方〈方〉|萬||万|不遂,今也云隳。賢兄心碎,遊子懷悲。/四部哀慟,一如荼毗。圖形新障〈幛〉|障||幛|,寫舊容儀。奄却青眼,誰當白眉。/兩朝欽德,一郡含悲,遐邇瞻仰,無不歸依。/

7. 李教授寫真贊

P.4660　36. 燉煌都教授兼攝三學法主隴西李教授阇[闍]梨寫真讚

燉煌都教授兼攝三學法主隴西李教授阇[闍]梨寫真讚。/釋門[門]都法律兼副教授苾蒭洪誓述。/大哉法主,间[間]世英首。位高十德,解盡九流。/三端躰〈體〉|體||备|俙〈備〉|備||体|,四辯難酬。蕃秦互曉,緇[緇]俗齊優。/五乘研激,八蔵[藏]精修。刊定耶[邪]正,隔絶傍求。/兩邦师[師]訓,一郡歸投。等然惠炬,遍運慈舟。/逗根演教,量噐[器]傳幽。謂壽逾箕,將冀[冀]遐籌。/閻[閻]浮魄散,寳界神遊。哀哀地慟,叅〈慘〉|參||慘|叅天愁。/花臺飛錫,再會無猶[由]。芳名万[萬]代,播羙[美]千秋。/

8. 氾和尚寫真贊

P.4660　33. 沙州釋門[門]都法律氾和尚寫真贊

沙州釋門[門]都法律大德氾和尚寫真贊。/宰相判官兼太學博士隴西李顒撰。/曆生五百,仙賢一昇。髫年學道,衆口皆稱。/非論持律,修禪最能。曰[因]玆秉節,編入高僧。/昔時羅什,當代摩騰。三車併跡,都歸一乘。/戒珠恒朗,行潔清氷[冰]。千重闇室,藉一明燈。/助佛揚化,

217

法王股肱。舍穢㱕净[净],佛教誰兴[興]。/不祥瑞應,雙樹枝崩。今晨呈像,法律言薨。門[門]人聚哭,/何以爲憑。謝此濁世,净[净]域招承。一往極樂,三界無用[朋]〈朋〉{朋}{明}{用}。/龍花〈花〉{花}{华}三會,洗足先登。/

9. 炫闍梨贊

P.4660　32. 前任沙州釋門[門]都教授炫闍梨讚并序

前任沙州釋門[門]都教授毗尼大德炫闍[闍]梨讚并序。/闍[闍]梨童年落髪,學就三冬。先住居金光明伽蓝[藍],/依法秀律師[師]受業,門[門]弟數廣,獨得昇堂。戒行/细[細]微,蛾[鵝]珠謹護。上下慕德,請往乹[乾]元寺,共陰和上/同居。闡揚禪業,開化道俗,數十馀[餘]年。陰和尚終,/傳燈不绝[絶]。爲千僧軏[軌]模,柄一方教主。慈母喪目,向/經數年,方術醫治,意〈竟〉{竟}{意}不痊退。感子至孝,雙目/却明。後〈後〉{復}{后}經數年,方盡其壽。幽兩寺同院,此寺同/飡,如同弟兄。念其情厚,略述本事,并讚德[德]能。炫教/授門[門]弟諸賢請知舊事,曰[因]婆兩目再朗,復是/希奇[奇]。筆述曰[因]由,略批少分。/希哉我師[師],解[戒]行標奇[奇]。處衆有異,當代白眉。/量含江海,廣運慈悲。戒珠圓[圓]潔,歷落芳菲。/孝過董永,母目精暉。一方法主,万[萬]國仍希。/禪枝恒茂,性海澄漪。帝王崇重,節相欽推。/都權僧柄,八蔵[藏]〈藏〉{歲}{藏}蒙施。示疾方丈,世藥難治。/闍[闍]浮化畢,净[净]土加滋。聲聞有悟,憂苦生悲。/菩薩了達,生死如之。靈神證果,留像威儀。/名傳萬代,劫石難移。/

10. 故吴和尚贊

P.4660　30. 故吴和尚讚

故吴和尚讚。扶風寳良器〈○〉{○}{(撰)}。/勇哉達士,间[間]世稱賢。裹〈曩〉{曩}{裹}劫修德,受勝良緣。/矩兄令弟,果報俱圓[圓]。一從[從]披削,守戒修禪。/志如金石,勁節松坚[堅]。久坐林窟,世莫

附錄一：敦煌邈真贊錄文

能牽。/盛年捨俗，永絕攀緣。德行周俻，辟[辭]𣅱如泉。/僧中一寶，俗亦名傳。衆請城邑，爲作槗[橋]舩[船]。/道化凡俗，共結良緣。如燈傳炎，明遍三千。/精持不倦，衆愛無偏。法律教授，御衆推先，/節相遥礼[禮]，敬重如山。貌影瞻戀，恐隔慈顔。/神道明鑒，應亦歡焉。真身再見，龍花會前。/永爲法子，歷劫長年。/

11. 禪和尚贊

P.4660　31. 故禪和尚讚

故禪和尚讚。/卓哉我師[師]，萬德来[來]資。百行俱集，精苦住持。/戒如白雪，秘法恒施。樂居林窟，車馬不騎。/三衣之外，分寸無絲。衣藥鉢主，四十年虧。/於窟廣益，千載爲基。郃〈合〉{合}{閣}寺花果，供養僧尼。/坐亡留遠，一切勿爲。亞相之子，萬里尋师[師]。/一聞[聞]法印，洞[洞]曉幽微。於此路首，兒形容儀。/丹青既畢，要叚〈叚〉{假}{段}文暉。略述竒[奇]德，萬不一施。/體質灰爐，神識雲飛。千秋不朽，有耳咸〈咸〉{咸}{感}知。/無生聖力，讚美[美]若斯。劫石將盡，功名不梨〈梨〉{隳}{梨(墜)}。/

12. 梁僧政邈真贊

P.4660　29. 故沙州釋门[門]梁僧政邈真贊

故沙州釋门[門]賜紫梁僧政邈真贊。/京[京]城內外臨壇供奉大德兼沙州釋门[門]義學都法师[師]都僧錄賜紫悟真撰。/釋门[門]龍像〈象〉{象}{像}，俗管豪宗。森森枝泒[派]，落落花叢。/出家入士，永捨煩籠。戒圓[圓]秋月，行潔寒松。/棲神四念，遊觀三空。恒施法雨，廣扇慈風。/慇〈殷〉{慇}{懃}懃[勤]善誘，不倦傳〈傳〉{傳}{博}通。開遮七衆，調伏諸兇。六和清衆，四攝并弘。僉爲僧政，黔[鈐]轄高蹤。/千般匡救，百計紹隆。處儉守約[約]，譏誡謙恭。/名傳帝闕[闕]，勅賜勳[勳]功。俄然示疾，今也云薨。/霜雕奈菀[苑]，鶴樹枝崩。晷沉西谷，閱[閱]水流東。/行路怵惕，隣里愝[輚]春。门[門]人聚哭。遍城愁

219

容。/邈之影像,播羙[美]無窮。/大唐大中十二年歲次戊寅二月癸巳朔十四日丙午畢功記。/

13. 翟神慶邈真贊

P.4660 28. 大唐河西道沙州燉煌郡守翟公諱神慶邈真讚

大唐河西道沙州燉煌郡將[將]仕郎守燉煌縣尉翟公/諱神慶邈真讚。/沙州軍事判官將[將]仕郎守〈守〉守｜｜○｜監察御史張球撰。/洎本雄哲,華秀英門。禮樂儒雅,洞徹典墳。/昔賢糟粕,蘊匱[櫝]〈櫝〉｜櫝｜｜匱｜而存。該通博[博]古,談諭討論。/燉煌仕子,觸目謙溫。忠孝立,無礙乹[乾]坤。/花〈花〉｜花｜｜化｜縣匡政,梅仙〈仙〉｜仙｜｜山｜薦敦。槐市早習,炫曜芳春。/開疆效節,〈始〉｜始｜｜姑｜布酬恩。驅鷄未選,奄逐歸雲。/玉山頽[頹]折,逝水何奔。郡人悼惜,孰不悲論〈論〉｜論｜｜沦｜。/其名可播,鎸石可存。千秋之後,貽於仁倫。/時咸通五載四月廿五日紀。/

14. 陰文通邈真贊

P.4660 27. 陰文通邈真讚

河西節度故左馬步都押衙銀青光祿大夫檢校太子賓客兼侍御史陰文通邈真讚。/

京[京]城內外臨檀[壇]供奉大德釋門都僧錄兼河西道副僧統賜紫沙門悟真撰。/羙[美]哉仁賢,忠孝自天。門承都護,閥[閥]閱暉聯。名高玉塞,/禮樂雙全。佩觿神異,弱冠芳傳。蘊習武略,竒[奇]特鋒端。/虛弦落鴈,駕矢啼猿。將[將]軍之列,俊乂[義]推先。三場入戰,/百勝心堅[堅]。名〈名〉｜名｜｜各｜彰鳳閣[閣],勅授榮班。司空半子,超擢昇遷。/少年豪俠,物禁盛焉。蔑爾寢疾,針藥無痊。晡西萱草,妖〈夭〉｜夭｜｜妖｜謝紅顏。永辝[辭]白日,遽掩黄泉。功成身退,軍府悲煎。/圖形繢障[帳],髣髴毫篇。記功勳[勳]兮永古,播業術兮長年。/

附録一：敦煌邈真贊録文

15. 凝公邈真贊

P.4660　26. 大唐河西道沙州釋門法律大德凝公邈真讚(35-26)

大唐河西道沙州故釋門法律大德凝公邈真讚。/軍事判官將[將]仕郎守監察御史上柱國張球撰。/空門碩德[德]，法海紀綱，威儀有則，禮範鏗鎗〈鎗〉{鎗}{鏘}。/內苞三藏[藏]，外學九章。律通幽遠，禪寂无疆。/了知虛幻，深悟浮囊。韶亂[齓]慕道，名聞四方。/苦心冰[冰]蘗，業不廢荒。貴門閥閱[閱]，連榮盛光。/儒雅秉直，如蘭若芳。達世不永，嘗樂法堂。/三衣戒月，恒無改張。春秋始茂，整濟津樑。/何期弃[棄]世，歸於衆香。空留禪室，錫掛垂楊。/蓮花會上，親礼[禮]无央。龍天勝妙，任意翶翔。/時咸通五載季春月冀生十葉題。/

16. 吴和尚邈真贊

P.4660　25. 大唐沙州譯経[經]三藏[藏]大德吴和尚邈真讚

大唐沙州譯經三藏[藏]大德吴和尚邈真讚。/軍事判官將[將]仕郎守監察御史上柱國張球撰。/大哉辯士，爲國鼎師。了達玄妙，峭然天機。/愽[博]覽猶一，定四威儀。就[鷲]峰秘密，闡于今時。/西天軓[軌]則，師謂深知。八萬既曉，三藏[藏]內持。/檜葉教化，傳譯漢書。孰能可測，人皆仰帰[歸]。/聖神贊普，虔奉真如。詔臨和尚，願爲国[國]師。/黃金百溢〈[鎰]〉{溢}{鎰}，馹使親馳。空王志〈至〉{至}{志}理，浩然卓竒[奇]。/自通唐化，薦福明時。司空奉国[國]，固請我師。/願談維識，助化旌麾。星霜不換，已至无依。/奈何捐世，而弃[棄]獣[厭]離。法學弟子比丘恒安題〈題〉{題}{書}。/

17. 宋律伯彩真贊

P.4660　24. 燉煌唱導法将[將]兼毘尼藏[藏]主廣平宋律伯彩真讚

燉煌唱導法将[將]兼毘尼藏[藏]主廣平宋律伯彩真讚。/鄯州龍支縣聖明福德寺前令公門徒釋惠菀述。/賢哉德霊[靈]，竒[奇]惠天假。釋氏白眉，俗中驄馬。/顓頊之苗，姬周之泒〈派〉{派}{泒}。特達資身，

221

香聲獨跨。/一郡軌[軌]儀,四方欽雅〈推〉{雅}{雅}。離繁去俗,併伏人我。/開暢玄宗,七衆帰[歸]化。匡救大綱,一时[時]務霸。/蘭桂芬馥,方袍之下。密傳寶印,世稱無價。/夙達苦空,重擔今卸。魄瘞雙林,魂隨識駕。/智人不永,惡[惡]聞[聞]遷谢[謝]。滌垢蓮池,諸聖印可。/维大唐咸通八年歲次丁亥六月庚午朔五日甲戌題記。/弟子比丘恒安書。/

18. 張議廣邈真贊

P.4660 23. 張議廣邈真讚

唐河西道節度押衙銀青光禄大夫檢校國子/祭酒侍御史清河張府君諱議廣邈真讚。/彬彬秉直,濟濟仁風。衣冠盛族,聲振寰中。/門傳將[將]相,家處軍容。孤貞守節,如筠若松。/武經三略,矢穿九重。劍舞居妙,堂習彎弓。/殊功已立,身殁狂兇。丈夫志操,宜籍彫龍。/千秋之後,誰与[與]我同。/

19. 左公贊

P.4660 22. 故前伊州刺史左公讚

故前伊州刺史改授左威衛將[將]軍銀青光禄大夫檢校太子/賓客殿中侍御臨留〈淄〉{甾}{淄}左公讚。/森沉偉量,磊落瓌奇[奇]。大雲垂象,月角□□。/金方茂族,间[間]生一枝。趨雄赳赳,詩禮暉暉。/自然孝友,德恊蘭芝。言而棟幹,邑化成規。/俗感知變,暗曉前幾[機]。嘉謀濟[濟]代,承旨階墀。/封壇[疆]受土,典郡西陲。四方使達,君命應期。/盡忠奉國,盡節衆推。名高鳳闕[闕],玉塞聲飛。/蒸哉古往,赫矣今時。膏肓遘疾,俄谢[謝]而痿。/子遊他域,父念譆譆,思之〈之〉{之}{思}永訣,傷悼絶〈決〉{決}{絶}皆。/丹青於障〈幛〉{障}{幛},圖寫真儀。譽流千載,永播銘基。/法師恒安書。/

20. 義晉和尚邈真贊

P.4660 21. 前沙州釋門法律義晉和尚邈真讚

222

附録一：敦煌邈真贊録文

前沙州釋門法律義晉和尚邈真讚。/河西都僧統京[京]城内外臨壇供奉大德[德]都僧録兼教諭歸化大法師賜紫沙門[門]悟真撰。/軒皇之泒〈派〉{派}{泒}，龍堆鼎族。晉代英賢，魏朝樟木。/宗祊継[繼]踵，聯支胤玉。間生兹息，知機猷[猒]欲。/應法從師，披緇離俗。雖有豐饒，情無記録。/剋詢無爲，匪躭[耽]榮禄。禪慧兼明，戒香芬馥。/寒松比操，慈雲布蔟[簇]。一郡人師，五凉欽伏。/鐫龕建刹，增修百福。黄金間錯，白銀縷鋈。/箴誡兮門徒，琢磨兮三毒。四攝均齊，六和清睦。/乃璇璣兮違運，何年矢兮催促。俄然示疾，無常湍速。/旭日韜光，曇沉西谷。宗親慟哭，門人荼毒。/梵宇悽傷，行路頻蹙。圖寫生前兮影像，筆端聊記兮軌[軌]躅。/沙州釋門法師恒安書。/

21. 翟和尚邈真贊

P.4660　20. 前河西後都僧統故翟和尚邈真讚

前河西都僧統京[京]城内外臨壇大德[德]三學教授兼毗尼藏[藏]主賜紫故翟和尚邈真讚。/河西都僧統京[京]城内外臨壇供奉大德[德]都僧録兼教諭歸化大法师[師]賜紫沙門[門]悟真撰。兹繪像者，何處賢良？翟城貴[貴]族，上蔡豪强。/璧去珠移，柯葉分張。一支從[從]窀〈宦〉{宦}{官}，徙居燉煌。/子孫因家，棣蕚連行。间[間]生斯息，桂馥蘭芳。/幼挺英靈，跨步殊常。風威卓犖，壮志昂藏[藏]。/出家入道，雅範夙彰。遊樂進具，止作俱防。/五篇洞[洞]曉，七聚芬香。南能入室，北秀昇堂。/戒定慧學，鼎足無傷。俗之褾袖[袖]，釋侣提綱。/傳燈闇室，誨喻浮囊。五凉師訓[訓]，一道醫王。/名馳帝闕[闕]，恩被遐荒。遷加僧統，位處當陽。/符告紫綬，晶日争[爭]光。機變絶倫，韻合宫商。/靈[靈]山鐫窟，純以金莊〈裝〉{裝}{庄}。龍興塔廟，再緝行廊。/罄捨房資，供設無彊[疆]。聿修懇懇，景福禳禳。/翼姪謀孫，保期永昌。成基竪[豎]業，冨[富]與千箱。/天命從[從]心，寢疾于床。世藥無效，色力轉尪。/美[美]角先折，今也則亡。門人聚哭，哀慟穹蒼。/林間水噎，殿上摧梁。一如荼毗，涕淚

223

無佚〈佚〉{佚}{快}。/邈生前兮影像,筆記固兮嘉祥。使瞻攀兮盼盼,想法水兮汪汪。/沙州釋門法师[師]恒安題。/

22. 都僧統邈真贊
P.4660 19. 唐故河西管内都僧統邈真贊并序

唐故河西管内都僧統邈真贊/并序。竊聆英髦儁[俊]〈俊〉{儁}{雋}傑,誕之有時[時]。識達深仁,/生皆濟物。則我故僧統和尚,挺資惠[慧],德爽智山。三教通而禮樂全,四禪/闢而虗[虛]空朗。秉安遠之德,蹈羅什之蹤。學貫九流,聲騰萬里。豈謂寶鼎/三足,金龜十朋。何啚[圖]逝矣,空留相質/之文。余固不才,匪[斐]然成讚。直道勵業,義門法華。荘[莊]老洞賾,靈辯恒沙。/智泉内湧,威稜誡奢。紫衣寶秩〈秩〉{秩}{袟},負[員]從國家。/峭拔貞秀,神資惠牙。嘗悲六趣,每諭三車。/心遊物外,鵝珠去邪。挺持蓮劒,無玷無瑕。/恭唯守節,孝悌不賒。千齡之後,孰不歎嗟。/時咸通十年白蔵[藏]中月莫涸一十三葉題于真堂。/

23. 索法律智岳邈真贊
P.4660 18. 前沙州釋門故索法律智岳邈真讚

前沙州釋門故索法律智岳邈真讚。河西都僧統京[京]城内外臨壇供奉大德[德]都僧録兼闡揚三教大法師賜紫沙門[門]悟真撰。/間生仁賢,懿德[德]自天。早明夢幻,喜預真詮。/投緇割愛,頓息攀緣。鵝珠謹護,浮囊鍫全。/真乘[乘]洞[洞]曉,儒墨兼宣。六精了了,三寸便便。/威儀出衆,心地無偏。琢磨存念,若矢在弦。/濤[陶]染麈麚,理事窮研。寒松比操,金石齊堅。/上交下接,衆所推先。慇懃[勤]善誘,直示幽玄。/藥閑中道,病釋兩遍。門傳孝悌,習斆璧田。/見探湯兮隱後,聞[聞]善士兮趨前。芳名纖秀,可惜少年。/奈懸虵[蛇]兮遽疾,何奠夢兮来遷。神遊净界,骨瘞九泉。/歎朝華兮夕落,嗟福命兮非延。三界火宅,八苦交煎。/修短榮枯,業繫能牽。門徒悲兮切切,道俗感兮綿綿。/貿〈留〉{貿}{貿}丹青兮彩邈,筆毫記兮功鐫。/庚寅年七月十三日題記。/

224

附録一：敦煌邈真贊録文

24. 索公邈真贊

P.4660　17. 唐河西節度押衙鉅鹿索公邈真讚

唐河西節度押衙兼侍御使[史]鉅鹿索公邈真讚。/間生英傑，穎拔恢然。閥閲貴泒〈派〉|派||泒｝，毅勇軍前。/松筠秉節，鐵石心堅。文武雙美[美]，榮望崇遷。/横鋪八陣，操比蘇單。韜黔[鈐]莅[茝]臧，忠孝駢聯。/竒[奇]眸卓犖，儁[俊]異貂蟬。功庸阜績，名播九天。/位參〈參〉|參||叅｝衙[牙]爪，勅賜衣冠。良木巽[巽]秀，逝水潺湲。/鼎蒲俄缺，掩岿夜泉。元戎軫悼，士倅〈卒〉|倅||卒｝哀纏。/稜層意氣，粉繢[繢]永傳。虚才敢述，遊筆多慙。/輒申狂讚，歟〈歟〉|歟||欤（与）｝訟〈頌〉|訟||頌｝羙[美]焉。/

25. 張禄邈真贊

P.4660　16. 故前河西節度押衙清河張府君諱禄邈真讚

故前河西節度押衙銀青光禄大夫檢校太子賓客兼/燉煌郡眘壽清河張府君諱禄邈真讚。/從[從]姪沙州軍事判官將[將]仕郎兼監察御史裏〈裏〉|裏||裏｝行〈○〉|○||（張）｝球撰。/龍沙豪族，塞表英儒。忠義獨立，聲播豆盧。/仁風早扇，横亮江湖。有德[德]有行，不謂不殊。閨門孝感，朋友言孚。家塾文議，子孫徇□。/事君竭節，志守榮枯。洞歸〈磧〉|歸||磧｝政法，安然不徂。夜泉忽奄，悲雲四颭。神劍溺海，過陳〈陳〉|陳||隙｝潛駒。千秋羙[美]譽，應同玉壺。/時咸通十二年季春月寞生十五葉題[題]/於真堂。/

26. 閻公邈真贊

P.4660　15. 瓜州刺史閻公邈真讚并序(35-15)

銀青光禄大夫檢校國子祭酒使持節瓜州諸軍事守/瓜州刺史兼御史中丞賜紫金魚袋上柱國阎[閻]公邈真讚并序。/河西都僧統京[京]城内外臨壇供奉大德[德]都僧録兼闡揚三教大法師[師]賜紫沙門[門]撰。/鏘鏘君子，濟濟豪猷。天資容皃，羙[美]德[德]仁周。/門傳釵戟，代襲

225

弓裘。蒞官清恪〈恪〉{恪}{洽},攝職懷柔。/元戎大將[將],許國分憂。助開河隴,秘策[策]難儔。/先施百戰,後〈後〉{後}{复}進七州。功藏[藏]府庫,好爵来醻。/聖恩高獎,寵寄無休。晉昌太守,墨離之侯。/名彰身退,瘞空荒丘。/邈之形影,永奉風流。/

27. 王景翼邈真贊

P.4660　14. 王景翼邈真讚并序(35-15)

河西都防禦右廂押衙銀青光禄大夫檢校太子賓客侍御史/兼御史中丞王公諱景翼邈真讚并序。兹繢像者,何處賢良？太原望族,泒〈派〉{派}{泒}引〈引〉{引}{分}燉煌。/名高玉塞,倜儻殊常。助開河隴,決勝先行。/身經[經]百戰,順效名彰。剛柔正直,列職姑臧。/弟〈第〉{弟}{(弟)第}其術業,好爵弥[彌]光。功成身退,今也即〈即〉{即}{云}亡。/人嗟府縣,親昵悲傷。痛臨墳之哽噎,寫真跡而流芳〈而流芳〉{而流芳}{于真堂}。/御史中丞/河西都防禦右廂押衙銀青光禄大夫檢校太/子賓客侍御史/兼御史中丞王公諱景翼邈/真贊并序。/

28. 張僧政贊

P.4660　13. 沙州釋門[門]故張僧政讚

沙州釋門[門]故張僧政讚。/燉煌甲族,墨池張氏。神假精靈[靈],天资[資]秀氣。/早歲披緇[緇],能攻妙理。行月孤高〈孤高〉{孤高}{高孤},心燈皎智。/洞[洞]達幽微,窮理盡事。教誡僧徒,亡[忘]懷彼此。/僉爲僧首,衆所忻喜。上交下接,傾城讚羙[美]。/常契中道,二邊俱離。隨機設[設]教,圓[圓]融真僞。舟航筏喻,亡[忘]筌得意[魚]。/四忍柔和,三空一志。奈何示疾,針藥無瑞〈瑞〉{瑞}{端}。提河四句,遺留滿〈滿〉{滿}{借}字。/化緣將畢,俄然往矣。門[門]人傷切,號天叩地。/釋侶愴而含悲,痛貫摧乎心髓[髓]。寫平生之容貌,/想慈顔而継[繼]軌[軌]。良工〈工〉{工}功默〈墨〉{墨}{默}妙,威儀真器。宣毫綴以龍文,/記香名而不墜。大唐乹[乾]符三載二月十三日題于真堂。/

附録一：敦煌邈真贊録文

29. 陰處士邈真贊
P.4660　12. 故燉煌陰處士邈真讃并序

故燉煌陰處士邈真讃并序。/歸義軍諸軍事判官宣義郎守監察御史清河張球撰。/星芒雄角，必膺物而生姿；列宿条[參]羅，誕/半千而降德。以公禀性清廉，志高物外；逍遥別業，留意池亭。雖弱冠從[從]戎，頗/彰於七德；守中居信，弃[棄]三惑於輩[輩]/流。積善餘慶，壽保遐齡，其可謬哉。/既安終於畢世，亦子孫之昌寧[寧]。周旋/薤露之歌，執紼皆嚴於喪禮，而爲/讃曰；風雲秀士，望重始平。孤高卓犖，獨擅其名。遊心物外，守志英靈[靈]。訓嚴衆子，肅穆家庭。/門臻餘慶，終洽遐齡。克儉克讓，高揖辝[辭]榮。/千秋之後，貞石可銘。故燉煌陰處士邈真讃。/

30. 康使君邈真贊
P.4660　11. 瓜州刺史康使君邈真贊并序

銀青光禄大夫檢校太子賓客使持節瓜州諸軍事守瓜州刺史兼左威/衛將[將]軍賜紫金魚袋上柱國康使君邈真讃并序。/河西都僧統京[京]城内外臨壇供奉大德[德]兼闡揚三教大法師[師]賜紫沙門悟真撰。/偉哉康公，族氏豪宗。生知禮儀〈儀〉{儀}{乂}，稟氣恢洪。/凤標勇捍，早著驍雄，練磨星劔，蘊習武功。/虚弦落鴈，射也馮〈逄〉{逢}{冯}蒙。轅門處職，節下高蹤。/助開河隴，有始存終。南征北伐，自西自東。/三場入戰，八陣先衝。前賢接踵，後背〈輩〉{輩}{背}卧龍。/席[薦]其術業，名稱九重。銀章紫綬，魚符五通。/一身崇秩，榮耀多叢。領郡晉昌，百里宣風。/剛柔正直，率下勸農。威稜〈稜〉{稜}{棱}肅肅，治道顒顒。/四嶽諸侯，今猶紹隆。否泰消長，一吉一凶。/懸虵[蛇]邁疾，夢奠云薨。美[美]角先折，木秀先攻。/愁雲靉靆，黤慘碧空。圖形新障[幛]，粉繪真圖〈圖〉{同}{同}。/恬〈恬〉{舔}{恬}筆記事，丕業無窮。/

31. 辭弁邈生贊
P.4660　10. 沙州釋門勾當福田判官辟[辭]弁邈生讃

227

沙州釋門勾當福田判官辭弁邈生讚。/河西都僧統京城內外臨壇供奉大德兼闡揚三教大法師賜紫沙門悟真撰。/沙州釋門法師沙門恒安書。/美[美]矣〈矣〉{矣}{哉}人焉,稟氣自天。狎惡[惡]無性,親善有緣。童蒙割愛,落髮芳年。從[從]師就業,勤恪推先。/行惟中道,不涉兩邊。積穀防飢,儲貯數圇〈圇〉{圇}{囷}。務寄息利,不懇[墾]農田。九九乘除,密解數般。/先尊鐫窟,奇[奇]功有殘。子能継[繼]紹,修飾俱全。/功成九仞,慶設皆圓[圓]。助修大像,勾當廚筵。/始終〈始終〉{始終}{终始}不倦,憎愛無偏。內思紆迴,外直如弦。/慕擾鬱濤,匪戀恬閑。於家治理,眾口俱傳。/釋門僉舉,補暑[署]判官。職當要務,檢校福田。/人嗟畏畏,幹濟乾[乾]乾[乾]。數部般若,紊亂[亂]紛然。/處處零落,散失人寰。收拾排合,教理可宣。/盡歸龍藏[藏],各使犖堅。新崇房院,梵宇連綿。/道場幡蓋,每馥爐煙。援〈援〉{援}{授}筆記事,功不唐捐。/

32. 張興信邈真贊

P.4660 9. 前河西節度押衙沙州都押衙張諱兴[興]信邈真讚

前河西節度押衙銀青光祿大夫檢校國子祭酒兼/監察侍御(史字漏)沙州都押衙張諱〈諱〉{諱}{○}兴[興]信邈真讚。燉煌豪族,墨池張氏。稟氣精霊[靈],懷仁仗義。/政直存公,剛柔雙美[美]。克儉於家,克終於事。/三惑居貞,四知兼避。行存軌軏,孝存终[終]始。/處職轅門[門],功名莫比。入戰三場,能當虎兕。/軍中要害,名勳先紀。禍福有時,一泰一否。/奈何痼疾,精魂忽墜。痛臨墳之一叫,鑾愁雲之四起。/邈生前之影〈影〉{影}{形}像,遺子孫兮〈兮〉{之}{兮}瞻視。乹[乾]符六年九月一日題[題]于真堂。/

33. 令狐公邈真贊

P.4660 8. 前河西節度都押衙令狐公邈真讚

前河西節度都押衙兼馬步都知兵馬使銀青光/祿大夫檢校太子賓客

附錄一：敦煌邈真贊錄文

監察御史右威衛將[將]軍令/狐公邈真讚。沙州釋門[門]法師沙門[門]
恒安書。/英靈[靈]特秀,量達超群。幼而天假,長乃日新。/溫良恭儉,
信義資身。治官清恪,愛富[富]憐貧。/勉修農戰,息馬養人。心堅[堅]
鐵石,志烈情存。/助收河隴,效職轅門[門]。行中選將[將],節下先
陳。/前矛直進,後殿虎賁。三場勇戰,克捷成勳。/入京奏事,聰[聰]耳
知聞[聞]。遞其果敢,印珮[佩]將[將]軍。/年過耳順,世不長春。一否
一泰,一吉一窀。/永辭[辭]白日,掩瘞灰塵。行路傷悼,蹢〈躃〉{躃}
{擗}踴子孫。/臨墳哀慟,聚結〈結〉{結}徒愁雲。邈靈蹤之影像,空祭
拜於明魂。/廣明元年庚子孟夏蔑生十一日〈日〉{葉}{叶}題記[記]。/

34. 陰法律邈真贊

P.4660　7. 沙州釋門故陰法律邈真讚并序

沙州釋門故陰法律邈真讚并序。/河西都僧統京城内外臨壇供奉大
德[德]兼闡揚三學〈學〉{學}{教}大法師賜紫沙門(悟真撰)。/燉煌令
族,高門上戶。稟性聰[聰]靈[靈],天資殊量。/襁褓不群,韶齔[齔]穎
晤[悟]。驅烏落髮,弱冠進具。/能競寸陰,學中規矩。義等鶺鴒,孝悌先
樹。/專精五篇,兼修七聚。戒月圓[圓]明,非塵不汙。/人稱草繫,蛾
[鵝]珠尚護。兢兢惕惕,威儀清苦。/堂堂容貌,風威若虎。克礼〈禮〉
{札}{札}王書,文波談[談]吐。/教誡〈誡〉{誡}{戒}門徒,宗承六祖。
隨機授藥〈業〉{藥}{业},應緣化度。/僉为[爲]領袖[袖],檢校僧務。
釋教棟梁,緇門[門]石柱。/何期示滅,奔流勿駐。贤[賢]兄慟骨,靡陳
心素。/子弟悲哀,歸投無措。既喪導師,迷情失路。/邈之影像,往來瞻
覩。彩筆綴兮龍文,記[記]香名而〈而〉{而}兮永固。/大唐廣明元年
庚子歲六月廿六日題〈○〉{○}{(記)}。/

35. 悟真邈真贊

P.4660　6. 河西都僧統沙門悟真邈真讚并序

河西都僧統京城内外臨壇供奉大德[德]兼闡揚三教大法師[師]賜

229

紫/沙門[門]悟真邈真讚并序。/前河西節度掌書记[記]试[試]太常寺
協律郎蘇暈(撰字漏)。/英靈[靈]神假,風骨天資。夙彰聰[聰]憨〈憨〉
{憨}{憨},志蘊懷/奇[奇]。人驚翫市,物怪[怪]背碑。驅烏慕道,應法
投/緇。精五部而政行,嚴七覺以澄非。練心入理,尅/意修持。寸陰有
競,積雪無虧。三冬敦學,/百法重暉。討瑜伽而麟角早就,攻净[淨]名而
一/攬無遺。縱[縱]辯泉而江河噴浪,騁舌端而脣際/花飛。前賢接踵,後
輩人師。逗根演教,藥病相/宜。洞[洞]明有相,不住無爲。將[將]五時
之了義,剖七衆/之猶疑。趍[趨]庭者若市,避席者風追。不呼而/来
[來],不召而歸。恢張坦坦,閞〈關〉{關}{开}麗巍巍。肅物有威,/表
衆有儀。上交下接,變和衆推。裁詩書而/靡俗,綴牋简[簡]而臨機。贊
元戎之開化,從/轅門而佐時。軍功抑選,勇效駈[驅]馳。/大中御歷,端
拱垂衣。入京奏事,履踐丹墀。/昇階進築[策],獻烈〈列〉{烈}{列}宏
規。忻歡萬乘,穎脱囊錐。/絲綸頒下,所請無違。承九天之雨露,蒙/百
譬〈辟〉{辟}{譬}之保綏。寵章服之好爵,錫符告之殊私。/受恩三殿,中
和對斈[辭]。丕哉休哉,聲播四維。/皇都碩德[德],詩謠諷孜。論八万
[萬]之法藏[藏],破十六之/橫非。旋駕河西,五郡標眉。宣傳敕[勑]
命,俗易風/移。懷瑾握瑜,知雄守雌。其直如弦,其平如砥。/處衆立卓
然之像,弘施豁太簡之慈。六和/御衆,三十餘朞。香風草靡,教誡箴規。
道/樹媚覺花之色,禪庭無乏訓之悲。湊[湊]飛禽而/戀就,萃走獸而群
隨。耳順從[從]心,色力俄衰。/了蟾蜍之魄盡,覩毀篋之騰〈藤〉{騰}
{腾}危。蔵〈蔵〉{蔵}{藏}嘉猷于貽/厥,佁吞鳥兮題兹。雖世諦之虚
幻,然旌教/兮銘斯。沙州釋門[門]法师[師]恒安書。/廣明元年歲次困
頓律中夷則冀生七/葉題记[記]。/

36. 康通信邈真讚

P.4660　5. 大唐前節度押衙康公諱通信邈真讚

大唐前河西節度押衙銀青光禄大夫檢校/太子賓客甘州刪[删]丹鎮遏
〈○〉{○}{}(使)充涼州西界遊弈[奕]/防採營田都知兵馬使兼殿中侍御

附録一：敦煌邈真贊録文

史康公諱/通信邈真讚。/河西都僧統京城内外臨壇供奉大德[德]兼闡揚三教大法師賜紫悟真(撰字漏)。/懿哉哲人，與衆不群。剛柔相伴，文質彬彬。/盡忠奉上，盡孝安親。叶和衆事，進退俱真。/助開河隴，效職轅門。橫戈陣西[面]，驍勇虎賁。/番禾鎮将[將]，删[删]丹治人。先公後私，長在軍門。/天庭奏事，薦以高勳。姑藏[臧]守職，不行[幸]遭宛。/他鄉[鄉]殞歿，孤捐子孫。憐人孖[輟]春，聞者悲辛。邈其影像，銘記千春。/大唐中和元年歲次辛丑仲冬冀生五葉，/從[從]弟釋門[門]法师[師]恒安書。/

37. 曹僧政邈真贊

P.4660　4. 曹僧政邈真讃

入京[京]進論大德[德]兼管内都僧政賜紫沙門故曺[曹]僧政邈真讚。/河西都僧統京城内外臨壇供奉大德[德]兼闡揚三教大法師[師]賜紫沙門悟真撰。/丕哉粹氣，歷〈曆〉{歷}{历}生髦傑。領〈領〉{領}{频}步超群，佩觿多節。/猒[厭]世誼華，預〈預〉{預}{豫}投緇烈(列字誤)。/弱冠進具，戒圓[圓]秋月。/洗濯八塵，永辟[辭]九結。參禪問道，寢食俱孖(輟字誤)。/寸陰靡弃[棄]，聚螢暎雪。溫故知新，玄源妙絶。/仰學惟明，資奚不哲。瑜珈[伽]百法，净名俱徹。/敷演流通，傾城懌悦。後輩疑情，賴承斬決。/入京[京]進德[德]，明庭校劣。敕[勑]賜紫衣，所思皆穴。/旋歸本群[郡]，誓傳講説。葺治伽藍，繩愆有截。/年耆八十，示同殞滅。法皷[鼓]絶音，渠波水噎。/愁雲四起，門人泣血。圖兹影像，往來瞻謁。/銀鈎啜〈綴〉{綴}{啜}兮微詞，記[記]香名兮長設。/中和三年歲次癸卯五月廿一日聽法門[門]徒燉煌釋門[門]法師恒/(安書二字漏)。/

38. 曹公邈真贊

P.4660　3. 曺[曹]公邈真讃

燉煌管内僧政兼勾當三窟曺[曹]公邈真讃。/河西都僧統京城内外臨壇供奉大德兼闡揚三教大法師賜紫沙門悟真撰。/武威貴族，歷代英

231

雄。陳王派〈派〉{派}{泒}息,猶継[繼]仁風。/韶亂[齓]落髮,便事師宗。遨遊八水,斆學三空。/威儀侃[偘]{偘}[侃],詳詳[庠]〈庠〉{庠}{祥}序雍雍。白珪三復,後輩馬容[融]。/戒圓[圓]白月,節比寒松。動中規矩,禀性恢鴻。/僉擢〈擢〉{權}{擢}僧首,上下和同。位高心下,惟謹惟恭。/禪庭蜜[密]示,直達心通。臨壇教授,賴之神聡[聰]。/寛[寬]而得衆,敏而有功。檢校三窟,百計紹隆。/能方能圓[圓],自西自東。巽[冀]法輪而長駕,永舟漈〈濟〉{濟}{漈}於樊籠。/忽遘懸虵[蛇]之疾,俄驚夢奠之凶。倏然示滅,受氣花藂〈藂〉{藂}{丛}。/門徒泣訴,永阻開矇。遐迩[邇]悲悼,一郡歠〈輟〉{輟}{缀}春。/風燈運促,天命不従[從]。文波述其故跡,宣毫記其遺蹤。/

39. 索法律邈真贊

P.4660　2. 金光明寺故索法律邈真讃并序

金光明寺故索法律邈真讃并序。/河西都僧統京城内外臨壇供奉大德兼闡揚三教大法師賜紫沙門[門]悟真撰。鉅鏕〈鏕〉{鹿}{鹿}律公,貴門子也。丹之[塂]遠派〈派〉{派}{泒},親怩則/百従[從]無疎;撫徙〈徙〉{徒}{徙}燉煌,宗盟則一族無/異。间[間]生律伯,天假聡[聰]霊[靈]。木秀於林,財[材]/充工用。自従[從]御衆,恩與春露俱柔;勤/恪忘疲,威與秋霜比麗。正化無暇,兼/勸桑農。善巧隨機,上下和睦。巽[冀]色力/而堅久,何夢奠而来侵。隣人歠[輟]春,闻[聞]/者傷悼。讃曰:/堂堂律公,禀氣神聡[聰]。行解清潔,務勸桑農。/練心八解,洞[洞]曉三空。平治心地,克意真風。/燈傳北秀,導引南宗。神農本草,八術皆通。/奈何夢奠,交禍所鍾。風燈運捉[促],瞬息郍[那]容。/繢像真影,睛盻〈盻〉{盻}{眄}邕邕。請宣毫兮記事,想歿後兮遺蹤。/于時文德二年歲次已酉六月廿五日記[記]。/

40. 杜氏邈真贊

P.4986+P.4660(一)　前河西節度押衙鉅鹿索公賢妻京兆杜氏邈真

附録一：敦煌邈真贊録文

讚并序

  前河西節度押衙銀青光禄大夫檢校國子祭酒兼殿中侍御/史勾當沙州要〈要〉{要}{水}司都渠泊使鉅鹿索公故賢〈賢〉{賢}{○}妻京兆杜氏邈/真讚并序。/河西都僧統京城内外臨壇供奉大德[德]兼闡揚三教大法师[師]賜紫沙門[門]悟真撰。/曰〈曰〉{曰}{日}物惟期壽，爲否泰而潛移;星轉河〈河〉{河}{何}迴，斡播遷而/莫駐。故使恩同天地，猶罕免於分離，義等金蘭，/曷能逃於愛別。何啚[圖]雙鸞對棲，泣藻鏡之孤（碎字漏）。/閨〈閨〉{閨}{門}庭寂寞，悲訓誨之遺蹤。痛貫五情，邈生前/之影像。讚曰：/天資四德，神假三從[從]。巫山玉貌，洛浦姿容。/冝[宜]家婉約，惟敬惟恭。(含和雅雅，佳〈佳〉{佳}{庄}冶邕邕。)桑麻萬壟，緝燭〈燭〉{燭}{(燭)}灯}遺風。/貞慚柳下，絜[潔]順梁鴻。謂龜鶴〈鶴〉{鶴}{□}之比壽，等勁節〈節〉{□}筠(节)/之寒松。柰何殀[夭]喪，交禍所鍾。□□□□，□□□□。/繪生前之影像，想歿後之遺蹤。/

  于時龍紀二年庚戌二月蕣落柒葉記。/

41. 李僧録贊

 P.4640　6. 李僧録讚

  律公即故臨壇三學毗尼教主福慧和尚之嗣姪也。出籠接翼，/觸九霄而入煙霞;皷[鼓]浪南溟，卷洪濤而遊东[東]渚。罕〈早〉{罕}{罕}深禹穴，知九流之泒〈派〉{派}{泒}源。尋闕[闕]里之儒風，識杏壇之雅訓。頤空去執，乃〈乃〉{盡}{盈}知大/教之門[門];暎雪聚螢，以就四科之義。後生可畏，寧俟老成。自揣/不才，而銘讚曰：啚[圖]南之勢，英雄是継[繼]。万[萬]里海門[門]，澐〈雲〉{澐}{云}濤是/制。而處囊錐，其鋒莫蔽。苦學三餘[餘]，心地得髓[髓]。百法篇聚，/仰道十位。四攝威儀，六磨弃[棄]累。心坚[堅]燕石，貞明冲粹。領袖[袖]/燉煌，釋中之貴[貴]。英旄自續，乹[乾]坤不閟。洞覽净名，魔□〈□〉{□}{□}(邪)怖畏。万[萬]代传[傳]芳，緇[緇]徒拔燧。/

233

42. 法心贊

P.4640　7. 法心讚

住三窟禪师[師]伯沙门[門]法心讚。/禪伯,即談廣之仲父也。本自軒门[門],久隨簇斾。三秋獼獵,/陪太保以南征;萬里横弋,執刀鋋於瀚海。既平神鳥[烏],克復/河湟。職業嵩隆,以有懸車之至[志]。數年之後,師乃喟〈喟〉{喟}{谓}然嘆曰:/"樊籠人事,久累沉痾〈痾〉{痾}{阿}(疴)}。佝日赺[趨]名,將無所益。"遂辭[辤]旌戟,/南入洪源。捨俗出家,俄然落髮[髮]。莕年受具,仗錫西還。一止宕/泉,永抛塵跡。戒同朗月,寂入無言。(□□字漏)三衣,唯持一鉢,歲寒自/保,實謂精通。乃为[爲]讚曰:従[從]軍〈軍〉{軍}{事}随[隨]斾兮(□□字漏)东[東]征,(□字漏)凌[凌]霾〈霾〉{霜}{霾}霰兮/萬里揚旌。復河湟之故地,運鶴烈[列]之雄兵〈兵〉{兵}{足}。美[美]軍中之赳赳,/實武幕之將星。东[東]收神武[烏],西接二庭。軍屯偃月,拔幟/柳營。子能頓悟,弃[棄]俗俊名。尋師落髮,割愛家城。洪源受/具,飛錫翱[翱]形。帰[歸]於宕谷,業果精研。有無都泯,濁流本/清。紅[紅]蓮拔淤,俱可有情。同鐫此窟,(金字衍)雕碑刻銘。/

43. 吴和尚贊文

P.4640　10. 先代小吴和尚讚文

先代小吴和尚讚驤撰。/希哉我师[師],戒行標奇[奇]。處中[眾]有異,當代白眉。量含/江海,廣運慈悲。戒珠圓[圓]潔,歷落芳菲。一方法主,/万[萬]國仍希。禪枝〈枝〉{枝}{杖}恒〈恒〉{恒}{恤}茂〈茂〉{茂}{茇},性海澄淤〈淤〉{漪}{淤}。帝主崇重,節/相欽推。都權僧秉,八藏〈藏〉{歲}{藏}蒙施。示疾方丈,世藥難/治。閻[閻]浮化畢,净[淨]土加滋。聲闻[聞]不悟,憂苦生悲。菩/薩了〈了〉{了}{辽}達,生死如知〈知〉{之}{知}。靈[靈]神證果,留像威儀。名传[傳]万[萬]代,/刼石難移。/

44. 張懷政邈真贊

P.3288+P.3555A 河西節度馬步都虞候銀青光祿大(夫)檢校太子/賓

附録一：敦煌邈真贊録文

客兼監察御史上柱國張懷政邈真/贊并序。節度判官宣德郎兼御史中丞柱國清河張球撰。□□□。/

45. 某府君邈真贊

P.2913V° 1. 某府君邈真讚（2-1）

□□□□銀青光禄大夫檢校國子祭酒兼殿□□□真讚。/□□□□，□□□□。□弘得衆，行直如弦。爲官清政，/□□□□。□□□□，□□田單。天生聡[聰]俊，九譯之端。/□□□□，□□□□。□□鐵石，敵陣於〈於〉{於}{冲}先。曾趂[趨]{趨}鳳〈鳳〉{鳳}{风}□，/□□□□。□□〈□〉{無}{□}靈跡，寫舊容顔。直筆書〈書〉{書}{当}詠，用留後□〈□〉{贊}{□}。/

46. 吴和尚邈

P.2913V° 3. 吴和尚邈真讚

大唐燉煌譯经三蔵[藏]吴和尚邈真讚。/弟子節度判官朝議郎檢校尚書主客負[員]外郎柱國賜緋鱼袋張球撰。/卓哉辯士，大國王師。洞[洞]贖典奧，峭然天機。博[博]覽萬杼〈杼〉{抒}{抒}，定四威儀。/鷲峰秘蜜[密]，鹿菀伽維。聖流空旨，綽謂深知。一宗外曉，三蔵[藏]内持。葉流寶字，傳譯唐書。潛不可測，浅不可違。戎王贊普，瞻仰禪墀。/詔臨紫塞，鴻澤庼熙。黄金百溢，馹使親馳。玄門至妙，浩渙稱奇。/自歸唐化，溥福王畿。太保欽奉，薦爲國師。請談維〈唯〉{唯}{维}識，發耀光輝。/星霜不易，説盡無依。化周不住，緣散則離。乘[乘]杯既往，擲鉢騰飛。/兜率天上，獨步巍巍。唐咸通十年歲次乙丑七月廿八日題[題]記。/

47.

P.3556 1. 康賢照邈真贊

河西管内佛法主……□〈□〉{□}{（沙門）}□□□/城名宗，燉煌

235

|囗〈囗〉|囗|豪|族。|囗囗囗|/不戀煩囂,囗〈囗〉|囗|长|囗〈囗〉|囗|
|习|捐〈捐〉|捐|损|簪[簪]。/遂得進〈進〉|囗|囗|懷,戒〈囗〉|文|
|戎文|皎皎似秋月斉[齊]圓,|囗囗囗|/|囗〈囗〉|囗|鴻|以春光競彩。精
通萬法,辯囗囗〈囗囗〉|囗囗|(若河)/|決争[爭]流;龕曉千門[門],谈
[談]如〈如〉|如|○|傾盆競涌[湧]。蓮/花三座訓迷邪,指中道真如;
师[師]子五昇化〈化〉|化|花|姿|昏愚,悟頓途性相。談[談]空纔暇
〈暇〉|暇|假|,乃思有/相之因;隨衆分身〈身〉|身|方|,共〈共〉|共|
|故|表衆生之果。況知色塵号[號]假,色身〈身〉|身|乃|示有成生;法
體号[號]空,應法還爲寂滅。圖聖真绵[綿]|帳,同從[從]來|𣲖|〈囗〉|
|囗|仪。捧慈/尊,寫靈質〈質〉|質|贤,頂冠預,終身〈身〉|身|
|乃|瞻依供〈供〉|供|囗|養〈養〉|養|丽。謹〈謹〉|謹|囗|/於邈
影上接,敬〈敬〉|敬|散|畫〈畫〉|畫|画(花)|當來下生彌勒尊佛,/兩
邊畫十一面觀世音菩薩、如意輪菩薩、大聖文/殊师[師]利、大聖普賢
[賢]菩薩等各壹軀,并以/丹青絢〈絢〉|絢|徇|彩,朱粉形〈形〉|開|
|形|容。紫磨成垂足之琜[珍],寶墨舒遍溥〈溥〉|溥|傳|霑〈霑〉|霑|
|露|之〈○〉|○|囗|照。慈威晃耀,/似從兜率而初〈初〉|初|福|來;
寶座煌煌,擬〈擬〉|擬|似|降龍花而節會。/觀音救済[濟]、済[濟]拔
苦危而獲安,如意心輪,輪轉衆〈衆〉|衆|何|生/而達岸。文殊囗〈囗〉|
|囗|文|囗〈囗〉|囗|則,侍聖助贊教門[門];極位普/賢[賢],隨類
宣揚闡[闡]化。匠〈匠〉|匠|囗|来[來]竒[奇]|妙,筆寫具三十二相無
虧;工召幽仙,彩莊而八十衆〈種〉|種|众|好圓[圓]滿。福事/將畢,非
獨已彩會〈繪〉|益|绘|影〈影〉|家|影,直〈直〉|直|真|亦资[資]
助/君王,永保延祥獲吉。厶乙釋中才荒,忝侍門/[門]人,奉讚難勉
[免],固|辟|辭狂简〈簡〉|圖|简(斐然),乃为|爲|頌[頌]曰:/如来
[來]膺聖,化利無邊。周星西盛,漢月東[東]傳。/三界稱首,十地功圓
[圓]。分身〈百〉|百|万|億,拔济[濟]三千。遺留像法,政末〈末〉|
|末|未|除〈除〉|除|佺|偏。囗〈囗〉|囗|囗|囗|之莫測,囗〈囗〉|囗|

附録一：敦煌邈真贊録文

{会}之無言。/河西教主,蓮府英贤[賢]。悟虛審假,曉示因緣。/上圖靈像,永捧福田。下題形影,頂〈頂〉{恒}{頂}禱〈禱〉{禱}{祈}香壇。/蓮花座上,廣度梨[黎]元。四衆頂受,二部恭〈恭〉{恭}{慕}虔。/降龍制〈制〉{制}{伏}虎,出自陲〈陲〉{陲}{惱}邊。遇緣〈緣〉{緣}{□}羊鹿,跪〈跪〉{跪}{能}聽尊前。/將[將]承供養〈養〉{養}{素},保壽千年。龍花三會,九品紅蓮。/

48. 張安左邈真贊

P.3633V° 3. 張安左邈真贊

西漢金山國左神策[策]引駕押衙兼大内支度使銀青光禄大夫檢校國子祭酒御史/中丞上柱國清河張安左生前邈真讚并序。/大宰相吏部尚書兼御史大夫張〈厶〉{厶}{〇}撰。/(□字漏)〈公〉{□}{□}(□字漏)〈字〉{□}{公}玉裕稱安左,其先燉煌人也。少▢▢懷清慎,已有曾敏〈閔〉{□}{參}之/風。長則立志貞明,謙恭徇義。以〈與〉{與}{以}朋友交,言而守信。後生/可畏,以〈與〉{以}{如}松柏而無差;心鏡高懸,將[將]蟾蜍而並照。/□□入仕,累歷三朝〈累歷三朝〉{累歷三朝}{□□□□};久侍宮闈,俄然四政。論功效德,不媿於王常;卓然肅容,比蕭何於關〈關〉{關}{昊}内〈内〉{内}{灯}。以公潔冰。/▢▢□〈□〉{□}{于}以時瑚璉銘記,君王感德,仁/▢▢恭入仕,为[爲]官不私於己,曳/▢▢極利用。唯公出入宸居,/▢▢内外,家人無怨黷之詞[詞];出納[納]均平,/▢▢有盈竈之〈絲〉{絲}{深}。/性唯烈直,剛志不謝於王〈王〉{王}{玉}珪;轉運資官,寔/有弘陽[羊]之作。公[功]名既就,用紀生前。命丹清〈清〉{滿}{青}以圖〈形〉,勒高蹤於雅深。余自愧才非通人,更業寡縑〈縑〉{縑}{傔}緗〈緗〉{緗}{湖},志之宗人。/▢▢儵然。/直能禳災,其義不惑。大哉君子,納忠於國。/是有張公,寬仁蘊德。事君盡忠〈忠〉{忠}{义},徽名□□。/□年〈年〉{年}{□}入仕,食君之禄。闕下納勤,皇恩累□〈□〉{□}{加}。/□□内外,倉盈廩

237

[廩]粟。常守□〈□〉{□}{公}□,不移晷刻。君王見奬[獎],恩波相續。功業已成,酬恩未足。/念生前而歎息,命畢書功,继[繼]嗣我宗。/傳之諸子,無墜家風。勒銘貞石,千秋普同。/□日一鶴,其唯我公。心如朗月,照當長空。/筆不能載,言不能窮。略竭鄙陋,以贊功曹〈曹〉{庸}{业}。/

49. 氾福高邈真贊

P.3556　2. 氾福高邈真贊

大唐勑授歸義軍應管内外都僧統充佛法主京城内外臨壇/供奉大德[德]兼闡揚三教大法师[師]賜紫沙門[門]氾和尚邈真贊并序〈并序〉{并序}{○○}。/和尚俗姓氾氏,香号[號]福高。騏降鳳祥,燉煌人也。/雖非承桂降質,而法〈法〉{□}{法}胎〈胎〉{胎}{船}不侔衆凡[凡];雖不龍沐步蓮,襁褓舉世有異。然顶[頂]虧紺螺瑞髻,旋文乃偹而黑蜂。然手缺膚相輞縵,引〈引〉{引}{○}臂垂肱而覆膝。河西應法,如烏曇拔[缽]花虛[稀]逢;/末代利■〈□〉{□}{止},如卞壁沉湘難遇。和尚乃生之奇[奇]異,/母乳而了別莘[辛]薰;長自天聰[聰],卯歲而虛〈虛〉{虛}{乃尘}埃永罷。/儒宗習礼[禮],三冬豹变[變]而日新;一覽俱彰,七步成诗[詩]而月異。/書文龍飛水走,鷙鸞靡比於今時;走筆立/動風煙,遠鵠豈誇於世。遂乃韜龀落髮,歸依極/教之風;立政摧邪,頓證中途〈途〉{途}{途(道)}之理。清貞進具,四分了了於心臺;守節無非,十诵[誦]明明於意府。随[隨]身一鉢,/悟貯貨而芭蕉;房具三衣,弃[棄]餘资[資]而聚沫。/尋经海[阙]闕,德[德]高龍樹之雄名;帝釋谈[談]章,行越世/親之盛美。温良俊彦,施六和〈和〉{如}{如}清衆之弘柔;特達[英]能,紓四攝勸迷之善述。故能須彌案〈案〉{案}{□}上,九會/谈[談]演而花嚴;七寶床〈床〉{床}{床(房)}中,三座廣宣而實理。文開百/法,通依说[説]盡瑜珈;論立千門[門],合理指为[爲]本地。有/緣化度,等深優婆鞠多;随[隨]類開昏,鄰亞净[淨]名/大士。澄心在定,山岳

238

附錄一：敦煌邈真贊錄文

[嶽]無移；練意修禪，海涯■〈□〉{□}{馳}曉。/洎金山白帝，國舉贤[賢]良，念和尚以[與]衆不群，/寵錫恩榮之袟〈袟〉{秩}{秩}，遂封内外都僧統之號，兼加河西/佛法主之名。五郡稱大師再生，七州聞〈聞〉{闡}{闻}法王重見。爰/至吏部尚書秉政燉煌，大扇玄風。和尚请[請]〈请〉{請}{清}座/花臺，倍敬國師[師]之礼[禮]，承恩任位，傳〈傳〉{經}{传}法十五/餘年。天花未現於黄菱，寶樹無聞[聞]而变[變]鶴。和尚/忽思雙林示疾，降十夢於中天。分骨茶[茶]毗，散七/花於異域。故我大師[師]圖形留教[影]，弟子固合奉行，/遂慕[募]良匠，丹青乃繪生前影質。日掩西山之後，/將[將]爲虔仰之真儀；月流東海之昏，狀表平生之法會。/福佑門[門]人之内，業寡荒蕪〈蕪〉{蕪}{莠}，謹奉師言，輒为[爲]/狂簡，其辝[辭]曰：師[師]之皃也，日月同輝。師[師]之德[德]也，海嶽無移。/生之異衆，本自祥夔〈夔〉{□}{夔}。云之奇俊，挺特蓮熙。/神资[資]鳳骨，六藝隨軀。文星降質，應筆張芝。/情〈情〉{情}{晴}企大教，恒慕所歸。捐冠習念，立證龍威。/三乘瓬阐[闡]，海口波馳[馳]。/五乘窮曉，智慧解癡〈癡〉{癡}{凝}。/河西法主，七郡欽持。釋門[門]都統，四道瞻儀。/師[師]子座上，立教三时[時]。蓮花會下，攀望禪枝。/圖形綿帳，亦度迷愚。百年之後，永奉所依。/

50. 張善才邈真贊

P.3541V⁰　唐故歸義軍釋門管内正僧政兼闡揚三教大法賜紫沙門張和尚邈真贊

　唐故歸義軍釋門管内〈釋門管内〉{釋門管内}{管内释门}正僧政京城内外臨壇（供奉大德毗尼藏〈藏〉{藏}{教}）/主兼闡揚三教大法師[師]賜紫沙門[門]張和尚（邈真贊并序）。/師俗姓張氏，香号[號]善才。誕迹[跡]（□〈□〉{□}{亮}□，□□□□。□〈□〉{□}{(幼)}）/居襁褓，以[與]衆不群；長至〈至〉{至}{生}韶年，超（□□□。□□□）歲，辝[辭]眷而樂出家，弱冠之齡，習業（□□□□。□）/乘瓬〈瓬〉{瓬}{岁}曉，窮海藏[藏]而該通；三教俱明，罄龍宮而遍/覧。故得懸谈[談]

239

萬法,波濤不滯於傾盆;剖釋千门[門],/馳驟豈殊於海决[決]。破邪迷而執有,指有而不有之/途;定漸次而澄空,建空而不空之道。持真弃[棄]偽,/將傳極位之風;済[濟]末扶危,尤膺深慈之化。遂乃/霊[靈]啚[圖]守行,冬夏不失於安居;葺治鴻資,春秋/靡乖而舊積。所以芳聲遠播,元戎擢法律/之班;秉儀五壇,重錫奨[獎]三窟之務。委司任後,溫恭/不懟於來人;拾有五年,清政恐懷於私巳[己]。仙巖再/餙,祥烏〈烏〉{烏}{鳥}送〈送〉}送}}延{喜而排空;寶樹新栽,山僧呈疑而溢/路。洎金山白帝,闻[聞]师[師]守節英明,時遇三/界摧殘,请[請]移就住建立。官寵釋门[門]僧政,兼賜/紫綬恩榮,仍封京城內外之名,別列臨壇闡/揚之號。奉命届〈届〉届}}界}此,僅經九秋,除古新崇,畢工/六所。況且臨隙壞寺,化成鴈塔祁[祇]園;癈業疲徒,/合衆全爲龍象。方欲須弥[彌]座上,立馬鳴之高蹤;/師子案中,留世親之盛德。奈何化周現疾,衹婆頂謁/而遥辝[辭];示滅同凡,日暮嵎山而可駐。別親告姪,勸尋/半偈之靈[靈]文;遺囑門人,只念送師而捨泣。感傷數/衆,歎之無窮;悲悼傾城,念之不息。寫真绵[綿]帳,/用祀標尊。祐忝寡才,奉讚不畢。其词[詞]曰:/偉哉釋首,间[間]代英賢。竒[奇]聡[聰]神異,膺世半千。/龍沙貴族,舉郡高源。辝[辭]榮割愛,披削情□。幼能進具,秋月同圓[圓]。長成守道,非而不言。/三乘通達,八藏[藏]俱詮。波濤海□〈□〉}□}{口},馳驟心□。乃〈乃〉兀}}乃}居西寺,蘊業周旋。清〈清〉}清}□□□□,□□□□。/講堂裝餙,採樣中天。兩廊□□,□□□□。/河西法主,中國流傳。昏迷炬燭,□□□□。/官超僧政,班列頭〈頭〉}頭}}頂}邊。衣榮服紫,□□□□。/方保遐壽,大教親宣。何啚[圖]逝速,卞璧□□〈□□〉□□}}(沉湘)}。飛登初〈初〉}初}福}地,歸依四禪。中間去住,捧足紅[紅]蓮。/長途杳杳,再覩邊邊。雙林變鶴,七衆哀纏。千僧歎美,泣淚潺湲。四部無望,失緒愕然。/門人痛切〈切〉}切}}刎},哽噎悲煎。龍□〈花〉}花}}华}會上,奉結良□(緣)。/圖形寫影,無異生前。宗親永祀,不绝[絕]香煙。/

附録一：敦煌邈真贊録文

51. 羅通達邈真讚

S.4654　羅通達邈真讚并序

　　唐故歸義軍節度衙前都押衙充内外排□〈□〉{□}{}（阵）使銀青/光禄大夫檢校左散騎常侍兼御史大夫上柱國豫章羅/公邈真讚并序。管内釋門[門]法律通三學大法師[師]知都判官沙門[門]福祐撰。/豫章公諱通達,字琇懷。公乃負彫鶚之性,出自豪/宗;兼鴻鵠之能,英門貴子。少而異俊,深知礼[禮]樂之芳;/長倨雄才,窮曉黄公之術。家行五教,每嚴訓/子之風;固守四儒,衆歡縣魚之政。故得文成玉雪,/不映而贊〈贊〉{贊}{貿}千張;武亞金星,弦鳴而空墜鴈。/練兵九拒,終朝不暇於蒐軍;/訓將[將]〈將〉{將}{传}六奇,寝鐵無〈無〉{無}{器}虧于戰塞。/洎金山王西登九五,公乃倍[陪]位台[臺]階,英高國相之班,/寵奬[獎]股肱之美。遂乃于闐路阻,擦〈擦〉{擦}{瑳}微艱危。/驍雄點一千精兵,公以權兩〈兩〉{兩}{南}旬〈旬〉{旬}{通}便〈便〉{便}{迳}至。於是機〈機〉{機}{境}宣韓白,謀運張陳。/天祐助〈助〉{助}{順}盈[贏],神軍佐勝。指青虵[蛇]未出於/匣,蕃醜生降;表白虎纔已臨旗,戎虻伏死。彎□〈□〉{□}{}○一擊,全地收兩城;迴劍征西,伊吾殄〈殄〉{殄}{弥}掃。方保延齡固壽,/輔主輸忠。奈何疾邅〈邅〉{邅}{遞}伏床,掩歸大夜〈夜〉{夜}{夜(野)}。嗚呼！良材斯折,泣弘演之忠貞;英明早亡,歎耿[耿]恭之絶〈絶〉{絶}{□}/跡。悲嗟路博,巷〈巷〉{巷}{愁}爲〈爲〉{爲}{伤}不春;哀悼亞夫,鄰人〈人〉{人}{□}罷杵。貴〈貴〉{貴}{賢}孤〈孤〉{孤}{□}孫[□]〈□〉{□}{}孝子,望朱門[門]而不迴。圖形寫真,流萬固[古]而永祀。/余奉讚記,不勉[免]所邀。自愧挈瓶,乃为[爲]辭[辭]曰：▭。/

52. 張喜首寫真贊

P.3718 8. 梁故管内釋門張和尚寫真贊并序

　　梁故管内釋門僧政臨壇供奉大德兼闡揚三教大法師賜紫沙門張和尚寫/真贊并序。都頭知上司孔目官兼御史中丞上柱國杜太初撰。/和尚俗

241

姓張氏,香号[號]喜首,即先〈先〉{先}{○}首〈首〉{○}{首}廳宰相檢校吏部尚書張/公之中子也。師自幼出家,業優顏曾〈曾〉{魯}{曾}。澄清皎潔,戒珠曉朗/於冰霜;洞達幽微,闡揚名端而別眾〈衆〉{衆}{詠}。文則親持越髓,儒/鋒傑辯,鴻深法門[門],數播當時,便是優波之子。十載都司/管内,訓俗處下方圓[圓]。累歲勾當五尼,約〈約〉{約}{終}身鋼[剛]柔兩用。故知心/明冰鏡,理物上下勻停;賢獎幽闇能全,姑務例同平直。遂/遇尚書譙公,秉政光曜,大扇玄風,舉郡以薦賢良。師乃/最稱弟一。請弃[棄]逐要之司,轉遷釋門僧政。和尚寵加紫綬之秩,葉[業]/超日日漸新;兼獎供奉大德之榮,奇才月月盛茂。贊歎一塲法口〈口〉{口}{事},/靈〈靈〉烏〈烏〉{烏}{鸟}下聽翔飛。宣白釋門要關,徒衆千僧自悚。四分心臺了了,/八索趄[趨]驟以來[來]迎;十誦意府明明,九丘波濤而湧出。筆動則/鵲駭雲際,沿紙錦繡而盈箱。指硯則鶯鷩碧霄,/珠玉豐榮於案側。百法該通,本地有緣,化度開迷,瑜珈[伽]大論。千門隨類,/勸除昏路。資持一鉢,悟貯積而虛空;房實三衣,睹雨庭而聚/沫。捨危就安之政,地水火風不調。疾〈疾〉{疾}{疫}既集於膏肓,命逐隨於/秋葉。祥花蔫萎,難以再榮;芳樹霜凋,叢林變色,日掩/西山將[將]暮,門人粉[焚]骨荼毗。日流東海之昏,親枝慟傷雲鴈。初/以挈瓶之器,悵戀意下顏低〈低〉{低}{任}。一歲以喪二賢,天不〈不〉{不}{下}恤於愚昧。奉簡枉[狂]題,聊爲頌曰:奇哉法獎〈將〉{獎}{將},江淮比量。處衆不群,/具足人相。舌動花飛,言行中讜。儒林袖領〈領〉{領}{碩},釋門[門]師長。/父哲前賢[賢],子接後響。問[問]一知十,辯端明朗。威儀侃侃,/神容藹藹。筆述難窮,繪真绵[綿]帳。四時奠謁,千秋瞻/仰。已卯歲九月二日題记[記]。/

53. 閻會恩邈真贊

P.3630+P.3718　大梁故河西管内釋門[門]都僧政會恩和尚邈真贊
　　大梁故河西管内釋門[門]都僧政兼毗尼蔵[藏]主京城内外臨/壇供奉大德[德]闡揚三教大法師賜紫沙門[門]香號會恩/俗姓閻[閻]氏和尚

242

附錄一：敦煌邈真贊錄文

邈真贊并序。/釋门[門]三教大法師沙门[門]紹宗述。故和尚乃太原鼎族，應質降誕於龍沙。西裔高枝，寔燉煌之大蔭。驅烏俊乂，智亞童兒。/悟佛教(而)頓捨煩誼，鍊一心而投師慕道。自從進具，威／儀不失於三千；得受戒香，駐想匪亡於八万[萬]。開遮七衆，定意懸合於聖心；潔懇五篇，禁約不非於草/繫。精閑[閑]秘典，包含惣覽於三乘；演暢毗尼，八藏[藏]每／談於海口。姿神挺特，帰[歸]趣渴仰而恒時；黔[鈐]轄僧尼，四部趨馳而有望。崇修古跡，立新改古於洪基；継[繼]紹緇/倫，終始寬弘而覆衆。資財蓄積，年常只守於三／衣；分寸有餘，賑給溥均而一概。慈悲作室，不顧我緣。方申論鼓／之聲，未超蓮花之會。意願同延初劫，保闢空門[門]；何/期早弃[棄]凡间[間]，速生極樂。苦辝[辭]四衆，一別宗親。徒弟/侃侃而傾心，合郡結然而泣淚。宗且釋中下旴〈旴〉|旴||昈}，自揣不才，/奉命題褒，難贊奇德，而爲頌曰：□本豪族，五郡崇枝。霊[靈]靈童猒[厭]俗，志樂无爲。/幼年落髮，弱冠從師[師]。遍尋經論，探頤幽微。/自從進具，一覧無遺。冰冰戒月，皎皎鵝珠。间[間]生龍象，清衆白眉。深通妙理，悦意禪池。/慈雲溥潤，法雨恒施。開遮七衆，調伏兇非。/驤高領袖，鈐轄僧尼。公名肅肅，道行巍巍。/精神爽朗，滿境英奇。辯如海口，五郡咸知。/紹隆爲務，葺建洪基。方保榮禄，流演釋儀。/佳聲未響，現疾今時。頂辝[辭]二部，委付無依。/宗親告別，晷刻難移。門徒號叫，俗侶興悲。/冰壺缺角，法寶頓虧。黃雲暗黲，蟾影無輝。/驗[儼]然端坐，現跡達池。奉旨書詠，用記霊[靈]威。/于時大梁貞明九年歲次癸未五月乙巳朔廿三日丁卯題記。/

54. 索律公邈真贊

P.3718　13. 鉅鹿□公邈真贊（27-19）

鉅鹿律公，貴門子也。丹墀遠泒〈派〉|派||泒}，親怩/則百従[從]無踈；撫徔〈徒〉|徒||徔}燉煌，宗盟則一族無異。竒[奇]/謨匠伯，天假聰[聰]靈。木秀於林，材充工用。一従[從]／御衆，恩以[與]春露俱柔。勤恪忘疲，威以[與]秋/霜比麗。善巧隨機，雅合四衆。巽[冀]色力而堅

243

［堅］／久,何夢電［奠］而來侵。瞻影難停,俄然殞逝。／讚曰:堂堂律公,稟氣神聡［聰］。出自清潔,洞曉三空。／練心八解,尅意真風。傳燈鹿苑,導引南宗。／柰何夢電［奠］,交禍所終。會［繪］真形於绵［綿］帳,畾［圖］生像／於儀容。依俙玉兒,想滅遺蹤。／于(時)唐同光三年七月十五日題記［記］。／

55. 張清通寫真贊

P.3718　9. 唐故燉煌令張府君寫真贊并序

　　唐故宣德郎試太常寺脇［協］律郎行燉煌縣令兼御史中丞上柱國／張府君寫真(贊并序)。都頭知上司官兼御史中丞上柱國杜(太初撰)。／府君諱清通,字文信,裔派〈派〉｛派｝｛泒｝臨池,燉煌人也。季［年］初別俊異傑,天／聡［聰］神童。智效先成,韶齔［齔］早能立事。齡猶二八,辯對響／應無窮。大中赤縣沸騰,駕行西川蜀郡。使人阻絕不／通,星〈星〉｛星｝｛律｝｛律〈律〉｝｛律｝｛星｝有餘。累奉表疏,難透秦關數嶮［險］。公乃獨擅,不憚／劬勞。率先啓行,果達聖澤。五迴面對,披陳西夏之艱危。六度親宣詔諭,而丁［叮］寧［嚀］頗切。奏論邊懇,申元戎憂／國之心。向化伏勤,萬里報平安之火。迴臨劍閣,登千山,望嶽占星。／駱驛傳驦［鑣］,涉長溪,來還本府。使司酬獎,牒舉節度押／衙。以念清慎公忠,兼委左廂虞候。一從要務,俄歷數十季［年］間。梁／上休晝伏之人,蕫中絕夜遊之子。黃沙室內,經歲［歲］皆空。囧囧圓［圓］／扉,常然寂静。公之審意思趙壁［璧］,每慮神羊;事聽再三,／操丹筆念齊葵感泣;憂人断［斷］決［決］,弃［棄］曲收直,無邪執理,當途豈懼勢／情逐要。公之雅則,府主每嘆。英明克己,奉國無私。衙舉燉／煌縣令,光榮墨綬,荏蘵以［與］王奐同季［年］。製錦靈［靈］符,百里扇仁風／訓俗。童謡［謠］三異,奉尚書政化字人。次管五城,守明君再安之／道。軍糧豐贍,收租貯積盈倉。出納無私,蘊蓄五六餘載。深諳〈諳〉｛諳｝｛暗｝／户口,差條繩直均平。量〈量〉｛量｝｛置｝器方圓［圓］,恤寡先矜下弱。主持〈持〉｛持｝大｛大〈大〉｝大｛柄｝柄〈柄〉｛柄｝｛持｝,覆算無／虧於升圭。嗟之清廉,人間罕匹。文經

244

附録一：敦煌邈真贊錄文

武緯,勇冠暎古掩今。美之盛/季[年],忽遇懸虵[蛇]將[將]逼。千方料疾,竟無驗於减瘵。百術醫治,固/難容於有限。哀傷九族,悲兮隴水重添。慟哭六親,淚垂〈垂〉|垂||重|珠而/盈把〈把〉|把||杞|。孤男執紱,號天岡極心摧。稚女含涕,疨〈疨〉|疨||瘠|悼肝腸[腸]寸斷[斷]。余/同班之下,泣血交併,無以答懷,狂〈狂〉|狂||枉|簡數行,聊爲贊曰：/公之清也,淮海同源。公之廉也,如月初圓[圓]。幼齡別衆,不益不言。/英雄輔國,捷逹榮邊。大中之載,駕行西川。公能盡節,面對龍顏。/詔宣西夏,溥洽遐藩。獎遷重務,鐵石心堅。六街怗静,/罷息牛奸[奸]。僉之縣宰,理物周旋。白烏〈烏〉|烏||鳥|俄集,翔及青鸞〈鸞〉|鸞||亶|。/甑塵動詠,大論烹鮮。貞之潔己,庭鵲何喧。倉廩告/實,貯積根盤。十一之税,指掌無偏。圖真綿帳,猶想可觀。/三時奠謁,千秋万[萬]年。/

56. 渾子盈邈真贊

S.5448 唐故河西帰[歸]義軍節度押衙兼右/二將[將]頭銀青光禄大夫檢校國子祭酒兼/御史中丞上柱國渾厶甲邈真讃并序。(9-11)/

府君諱子盈,字英進。門[門]傳鼎族,歷/代名家,行播人間[間],神聰[聰]膺世。弱冠/入士[仕],處苦先登。每精六藝之詞,身負/六[三]端之羙[美]。英才雅智,獨出衆於/燉煌。德[德]業日新,振佳聲於鄉[鄉]里。念/兹公幹,給賜節度押衙,兼百人將[將]務。更能奉公清謹,茸練不闕〈闕〉|闕||厥|於晨昏。教訓軍戎,士卒驍雄而捷勇。妙/閑[閑]弓劍,歷任轅門[門],習黃公三略之/才,蕴韓白六韜之術。眠霜卧磧,/經百戰於沙場。疋[匹]馬單槍,幾播〈拌〉|播||播|主/〈生〉|主||主|於蓮府。明閑[閑]礼[禮]則,傳戎音得順[順]/君情。美[美]舌甜唇,譯蕃語羌渾歎羙[美]。東南奉使,突厥見者而趍[趨]迎。/西北輸忠,南山闻[聞]之而獻頓。啼猿/神妙,不虧慶忌之功。泣鴈高蹤,共/比由基之妙。遂使於家孝悌,晨昏/定省而不移。昆季之情,讓棗推梨而/無闕。方欲盡忠竭節,向主公勤,何/期宿業来[來]纏,桑榆競[競]逼。肅

州城下,／報君主之深恩。白刃相交,乃魂亡於／陣下。三軍戀惜,九族悲啼。二男灑淚／於千行,雉[稚]女哀號而滿路。恩奉邀／命,自愧不才,略述芳名而为[爲]讚曰：／间[間]生傑俊,國下英賢。三端出衆,六藝俱全。／幼而從[從]仕,勇猛貞堅。弓開泣[鴈],矢發啼猿。榮遷將[將]務,治理／周旋。東收張掖,左入右穿。玉門[門]破敵,／血滿平田。明閑[閑]軏[軌]則,傳譯蕃言。能／降突厥,押伏南山。肅州城下,擐甲衛／先。天何不祐,魂皈[歸]逝川。男女哀喧,泣淚潺潺。邈題真影,芳名永傳。／厶年厶月〇〈〇〉{〇}{厶}日題记[記]。／

57. 陳法嚴邈真贊

P.3556　3. 内外都僧統陳和尚邈真贊

和尚俗姓陳氏,香号[號]法嚴,即先大唐三蔵[藏]卌〈卌〉{世}{卅}代之雲孫矣。福生有胎,燉煌／人也。髻亂[齓]落髮,處世不侔衆九[凡]。龍像[象]英資[姿],如烏曇鉢花稀遇。體隆二六,引臂／有覆膝之竒[奇]；異相端然,鶉首傑天聽之瑞。虚〈虛〉{虛}{星}塵永罷,了別薰莘。比金地琳瑯,／等祇園梓杞。三各[冬]豹變,葉[業]就儒宗；一命成資,摧邪頓政[正]。清貞守節,衣鉢外而無／餘；聚散浮雲,悟世榮而水沐。蘭芳馨馥,遍布人倫；如秤之平,表均釋俗。冰／壷[壺]皎潔,信義終身。採葵之道昭然,顧貧之交朗著。交宣百行,孔氏再／誕今時；義冨[富]寶山,法蘭降臨紫塞。尋經海關,德[德]高龍樹之名；帝／釋談藪,行越誌公之羙[羡]〈羙〉{美}{美}。温良恭儉,畫〈畫〉{畫}{画}匡大國之權；六和弘柔,霄〈宵〉{宵}{霄}暢梵／天之術。應緣化度,説盡瑜珈[伽]；隨類開迷,勸導萬法。洎金山白帝,國舉／賢良,念和尚雅望超群,寵錫恩榮之袟[秩],爰至吏部尚書,秉政／蓮府,大扇玄風,封賜内外都僧統之班,兼加河西佛法主之号[號]。遂邀／和尚,請就花臺。四部畏威,倍敬國師之禮。虔迎頂送,出入鍾皷[鼓]而交鳴；／信受奉口,往來樂音而合韻。師子座上,廣済[濟]群生；閻浮案前,牢籠／未[末]代。承恩任位,近經十有餘年。忽乃鷂[鶴]變林間,花殘寶樹。化周已畢,／示滅同九[凡]。魂遊净

246

[净]城〈域〉|城||城|之宫,魄逐龍花之會。辟[辭]親別姪,千万[萬]向國輸忠。遺囑[囑]/門徒,只願送師而捨泣。哀傷行路,歎之無窮;悲悼傾城,念之不息。太初久蒙見/獎,無以答懷。狂簡數行,聊爲讚曰。/

58. 張明集寫真贊

P.3718　1. 唐故歸義軍南陽郡張公寫真讚并序

唐故歸義軍節度押衙銀青光禄大夫檢校國子祭酒兼侍御史上柱國/南陽郡張公寫真贊并序/郎君諱明集,字冨[富]子,即今河西節度曹太保親外甥也,都頭知内/親從[從]張中丞長子矣。公以門傳軒冕之宗,蓮府瓊枝,家承閥閱之/貴。少如[而]習禮。頓(□)吐鳳之才;長具三端,早備六全之藝。英明守孝,七歲懷/橘而將[將]歸,特達持忠,十二歷危而許國。故得彎弧掌内,雲鴈/愁以悲空;指矢臨弦,猿泣鳴而淚血。南山偷路,公乃先行;對陣臨鋒,/前盪後出。兇[匈]奴膽輒〈憎〉|憎||輒|,波迸星流。曰[因]慈[兹]雄名聲震,美播寰中。/太保酬勞,賞遷重疊。去載大軍開路,公常佐在/台[臺]前,晝夜不離,諫陳異計。張掖城下,效勇非輕,左旋右抽,曾/何介意。臨機變築[策],過良將[將]之深謀;洞[洞]達英籌,透韜鈐[鈐]之武/略。居高當勢,意下心低。礼[禮]法趍[趨]蹐,無間乖失。可謂鏗錢[鏗]壽/老,豈藉於延齡;顏子早終,誰思而速逝。纏眠[綿]痾疾,万[萬]計尋師;累月醫料[療],千方進藥。天命有限,難捨去留。臨終之日(□),別父母,永謝長辤[辭]。/遺叔姊[姊]妹弟兄,千万[萬]無因再覿。二親號天泣血,倚門相望兒不來。小/娘子叫地摧〈摧〉|摧||摧(搥)|胸,我兄何往而不見。隋珠墜水,趙壁[璧]沉泉。余拙寡文,/聊爲頌曰:奇[奇]哉郎君,越衆超郡[群]。魁偉美兒,筆寫難真,/蹐蹐濟濟,禮不輕人。長懷喜色,永不曾〈憎〉|曾||憎|嗔。孝家中[忠]國,納力慇懃[勤]。/割己賑下,拔濟孤貧。箭調四羽,彎弧六鈞。武申〈中〉|中||申|絕妙,文學日新。/太保愛惜,何藉珍[珍]珠〈珍珠〉|珠珍||珍珠|。兩驥雖桀〈桀〉|桀||杰|,不侔一麟。圖刑[形]錦〈綿〉|錦||錦(绵)|帳,傷悼二親。/三時奠謁,万[萬]固[古]長春。/於時月

247

在林鍾黄生拾葉題記。/

59. □憂道邈真贊

P.3718 10. 府君憂道邈真贊并序

蓋聞奇[奇]傑間生，謨猷英秀。世不乏賢，則何代而/不有府君。公諱厶乙，字憂道，鼎族傳芳，勳[勳]庸宿/著。神皃望之而異衆，韶亂[齓]聰[聰]俊以超先。禮樂兼/資，頗有子竒[奇]之藝；珪璋合體，雅有叔向之才。稽古/詩書，盡百家之奥智；討論墳典，竭春秋之万[萬]言。探/賾儒宗，淵源徹底。三餘無廢，得泗水之令名。獨步/精通，峭尒〈爾〉{爾}{休}丹霄之上。内韜大麓，垂万[萬]古之高蹤；外蘊縑緗，播千鈞之重德。深陶槐市，四知不曉於終身；/處煩不喧，爲官謙恭而不撓。出身何[河]右，而盡節於/轅門；元戎腹心，懷壯智於三正。譙公秉節，執御/筆於彤〈彤〉{彤}{彤(丹)}墀；出入宫闈[闈]，闟絲綸於隴外。寬弘得衆，揖/讓長時。遣富濟[濟]弱留貧，執理千金不易。諸司籌/笇[算]，尅己盈官；攝念氷[冰]清，宛然公道。西裔稱善，千里〈千里〉{千里}{重}畏威〈威〉{威}{威威}。佳/名羙〈美〉{美}{美(每)}傳於唐知，杳然不虧於軌[軌]範。蓮府數/敷筆陣，能益君情，陳至教，通静海隅，四方欽賴。/邊天一柱，端然社稷之臣；九諫明公，實乃堅貞之士。故得/深帰[歸]定省，尤聞扉[扇]枕之勤；夙夜庭帷，頗效採蘭之羙[美]。/石碁硯上，千載飛夢錦之篇；魯國部〈部〉{部}{郡}中，每聞羅含/之頌。方乃縉紳著業，欲期朱紫之榮；纔上齊[齋]壇，/俄有黄熊之祟〈祟〉{祟}{祟}。嗚呼，珠沉漢水，劒落吴江。不圖麟/閣之儀，掩見宗[泉]臺之禍。閭人巷哭，牧童不歌。如齊[齊]國喪於夷吾，似鄭人悲於子産。小[少]妻泣血，氣盡長城；稚/子摧心，悲纏逝水。幼弟號咽，恨慈兄之永歸；書〈書〉{書}{画}閣無/開，空覩塵濛之几。厶乙忝爲微眷，奉命裁□□〈□□〉{□□}{(□駐筆)}，/含悲不盡生前之效，乃爲頌曰：/竒[奇]哉我公，人中英傑。家傳冠冕，叔堂上哲。/代出賢材，心同朗月，能仁厚志，孤松貞潔。/博覽稽古，功業〈業〉{業}{書}鳳〈闕〉{闕}{阁}。學深顔敏〈閔〉{閔}{敏}，名

248

附錄一：敦煌邈真贊録文

高彭越。/侍歷三王〈王〉{王}{正}，義忠志烈。元戎腹心，金蟬壯節。/崐[崑]山片玉，楚松寶轍。一生守道，寬弘衆説。/四知泯劇，三或[惑]永滅。方贊帝謨，廷辟[辭]面析。/纖翳莫侵，如同白雪。未盡百年，寒泉已咽。/孤女悲啼，二男哀切，世無高蹤，生死路別。/神筆空留，驪珠頓闕。万[萬]古傳名，千秋不絶。/

60. 程政信邈真贊

P.3718　11. 和尚程政信邈真贊并序

　　和尚俗姓程氏，香(號)政信，則武昌之貴爪〈泒〉{派}{泒}矣。福星胎胤，/遂爲燉煌人也，况和尚韶年落髮，處世不侔〈衆凡〉{凡}；龍象威容，寔膺半千之哲。體隆二八，/敷業富於三冬；瑞相天資，儀皃如同盛月。/禪閨〈閨〉{口}{室}住凈，理達有無之源；刊正摧邪，期〈期〉{斯}{期}今/孰莫能迨。故得貞廉守節，衣鉢外而無餘；聚散浮雲，悟世榮如水末[沫]。芳蘭妙馥，恒遍/布於人倫；值怨遇親，歡顔表均〈○〉{○}{于}釋俗。行冰[冰]/皎朗，信義終身。道邁寶山，法舩[船]降臨紫塞。/談[談]經海決[決]，德[德]俚生睿〈睿〉{睿}{叡}之公。解釋論端，辯答世/親之美[美]。應機利物，説盡千門[門]；隨類開迷，明閑[閑]万[萬]法。自太保統握河隴，國擧贤[賢]良。念和尚雅/量超群，偏錫恩榮之袟[秩]。內廷雖未聞奏，/權封紫彰。道俗欽崇，四衆頻來詰難。問[問]一答十，顔子却[卻]誕於人寰。獨悟非常，入理近倫〈喻〉{喻}{偷}於安遠。一從/任位，十五年餘，廣順[順]時流，徒皆悦念。/長兄東往，期限未至於家庭；否泰難更，寶樹花萎於/行列。果圓已俻，示滅不比諸儿[凡]；立召緇徒，儼然化/畢遂則。門[門]人傷悼，淚雙垂之悲。俗眷哀荒，鶴/林變切。儍俙顧[顧]攀〈攀〉{攀}{攀(盼)}，邈影遺[遺](容)〈口〉{口}{容}，粉繪威稜，丹青/髣髴。厶乙不才之器，敢當金石之言。比[紕]謬無誠，略/名年月。其詞曰：空門[門]碩德[德]，法海紀(綱)。威儀有則，禮軌鏗鏘。/內包三蔵[藏]，外具九章。律通邃遠，禪誦無壃[疆]。/了知虛幻，深悟浮囊。韶亂[齓]慕道，弱冠論塲。/

249

浄名口湧,百法無當。貴門豪族,宣班威光。/儒雅秉直,如蘭若芳。達世不取,常樂聞香。/三衣戒月,恒無改張。年當而立,賑〈賑〉{口}{振}濟津梁。/何期掩世,知命云亡。空留禪室,掛〈掛〉{掛}{樹}錫垂楊。/門人失序,徒衆惶惶。長兄奉使,不遇师[師]亡。/孤〈孤〉{孤}{唯}唯〈唯〉{唯}{留}弟姪,泣〈泣〉{泣}{〇}血血〈血〉{血}血泪哀傷。圖刑[形]綿帳,邈影真堂。/魂飛菡萏,魄往西方。俊忝時友,聊陳數行。/以俟他日,帰[歸]依法王。/

61. 馬靈信邈真贊

P.3718　7. 唐故河西釋門和尚邈真讚并序

唐故河西釋門正僧政臨壇供奉大德兼闡揚三教毗尼葳[藏]主賜紫沙/門和尚邈真讚并序。門人霊[靈]俊上。/和尚俗姓馬氏,香号[號]霊[靈]信〈信〉{信}{佺},則扶風之苗裔矣。祐生膺質,/乃爲燉煌人也。竊聞英髦俊傑,必誕化而有期,罕[早]{早}{罕}識慈仁,定長皆而濟物。況和尚韶季[年]慕道,情佉有爲之風;弱冠之初〈初〉{初}{步},秘戀一如之境。業資惠海,德[德]/爽智山。證三教而窮通,修四禪而彧朗。戒珠皎皎,/恒暉滿月之光;行潔冰[冰]壺,每儼持而無失。談經/析理,善閑苦空之音;剖釋義門,雅合生融之/則。幽闥取静,衣鉢外而無餘;捐離公/私,常棄世榮之務。三千衆内,廣扇馨蘭;百万[萬]兀[凡]間,纖毫不怨。故得清廉奉節,高名透達於/帝京[京];恩錫紫彰,/府主崇遷於寵袟。一從[從]任位,不違聖教之文;就臘辝[辭]班,推陞首座之側。時乃年逾耳順,歲當/從[從]心之秋;性海無爲,俄揜[掩]九泉之逕。遂使門人荼/毒,雲鴈叫而斉[齊]悲;俗眷攀號,泣淚霑於隣切。/禪庭寥寂,交虧鍾梵之聲;蓮花案前,唯留/杖錫之影。四衆顧[顧]戀哀鳴,繪覩生顔;二部同臻/呼嗟,盼瞻故皃。俊乃久蒙師訓,無懷答教誨之恩,/枉〈狂〉{狂}{枉}簡美〈美〉{斐}{斐}然,聊題讚頌;/間生仁傑,懿德[德]自天。早明夢幻,喜預真詮。/投緇割愛,頓憩攀緣。鵞珠密護,浮囊鎣全。/真乘洞徹,三教兼宣。威儀出衆,化洽無邊。/琢磨存念,理事精研。寒松比藻

250

附錄一：敦煌邈真贊錄文

[操]，金石齊[齊]堅。/慇懃[勤]誘獷，方便幽玄。心遊物外，每離蓋纏。/榮超供〈○〉{供}{供}奉〈○〉{奉}{奉}紫〈紫〉{○}{紫}受〈綬〉{○}{綬}，謙恭義全。普安四部，平等親怨。/四虵[蛇]不順，二鼠侵煎。膏肓湊染，會散〈○〉{散}{散}已〈已〉{○}{已}難蠲。/花萎〈○〉{萎}{萎}凋〈凋〉{○}{(凋)}寶樹，葉變祇園。門人動[慟]哭，泣淚潸〈潸〉{潸}{潛}湲。/法徒傷悼，禍訃良賢。圖形綺帳，俟薦他年。/余以昧劣，業寡繁言。天成二〈二〉{二}{三}年丁亥歲十月廿五夕〈夕〉{日}{日}題記。/

62. 劉慶力邈真贊
P.3718 6. 唐故河西釋門和尚邈真贊并序

後唐河西燉煌府釋門法律臨壇供奉大德[德]兼通三學法師毗尼蔵[藏]/主沙門劉和尚生前邈真贊并序。/釋門法律知福田都判官臨壇供奉大德[德]兼三教法律[師]沙門靈俊撰。/和尚俗姓劉氏，香名慶力，即豫章之貴系矣。誕/生膺質，乃为[爲]燉煌人也。和尚早歲出家，童顏敪業，/心堅金石，意慕真宗。纔年弱冠之初，妙達苦/空之響。戒圓[圓]盛月，長嚴而密護鵝珠；利性爽然，/該搏[博]而研窮內外。故得威稜肅物，四八之相多/旋，操行蔵[藏]昂，百藝之端稍俗。三千青眼，僉/掌續命之資；九九明懷，每表均於衆意。久年/報恩任位，常歡耆幼之徒；數祀結勘六司，/不染纖毫少賄。馨蘭美[美]馥，恒播布於人/倫；釋道儒流，遐迩[邇]無不悅念。時乃年/逾知命，要〈○〉{要}{○}門〈○〉{門}{○}万[萬]〈萬〉{○}{万}行〈行〉{○}{行}斯〈○〉{○}{斯門}粗圓[圓]。四大不順於躬懷，/枕疾俄經於歲月。病顏轉熾，去世非遥[遙]。衣/鉢外匱畜積之期，殞歿後慮累辛門衆，值曰[因]/凋瘵，預寫生前之儀。故召良工，乃就丹青之續〈續〉{續}{绘}。俊以忝為時儻[黨]，難免固邀。慙申鄙詞，聊題[題]陋句。其詞曰：/師之儀皃，肅穆悚[爽]然。師[師]之心境[鏡]，已絕攀緣。/弘農甲族，五百膺賢。韶年割愛，一逕精專。/弃[棄]捐榮位，頓樂金田。博通八轉，七禮妙宣。/罕〈早〉{早}{罕}窮內

251

外,辯若河玄[懸]。森森龍象,偘[侃]偘[侃]威全。/異相多俗,種好俱圓[圓]。普豐[風]化俗,儒道參前。/四衆欽恁,二部恭妍。齡當六九,遇染痾纏。/諸虵[蛇]不順,針藥難痊。命垂朝夕,免後煩〈煩〉{顏}{煩}喧。/乃召匠伯,盼〈粉〉{盼}{盼}像題篇。逝遷之巳〈巳〉{巳}{祀},聊佐周旋。/余以寡識,助薦同年。/于時天成三年戊子歲三月八日題記。/

63. 曹盈達寫真贊

P.3718　5. 唐故歸義軍西平郡曹公寫真讚并序(27-8)

　　唐故歸義軍節度押衙銀青光禄大夫檢校國子祭酒兼侍御史上柱國/西平郡曹公寫真讚并序。釋門法律知福田都判官厶乙撰。/公諱盈達,字盈達,則故燉煌郡首張公弟十/六之子婿矣。竊聞籛鏗壽老,不聞有志而延齡;/顏子早終,不爲不賢而促壽。公乃英門傑族,膺台〈胎〉{台}{胎}/宿而誕形;百藝明懷,自韶年而出衆。剛柔俗體,/忠孝不捨於晨昏;素性清高,恭勤每存於鄰儻[黨]。/故得鄉傳別俊,大王聞之納心;累度遐瞻,/觀顏愜其上識。當聘金枝之女,玉葉相承;雖乃/寵厚榮深,不失謙恭之操。處於平懷貴侶,常/抱伯桃之謀;誨順家庭,不慍尊卑之色。石渠/案下,側頓曉七步之才;鵝觀塲中,累納侲[亞]夫之勇。/狼嶠山下〈○〉{下}{下}側〈側〉{○}{(側)},軍前輪效而應時;金河之郊,執矟[槊]決[決]勝/於此日。況乃天命有分,變滅難更。四大不順於胷懷,枕疾俄經/於歲月。病加肓內,餌驗難/蠋。甘泉先竭於人倫,良材早摧於林秀。遂使/四隣罷務,店肆停絃。宗枝傷悼而齊〈齊〉{聲}{齐}悲,雲鴈哀鳴而響切。庭荊頓折,四鳥相離。三虎一殤,痛/將[將]何極。生前儀兒,逝已奔馳。死後真容,丹青髣/髴。俊以不才之器,敢當金石之言,紕繆無誠,乃为[爲]頌曰:間氣仁賢,忠孝自天。門承貴族,閥閱暉聯。/名高玉塞,禮樂雙全。威稜神異,弱冠芳傳。/三端俗體,六藝幽玄。故王歎美[美],詔就堵前。遷充子分,每賜金錢。一登榮寵,恪愕精專。/金枝貴[貴]胤,玉葉相連。才通夢錦,筆海同圓[圓]。/武經滿腹,韓白無偏。累彰豹略,百度心堅。/幼而別衆,爽利鷹鸇。何兮逝速,居世難延。/忽遘寢疾,針

252

附録一：敦煌邈真贊録文

藥難痊。晡西萱草,妖赴窀纏。/一枝無望,哽噎万[萬]千。鶺鴒失羽,堂鸞何邊。/俊以寡識,駐筆乖言。/

64. 閻子悦寫真贊

P.3718　4. 唐河西閻公生前寫真讚并序(27-5)(27-6)

唐河西節度右馬步都押衙銀青光禄大夫檢校國子祭酒兼御史大夫上柱國/閻公生前寫真讚并序。/釋門法律知福田都判官(靈俊)撰。/公字子悦,則太原府之貴泒〈派〉[派][泒]矣。漢元鼎年中,先係奉/詔安邊,遂为[爲]燉煌人也。竊聆英髦雄傑,必膺物/而生姿;異骨竒[奇]模,挺半千而誕世。韶年別儁[俊],/業包吐鳳之才;二八之臨,頓獲忠貞之節。安親訓/俗,逍遥[遙]不捨於晨昏;匡國輸勞,遐邇未辝[辭]/於艱切。五製侍使,長捐纖陳[隙]之㤪〈㤪〉[㤪][懵],獨對/皇朝,雅合元戎之惻。弱冠之際,主郷[鄉]務而無/差;成立之年,權軍機而有則。倣〈倣〉[倣][仿]設雲龍之勢,/拒破樓蘭;決[決]勝伊吾之前,兇徒膽裂。東西奉/使,無思路間之憂;南北輸忠,擅播亞夫之勇。/君親愜美,每念膺賢之勳;錫冶[治]鴻波,願酬勳/重之哲。仍〈仍〉[仍][乃]加管内都營田使,兼擢右班之領。一從[從]/任位,清廉不侔於異常;懇守嚴條,溥洽/甘湯而有伏。遂使三農秀實,万[萬]户有皷[鼓]腹之歡;嘉露無乖,一人獲康宓之慶。是時府主曹公,德同堯帝,功/臣變現有期;業蹈舜君,自降雲仙輔及。前/賢逝已,公庭虧都衙之榮;舉/郡詮昇,孰莫迨芳蘭之將[將]。即委一州顯務,寔懼鵲喧之名。三端早就於躬懷,六教常垂於/衆類。恒施要法,不愠鎔〈鎔〉[鎔][熔]鑄之顔。賦税和平,當跡調風易俗。人倫談善,内外無告怨之聲,/君臣讚羨於一時,恪清預彰於古昔。齡當/八九,風疾纔牽。四虵[蛇]不順於斯晨,二鼠暗吞於/寶體。每慮坏軀不久,變滅須臾。常思泡幻無/停,如同水月。一朝雲散,了知否泰有時;運彌將[將]/臨,俄恐祭禮有乏。遇[偶]因㾁[瘑]瘵,以〈預〉[預][以]寫生前。遺影家庭,/丹青髣髴,俊以不材之器,謬當金石之言,頻邀固辝[辭],/終不獲免。其詞曰:間生竒[奇]傑,穎拔恢然。閥閲貴泒〈派〉[派][泒],

253

宗枝太原。/松筠秉節,鐵石心堅。文超北海,武極啼猿。/橫鋪八陣,細柳同駢。韜鉗〈鈐〉|鈐||钳|蒞轍,忠孝聯綿。/臨機有准,稱美[美]貂蟬。幼掌鄉[鄉]閭,不染非錢。/都權兵將,納效累年。五製侍主,轉任高遷。/金王之世,奉命朝天。親躋玉砌,對詔〈○○〉|對詔||对诏|所奏〈所奏〉|○○||(所奏)|周圓[圓]。/曹公之代,揀異多緣。委均流澤,溉遍千田。/殊功已就,馨名盛傳。都衙之列,當便對宣。/一從[從]受位,無儻〈黨〉|黨||倪|無偏。三端曉備〈備〉|迪||备|,六藝俱懸。/久歲執寵,不冒王愆。從[從]心之載,風疾侵纏。/知身虛假,幻體難延。聚散有限,怖怯虩旋。/乃召〈召〉|召||告|匠伯,預寫生前。丹青繪像,留影同先。/俊以孤陋,聊題鄙言。/于時天成四年歲次己丑大簇之月冀生十二葉題[題]记[記]。/

65. 張良真寫真贊

P.3718 3. 唐河西清河郡張公生前寫真讚并序(27-4)

唐河西節度押衙知應管內外都牢城使銀青光祿大夫檢校國子祭酒兼/御史大夫上柱國清河郡張公生前寫真讚并序。/釋門法律知福田司都判官靈俊撰。/公字良真,則前涼天錫弟[第]二十八代之雲孫矣。公乃早歲/清廉,神童立效。韶年殊傑,異勳納於王庭。恒懷節/義之心,罕〈早〉|早||罕|慕忠貞之操。業同筆海,擅彰七步之端;德[德]俗田韓,寔蹈灌嬰之跡。故主司空稱愜,薦委首鄉[鄉]大口〈由〉|由||官|,/久〈之〉|之||久|歲均平,廣扇香風禦衆。故得民談美順〈順〉|○||順|訓,俗嘉嚴/恪之威。金山王時,光榮充紫亭鎮主。一從[從]涖任,獨靜/邊方,人皆讚舜日之歡,野老歎堯年之慶。三餘/無暇,奉國輸勞。是時西戎起萬里之危,域土隘/千重之嶮[險]。君王〈王〉|王||主|慍色,立欲自伐貔徒,賢臣匡諫而/從[從]依。乃選謨師而討掠。關山迢遞,皆迷古境長途,/暗磧鳴砂,俱惑智阡卉陌。公則權機決勝,獲收樓/蘭三城。宕〈宕〉|宕||荡|媸雄番,穎脫囊錐。此日仍充應管內外/都牢城使。自居崇列,纔經三〈三〉|三||五|五之秋,晝警夜巡,堅[堅]/衛郭郛雉堞。累率少

附録一：敦煌邈真贊録文

卒〈卒〉[卒][年]，多〈多〉[多][无]傷淳維之孫。敵甍幕/於雪嶺之南，牽星旗於伊吾之北。元戎節下，不幸毫隟[隙]之非；異郡遐方，數受欽/惢〈惢〉[惢][哲]之捧。齡當八九，曉悟幻化之軀；懇慕真宗，妙/達一如之理。每念聚散有限，变[變]滅將[將]臨。四虵[蛇]不順於/習懷，二鼠闇吞於己躰[體]。時乖刻像之侶，家虧子〈子〉[子][孑]/子〈子〉[子][孑]之用〈朋〉[用][用]。俄俟壽終，復恐世儀有乏；偶曰[因]凋瘵，/預寫生前之容。故命良工，爰續丹青之皃。俊以忝/爲宗泒〈派〉[派][泒]，元暌槐市之音，枉〈狂〉[狂][枉]簡美〈美〉[美][斐]然，聊表瑣陋之頌。/其詞曰：間氣仁哲，膺宿生焉。幼而別衆，長而精妍。/忠能奉國，孝行早全。故府爲友，同話同筵。寵錫鄉[鄉]領，處侶無喧。雖居榮位，每弃[棄]妖言。/文懷夢錦，武鎮啼猿。偏優鎮將[將]，二八餘年。調風易俗，堅守唾邊。雄戎起霧，杜路西天。/金王脛切，選將百千。甲兵之内，公獨衝先。/不逾晦朔，破收攻圓[圓]。虜降蕃相，金玉來川。/委牢城務，酬勉安眠。從[從]心之歲，翹情善緣。/投師就業，頓捐蓋纏。了身不久，俄恐逝遷。/庭唯一子，息乏良賢[賢]。/時因少疾，風燭難連。/乃召匠伯，繪影生前。遺留祀禮，粗佐虧偬〈悆〉[悆][僭]。/余以寡識，聊表周旋。/于時天成肆年歲當赤奮若律中夾鍾冀生壹葉題。/

66. 范海印寫真贊

P.3718　2. 唐河西清河郡張公生前寫真讚并序

　　唐河西故僧政京[京]城内外臨壇供奉大德[德]兼闡揚三/教大法師賜紫沙門范和尚寫真讚并序。釋門僧政京[京]城内外臨壇供奉大德[德]兼闡揚三教大法師賜紫沙門厶乙撰。/和尚俗姓范氏，香号[號]海印，則濟北郡寺門首浄/禪公之貴泒〈派〉[派][泒]矣。裕像膺胎，時爲龍沙人也。/竊以韶年出俗，懇慕真風，訪道尋師，三/冬具進。故得威稜儡[伲]偲[伲]，皎性〈皎性〉[皎性][性皎]潔於水[冰]壺；儀/兒葳[藏]昂，質相愫[愫]於龍猛。齡當二八，處/衆不伴諸凡；弱冠之初，雅量播於釋/俗。戒圓朗月，鵝珠未比於才公；德[德]侔法/蘭，遺教溥霑於有識。

255

每慮坏軀虛/假,翹情礼[禮]於五臺。聖主迴宣,對詔/寵遷一品。復攀崑峰靈[靈]集,願頂普/賢神蹤。跋陟關山徇〈徇〉{徇}{徇(詢)}求如來聖會。前/王觀師別俊,偏獎[獎]福田之榮。務掌緇/流,寔匪創於廣部。衆談師之奇[奇]美[美],/譙公聽[聽]納人心,就加紫綬之班,賫錫僧政之列。一從[從]任位,貞簾[廉]不捨於晨昏;每/奉嚴條,守節懷忠而取則。時遇西戎/路間沙漠,鴈信難通。舉郡詮/昇,乃命仁師透迳。是以程吞闐城,/王宮獨步而頻邀;累贈珎[珍]金寶玩,舡[船]/車而難返。忽值妖氛起孼,鵲公來/而無痊。數設神方,天仙降而未免。俄/變生顔稍退,皆嗟落日之悲;桂樹萎凋,/共嘆傾月之切。專人倏屆,空迴往昔/之裳;寶躰[體]沉沙,無期得瞻古跡。尔〈爾〉{爾}{亦}/乃六親號叫,牧童覩而齊辛;九族/哀鳴,舉世耆徒悼咽。緇流顧[顧]戀,恨師揜[掩]/逝他鄉;聽[聽]衆白衣,不忍法梁早墜。僾俙/玉皃,古[故]召良工,預寫生前之儀,綿帳丹/青繪影。俊以乖虧智性,難違固邀。孤陋/之聞,聊爲讚頌:/師之儀皃,似月初圓。師之異德[德],漢水同源。/探之無底,度之無邊。清如氷[冰]璧,貞比松堅。/俗望濟北,釋内精妍。奉公守節,每進忠言。/金玉稱悋,擢將福田。一躋顯務,化衆無偏。/曹公之代,措薦良賢。念師特達,賚紫高遷。/承恩聘使,杜隘時穿。東遊五嶽,奏對朝天。/西通雪嶺,異域芳傳。孟[于]闐國主,重供珎[珍]璉。/王條有限,迴路羈纏。四虵[蛇]不順,二鼠侵牽。/風燈不久,逝暎難延。生顔已謝,會湊黃泉。/遺留信服,空賫〈賫〉{賫}{赍}庭前。一枝無望,泣淚潺湲。/六親哽噎,蹄踴懷怨。固命匠伯,邈影他年。/余以寡識,駐筆難旋。/長興二年辛卯歲正月十三日題[題]记[記]。/

67. 張明德邈真贊

P.3718　14. 唐故河西張府君邈真讚并序

　　唐故河西節度都頭知玉門軍事銀青光禄大夫檢校國子祭/酒兼御史中丞上柱國清河張府君邈真讚并序。/府君諱明德[德],字進達,則芝公弟[第]廿一代之雲孫也。/竊以星芒雄角,必膺物而生姿;列宿条[參]

256

附録一：敦煌邈真贊録文

羅，/誕半千而降德[德]。公乃禀性清廉，志高物外；逍/遥就業，學富[富]三冬。弱冠従[從]戎，頗彰異勳。故/得彎弧掌内，雲鴈悲而翔空；架矢朱絃，騰猿/鳴而雨血。輸忠累制，先王獨委邊城；玉/門故軍，再蠱千門獻主。遂使權機奉/化，賦税民無告勞；六教居懷，三端恒偹於己。/寔乃竒[奇]功出衆，府主詔就於堦庭；别擢/崇班，内燕仝歡而偏獎[奬]。門承地義，一爨五/代無殊；従[從]心之秋，忽邁懸虵[蛇]之疾。尋师[師]進餌，鵷[鵲]瘮〈瘮〉{瘮}{瘮(疗)}而難旋；累月針醫，耆婆到而不免。辟[辭]/兄别弟，遺[遺]留哽咽之聲；齐[棄]子離孫，俄湊黄泉/之逕。四隣傷悼，哀嗟趙璧垂江；九族痠莘〈辛〉{辛}{莘}，長/嘆隨[隋]珠墜水。悠俙顧盼，預戀生前。工召丹青，/畠[圖]形綿帳。俊以不才之器，粗當金石之言。孤陋無誠，耐〈乃〉{耐}{酬}爲讚曰：英髦雄傑，濟濟仁風。挺生五百，胎膚星宮。/恪清爲性，守節存忠。道超北海，德偙芝公。/虚弦落鴈，百步無容。三端偹體，六教俱通。/歲當二八，親事元戎。偏獎[奬]邊務，治本於農。軍危值難，獨不西東。殊勳[勳]已立，邀命庭中。/班遷都位，常謙常恭。門[門]傳冰鯉，義厚八龍。年逾耳順，痾疾纏躬。累申方藥，難免妖凶。辟[辭]宗未罷，俄然已終。丹青髣髴，邈影生同。/願超穢圡，净[净]界留蹤。余以寡拙，邈敢不従[從]。/

68. □慶德邈真贊

P.3556　7. 府君慶德邈真贊并序

蓋聞安邦定國托良將以輔明君；匡佐王畿，藉賢臣而裨大業。況府君諱慶德[德]，/字憂公，天資異兒，月角成姿。早年用武而超群，壯歲懷/文而冠古。故得開弓鴈泣，發矢猿啼。播李廣没羽之殊/功；傳養由穿楊(之)秘術。謙恭守節，礼[禮]讓每抱於胷襟；抱直扶忠，孝悌衆謡[謠]於鄉[鄉]儻[黨]。因茲元戎獎[奬]録，司任百人。治/理無偏，均平如概。訓練依則，教誨當途。剋己不徇於私，羮〈羮〉{美□}{判差}/每均於衆。後遷紫亭鎮將[將]，數年而控扼南番。恒以廉潔/奉公，累載而討除北虜。重金[僉]步卒元帥，又選兵馬都權。/職位崇隆，榮超极品。

257

運張良之計，東静金河；立韓信之謀，北清玉塞。单[單]槍疋[匹]馬，捨軀命而張掖河邊；仗劍輪刀，建功勳於燕脂山下。再舉衙内師[師]長，兼任親従[從]行班。每陳王氏之忠言，不失狄公之直諫。方欲分茅列郡，持節邊城；奈何天奪人情，喪我國寶。孤男無望，號叫聲徹於蒼天；雉〈稚〉{稚}{雉}女含悲，哽咽哀傷而動地。余忝居微眷，又厠[側]丘[兵]行，久同班列之中，頗極歲寒之義。既/蒙邀命，豈敢拒違，不憚荒詞，輒陳淺見。其詞曰：/安邦定國，實藉賢良。賢臣膺世，再整摧綱。间[間]生異貌，/月角齊芳。懷文冠古，用武名彰。開弓舉矢，雲鴈騰翔。謙恭守節，礼[禮]讓時常。扶忠抱直，不致乖張。初任将[將]務，/擢委班行。訓練士卒，如虎如狼。後居南鎮，控扼邊壃[疆]。/馬步都管，累易星霜。西收蕃塞，東静甘涼。衙内師[師]長，/國下棟梁。赤心抱直，匡輔明王。方保榮禄，方紹恩光。何兮逝〈逝〉{逝}{孤}速〈速〉{□}{洁}，/卞璧沉湘。六親無望，九族悲傷。略留數韻，用寫德〈德〉{留}{留}行。/

69. 梁幸德邈真贊

P.3718 12. 唐故河西歸義軍梁府君邈真贊并序

唐故河西歸義軍左馬步都虞候[侯]銀青光禄大夫檢校左散騎常侍/上柱國梁府君邈真贊并序。釋門僧政兼闡揚三教大法師賜紫沙門靈俊撰。/府君諱幸德[德]，字仁寵，先苗則安定人也。/公乃英髦雄傑，必膺物而生姿；異骨竒[奇]模，挺半千而誕世。韶齡別/儁[俊]，業該七步之章；弱冠之臨，勇倍田韓之策。恭親輔/主，芳聲早播於人倫；奉式輸勞，遐迩[邇]靡辭[辭]於覲切。故得/譙王稱羙[美]，委薦親従[從]之由；每念功懃[勤]，寵附軍糧之務。一従[從]任位，/實畏庭鵲之鳴；賦稅無乖，乃避四知之義。三餘之暇，儼守/公條。攀崐[崑]峰，怖万[萬]里之危；望西關，怯千重之嶮[險]。君親舉念，/直欲選擢才能。當乃順色従[從]依，奉教捐私進發。故得/皇王暢悦，每詔内燕而傳盃[杯]；宜依復還，捧授竒[奇]琛〈琛〉{琛}{琛}而至府。遂/使三軍贊羙[美]，衆談酬勳之庸；答效甄昇，乃加都虞侯之列。/一自製鍇，内外唱太平之聲；民無告勞，

258

附録一：敦煌邈真賛録文

囡囡息奸[奸]斜〈邪〉{斜}{斜}之響。於/是賢臣降世,應節以順君情；奉貢東朝,不辝[辭]路間之/苦。乃遇睿慈合允,累對頻宣。封賜衣冠而難量,恩詔/西陲而准奏。面遷左散騎常侍,兼使臣七十餘人。意〈衣〉{衣}{意}著珠琮[珍],/不可籌度。一行匡泰,逍遥[遙]往還。迴程届此鬼方,忽值奸[奸]邪之/略。西瞻本府,不期透達烽烟[煙]。進使百有餘師[師],俱時如魚處鼇。/遂戀蘇武而授敵,不顧[顧]陵公之生降。守節亡軀,攀號殆及。/是以内外吏士,叫卞璧而沉湘；九族六姻,悼寒泉而永阻。/諸男昆季,躃踴郊坰；惸女哀鳴,孤惟〈稚〉{帷}{惟}庭際。平生容皃,儵/電奔弛；殁後真儀,丹青絢綵。俊以不才之器,寔慙提奬[奬]/之名,頻邀固詞,粗申輕塵之頌。讚曰：/間生竒[奇]傑,五百應賢。幼而別衆,六教高懸。/文精義海,武及啼猿。五製侍主,轉任超遷。雖加寵袟[秩],不負非言。累經掌務,實避片錢。/自従[從]入選,八陣衝先。前貢東闕,所奏俱圓[圓]。/西城奉主,金盞親傳。譙公悠做,每慕訊[訊]怜[憐]。/後進京[京]洛,累朝聖天。恩宣常侍,内使陲邊。/路臨張掖,獫狁侵纏。翔鷺值網,難免昇乹[乾]。/倏加湊疾,掩世俄然。聞之傷切,覩者潺湲。/親羅哽咽,預寫生前。余以寡識,聊表他年。/于時清泰二年乙未歲四月九日題[題]記。/

70. 曹良才邈真賛

P.4638　9. 曹良才邈真賛

　　蓋聞河岳[嶽]降霊[靈],必應傑時之俊；星辰誕質,爰資護/塞之勲[勳]。是以極邊神府,千載降出於一賢；英傑竒[奇]仁,五/百挺生於此世。公諱厶乙,字良才,即今河西一十一州節度使曹大/王之長兄矣。公乃是毫[亳]州鼎族,曰[因]官停徹[轍]於龍沙；譙郡高/原,任職已臨於西府。祖宗受寵,昆季霑恩。官禄居宰輔/之榮,品袟[秩]列三公之貴。門傳閥閲,輸匡佐之竒[奇]才；勲[勳]業相丞[承],有出入之通變。年芳小〈少〉{小}{小}俊,英霊[靈]雄勇而出群；弱冠之秋,/従[從]戎東征而西伐。揮戈塞表,狼煙怗静於沙場；撫劒臨邊,/只是輸誠而向國。威宣

259

白起,機運張良。七德[德]光標,六奇[奇]在/念。故德[得]儒宗獨步,裁詩而滿樹花開;指硯題文,動筆乃/碧霄〈霄〉{宵}{霄}霧散。秉心潔己,清名久播於人倫;端直守忠,奉上/貞心而廉慎。前任衙内師長,位綰管内軍戎。領兵而戰敵/艱危,計謀而豐淵湧出。臨機變宗〈策〉{策}{宗},止渴前示於梅林,穎/脱囊錐,漉飢遥[遙]瞻於畫餅。弓開滿(月),犬戎纔見而低/心;矢動流星,獫狁觀之而下意〈下意〉{下意}{意下}。治民德[得]衆,士卒戀(○)〈□〉{□}{(之)}而的親;/雄猛超群,志列共陳平競響。威權將略,恩廣義深。遂乃/別選攜持,重遷大務,榮加五州都將[將],委任一道指揮。更/乃恪節當官,不犯清闈〈闈〉{闈}{间}之道;差科賦役,無稱偏儻之/音。斷[斷]割軍州,例歎均平之好。遂使八方讚美[美],聲傳於/鳳闕之中;四道揚名,德[德]播於丹墀之内。曰[因]兹榮高/麟閣,位透齊壇。佩朱紫於門庭,降鴻恩而受寵。榮/登上將[將],陳王珪十在之能;歷任崇資,亞昌榮忠言之諫。/將[將]謂松年永茂,爲大國之棟梁;岳[嶽]石同期,作衙庭之綱紀。奈河[何]良材早折,随[隨]逝水而東流,寶樹先摧,逐流星而北上。/牧童廢業,二州悶絶而號天;八樂無音,六鎮哀聲而震地。/大王叫切,恨羽翼而分飛;貴姪酸涕,怨瓊枝而彫墜。府/寮哽噎,道俗悲哀〈哀〉{哀}{泣}。(哀字漏)〈哀〉{□}{哀}子蹄〈蹄〉{蹄}{辟}踴而無依,閨女傷嗟〈嗟〉{嗟}{差}而滿路。丹/青繪影,留在日之真儀;略述片言,傳生前之美[美]德[德]。其詞曰:/人中仁也,府内一賢。國中保[寶]也,文武兩〈兩〉{兩}{双}全。門高鍾鼎,族貴瑚璉。/年芳小〈少〉{小}{小}俊,智藝超先。揮戈定塞,怗静狼煙。儒宗獨秀,万[萬]陪能詮。/守忠端直,清慎人傳。前僉大務,廉正如弦。後超都將,不致人怨。/方保遐壽,岳[嶽]石同延。何期逝速,卞璧沈泉。軍門無望,失緒愕然。/空留數字,用紀他年。/

71. 曹大王夫人宋氏邈真贊

P.4638　5. (曹大王夫人宋氏邈真贊)

夫人者,即前河西隴右一十一州節度使曺[曹]大王之夫人也。廣平

260

附録一：敦煌邈真贊録文

鼎族，/膺婺宿而誕質河湟；天假英姿，禀神明〈明〉{明}{沙}而降臨蓮/府。年當卅歲，播淑德[德]於宮門[門]；貴[貴]族干〈干〉{干}{千}求，結婚娉/於王室。因得母儀婉順[順]，柔行每振於一川；婦道俱/明，軌[軌]範恒彰於五郡。温恭立性，高名傳九族/之中；愕節清貞[貞]，美[美]響透六親之内。冰[冰]姿皎潔，/桃李莫比其芳顔；玉皃争[爭]鮮，松柏難奪其/神志。眉偷初月，頰類紅蓮。秀麗越於西施，/雅操過於南蜀。三從[從]寔俻，能遵姜女之賢[賢]；/四德[德]皆通，豈亜秋胡之婦。庭訓善政，育子/曉五教之風；治理宮闈，謀孫探四儒之術。方/保坤儀轉曜，同岳[嶽]石而齐[齊]堅；桂葉恒芳，等/滄溟而長壽。奈何天奪人願，禍逼瓊顔。神/起妖灾[災]，併臻内閤。遥尋秘術，延生之效難/陳；遠訪良師[師]，再活之期何有。辝[辭]天公主，/囑[囑]託偏照於孤遺[遺]；别男司空，何世再逢於玉/眷。郎君蹜踘，二州天地而蒼黄；小娘子悲啼，/百鳥同哀而助泣。厶等謹奉旨命，略述/數言，駐筆含悲，乃为[爲]讚曰：/廣平鼎族，暫誕河湟。禀靈山岳[嶽]，降下遐方。年當卅歲，淑德恒彰。豪宗求娉，出事侯王。/母儀婉順[順]，婦礼[禮]尋常。冰[冰]姿皎潔，桃李争[爭]芳。/操越秋婦，德[德]亚恭姜。謀孫育子，訓習忠良。/方保受蔭，岳[嶽]石延長。何兮禍逼，卞璧沉湘。/辝[辭]天公主，偏照孤孀。執司空手，永别威光。/郎君蹜踘，寸斷[斷]肝腸。小娘子叫切，此世難望。/天地昏暗，九曜蒼黄。百鳥助泣，一郡悲傷。略題[題]/數韻，用讚紀[紀]綱。/

72. 張保山邈真贊

P.3518　張保山邈真贊

大唐河西帰[歸]義軍節度左馬步都押衙録[銀]青光禄大夫檢校右〈右〉{右}{左}散/騎常侍兼御史大夫上柱國故張府君邈真讃并序。/夫禀道懷志，莊周豈嗽[嘆]於西馳；孰爲竒[奇]仁，魯父稱〈稱〉{稱}{軫}/詞於東逝。況我公諱保山，/字(□□)雄門[門]之将[將]，性本竒[奇]聰[聰]。三/端别秀於人倫，六藝每彰於西裔。彎弧伏獸，細/柳未比於今時；舉矢猿啼，箭動傳空而鴈泣。/故得文深墨寶，詩書綴玉而成章；筆操龍飛，/觸鋒七分而入木。智周五郡，不改始終；言以安人，/謙謙守道。侍歷兩政，謹專一途。金王會臨，超先/拔選。東陲大鎮，最是要關。公之量寬，僉然委任。/新城固守，已歷星霜。茲鎮清平，人歌邵[紹]泰。隁〈隁〉{隁}{堰}都河而清流不乏〈乏〉{乏}{泛}，瀇溝洫而湍湧溟波。五穀/積山，東皁是望；貯功廩什[實]，撫俗邊城。效壯節/得順[順]君情，念依[衣]冠而入貢。路無阻滯，親人九/重。上悅帝心，轉加寵秩，得授左[右]散騎常侍兼/御史大夫。迴騎西還，鴍[薦]茲勞績，當僉左馬步都虞/侯。一從注[駐]轄，五載有餘。內外告泰安之聲，囹圄止/訛斜〈邪〉{斜}{斜(邪)}之跡。水[冰]清月皎，六街無奸[奸]盜之非；防僉[險]慮/虞，百坊嗽長年之慶。譙公秉節，頭[傾]慕忠貞。/公之英竒[奇]，頗能攜鴍[薦]。轅門[門]指拓〈拓〉{拓}{拓(揮)}，須憑盛族之良；軍府/把[杞]材，仍藉有功之士。轉遷右馬步都押衙，公幹當/世，韜鈐[鈐]滿懷。膽氣出群，辛懃[勤]百戰。不殯[辭]寢甲，/皓首提戈。常進智謀，再收張掖。洪軍霸[霸]戰，四/路傳[傳]聲。要達皇王，刻名玉案。公之猛列[烈]，不顧[顧]艱/危，又至天廷，所論不闕[闕]。慕公忠赤，報以前勳[勳]，乃/鴍[薦]左都押衙。於是大縱龍韜，布雄芒於隴〈隴〉{隴}{陣}上，頓/置橫網，截十角之習襟。方期岳[嶽]鎮，舒廉牧之/長材；俄尔〈爾〉{爾}{示}云亡，不展平生之志。嗚呼！天何降墜，/倏忽遐終。燉煌則寶釰[劍]停飛今世，七郡則卞璧不/現。五子號叫，二女咸悲。六親哽噎於臨喪，隣里停/春而潤〈捫〉{潤}{扪}淚。厶宗奉執手，付囑[囑]再三，命撰高〈高〉{高}{稿}文，希申/數字。狂〈狂〉{狂}{柱}爲頌[頌]曰：/爪牙之將[將]，世所希〈希〉{希}{稀}逢。闈門[門]甲第，乃有我公。謙謙君子，慎思守恭。寬弘得衆，剛柔處中。事親竭力，事君盡忠。/文武雙偹，六藝俱通。二十入事〈侍〉{仕}{侍}，提戈輔戎。金王獎[獎]擢，/百戰摧兇。立身苦節，蕃抱礼[禮]容。弓裘継[繼]世，悉〈悉〉{悉}{素}慕登庸。/曾任雄鎮，改俗移風。譙公委重，鈐鍏無容。肅清內外，/不染針鋒。孤雲獨秀，行比貞松。張掖再復，挺劍先衝。/五迴奉使，親入

262

附録一：敦煌邈真讚録文

九重。貂蟬歎念,應奏皆從［從］。坐〈坐〉｛坐｝｛坐（出）｝寄〈寄〉｛寄｝｛奇｝決［決］勝,／涅槃卧龍。昔時班固［超］,今世竇融。方期禄壽,永留／高蹤。何期逝逼,魂逐秋風。合郡哀喧,君主歛容。／邈真題影,兼讚竒［奇］功。／

73. 張靈俊寫真讚

P.2991　1.（講）論大法師毗尼藏主賜紫沙門（張）和尚寫真讚并序

（講）論大法師毗尼藏主賜紫沙門（張）和尚寫真讚并序。／和尚俗姓張氏,香号［號］靈俊,即清河郡天錫之貴系矣。／福星膺胎,遂爲燉煌人也。／和尚早歲出家,童〈顔〉｛孺｝｛禎（真）｝敩業,心靈［靈］以〈與〉｛與｝｛似｝皎月明,利性而宿因自得。情懷金／石,懇慕真空,齡當弱冠之初,道惬生融之跡。業／資惠海,德［德］爽智山。證三教而精通,修四禪而凝／寂〈寂〉｛寂｝｛空｝。戒圓［圓］盛月,鵝珠未比於才公;操性霜明,弘闡／研窮於内外。石碁案上,親傳孔父之文;師子座前,／廣扇真風之理。故得三場演論,指極相應宗;五座／宣揚,竆盡不思儀［議］之際。芳蘭妙〈妙〉｛妙｝｛之｝義,恒播布於／人倫;異類程凝,逗〈逗〉｛追｝｛追｝機緣而辯〈辯〉（辯）｛辮｝化。千千釋衆,舉郡皆／嗟;万万［萬萬］法徒,剛柔同歎。先王觀師竒［奇］傑,偏奬［獎］／都法律之榮;久載統利福田,水則不更〈更〉｛更｝｛決｝漏尅［刻］。衆談／仁師殊美,譙公念惜良賢,就加紫綬之榮,重錫都僧政之號。一從［從］任位,不乖頓教之儀,逐臘辥［辭］班,陟首座之側。時乃年逾／耳順,縈疾仍加,四大不順於躬懷,枕疾俄經〈經〉｛經｝｛從（促）｝｛於｝歲／月。病顔轉熾,去世非遥［遥］,倏迯［邇］傾移,慮恐難旋／禮式〈式〉｛式｝｛成｝,遂命門人上首,殁後須念師情,邈像題／篇,以表有爲之跡。某等不捨仁師［師］之願,傷／悼纏懷;靡曆晨昏之間,攀號迨及。悲哉／揜［掩］逝,儵悠平生之顔。乃召良工,丹青繪留／真影。厶乙久蒙訓示,慸虩刺股之辛。孤陋／匪［斐］然,聊申短頌：師［師］之儀兒,肅穆爽然。／師之心鏡,已絶攀緣。清河貴泒〈派〉｛派｝｛泒｝,蓮府應賢。／韶年割愛,一逕〈逕〉｛逕｝｛迮｝精專。博通儒述〈術〉｛術｝｛述｝,辯若河懸。／

263

森森龍象〈象〉｛衆｝｛象｝,伿伿[侃][侃]清[精]研。杏壇流訓,梵漢翻傳。/異相多就,衆好俱圓[圓]。前王歎異,委都福田。/譙公化世,獎[獎]擢親宣。念师[師]奇[奇]傑,寵紫同筵。/雖躋貴列,每弃[棄]非言。觀機化俗,異類〈類〉｛類｝｛俗｝叅[參]前。/年餘七九,風疾侵纏。四虵[蛇]不允,二鼠交煎。/喘臨旦夕,奉嘱[囑]心堅。俄然坐化,綿帳題[題]篇。/哀鳴受記,叩切〈切〉｛切｝｛切｝幽聯。厶乙寡惡[惡],粗表周旋。/

74. 陰善雄邈真贊

P.2970 唐故河西歸義軍節度使內親從都頭守常樂縣令武威郡陰/府君邈真讚并序

唐故河西歸義軍節度使〈使〉｛使｝｛○｝內親從都頭守常樂縣令武威郡陰/府君邈真讚并序。節度押衙知上司孔目官楊継[繼]恩述。/府君諱善雄,字良勇。門[門]承鍾鼎,代襲簪纓。族美[美]珪璋,懿聯/侯室。公之稟質,異世英奇[奇]。幼年粗曉於三端,弱冠別彰於六/藝。謙謙守直,真可君子之風流;得衆寬弘,不失先贤[賢]之軌範。/功庸罕比,毅勇難儔。出言而山岳[嶽]無移,發語而千金不易。/曹[曹]王秉節,挺赤心而膺昌期;苦處先登,效忠貞而能定國。久陪〈陪〉｛陪｝｛轄｝軍幕,作我主之腹心;百戰沙場,幾潘〈拌｝｛潘｝｛番｝生於龍塞。常樂貴縣,國/之要衝。覥公良能,𪚥〈鳶〉｛鶿｝｛荐｝遷菣職。故得仁風載扇,政風遠聞〈聞〉｛聞｝｛流｝。驅鸡之善不遺,彈琴之名無怠。猛虎負子,人無告勞。臨危/而畏若秋霜,撫衆而愛同春雨。扶傾濟弱,遣冨[富]留貧。行五𢧵〈□〉｛□｝｛袴｝/以卹黎民,避四知而存清潔。城邑創飾,寺觀重修。一縣敬仰/於神明,万[萬]類遵承於父母。達怛犯塞,拔拒交鋒。統领軍/兵,臨機變筞[策]。立丈夫兒之志節,一人獨勇而當千。星散雲/飛,異類橫屍[尸]而遍野。東收七郡,意氣侔樊噲之功;西/定六蕃,用軍有燒牛之筞[策]。雄豪無敵,不顾[顧]微軀;下壁/拔城,累彰臣節。通申內外,不戀

附録一：敦煌邈真贊録文

貨財;攝念水[冰]清,宛然公/道。將[將]謂岳[嶽]石夆[齊]固,抱壯智以佐君威;何乃天降妖灾[災],逐/風燈而沉逝路。明王戀惜,舉郡傷嗟,一道泣血而聲/哀,九族攀號而蹕踴。継[繼]恩謹奉上命,難免固辝[辭]。駐筆/含悲:乃爲頌曰:英靈神恃,世上難逢。百藝曉覽,乃有/我公。謙謙守直,量比貞松。三端獨步,六順俱通。曹[曹]王秉/節,抱赤扶忠。沙場静塞,苦處先登。常樂治縣,改俗移/風。每施政令〈令〉|令||含|,化美[美]一同。戎冠[寇]屏跡,外賊無蹤。張掖再/復,獨立殊庸。酒泉郡下,直截横衝。威傳四境,名透/九重。將謂永壽,岳[嶽]石長隆。何兮〈兮〉|兮||乃|逝逼,水火皆空。/甘泉早竭,良木先崩。黄雲暗惨,天戴愁容。一郡/廢業,坊巷停春。六親無望,灑淚連鬱。千秋/之後,永播高功。/

75. □元清邈真贊

P.3882 （府君元清邈真贊并序）

蓋聞英旄降世,必膺物而誕生;賢哲佐時,順/台星而合運。府君諱元清,字大静,即前河西一十/一州節度使承天托西大王曺[曹]公之親外甥也。府君/宗聯貴族,葉盛芳枝。家門尅[]紹於官班,親泒〈派〉|派||泒|乃承於寵烈[列]。況公生之別/俊,誕質英靈[靈]。機謀出自於〈於〉|於||○|天然,志操禀從[從]/於神受。三端傑衆,六藝標奇〈奇〉|奇||彦|。文房探鄭/伯之經書,武庫校葛公之戰術。久年事/主,累歲從[從]軍,輸勞每轉於階員,納效有/超於憲位。先任太常樂部,勾當不失於/公方;教習伶倫,訓誨廣能於指示。專/心奉上,推忠以助於國君;勵節承家,/(□□)竭〈竭〉|竭||高|誠〈誠〉|誠||緘|於父母。而又功勳會合,恩(下缺)/

76. 薛善通邈真贊

P.3718 16. 晉故歸義軍薛/府君邈真讚并序

晉故歸義軍都頭守常樂縣令銀青光禄大夫檢校國子祭(酒)兼御史大夫上柱國薛/府君邈真讚并序。/節度上司内外都孔目官兼御史中丞孔明

265

亮撰。/府君諱善通，字良達。公乃崑[崐]峯麗質，杞/梓長材。門傳虎豹之裘，代習龔黃之美[美]。/幼年聡[聰]俊，夙負英[竒]奇。託胎而異衆殊祥，/藝透而超倫獨秀。忠勤奉/國，深懷吴漢之功。孝訓於家，兼播六/順之教。故得文成玉雪，不暎而(□)〈□〉{□}{省}覧千/張；武亞金星，弦鳴而空中鴈泣。雄之以/猛，謀申九拒之威；操之以能，妙捷七兵之/略。伏自/曹王秉政，收復甘肅二州。公乃戰効/勇於沙場，納忠勤於柳境。初任節/度押衙，守常樂縣令，主錯當人，安/邊定塞。畏繁喧於洗耳，怯光榮於/許由。辟[辭]位持家，/譙公再邀於御史。方欲報其/旄越[鉞]，何啚[圖]業盡難留。天命奪徵，神/藥無驗。孤妻號叫於穹蒼，雄[稚]女悲/啼於杞地。明亮忝同/戟佐，憨無薄藝之功。既奉固邀，/不敢遺命，乃爲頌曰：/公之德[德]也，異衆殊功。公之兒〈貌〉{貌}{邈}也，絶代高宗〈宗〉{宗}{崇}。/幼年[聡]聰俊，夙播英雄。在家奉國，至孝至忠。/文兼武備，六藝俱通。理人恤物，遣冨[富]留窮。南征北伐，不顧西東。軍前馬上，捷而驍風。/方期報國，痾瘵不蒙。壽限有逼，殤殞傾薨。/㜫兒號叫，雄[稚]女搥胷。圖形寫影，万[萬]載留蹤。/於時天福六年辛丑歳二月二十四日題记[題][記]。/

77. 閻勝全寫真贊

P.3718　15. 晉故歸義軍太原閻府君寫真讃并序

　　晉故歸義軍節度班首都頭知管内都牢城使銀青光禄大夫檢校國子祭酒兼/御史大夫上柱國太原閻府君寫真讃并序。節度孔目官兼管内諸司都勾押使兼御史中丞楊繼恩撰。/公諱勝全，字盈進。太原令望，簪[簪]裾盛烈於/儒門；鍾鼎承家〈承家〉{承家}{家承}，閥閲毎傳於貴族。間生英傑，/處衆而獨步出人；應世竒[奇]姿，宏才而超過羣/輩。明閑武略，黄石公之籌築[策]隆崇；善曉兵/機，張子房之神謀廓落。温柔合體，於家聞/扇枕之勤劬；禮樂兼資，奉國播内肝之/節操。東西指使，開途路而義重椒蘭；南北輸/誠，毎通歡而並無阻蔽。統權將幕，訓士卒而/可謂之親；守職轅門，理戎徒而元無偏儻〈儻〉{儻}{黨}{倪}。/均羹感衆，勇絶飛馳。藴

附録一：敦煌邈真贊録文

葛亮之深謀,/負陳安之趫捷。兇渠犯塞,捨命而先衝;/虜騎交鋒,判〈拌〉{判}{判}生而後敵。軍州歎美[美],寮佐/吹揚。別舉崇班,榮遷上品。而又出言依理,/執定而山岳[嶽]無移;發語當途,忠貞而始/終不易。牢城數載,清慎人傳。四知不撓/於常規,千家常謠[謠]於懿德[德]。衙庭綱紀,忠/言獻玉〈王〉{王}{玉}珪之十條;領袖燉煌,抱直進狄公/之九諫。方保壽耆[齊]貞桂,振雄氣於邦家;而/何天壽將奔,逐流光而影謝。愁雲暗曀,/雲雁含悲。孤男涕淚以驚天,雛[稚]女哀鳴/而叫地。府寮戀惜,主上傷嗟。掩千載以長辭,痛百秋而□〈□〉{□}{归}逝。厶乙累奉/邈命,自愧荒虛。不避哂之,乃为[爲]頌[頌]曰：太原令望,玉塞崇枝。門高鍾鼎,族貴簪[簪]裾。/間生俊傑,應世英奇[奇]。懷忠守節,孝悌無虧。/統權將幕,勇絕飛馳。均羹感衆,每抱沉機。/明閑雄捷,累討兇渠。軍州領袖,畏慎四知。/發言當理,山岳[嶽]無移。方保榮祿,岳[嶽]石同期。/而何逝也,魄逐雲飛。府寮戀惜,主上含悲。/六親叫慟〈叫慟〉{叫慟}{忉叫},九族攢眉。圖真綿帳,用記他時。/天福柒年四月廿日題紀。/

78. 李潤晟邈真贊

P.3718　晉故歸義軍隴西李府君邈真讚并序

晉故歸義軍節度押衙知燉煌郡[鄉]務銀青光祿大夫檢校國子祭酒兼御史/中丞上柱國隴西李府君邈真讚并序。/府君諱[紹宗]潤晟,字継[繼]祖,即前河西一十一節度/使張太保孫使持節墨釐軍諸軍事守瓜/州刺史銀青光祿大夫檢校左散騎常侍兼御□大夫李/公之〈之〉{之}{○}長〈長〉{長}{长}次子矣。公乃渭州上泒〈派〉{派}{泒},因官停轍於龍/沙;隴西鼎原,任職已臨於蓮府。祖宗受寵,/官祿居宰輔之榮;昆季霑恩,品袟[秩]列三公/之位。門傳閥閱,勳業承家。年芳〈芳〉{芳}{方}小[少]俊而出群,/弱冠東征而西敵。加以揮戈塞表,爲國/納効於沙場;提劍軍前,拔幟當鋒而獨/立。破南山,公托隘寇,衆賴霑功;掃羌戎,/白刃相交,不貪軀命。後乃張掖城下,立/万[萬]載之高名;酒泉郡前,播雄聲於千古。/念兹勞績,金[僉]獎[獎]榮班。一舉節度押衙,兼/遷燉煌鄉[鄉]務。注〈主〉{注}{主}持數載,人無告勞。治民/無訴苦之謠[謠],差發有均平之稱。故得冰[冰]/清玉潔,守道不犯於官私;得眾寬/弘,禮讓每傳而寡望。謙謙君子,利口多端。/歌令分明,音樂絕世。更兼裁詩獨步,/動筆而霧卷雲收。指硯題〈題〉{題}{提}文,詞多於/馬鄭。實可弓開滿月,透鐵札之七重;矢/發流星,射穿楊於百步。雖居高位,恭/謹爲懷。奉主慇懃[勤],安親順孝。將謂/壽同金石,抱壯志於延齡;何期逝水來/奔,降妖災[災]於五體。邈尋秘術,鵲父見而/無方;疾湊膏肓,榆公療而何驗。于時/魂歸殊路,魄逐飛仙。驪珠沉於大泛[海],/良劍落在吳江。未畵[圖]麟閣之儀,掩〈奄〉{奄}{掩}見/泉臺之禍。閭人巷哭,牧童不歌。如齊[齊]國/喪於夷吾,似鄭人悲於子產。哀妻/泣血,氣盡於長城;稚子摧心,望空床/而躃踴。丹青繪影,留在日之真容。略述/片言,傳生前之羙[美]德[德]。其詞曰:/公之雅德[德],不可稱傳。公之雅量,江海一般。三端別秀,/六藝俱詮〈詮〉{詮}{全}。門傳鼎蕭,族誕瑚璉。榮霑卿相,恩祿日遷。/渭州上泒〈派〉{派}{泒},隴西貴[貴]原。臨官受寵,任職遐邊。生之異俊,/忠孝兩全。揮戈塞表,怗伏狼煙。張掖城下,勇猛貞堅。/酒泉陣上,拔幟衝先。臨機捷計,如同走丸。彎弧動矢,/霜鴈聲喧。由基莫比,貫虱心穿。東征西敵,沙磧長眠。/登危處巇[險],不辭[辭]艱難。念茲勞績,僉擢鄉[鄉]官。均平苦樂,/人唱長延。在務清慎,無儻〈儻〉{黨}{党}無偏。忽染痾疾,藥餌難痊。/魂歸異路,魄逐飛仙。哀妻號叫,血淚如泉。孤子悶絕,/寸斷腸肝。今晨永別,更無會顏。丹青邈影,留傳他年。/于時大晉天福七年五月癸未朔十四日丙申題[題]記[記]。/

79. 羅盈達邈真贊

P.2482 2. 晉故河西應管內外諸司馬步軍都指搗使銀青光禄大夫/檢校工部尚書兼御史大夫上柱國豫章郡羅府君邈真讚并序(9-2)

晉故河西應管內外諸司馬步軍都指搗使銀青光禄大夫/檢校工部尚書兼御史大夫上柱國豫章郡羅府君邈/真讚并序。節度內親從都頭知管內諸司都勾押孔目官兼御史中丞楊継[繼]恩撰。/蓋聞天授神機,方堪領

268

附録一：敦煌邈真贊録文

袖［袖］。神扶異/器，能紹紀綱。蓋欲統理軍門，秉/持造化，使超時之智略，立制乱［亂］之/勳庸。若非竒［奇］仁，何以理物。府君/諱盈達，字勝遷。珪璋雅韻，日角/仙姿。膺世而與凡不同，間生而殊/常傑衆。禀人龍之正氣，洞［洞］宏海/之遐源。上膺星辰，下符岳［嶽］瀆。故/得武經藴抱，張子房之密計變/通；韜略生知，黄石公之兵書暗曉。/功傳射戟，體表懸弧。輪槍/則塞虜沉聲，仗劍乃兇渠自/伏。加以常修直實，不慕奸［奸］欺。抱/君子之令名，得古賢［賢］之節操。曰［因］兹/軍州慎選，注［主］任轅門。擇委班資，/始霈將［將］務。故能訓齊士卒，可謂/如虎如貔；部領軍機，每有前□/後勝。重遷寵袟［秩］，委任步軍都知。/而又盛績雙彰，殊勳克著。塞上/之雄豪無敵，沙場之猛氣過人。/譽播衙庭，兼受極任。紫亭貴［貴］/鎮，葺理邊城。撫育疲徒，如同父母。/又遷上品，委任馬步都權，統領洪/軍，共收河西隴右。而乃名標三傑，/功蓋八元，位列崇高，遠霑渥澤。/播白氏輸秦之籌策，掩蕭何佐/漢之聲華。威振八宏〈紘〉｛紘｝｛宏｝，名揚九極。豈期天禄將逼，忽掩夜臺。七州/慟哭而雲鴈愁容，五郡含悲而星/光暗晈〈晙〉｛晛｝｛晙｝。軍門痛惜，（○）〈○〉｛○｝府/主上〈上〉｛上｝｛○｝傷，嗟。孤子哀號，雊［稚］女無望。継［繼］恩忝/居儒肆，未辨〈辨〉｛辨｝｛辯｝端倪。忽奉固/邀，多慙荒拙。其詞曰：/珪璋雅韻，日角仙姿。殊常傑衆，應世標竒［奇］。/武經藴抱，通變神機。龍韜暗曉，豹略生知。/輪槍伏虜，仗劍雲飛。常修直實，不慕奸［奸］欺。/訓齊士卒，葺練軍儀。注〈難〉｛主｝｛注｝持雄鎮，撫育孤危。/榮超都將，名透丹墀。天禄將［將］盡，逝路来期。/七州無望，五郡含悲。星愁日暗，塞上何依。/娘子叫切，再覩（○）何〈何〉｛難｝｛无｝期。孤男失望，雊女攢眉。/略題綿帳，逝也難回。/于時大晉天福八年癸卯歳九月朔十五日題［題］記。/

80. 張和尚寫真贊

P.3792V⁰　1. 大晉河西燉煌郡釋門法律張氏和尚生前寫真讚(3-2)

大晉河西燉煌郡釋門法律臨壇供奉大德兼闡揚三教/毗尼藏主沙門香號俗姓張氏和尚生前寫真讚。/竊以龍塞首宗，陲方上望，玉交〈皎〉

269

{交}{立}無點,冠冕/聯鑣。賢俊累現於明時,智仕頻彰於聖/代。師乃童儒〈孺〉{孺}{儒}異兒[貌],早歲殊英。禀聡[聰]穎而别/衆不群,挺姿神而竒[奇]霝[靈]獨出。石渠習業,俻/曉於〈於〉{於}{非}三墳;璧〈璧〉{璧}{壁}水談詩,才成而七步。斯又金刀落/髮,辝[辭]貴族之瓊華;幼慕空門,弃[棄]雜煩而/净住。心遊至教,朗秦鏡於智懷;意探洪源,/了澄臺於沼〈沼〉{沼}{沿}月。博該内外,窮妙理而觀掌中;海口波濤,宣吐而瓶注水。故得聲流雅響,三危/之獷俗欽威;清梵孤鳴,五郡之 ![]〈□〉{紆}{纡}儒頂謁。/每彰釋範,恒扇軌[軌]儀。千僧感〈感〉{感}{咸}仰望之歡,四/衆讚明懷之譽。遂使金山聖帝,悵擢崇/榮。譙王歎措而超遷,仍賜登壇之首座。/一從[從]秉義,律澄不犯於南宣;静慮修禪,辯〈辯〉{辨}{辯}/決[決]詎殊於北秀。方乃從[從]心之歲,蒲柳催年。嗟/逝水波浪東流,歎烏兔奄西崗之下。一朝崇〈崇〉{崇}{崇}/逼,示滅無期。恐葬礼[禮]之難旋,慮門人之懇/切,固〈固〉{故}{固}召匠伯,繪影圖真。幃留万[萬]代之芳,俟表/千秋不朽。永隆才荒蘋草,弱水浮萍。/奉難命辝[辭],粗名年月。其詞曰:/南楊盛族塞標名,禀宿胎膺誕關西。/門傳閥閲朱軒望,簪[簪]組聯綿代降英。/師之儀兒無倫比,傑世天然奇[奇]異霝[靈]。/韶年早曉儒王教,亂[齓]歲崏真守嚴精。/四禪澄護而氷[冰]雪,[万]萬法心臺龜鏡明。/釋儒道俗皆投化,郡〈郡〉{郎}{郡}主〈王〉{主}{王}稱賢措優榮。/昇壇首座詣徒衆,律儀不犯戒(□)清。/悟世虚華如囂隙[隙],衣〈衣〉{衣}{不}鉢餘外離求縈。/每覩銀輪頻西轉,常愁碧水逝東頃[傾]。/一朝殞及冥泉下,慮葬蹇乖世上情。/乃命丹青而髣髴,懇盼生儀寫真刑[形]。/隆之寡昧無才識,不免窮辝[辭]覻浮萍。/枉[狂]間[簡]數行遺〈遺〉{遺}{遺}歲月,永古千秋記標題[題]。/于晉歲乙巳正月廿六日記[記]。/

81. 張安信邈真贊

P.3390 晉故歸義軍節度左班都頭銀青光禄大夫檢校左散/(騎)常

附録一：敦煌邈真贊録文

侍兼御史大夫上柱國南陽張府君邈真讚

　　晉故歸義軍節度左班都頭銀青光禄大夫檢校左散/（騎）常侍兼御史大夫上柱國南陽張府君邈真讚/并序。上司内外都孔目官檢校左散常侍上騎都尉孔/明亮撰。/府君諱安信,字寧忠。瑚璉瑞彩,珪璧禎姿。門傳閥/閲之勳,族誕龔黄之貴。公乃天假盛兒,神受〈受〉｛授｝｛受｝英/靈｛靈｝。懷武藝以安邊,抱雄才而定世。故得名彰/塞表,德[德]茂鴻猷。沙場効貫石之殊功,隴外負/陳安之勇略。東西奉使,能和二國之歡;南北驅馳,以/結一家之好。而又謙恭守道,清慎每播於人倫;恪節/居懷,忠貞以傳於衆類。能存信語〈義〉｛語｝｛语（义）｝,行烈氷[冰]霜。/貴而一言,千金不變。況公累任大務〈務〉｛務｝｛多｝,當途不起而/非邪;數處極司,尅已謙和而向主。遂使/皇恩遠降,宣賜寵袟[秩]之榮;錫賚崇遷,顯〈顯〉｛顯｝｛频｝/受勳[勳]堦之品。方欲致身奉命,上報君恩,何期二/鼠忽臨,四虵[蛇]將[將]逼。情〈惜〉｛情｝｛惜｝歸大也[夜],魂掩泉臺。隣里號/叫而傷嗟,别愛苦痛而千万[萬]。亮藝愍寡劣,難/免固邀。狂簡數行,乃爲頌曰:/天姿〈資〉｛資｝｛姿｝盛兒,神假英雄。門傳閥閲,舉郡良宗。/宏才傑世,數立竒[奇]功。名彰塞表,代播高風。/沙場効勇,隴外留蹤。東西奉使,南北開通。/温良守道,清政懷忠。人倫歎美[美],衆類謙恭。/國恩遠降,寵袟[秩]榮崇。何期逝逼,喪我人公。/鄰里哀泣,號叫忩[匆]忩[匆]。枝〈枝〉｛彼｝｛拔｝柯〈柯〉｛何｝｛何（河）｝哽噎,甚世再逢。/魄逐〈逐〉｛逐｝｛遂｝風雨,惜久〈惜久〉｛怕怕｝｛恒恒｝堂空。圖形綿帳,繪畫真容。/於時天福十年乙巳歲二月日題記。/

82. 氾嗣宗邈真贊

S.390　（法師氾嗣宗邈真贊并序）

　　師姓氾氏,香号[號]嗣宗。濟北名家,燉煌鼎族。幼年別優〈優〉｛優｝｛俊｝,早歲天/聰[聰]。窮儒宗捴八索九丘,究學海盡三墳五典。揮毫指硯,詞峯〈鋒〉｛鋒｝｛峰｝透出於錐嚢〈嚢〉｛嚢｝｛□｝;綴賦題篇,豈異龍門之激浪。加又〈以〉｛又｝｛以｝辝[辭]親割愛,/頓〈頓〉｛頓｝｛长｝弃

271

［棄］煩誼。桂壁〈璧〉｜璧｜｜壁｜清廉，松篁間氣。談千經之正教，勸化有情;演/万［萬］論之宏宗，度脫群品。運如弦之真,濟潤黎民;行平等之心，高低［伍］/冈〈罔〉｜罔｜｜同｜間。空持一鉢，餘資弃［棄］捨於塵〈塵〉｜塵｜率｜埿;只〈只〉｜只｜共｜具三衣，割〈割〉｜割｜刻已賑貧而守道。五/乘曉了〈了〉｜了｜｜朗｜，八蔵［藏］該通。爲當代準繩,作明師［師］龜鏡。君侯仰重,藩｜闠欽承〈承〉｜承｜永｜。可謂河隴仁師［師］，殊方教主。方保长隆聖教,永曜慈雲。/於戲！红日落於西山，素月虧於東海。風燈難駐，薤露/不停。道俗〈俗〉｜俗｜途而咽泣含酸,行路而傷嗟押淚。継［繼］恩叨承門史，/幸忝周勤。承數歲之深恩，實多〈多〉｜多｜｜今｜年之莫報。輒陳〈陳〉｜陳｜便(陈)｜短見,用讃/高功。駐筆悲號，乃爲頌曰：沧海知誰竭，耆山豈料崩。法門梁棟折，儒苑藝皆空。/辝［辭］却清凉院,早遊日月宫。此生難再遇，何世覿真容。/

83. 閻府君邈真贊

P.2482 4. 晉故歸義軍節度左班首都頭知節院軍使/銀青光禄大夫檢校左散騎常侍兼御史大夫上柱國太原郡閻府君邈真讚并序

晉故歸義軍節度左班首都頭知節院軍使/銀青光禄大夫檢校左散騎常侍兼御史大夫/上柱國太原郡閻府君邈真讚并序/

節度管内諸司都勾押孔目官兼御史大夫楊継［繼］恩述。/府君諱海貟［員］，字大進。幼閑聰［聰］敏，早/負殊能。齠年智勇以過人，壯歳英/霊［靈］而異衆。故〈故〉｜故｜放｜｜故｜得身〈O〉｜O｜身｜謀〈謀〉｜謀｜｜O｜懷五德［德］，謙和守/六禮之風;體〈O〉｜O｜体｜行〈行〉｜行｜｜O｜負三端，抱直善九流/之訓。儒門相継［繼］，實守道以安民;盛/族傳芳，乃寬弘而得衆。當官清/政，四知不撓於終身;守位均平，/三惑無聞［聞］於衆口。軍資［資］大庫，/注〈駐〉｜注｜｜注｜任累年，出納豈犯於纖埃，破/用盈公而尅已。僉充節院，/虔心敬仰於神明，位列崇班，忠諫/每陳於逆耳。豈期逝波來逼，忽/謝風燈。舉族哀號，坊隣慟泣。乙雖慙薄藝，忝在班行。既奉固邀，/難拒高命。其詞［詞］曰：/儒門英將［將］，間代高原。幼

附録一：敦煌邈真贊録文

閑[閑]禮则[則]，早負幽玄。/寬弘得衆，抱直如弦。曾任大務，不致人口〈口〉{口}|慚]。/人中仁也，實可稱贤[賢]。盈官尅已，忠孝俱全。/方保榮禄，刧石長延。何兮逝也，早掩九泉。略題[題]真影，用纪[紀]他年。/於時大晉開運三年十二月丁巳朔三日巳未題[題]紀。/

84. 張懷慶邈真贊

P.2482　5. 晉故歸義軍應管内銜前都押衙銀青光禄大夫檢校左散騎常侍兼/御史大夫上柱國南陽張府君邈真讚并序

　　晉故歸義軍應管内銜前都押衙銀青光禄大夫檢校左散騎常侍兼/御史大夫上柱國南陽張府君邈真讚并序。府君諱懷慶，字思美，即南陽之泒〈派〉|派}{泒}矣〈矣〉{矣}也。受寄/龍沙，遂爲燉煌人也。公乃天資靈[靈]異，神/授宏才。英旄自幼而標奇[奇]，志操童顏/而傑秀。故得三端膺世，六藝推時。家/門継〈繼〉{繼}{续}俸於鈞衡，己族聯親於/台廟。清貞守節，州府久任於注〈主〉|注}{主}持；端/直居懷，乃選居官而恤物。伏遇譙王/降世，擢薦[薦]賢良。公緣有會於君臨，從[從]/侍匡扶於肘腋。數年毗佐，通申不受/於私情；累載霑恩，奉法無虧於公格。/郡侯歎羡[美]，轉次崇階。職任中筵，位齊賓幕。而又翹情向主，傾心共治而分/憂；嚴誡自身，信義乃留於終始。遂/曾東西討伐，南北奔馳。陪元戎復〈復〉|復}{伏}静於/河湟，事旌幢剪除於兇醜。交鋒列/陣，唯勵磨鱗。願陳百戰之功，不顧[顧]一生之命。/陶鎔親見，數賜優勞。累受/榮遷，已登班首。將俟久居人世，永/助觀風；継[繼]紹轅門[門]，紀綱軍國。奈/何穹蒼不祐，禍祟〈崇〉|崇}{崇}奄遭。壽限已終，/難留迅速。辭[辭]親別弟，傷疼手足之分離；/委付女男，恨歎泉臺之永隔。厶乙忝同衙佐，每受知憐，握管潸〈清〉|潸}{潸}悲，/而爲頌曰：/天資盛兒，神授英奇[奇]。南陽上族，胤派〈派〉|派}{泒}西陲。三端膺世，/六藝生知。門欄継[繼]寵，姻絃台畿。清貞鑒[鑒]物，恭慎無虧。/形端表直，譽播推時。譙王出現，公會同期。毗輔肘腋，/近〈近〉|近}{匡}事君威。通申有道，無顺邪非。功劳歲潛，展效年餘。不但事〈事〉

273

｛事｝｛书｝｛衙〈衙〉｝｛衙｝｛树｝，／苦處先馳。從軍征伐，妙算深機。領袖轅門，助治方隅。將[將]謂遐壽〈壽〉｛泰｝｛寿｝，／禄位不移。何兮逝速，禍魅来[來]追。辟[辭]親別弟，付[嘱]囑孾[嬰]兒。千万[萬]再三，／以法對除。枝羅愴切〈切〉｛切｝｛忉｝，姻眷攢眉。道路傷嗟，共助哀悲。圖形綿帳，／繪邈真儀〈儀〉｛議｝｛仪｝。讚舉殊勳，用記旬時。／

85. 氾府君圖真贊

P.2482+P.3286　6. 氾府君圖真贊

晉故歸義軍節度内親從[從]都頭兼左廂馬步軍都知兵馬使銀青光禄／大夫檢校國子祭酒兼御史大夫上柱國濟北氾府君圖讃并序。／

東西拒敵，挥戈□□□／拔劍而沙場風□□□，□□□／戀而的親；州府傳能，僧俗歎之雅〈雅〉｛雅｝｛有｝譽。比／望長承國寵，領袖轅門。分憂永報於／鈞衡，展效願酬於使主。奈何神霊[靈]不祐，疾／染多時。累訪良醫，無能救済[濟]。自覺病源／深重，方便咨諫於慈親；留嘱[囑]再三，莫念／生子而不孝。執姊妹手，千万[萬]好事於孃〈孃〉；別妻子顏，此世難逢而再會。付嘱[囑]／已畢，魄逐飛仙。九族忙然，六親慟哭。女／男悶絶，扶床擗踴而哀號；姊妹搥胸，／倚門望兄而不見。悲聲叫切，血淚霑衣。／绵[綿]帳平生，丹青髣佛[髴]。厶乙忝同師訓，每／沐恩知，泣喪友人，而爲頌曰：／公之令望，舉郡傳芳。公之盛德[德]，塞表稱揚。／幼閑弓矢，長習文章。刀筆兩全，智勇雙长。／久年事主，累經隄防。功勳[勳]日漸，寵錫殊常。／内親肘腋，助治忠良。出入奉公，數載餘強。選金[僉]注鐺〈鐺〉｛钴｝｛镭｝，馬步知廂。教習兵戈，驅定邊疆。／沙場苦戰，山巖曾向。他日論功，唯君最上。／位霑都首，榮班幕將[將]。廣負竒[奇]能，深懷智量。／比望遐〈遐〉｛遐｝｛延｝壽，为[爲]兵師長。何兮逝逼，不容時餉。／唯殘老親，望天號仰。不忍男女，遭〈遭〉｛遭｝｛遗｝誰育養。／苦傷親族，泣血而漿。(鄰)里停工，灑淚成行。／□□□□，痛及街坊。□□先聞，同来[來]悲響。／

附録一：敦煌邈真贊録文

86. 張福慶邈真贊

S.5405 顯德二年八月福慶和尚邈真贊

　　□□□□□□□京城内外臨壇供奉大德［德］兼/□□□□□□□□門［門］和尚邈真讚并序。/□□□□僧政兼闡［闡］揚三教大法師賜紫沙門［門］道林撰。/□□（和尚）俗姓張氏，香号［號］福慶，先苗著姓，望在清河。後/嗣興宗，傳名沙府矣。和尚生之異俊，立性殊奇［奇］。仰三/乘究竟之門［門］，猒［厭］四流浮虚之幻。遂即斈［辭］親割〈○〉｛○｝割慕〈慕〉慕｝榮道〈道〉道｝乃，落髮帔［披］緇［緇］，千門［門］洞曉於胷襟，万［萬］部精通於志府。至於/四分十誦，猶涉海而姻浮囊；七聚五篇，等救頭而防/猛炎。故得緇［緇］倫仰重，榮遷講〈講〉講｝｛口義〈義〉義｝我之仁師；俗吏金［金］/提，恩奬［獎］紫彰之貴袟［秩］。恒〈恒〉恒｝時調意馬，〈〉｛口守節範肇［誠］僧徒；每伏心猿，奉公旨主持梵宇。鴻基添〈添〉添｝緣益，豐盈而百倍□〈□〉□｝｛遇｝光；殿刹修崇，妙好而一寺□□〈□□〉□□｝峥，□□□□。/方保耆山等壽，廣扇慈風；奈何示滅同凢〈凡〉凡｝几，逝喪〈喪〉喪｝/而｝□□/致使門［門］人哀咽，痛福河而早枯；俗眷攀號，悲智光而/示〈示〉永｝示滅。道林忝霑釋侣，奉命固邀，不度荒虚。聊陳頌曰：清河貴［貴］望，玉塞良枝。生〈生〉生｝先之異俊，禀性英奇［奇］。韶年/慕道，亂［亂］歲披緇。三乘崟曉，八蔵［藏］精知。五篇皎潔，/七聚澄暉。衆金［金］秉義，上賜紫衣。主持寺宇，緝□□□。/將［將］山等壽，覆護教儀。奈何示滅，魄逐〈逐〉逐｝遂｝雲飛。僧徒號〈號〉叫｝｛号叫〈叫〉□｝叫，/俗眷哀悲。留真綿帳，記讚他時。/于時顯德二年歲次丙辰八月□□□。/

87. 曹闍梨邈真贊

P.3556 4. 大周故大乘寺法律尼曹闍梨邈真讚并序

　　大周故大乘寺法律尼臨壇賜紫大德［德］沙門厶乙邈真讚并序。/法律闍梨昔［者］，即前河西一十州節度使曹大王之姪女也。間生霊［靈］德

275

[德],神授柔和。早年之異衆/超群,亂[齓]歲之弃〈奇〉{棄}{奇}姿美[美]皃。辟[辭]親割愛,姟[孩]乳而不近薰莘〈辛〉{辛}{莘};頓弃[棄]煩喧,捨俗而囂尘永罷。/帔〈帔〉{帔}{披}緇就業,八万〈萬〉{萬}{方}之細行無虧;禁戒堅持,三千之威儀匪犯。六和清衆,在貴而不服綺羅;四/攝勸迷,居高而低心下意。大乘寺内,廣堅立於鴻基;中外重修,並完全而葺理。訓門/従〈從〉{從}{徒}之子弟,大習玄風;誘時輩[輩]之緇流,盡懷高操。登壇秉義,詞辯與海口争馳;不對〈對〉{對}{怼}/來人,端貞乃氷[冰]清月皎。方欲鴻〈鴻〉{鴻}{弘}揚佛教,永扇慈風,豈期逝水以來奔,偶然俄辟[辭]於/濁世。六親哀慟,九戚聲痠〈痠〉{痠}{酸}。釋中恨別於高醼〈□〉{蹤}{醼},尼衆傷嗟而洒[灑]淚。嗚呼!三冬降雪,偏枯柰苑之枝;五月行霜,痛碎[碎]祇園之葉。余秦[奉]邀命,輒述荒無[蕪]。徒以筆翰生疏,自慚漏/略。其詞曰:鼎門之旌,實可豪宗。徇〈間〉{間}{徇}生靈[靈]德[德],神假奇[奇]容。早超群輩,亂[齓]歲英聰[聰]。/辟[辭]親割愛,行潔貞松。薰莘〈辛〉{辛}{莘}不染,頓弃[棄]煩籠。堅持禁戒,廣扇玄風。釋中俊德[德],尼衆明燈。臨壇秉義,每播高蹤。壽期有限,魄逐飛空。/六親哀慟,九戚羅〈攉〉{羅}{羅}胷〈胸〉{胸}{凶}。余奉邀命,難可通融。直論羙[美]德[德],用讚奇[奇]功。/

88. 賈和尚邈真贊

P.3556 5. 大周故應管内釋門[門]僧正賈和尚邈影贊并序

　　大周故應管内釋門[門]僧正京城内外臨壇供奉大德[德]/闡揚三教講論大法師賜紫沙門[門]厶和尚邈影贊并序。/竊以標祥上地,継[繼]六祖之遺[遺]蹤;叶慶甲科,踵/五師之後躅。而以生嗟穢土[土],早想靈[靈]鄉[鄉],修三/學以纜來,駕一乘而忽去者,其惟我清和/尚矣。和尚俗姓賈[賈]氏,含靈覺苑,擢秀華/宗。志性天假而環竒〈○〉{○}{奇}偉,器量神资[資]而/焯〈卓〉{焯}{卓}絶。早趨槐市,三冬學冨[富]於丘墳;凤趣/杏壇,七步詩[詩]成於典素。而乃深觀竹馬,諦視牛

附録一：敦煌邈真賛録文

車。捐鐫佩於樊籠,掛缾〈瓶〉{缾}{併(瓶)}{盂〈盂〉}{盂}{盋(盂)}/於净[浄]境。寸陰是競,窮八[藏]藏於心源；尺璧非/珎〈珍〉,達五乘於性府。及乎金壇受具,護二百/而油鉢匪虧；寶地依師〈師〉{師}{肺(師)},禁三千浮囊靡/失。而乃寫〈寫〉{寫}{象}瓶在念,傳火留心。攻七/關八竝而窮源〈源〉{源}{禅}。擊三分二序而盡躰。歷試/(法律都判,美譽獨振於玄門[門]；後遷賜紫崇稱〈稱〉{稱}{秩},美響別〈別〉{別}{播}傳於蓮塞。)□〈□〉{□}既朗万[萬]法,納衆流以一如；爰〈爰〉{爰}{多}悟四生,修六度而/咸等。三衣五綴,賑[賑]済[濟]不替於初終；五夜六/時,精練豈疲〈於〉寒燠〈燠〉{燠}{燠}。可謂法場師子,德[德]俸/安遠之先；惠地麒麟,道厺〈齊〉{齊}{亜}騰蘭之後。將〈將〉{將}{時}冀[冀]/芳年永茂,燃智炬普照於幽途；盛志長/新,駕慈舟大乘於苦海。奈何月未滿/而還缺,悲慟人天；化〈花〉{花}{化}始舒而早收,哀傷鳥獸。君侯仰戀,懼景落而行迷；僧俗歎/思,痛梁摧而凶極。厶忝恒山一翼,忽值分飛,/幽顯〈顯〉{顯}跂兩〈歧〉{歧}{政},俄然阻隔。淚窮朱血,恨無路/而砕[碎]身；聊扣愚衷,敢讚揚〈揚〉{揚}{扬}於盛德[德]。其詞曰：/極樂知何吉,阎[閻]浮如此凶。上人生猒[厭]見,示疾/早歸〈歸〉{歸}胸中。道俗徒哭泣,耆童〈童〉{童}{寿}盡綴[輟]春。/三光愁暗〈暗〉{暗}{憤}瞳〈瞳〉{瞳}{腾},四部憤〈憤〉{憤}{喷}填〈填〉{填}/憤胸。吾師将〈將〉{將}得去處,坐化盡□〈□〉{□}{碩}□〈□〉/{□}{研}。畐[圖]寫平/生影,標流在世蹤。/後來瞻眺者,須表世間空。/

89. 張清浄戒邈真賛

P.3556　8. 大周故普光寺法律尼清浄戒邈真賛

大周故普光寺法律尼臨壇大德[德]沙门[門]清浄戒邈真賛〈○○〉{○○}{(并序)}。/法律阇[闍]梨者,即前河西一十一州節度使張/太保之贵[貴]孫矣。天资[資]別俊,膺世多竒[奇]。/兒超洛浦之姿,影奪巫山之彩。雍雍守道,亞南越之佳人；穆穆/柔儀,比西施之雅則[則]。

277

而又辟［辭］親割／愛,捨煩惱於韶年;不戀世榮,弃［棄］/囂塵於亂［齔］歲。三千細行,恪節不／犯於教門［門］;八万［萬］律儀,謙和每遵／而奉式。普光寺内,廣展鴻资［資］。／冬夏不失於安居,春秋無虧於／舊積。芳名遠播,懿行傑出於衆／流;訓習經文,才器超過於群軰［輩］。方／欲宣傳戒學,为［爲］釋教之棟梁;秉／義臨壇,教迷徒而透［誘］衆。何奈／上蒼降禍,喪及仙顔。孤兄泣斷［斷］／於長波,贤［賢］姊［姊］悲流於逝水。略題［題］數字,用記高蹤。聊／述芳猷,乃为［爲］讚曰：／间［間］生異俊,奇[奇]藝天然。幼而別衆,實可名贤［賢］。／堅持戒學,秋月奔［齊］圓。立性恪節,不犯煩諠。／安居守道,廣展金田。訓悔［誨］後軰,經教精研。／方保延壽,登歷戒壇。何兮逝逼〈逼〉｛逼｝｛适｝,魄散九泉。／孤兄叫切,贤［賢］姊［姊］悲煎。隔生永別,再睹無〈無〉｛無｝｝｛寫｝緣〈緣〉｛緣｝｜影｝。略留數［數］韻,用记［記］他年〈年〉｛□｝｛日｝。／

90. 張戒珠邈真贊

P.3556　9. 周故燉煌郡靈［靈］修寺闍梨尼張戒珠邈真讚并序

　　周故燉煌郡靈［靈］修寺闍梨尼臨壇大德［德］沙門張氏／香號戒珠邈真讚并序。／
　　闍梨者,即前河西隴右一十一州張太保之貴／姪也。父墨鳌軍諸軍(○)〈事〉｛事｝｛事｝使〈○〉｛○｝使(持节)／守瓜州刺史金紫／光禄大夫檢校工部尚書兼御史大夫上柱國張公之的子矣。闍梨乃蓮府豪宗,叶崟〈巫〉｛巫｝｛崆｝山／之瑞彩;清河貴派〈派〉｛派｝｛泒｝,禀洛〈洛〉｛洛｝｛落｝雪之竒［奇］姿。自生神授於坤儀,立性天資於婦道。而乃妙觀／五蘊［蘊］,解錦繡於入奉之年;審察三空,掛毳絺於出適之歲。四依細碎［碎］,言下受而纖隙［隙］无［無］虧;八敬幽微,耳畔聽而毫釐／豈失。是以名曰［因］德［德］播,貴以能昇,遷秉／義大德［德］之高科,授教誡臨壇之上位。／導之以德［德］,近者肅而遠者欽;奔［齊］之以儀,／時輩［輩］重而人世仰。方欲聿修異範,治／寺宇而誡門徒;再爇殘燈,耀緇林／而光道俗。奈何流星運促,逝水波／長,壽已逐於四遷,果未圓［圓］於三點。／六

附錄一：敦煌邈真贊錄文

親哀切，恨珠溺於深泉〈泉〉{泉}{源(潭)}，九族悲號，/痛光沈於大夜。攀之不及，徒泣/斷[斷]於肝腸；望之有思，寫儀形/於綿帳。其詞曰：/張公貴子，崆岫膚靈。辝[辭]榮/慕道，戒行孤精。天降災[災]崇〈崇〉{崇}{崇}，命逐時/傾。四衆傷悼，□□□□。/

91. 副僧統和尚邈真贊
P.2481　和尚邈真讚并序

和尚邈真贊并序。沙門厶乙撰。/蓋聞妙覺常身，等虛空而湛寂，群生幻質，逐起滅以輪迴。未屿解脫之源，/皆有榮枯之理。厥斯僧統和尚者，間生異俊，神授英聰[聰]。望高朱紫之風，族重/琳瑯之貴。早歲而尋师[師]槐市，周攬[覽]於八索九丘；幼年而就杏壇，遍曉於三墳/五典。羲芝〈之〉{之}{芝}筆勢，手下而鶯鵠爭[爭]飛；蔡邕雄文，口際而珠花競吐。猒[厭]世榮之虛/假，割愛辝[辭]親；仰客〈究〉{究}{客}竟之真門，帔[披]緇落髮。而又精懃[勤]誦習，懇苦宣談。蹤[縱]/橫之義海深沈，孤峻之法山迥邈。香壇進具，五篇皎浄於心膺；坚[堅]守戒儀，/七聚澄暉於志府。討瑜伽則麟角早就，並漢代之摩騰；攻浄明〈名〉{名}{明}則豹變/久成，比秦年之羅什。慈悲在念，恒思度脫於含生；忍辱居懷，每願勞[牢]籠/於有識。登狻猊之寶座，暢三教而應病良醫；處菡萏之蓮床，演五乘[乘]/而隨[隨]根閏益。故得君侯仰重，榮遷四部〈部〉{部}{郡}之副尊；帝主僉崇，位列/千僧之次首。心平鏡面，貞如松柏之淩雲；行直弓弦，清似碧潭而見底。方/保灑甘露之味，廣濟[濟]群生；蒸知惠[慧]之燈，光明暗露[路]。奈何雙林變白，赴覺/路之无生（捨濁世之閻浮）；寶樹萎黃，捨閻浮之濁世（赴生天之覺路）。辝[辭]弟告姪，恨骨肉而分離；遺〈別〉{別}{刘(留)}/門徒，願龍華而同會。厶乙忝爲釋子，累沐恩知，既奉遺邀，難違上命。輒/陳短見，用讚高功。注[駐]筆含酸，乃爲頌曰：間生英俊，神假奇[奇]聰[聰]。望高/朱紫，族羡[美]儒風。幼尋槐市，百部精窮。了世虛幻，渴仰真宗。/帔[披]緇落髮，割捨煩籠。五乘[乘]曉朗，八蔵[藏]該通。累昇蓮座，演暢苦空。/道俗欽仰，仁〈人〉

{人}{仁}主僉崇。心澄水鏡,行皎貞松。方延慧命,岳[嶽]石奝[齊]同。／何啚[圖]示滅,雙樹塵〈塵〉{塵}{鹿}矇〈蒙〉{蒙}{滕}。門人俗眷,血淚霑胷。法願奝[齊]赴,龍花會中。／略陳短見,用讚高功。／

92. 李存惠邈真贊

S.289V （李存惠邈真贊并序）

府君諱存惠,字察遠。早〈早〉{早}{□}懷氣義,夙抱溫柔。文武之／道相兼,寬猛之誠共濟[濟]。善乘[乘]鞍馬,弓開而猿玃〈玃〉{玃}{猴}先啼;／頗曉陣啚[圖],施設而縱擒自在。故得入於儕輩,折旋以越／於常倫;凣[凡]居朋〈朋〉{朋}{□}寮,起就獨彰於群彥。僉諧衆口,舉／薦人多。尋沐君主慎求,遂乃超昇班袟[秩]。不注司／局,清畏人知。讓寶越於前賢,知足過於後輩[輩]。將[將]謂／轅門之內,分君主之多憂;州府之中,設計謀之／佐國。豈期地火暗背,霊[靈]姓歸常。空留白玉之肌膚,不／聞黄金之美[美]語。妻居孀室,血淚交流。此世難遇於／魚頭,別後須〈須〉{須}{順}憑於鳥字。遂請丹青筆,輒會[繪]容儀。／又邀儒生,以讚芳羙[美]。乃讚曰:府君天然皃,／神理有多般。入衆人皆敬,出君〈群〉{君}{君}他比難。文清孔氏學,／武拜楚王壇。榮祿君恩重,功勞自有千。彈弦五音足,／詞[歌]唱四聲全。綜核於州府,神謀著在邊。豈期逝水早,／暗地鬼來先。堂上空有步,庭前見沒緣。官寮皆慟哭,／妻室又悲煎。邀畫生前皃,貴〈續〉{貴}{贵}圖〈圖〉{徒}{图}後人看。他年蒿里下,／永鎮向黃泉。鳥字須憑遠,蟲文輒要傳。／

附錄二：唐代佛徒墓誌錄文

唐代佛徒墓誌錄文説明：

1. 此次錄文，依據拓片楷錄，拓片中的俗體字或異體字，一般直接改爲通行的繁體字，如"灰"字錄爲"灰"，"秊"字錄爲"年"，"蹟""跡""迹""迹""辷"，統一錄爲"迹"。

2. 原拓字迹殘缺漫漶不清之字，以□補出，如果缺字過多，用⬜⬜標示。原拓有誤字時，在誤字後以〔　〕補出正字。

3. 錄文按墓誌最後所記年代排序。此次錄文，與《唐代墓誌彙編》，尤其是《唐代墓誌彙編續集》多有不同之處，每篇錄文題名下，指明以上兩種文獻及《全唐文》所錄該文的頁碼，以便讀者校核。

1. 故大靈琛禪師灰身塔

（北京大學卷一 25　彙編貞觀 010　全唐文卷 997,10328 頁）

慈潤寺故大靈琛禪師灰\身塔銘文。\禪師俗姓周，道諱靈琛，初\以弱冠出家，即味大品經\論。後遇禪師信行，更學當\機佛法。其性也，慈而剛；其\行也，和而潔。但世間福盡，\大闇時來。年七十有五，歲\在玄枵三月六日，於慈潤\寺所，結跏端儼，泯然遷化。\禪師亡日，自足冷先，

281

頂臚\後歇。經云：有此相者，剋囗\生勝處。又囗存遺囑，依經\葬林，血肉施生，求無上道。\囗合城皂白，祇教弗違，含\悲傷失，送茲山所。肌膏纔\盡，闍維鏤塔。冀海竭山滅，\芳音永嗣，乃爲銘曰：\遜聽玄風，高惟遠量。三學\莫捨，一乘獨暢。始震法雷，\終淪道藏。示諸滅體，效茲\奇相。器敗身中，臚餘頂上。\結跏不改，神域亡喪。慧日\既虧，群迷失望。非生淨土，\禪指何向？塔頌一首：\崖高帶綠水，鐫塔寫神儀。\形名留萬古，劫盡乃應虧。\大唐貞觀三年四月十五日造。\

2. 故大僧堪法師灰身塔
（北京遼寧卷一 33　彙編貞觀 062）
故大僧堪法師\灰身塔。\大唐貞觀十二\年四月八日造。\

3. 僧順禪師墓誌
（北京遼寧卷一 34　彙編貞觀 065）
僧順禪師者，韓州涉縣人也。俗姓張\氏，七歲出家，隨師聽學，遍求諸法。卅\餘年，忽遇當根佛法，認惡推善，乞食\頭陀，道場觀佛，精懇盡命，嗚呼哀哉！\春秋八十有五，以貞觀十三年二月\十八日，卒於光天寺。門徒巨痛，五內\崩摧，有緣悲慕，無不感切。廿二日送\柩於屍陀林所，弟子等謹依林葬之\法，收取舍利，建塔於名山，仍刊石圖\形，傳之于歷代。乃爲銘曰：\心存認惡，普敬爲宗，息緣觀佛，不擱\秋冬，頭陀苦行，積德銷容，捨身林葬，\鐫石記功。\

4. 慈閏寺故大智逈論師灰身塔
（京都大學 TOU0057X　彙編貞觀 087）
慈閏寺故大智逈論師灰\身塔。貞觀十六年十月十\日，終於山勝所。刊石記言。\

5. 弟子智炬爲亡師造支提
（京都大學 TOU0068X　彙編貞觀 098）

附録二：唐代佛徒墓誌録文

大唐貞觀十八年四月十三\日弟子智炬於師亡後,念恩\深重,建此支提,以旌長代。□□\

6. 崔法師墓誌

（京都大學 TOU0070X　彙編貞觀 105）

法師俗姓崔,博陵人也。祖父苗裔,本出定州,因仕分居,遂\留相部,年十有二,落髮玄門。一入僧徒,志操安静,處於衆\侶,卓爾不群。年滿進戒,學律聽經精憩,未久律文通利,\講宣十地、維摩兩部妙典。法師意欲啓般若之門,開無\爲之路,運乘火宅,舟航愛河,遂使道俗慕欽,衆徒歸\仰。但□本不滅,生亦不生,以無爲心,示有爲法。春秋七\十有八,大唐貞觀十七年八月四日遷神於光天寺所。弟\子等哀慧日之潛暉,痛慈燈之永滅,乃依經上葬,收其舍利。\粤以貞觀十八年歲次甲辰十一月十五日於此名山,鐫高\崖而起塔,寫神儀於龕内,録行德於廟側。覬劫盡山灰,形名\人嗣。乃爲銘曰：邈彼遥津,萬古紛綸。會燃智炬,乃滅煩薪。\捨恩棄俗,入道求真。持律通經,開悟無聞。松生常翠,竹挺恒\青。如何法匠,忽爾將傾。近雕素石,遠署嘉聲。千秋萬古,留此芳名。\弟子普閏、善昂、愛道及諸同學等爲亡師敬造。\

7. 故清信女大申優婆夷灰身塔記

（北京大學卷一 30　彙編貞觀 106）

故清信女大申優婆\夷灰身塔記。\大唐貞觀十八年五\月廿七日終,至十九\年二月八日有三女\爲慈母敬造。□□\

8. 孫百悦灰身塔

（京都大學 TOU0094X　彙編貞觀 128）

故大優婆塞晉州洪洞縣令孫佰悦灰身塔銘。\優婆塞姓孫,字佰悦,相州堯城人也。世衣纓,苗裔無\墜。身居薄宦,情達苦空,每厭塵勞,心希彼岸。雖處居\家,不願三界,見有妻子,常忻梵行。悦去隋朝身故,未\

283

經大殯。悦有出家女，尼，字智覺，住聖道寺，念父生育\之恩，又憶出家解脱之路，不重俗家遷夌，意慕大聖\泥洹。今以大唐貞觀廿年十月十五日起塔於寶山\之谷，冀居婆塞之類，同沾釋氏之流。今故勒石，當使\刧盡年終，表心無墜。善哉善哉！乃爲銘曰：\哲人厭世，不貴俗榮。苦空非有，隨緣受生。身世磨滅，\未簡雄英。高墳曠壟，唯矚荒荆。且乖俗類，同彼如行。\俱知不善，唯願明明。\

9. 圓藏寺主灰身塔

（京都大學 TOU0109X　續集貞觀 060）

聖道寺故大比\丘尼圓藏寺主\灰身塔。\大唐貞觀廿二\年四月八日弟\子遠行等敬造。\

10. 慈潤寺故道雲法師灰身塔

（北京遼寧卷一 44　彙編永徽 022）

慈潤寺故道雲法師灰身\塔。大唐永徽二年四月\八日敬造。\

11. 海德禪師灰身塔

（京都大學 TOU0197X　續集永徽 026）

光天寺乞食衆\故大比丘尼海德禪師灰\身塔。大唐永徽五年五\月八日弟子徒衆及眷屬\等敬造。\

12. 正信法師灰身塔

（北京遼寧卷一 54　續集顯慶 019）

光天寺大都維那\正信法師灰身塔。大唐顯慶三\年四月八日弟子圓行等敬造。\

13. 僧滔法師灰身塔記

（北京遼寧卷一 53　彙編顯慶 067）

附錄二：唐代佛徒墓誌錄文

聖道寺故大比丘尼僧愍\法師灰身塔記。大唐顯慶三年\二月八日弟子等法義敬造。\

14. 吕小師灰身塔
（北京遼寧卷一 55　彙編顯慶 072）
故清信士\吕小師灰\身塔。\大唐顯慶\三年四月\八日妻戴\敬造。\

15. 張振墓誌銘
（千唐志齋 147　彙編顯慶 121）
大唐故張居士墓誌銘并序。\君諱振，字文遠，南陽人也。漢河間相之後，祖，亮，周\淮陽郡守。父，會，随[隋]陳留縣令。君稟氣玄黄，凝神秀\峙，早標孝友，夙挺英髦，志洽山林，散襟期於泉石；道符黄老，瑩機府於烟霞。放曠閑居，逍遥逸趣。□藻\悲高蹈之懿，蘿薜偶雅操之神。揮孫登之一絃，重\榮啟之三樂。不希九辟，罕務七徵。清文蔚以成章，\麗藻渙而流咏。蔭雲日擊壤，沐河海以陶甄，庶角\里以齊驢，冀絳父而接袒。不謂曦光難駐，薤露易\晞，玉樹俄摧，金箱奄碎，粤以顯慶四年十二月廿\七日薨於私第，春秋六十有一，嗚呼哀哉。即以五\年歲次庚申正月壬寅朔八日己酉，窆於洛都城\北北邙之山。既而雲愁丹旐，月思素輪，水咽晨悲，\松風夕慘。將恐泉源亟改，舟壑屢遷，勒石幽扃，庶\傳不朽。乃爲銘曰：\厥矣綿簡，興焉复年。頻傳兩漢，蟬榮再遷。其一。枝檊\相輝，波瀾不絶。崇基以峻，茂渚而哲。其二。惟君載誕，\幼挺嘉聲，怡神墳籍，寢心簪纓。其三。蕙問俄銷，芳名\已歇，雖銘泉壞，□□□。□□\

16. 德業寺故尼法矩墓誌銘
（陝西卷三 55　續集龍朔 004）
大唐德業寺故尼法矩墓誌銘并序。\師諱□，俗姓周氏，洺州人也。先世爲相，公\族封侯，俱稟英賢光儀，父，□知，師童□仙\心，胸衿孝質，

285

幼而蔬食,□□信教,□□□溺於□□恒怖罹於俗□□□□閒大□\心之□,師乃從入宮闈,方得出家,遂圓本願。\請道崎□,不憚耆年之弊,歸心□念,自就\精森,徒以氣志高清,風神開悟,戒行圓潔,\身□澄淨。每遊心惠路,肆志禪門,而暴疾\繁增,□大漸將至,以龍朔元年八月十七日\奄從遷化,葬於咸陽之嶺,春秋七十有一。\師女尼惠業,昊天罔極,泣血無追。師徒姊\妹等攬涕潺湲,中情悽斷,刊□石以述德,\表嘉猷於千祀。乃爲銘曰：泡幻詎久,響炎無定,夙悟真空,早明佛性。\世網□除,怨憎不競,覺觀內熏,神儀外映。\悲□明珠,傷摧□鏡,埋軀九泉,□□□□。\

17. 大比丘尼道藏灰身塔

（北京遼寧卷一65　續集龍朔031）

聖道寺故大比丘尼道\藏灰身塔。\大唐龍朔三年十一月\廿一日弟子善英等爲\亡師敬造。\

18. 德業寺亡尼墓誌銘并序

（陝西卷三65　續集麟德005）

德業寺亡尼墓誌銘并序。\尼,□□□人也。資性蘭畹,禀質荊巖,\□行無虧,志存玄理。超三界之俗網,\□八正之徽猷。冀拯彼群生,納之壽\域。不意一報將盡,千月奄周。春秋\□□□,□大唐麟德元年三月□□\終於□□,以□月□日葬於□□\原,禮也。恐年移陵谷,海變桑田,勒石\□扃,用傳不朽。其詞曰：\託生王國,乃出天人。西垂甘露,東轉\法輪。超彼三有,除茲六塵。□身雖謝,\□□詎歇。不睹談玄,終傷理窟。徒棲\夕鳥,虛明夜月。\

19. 唐故婕妤三品亡尼墓誌銘

（陝西卷三70　續集麟德021）

大唐故婕妤三品亡尼墓誌銘并序。\宮人諱□□,字□□,不知何許

附錄二：唐代佛徒墓誌錄文

人也。祖代閥□，難\可詳言。其□□雅志，窈窕其儀，蘊執維之\工，體溫恭之德，奉□闈之□，夙興匪懈，□\鶴籥之流，晨夕無息，方將永承景殿，長奉\青宮。忽掩娥暉，光沉婓彩，以麟德二年十\二月□日遘疾卒於某所，春秋□□□□處，禮\也。紀清徽，乃爲銘曰：\峻趾極天，長闌紀地，金碧斯蘊，絑砒云閟。\□□蟬聯，襲葉承徽，載誕莊□，真懿斯歸。色\艷綠波，鮮侔翠羽，領鋪爾經，晝堂晨武。藏\舟遽徙，夜曠俄沉，名香徒馥，虛帳莫臨。去\去靈輿，悠悠大暮，山烟引碧，□雲凝素。翠\石方傳，清風永樹。\

20. 聖道寺比丘尼善意灰身支提塔

（京都大學 TOU0426X　續集乾封 001）

大唐乾封元年歲次景寅二月\戊戌朔三日庚子聖道寺比丘尼善\意灰身支提塔。弟子法閏、智慧、法\勝、善静、法神等爲和尚敬造。和尚\生緣姓袁，故立銘記。\

21. 大唐德業亡尼墓誌

（陝西卷三 71　續集乾封 002）

大唐德業亡尼墓誌。\亡尼者，不知何許人，莫詳其氏族。久□\桑門，明斯戒律，冀憑十念，以享遐齡，與\善無徵，殲良電奄，以乾封元年三月□\日卒於德業寺，春秋八十一。即以其\月廿三日葬於咸陽之原。慮岸谷生變，□\壑有遷，勒石幽扃，庶傳不朽。乃□\爲曰：\輔仁既爽，福善徒施，奄歸永夜，長違像\儀。逝川難駐，閱水方馳，一往奄歿，影滅\名垂。\

22. 大唐故道安禪師墓誌

（北京遼寧卷一 73　彙編總章 043　全唐文卷 987，10207 頁）

大唐故道安禪師，姓張，雍州渭\南人也。童子出家，頭陀苦行，學\三階集錄，功業成名。自利既圓\，他利將畢，以總章元年十月七\日遷形於

287

趙景公寺禪院,春秋\六十有一。又以三年二月十五\日起塔於終南山鵄鳴堆信行\禪師塔後。志存親近善知識焉。\

23. 大唐澄心寺故優曇禪師之塔銘并序
(陝西卷三 87　續集儀鳳 011)
　　大唐澄心寺尼故優曇禪師之塔銘并序。\觀夫根深者枝茂,源濬者流長,是以龍門之下鮮涓涓之\水,景山之上無離離之木。禪師俗姓費,諱優曇,雍州醴泉人\也。若乃家門軒冕之盛,氏族人倫之美,光諸竹帛可略而\詳。惟師降靈蟾桂,稟氣星虹,托瑞柰以呈姿,寄仙花而表\稱。爰自在室,即有物外之心,及至出家,果建降魔之志。雖\四依並學而志尚不輕,十二齊驅而遍行乞食,三階八種\之法,得意亡言,兩人三行之旨,遺蹄取兔。是非不經於口,\名利不掛於心。蕭蕭然起松栢之風,肅肅焉挺歲寒之質。\豈意兩楹告變,二豎成災,朗月與落宿俱沉,慧日共愁雲\並暗。粵以儀鳳三年六月八日遘疾彌留,奄隨風燭,春秋\七十有七,嗚呼哀哉。昔仲尼長逝,痛貫生靈,叔子云亡,悲\纏市肆,況甘棠重翦,道樹再焚,四輩颯然,一方眼滅。門人\痛恒沙之莫報,知歷劫之難酬,卜彼周原,鬱興靈塔。其塔\前臨平陸,却枕崇山,寔關内之膏腴,信秦中之爽塏,欲使\遺芳餘烈,終□長存,秋菊春蘭,英華靡絶。勒茲金石,以刻\銘云。其詞曰:\蟾桂之精,雲雨之靈。依花標稱,托柰呈形。松風本肅,月露\光清。蓮披意海,日朗神情。始悟唯心,終知是識。樹以菩提,\崇斯質直。棄捐泡幻,咄嗟名色。八敬虔虔,四勤翼翼。邪山\欲暗,慧日將沉。幽關路遠,永夜更深。勒銘玄石,樹塔荒梣。\千年萬載,往古來今。\

24. 開國公□□真墓誌
(北京大學卷一 73　彙編調露 013)
　　大□□□□□叔□□\國□□郡開國公□□\真墓誌。\諱真,城陽人也。顯慶四\年八月廿日終於私第,\春秋卅有二。\以調露元\年十月十四日收骨於\鵄鳴堆禪師林左,起塔。\

288

25. 大唐濟度寺故比丘尼法樂法師墓誌銘并序

（京都大學 TOU0659X　彙編永隆 009）

　　大唐濟度寺故比丘尼法樂法師墓誌銘并序。\法師諱法樂,俗姓蕭氏,蘭陵人也。梁武皇帝之五\代孫。高祖,昭明皇帝。曾祖,宣皇帝。祖,孝明皇帝。父,\瑀,梁新安王,隋金紫光禄大夫行内史侍郎\皇朝中書令尚書左右僕射特進太子太保上柱\國宋國公贈司空。赫弈蟬聯,編諸史諜,芳猷盛烈,\可得而詳。法師則太保之長女也,勤懇之節,爰自\幼童,玄妙之體,發於岐嶷,年甫三齡,歸誠六度,脱\屣高族,落髮祇園。既而禪室淪精,羈象心而有裕;\法場探秘,蘊龍偈而無遺。覺侣攸宗,真門取範,而\念想云促,景落須彌之峰;福應斯甄,神升［昇］兜率之\殿。以咸亨三年九月十九日遷化于蒲州相好之\伽藍,春秋七十有四,權殯於河東。以永隆二年歲\次辛巳三月庚午朔廿三日辛卯歸窆於雍州明\堂縣義川鄉南原,禮也。恐松坰難固,栢棽終虧。式\鐫貞石,用勒芳規。乃爲銘曰:\華宗襲慶,寶系承仙。爰誕柔質,歸心福田。功登十\地,業贊三天。神遊法末,覺在童先。喻筏俄舍,慈舟\遽捐;幽扉永晦,雅譽空傳。\

26. 大唐濟度寺故比丘尼法燈法師墓誌銘并序

（北京大學卷一 78　彙編永隆 010）

　　大唐濟度寺故比丘尼法燈法師墓誌銘并序。\法師諱法燈,俗姓蕭氏,蘭陵人也。梁武皇帝之五\代孫。高祖,昭明皇帝。曾祖,宣皇帝。祖,孝明皇帝。父,\瑀,梁新安王,隋金紫光禄大夫行内史侍郎\皇朝中書令尚書左右僕射特進太子太保上柱\國宋國公贈司空。崇基茂趾,國史家諜詳焉。法師\即太保第五女也。年甫二八,修行四諦,膏澤無施,\鉛華靡飾。精誠懇至,慕雙樹之高蹤;童子出家,殊\栢舟之自誓。具戒無闕,傳燈不盡。姊弟四人,同出\三界。花臺演妙,疑開棠棣之林;成等至真,遂如十\方之號。豈□法輪纔轉,道器先摧,以總章二年十\月五日遷化於蒲州相好寺,春秋卅有九,權殯於\河東縣境。以永隆二年歲次辛巳三月庚午朔廿\三日辛卯,歸窆於雍州明堂縣義川鄉南原,禮也。\恐陵谷貿

289

遷,田海變易,式題貞礎,用記芳猷。乃爲\銘曰:\丞相輔漢,司徒佐唐。功格天下,奄有大梁。暨茲令\淑,爰慕武皇。家風靡替,法侶成行。慈雲比影,慧炬\傳光。中枝犯雪,小葉摧霜。未登下壽,忽往西方。一\超慾界,千載餘芳。\

27. 夫人程氏塔銘并序

(北京遼寧卷一 88　彙編文明 011　全唐文卷 997,10329 頁)

□□□□□□夫人程氏塔銘并序。\□□□□□果東郡東阿人,魏汝\□□□□□昌裔也。若乃道風門慶\□□□□□史牒,詳之矣。夫人貞規\□□,□□□融,少崇龍女之因,長勵□□□□\,託生應化,雖順軌於六塵,\□□□□竟騰身於百寶,以顯慶四\□□□四日終於京第,春秋五十有□,□□明元年十月五日遷葬於終\□□祔徵士靈塔安厝。遵先志也。其\□□意,將恐二天地,一山川,敬勒徽\□,□昭不朽。其詞曰:\□阿女訓,西鄂婦德,貝葉因成,蓮花\□陟。嚴嚴兮神構,杳杳兮靈闕,將畢\□而恒存,與終峰而罔極。\

28. 大唐故德業寺亡尼七品墓誌

(陝西卷三 105　續集永昌 002)

大唐故德業寺亡尼七品墓誌。\亡尼者,不知何許人也。少以良\家應選,言行彰於六宮。晚以\禪律歸心,忍進稱於梵宇。春秋\七十有二,以永昌元年二月二\日奄從風燭,嗚呼哀哉。即以其\月十四日,葬咸陽原。其銘曰:\四德標美,六度精修。泉扃永閉,\松風自秋。\

29. 亡尼墓誌

(陝西卷三 122　續集長安 005)

亡尼者,不知何許人也。蓋聞良家子姓,選入\□□,□□□海,基派方遙,開國承家,衣□\不備,惟祖考之□業是忠賢之一門。亡尼\幼既多慧,長□□道,一奉宮掖,遂□禪林,\言行之餘懷□□品表端淑,身心□之際□足\, 覺花散而春□, 戒珠圓而月滿。雪山\現疾, 舍利□業之風氣, 旦嬰毗城, 亦老火\宅苦海之淹留忽謝, 以長安二年十一月\四日死, 以其月九日發引, 十日殯於咸陽\原, 禮也。慈□之□也, 斯焉滅度。乃作銘云: \有善女士, □□勝因, 戒行具足, 道業猶新。\雪山現疾, 火宅難□, 家善□□, 逝□□休。\□主去矣, 青蓮之地, □淨白土, □□之瑩。\□□□□, □□□□, □□我無, □誰代名。\

30. 亡尼墓誌

（陝西卷一 78　續集長安 020）

亡尼宮者, 不知何許人也。稟秀儀, 資\靈容, 頃早重婉順, 樂聞內法之言, 俄\沉於璧月, 以長安三□月廿四日卒於\其所, 春秋七十四, 以其年九月廿二\日窆於某所, 禮也。悽愴郊野, 荒涼封\城, 重陽季月, 詎傳秋菊之文, 大夜窮\泉, 即對寒松之隧。其名[銘]曰: 百年俄謝, \千金莫恃, 忽去禪林, 奄沉徒里。月苦\宵暎, 風悲盡起, 荒隧冥然, 佳城誌矣。\

31. 大唐龍興大德香積寺主淨業法師靈塔銘并序

（北京遼寧卷一 146　彙編開元 199　全唐文卷 306, 3107 頁）

大唐龍興大德香積寺主淨業法師靈塔銘并序。正字畢彥雄文。\禪月西隱, 戒燈東炤, 談真利俗, 稀代稱賢, 智炬增輝, 法師一人\矣。法師諱象, 字淨業, 趙姓, 族著天水, 代家南陽, 冠冕相輝, 才名\繼美, 因官徙屬, 今爲京兆人也。父迅, 天馬監, 沉默攸傳, 安畀適\務, 時英間出, 奕葉於儒門; 從法化生, 獨鍾於釋子。法師即監之\仲子也。器宇恢嶷, 風儀宏偉, 長河毓量, 汪然括地之姿, 秀岳標\形, 峻矣干天之氣。髫年慕法, 弱冠辭榮, \高宗忌辰, 方階落彩。披緇七日, 旋登法座, 觀經疑論, 剖析玄微, \念定生因, 抑揚理要, 法師夙棹玄津, 早開靈鍵, 入如來密藏, 踐\菩薩之空門, 凡所闡揚, 無不悅可, 嘆未曾有, 發菩提心, 稟其歸\戒者, 日逾千計。法師博濟冥懷, 冲用利物, 嘗以大雄既沒, 法僧\爲本, 每至元正創啟, 周飾淨場, 廣延高僧, 轉續真詁, 洊興勝會。\法服精鮮受用, 道資出於百品, 預兹位者,應其成數,所施之物,\各發一願,願力弘博,量其志焉。風雨不已,廿餘載。菩薩以定慧\力而大捨法財,此之謂也。無適非可,住必營建,厥功居多,思力\如竭。粤延和元年龍集壬子而身見微疾,心清志凝。夫依風以\興,隨烟而散,來既無所,去復何歸？夏六月十五日,誡誨門賢,端\坐瞪視,念佛告滅。嗚呼！生歷五十有八,即以其年十月廿五日\陪窆於神禾原大善導闍梨域內,崇靈塔也。道俗闐湊,號慟盈\衢,不可制止者,億百千矣。門人思頃等,乃追芳舊簡,摭美遺編,\永言風軌,思崇前迹,空留鎖骨之形,敢勒銖衣之石。其銘曰：\佛日既隱,賢雲乃生,傳持正法,必寄時英。時英伊何,猗嗟上人,\捐軀利物,愛道忘身。磨而不磷,涅而不緇,博濟群有,是真法師。\定慧通悟,檀那上施,願力弘廣,成無住義。應真而來,代謝而往,\哀哀門人,撫膺何仰。靈德若在,休風可想,敢勒遺塵,銘徽泉壤。\開元十二年甲子之歲六月十日建。\

32. 大唐崇義寺思言禪師塔銘并序

（北京遼寧卷一 132　彙編開元 004）

大唐崇義寺思言禪師塔銘并序。\夫法尚應權,言貴稱物,無違於俗,有利於人。所以不捨\凡流而登覺路,未階十地便入一乘者,其惟禪師乎？禪\師法諱思言,俗姓衡氏,京兆櫟陽人也。幼標定慧,早悟\真空,戒珠明朗,心田獨王,四分十誦,自得地靈,三門九\法,總攝天口,無解而解,善惡俱亡,非空自空,物我齊泯,\不現身意,行住涅槃。雖假言談,長存波若,由是隨緣超\念,自關洛而徂遊,應物虛□;經海沂而演授,昭化煩惑。\濟盡塵冥,法侶雲趨,俗徒霧委,請益無倦,屢照忘疲,熏\以香焚,膏緣明盡,因茲不悆,遂邁清贏,日居月諸,奄先\朝露,以延和元年五月二十二日捨化於浚郊大梁之\域,遂就闍維。嗚呼哀哉！春秋六十有九,四十夏。祥河輟\潤,惠炬潛光,井邑生悲,風雲改色,即以開元二年歲次\甲寅閏二月已未朔十二日庚午,侄沙門哲及道俗等,\敬收舍利於終南梗梓谷大善知識林後本師域所,起\塔供養。俯臨寶刹,仍從梵衆之遊;却背皇居,尚起杜多\之行。緇素如失,道俗生哀,嗚呼！蓮花會上,空聞説法之\名;荆棘林中，獨結哀歌之恨。梁摧道逝，涕實何依，氣竭\恩深。敢爲銘曰：\本有之有，三千大千。人超佛地，法證真天。智飛[非]一覺，神\亡二邊。弗住而住，雖牽不牽。參羅萬像，愚智皆賢。悲深\性域，化俗情田。形隨物弊，身將劫遷。哀纏没後，痛結生\前。變通誰察，起現何年？\

33. 大唐凈域寺大德法藏禪師塔銘并序

（北京遼寧卷一 134　彙編開元 037　全唐文卷 328，3328 頁）

大唐凈域寺故大德法藏禪師塔銘并序。京兆府前鄉貢進士田休光撰文。\世之業生滅若輪環者，則雖塵沙作數，草木爲籌，了無遺纖哉。吁！不可知者，其\惟流浪乎？夫木性生火，水中有月，以凡筌聖，從道場而至道場，□因及果，非前\際而於後際，行之於彼，得之於此。禪師諱法藏，緣氏諸葛，蘇州吳縣人。昔群雄\角力，三方鼎峙，蜀光有龍，吳恃其虎，瑾之後裕，禪聯姑蘇。曾祖，晉，吳郡太守，蘇\州刺史秘書監銀青光禄大夫上柱國開國男。大父，穎，隨[隋]閬州刺史銀青光禄\大夫。父，禮，皇唐少府監丞。吳會旗裳，東南旖旎，洗墨而清夷落，衣錦而燭\江鄉。山海禁錢，蓬萊秘府，屢遊清貫，歷拜寵章，禪師即蘇州使君之曾孫、少府\監丞之第二子也。年甫二六，其殆庶幾，知微知章，克岐克嶷，此寺大德欽禪師，\廣世界津航，人非鑽仰，禪師伏膺寂行，禮備師資，因誦經。至永徽中，頗以妙年\經業優長，奉敕爲濮王度，所謂天孫利益，禪門得人。禪師自少出家，即\與衆生作大善知識，道行第一，人天殊勝，開普門之幽鑰，酌慈源之密波，由恐\日月居諸，天地消息，每對天龍八部，晝夜六時，如救頭然，曾未暫捨，非乞之食\不以食，以至於頭陀，非掃之衣不以衣，得之於蘭若。禪師自少於老，馳騾象馬，\莫之聞乘也，以爲鎔金爲像，非本也，裂素抄經，是末也，欲使賤末貴本，背僞歸\真，求諸如來，取諸佛性，卅二相八十種好，衆生對面而不識，奈何修假以望真？\且夫萬行之宗，衆相之本，生善之地，修善之境，禪師了了見之矣。夫鐘鼓在庭，\聲出於外，如意元年大聖天后聞禪師解行精最，奉制請\於東都大福先寺，檢校無盡藏，長安年又奉制請檢校化度寺無盡藏，\其年又奉制請爲薦福寺大德。非禪師戒固

293

居龍象之首,清净聞人倫\之目,不然焉使天文屢降,和衆相推,揚覺路之威儀,總禪庭之准的。護\珠圓朗,智刃雄鳴,伏違順之鬼魔,碎身心之株杌,廢情屬境,卑以自居,如谷王\之流謙,百川委輸,若周公之吐哺,天下歸心,菩薩下人,名在衆生之上。悲哉,三\界即火宅之所,四大將歲時之速,既從道來,亦從道去,遂拂衣掩室,脱舄繩床,\惟惚惟慌,不驚不怖。粤以開元二年十二月十九日捨生於寺,報齡七十有八。\門人若喪考妣。乃相謂曰:和上云亡,吾徒安放?乃抆血相視,仰天椎心,即以其\年十二月廿□日施身於終南山梗梓谷尸陀林。由是積以香薪,然諸花叠,收\其舍利,建窣睹波於禪師塔右。自佛般入涅槃,於今千五百年矣,聖人不見,正\法陵夷,即有善華月法師樂見離車菩薩愍茲絶紐,並演三階,其教未行,咸遭\弑戮,有隨[隋]信行禪師,與在世造舟爲梁,大開普敬認惡之宗,將藥破病之説,撰\成數十餘卷,名曰《三階集録》。禪師靡不探賾索隱,鈎深致遠,守而勿失,作禮奉\行,是故弟子將恐頽其風聲,乃掇諸景行,記之於石。銘曰:\有若禪人凝稜,心不易兮,一世頌洞,探討真賾兮,寂行冲融,渙若冰釋兮,軒裳\蟬聯,晴暉相射兮,弈弈不染,乾乾衣錫哉,蕭灑喧嘩,地自虛僻兮,玄關洞開,亡\珠可索兮,吾將斯人,免夫過隙兮,魂兮何之?聲流道格,若使天地長久而可知\,即相與攄實刊之於石兮。開元四年歲次景辰五月景子朔廿七日。\

34. 幽棲寺尼正覺浮屠之銘

(北京大學卷一 114　彙編開元 070　全唐文卷 988,10230 頁)

幽棲寺尼正覺浮屠之銘。\夫登涅槃山者,要馮[憑]戒足;入佛法\海者,必藉慈航。幽棲寺尼正覺,戒\香靉馥,定水澄清,潤三草而布慈\雲,警四生而雷法鼓。不謂三龍從\毒,蔭宅將危,二鼠挺災,憂殘意樹。\遂即傾天秘寶,構此蜂臺;竭地藏\珍,將營雁塔。其塔乃岩堯入漢,與\玉兔而爭暉;嵬巢侵雲,共金烏而\合曜。即願危藤永茂,朽樹長春,睹\遣情塵,聞鎖意垢。其詞曰:\皎見顧高,葺此臺塔,姸嚴疑語,凝\源擬業。\開元六年歲次戊午七月癸巳\朔十五日丁未建。\

294

附錄二：唐代佛徒墓誌錄文

35. 優婆姨張常求墓誌
（北京大學卷一 125　彙編開元 145）

優婆姨，俗姓張，字常求，\望本南陽人也。性樂超\塵，志同冰鏡，遂詣訪京\華，得聞普法，開元十年\構疾，至其年二年廿五\日逝化於懷德之私第\焉。春秋七十八，遷柩於\禪師林北，起方墳，禮也。\

36. 唐大薦福寺故大德思恒律師誌文
（京都大學 TOU1100X　彙編開元 239　全唐文卷 396, 4042 頁）

唐大薦福寺故大德思恒律師誌文并序。鄠縣尉常□□□文。\道不虛行，必將有授，受聖教者，非律師而誰？律師諱思恒，俗姓顧氏，吳郡\人也。曾祖，明，周左監門大將軍。祖，元，隋門下上儀同三司葰蕪郡開國公\使持節洪州諸軍事，行洪州刺史。父，藝，皇朝恒州錄事參軍，並東\南之美，江海之靈，係丞相之端嚴，散騎之仁厚，以積善之慶，是用誕我律\師焉。律師稟正真之氣，含大和之粹，生而有志，出乎其類。越在幼冲，性與\道合，兒戲則聚沙爲塔，冥感而然指誓心，乃受業於持世法師。咸亨中\敕召大德入太原寺，而持世與薄塵法師皆預焉，律師深爲塵公所重，每\嘆曰：興聖教者，其在茲乎？遂承制而度，年廿而登具戒，經八夏即\預臨壇，參修素律師新疏講八十餘遍，弟子五千餘人，以爲一切諸經，所\以通覺路也，如來金口之言，靡不該涉，菩薩寶坊之論，皆所研精，天下靈\境，所以示聖迹也。乃陟方山五臺，聞空聲異氣，幽岩勝寺，無不經行，感\而遂通，所以昭靈應也。嘗致舍利一粒，後自增多，移在新瓶，潛歸舊所，\有爲之福，所以濟群品也。造菩提像一鋪，施者不能愛其寶，建塗山寺一\所，仁\者於是子而來。洗僧乞食，以生爲限，寫經設齋，惟財所極，忘形杜\口，所以\歸定門也，詣秀禪師受微妙理，一悟真諦，果符宿心，寂爾無生而\法身常\在，湛然不動而至化滂流，於是能事畢矣，福德具矣，以見身爲過\去，則棄\愛易明，以遺形爲息言，則證理斯切，乃脫落人世，示歸其真。開元十四年\十一月廿六日終於京大薦福寺，年七十有六。初\和帝代召入內道場，命爲菩薩戒，師充十大德，統知天下佛法僧事，圖像\於林光殿，御

295

製畫贊云云。律師固辭恩命,屢請歸閑,歲餘\方見許焉,其靜退皆此類也。屬纊之夜,靈香滿室,空樂臨門,悠爾而逝,若\有迎者。蓋應世斯來,自天宮而暫降,終事則往,非人寰之可留。弟子智舟\等彼岸仍遥,津梁中奪,心猿未去,龍象先歸,禪座何依,但追墳塔,法侶悲\送,且傾都鄙,其年十二月十五日葬神禾原塗山寺東。名願托勝因,思陳\盛美,法教常轉。自等於圓珠,雕躋斯文,有慚於方石。銘曰:\聖立萬法,法無二門,以身觀化,從流討源,有爲捨桄,無生定攇,律師盡妙,\像教斯存,我有至靜,永用息言,示以形逝,留乎道尊,有緣有福,求我祇園。\

37. 大唐宣化寺故比丘尼堅行禪師塔銘

(北京遼寧卷一163　彙編開元367　全唐文卷997,10330頁)

大唐宣化寺故比丘尼堅行禪師(塔銘)。\禪師諱堅行,俗姓魯氏,京\兆府櫟陽人也。惟師真行苦節,精\勤厥志,捐別修而尊普道,欽四行\而造真門,豈茶[圖]晨露易晞,夕露難\久,寢疾床枕,藥餌無效,嗚呼哀哉。\(以)開元十二年十月廿一日遷生\於本院,春秋七十有六,夏卅矣。臨\命遺囑,令門人等造空施身。至開元廿一年親弟大雲、僧志叶、弟子\四禪、師道、法空、浄音等收骨葬塔,\以申仰答罔極之志。閏三月十日。\

38. 尹伏生塔銘并序

(北京遼寧卷一147　彙編開元215)

前任遊□將軍京兆府宿\衛折衝尹伏生塔銘并序。\粵我尹公,武用標奇,神悟\天縱,欣然獨得,何圖天道\茫忽,逝水光驚,百年俄畢。\男孝忠遂擇芒山,恭建玆\塔,慎終追遠,幽靈有涯,雖\拂石有虧而斯福無盡,仰\報深恩,故勒斯記。\大唐開元十三年四月\廿六日男孝忠建立。\

39. 唐故方律師像塔之銘

(北京遼寧卷一152　彙編開元253　唐文拾遺卷62,11066頁)

唐故方律師像塔之銘。\律師諱寶手,字玄方,俗姓王氏,其先太\原

附録二：唐代佛徒墓誌録文

人也。後代因宦鄴京，遂宅於斯，又爲\鄴下人焉。師道性天稟，法器神資，年\十三，就當縣大慈寺投大德度律師□\和上誦法花維摩等經，年廿一，沐神龍\元年恩敕落髮，配住龍興寺，依止大德\恪律師，進受戒品，五夏未周，備閑持□，\於是衆所知識，允屬光隆，法侶傾心，居\任當寺律師十餘年間，□□□理□□\身心益静，春秋三十有七□□夏凡一十\有五，以開元十年三月一日脱形遷識，嗚\呼！大士去逝，孰不悲傷。門徒玄超、玄秀、玄\英等攀慕慈誨，遂於靈泉寺懸壁山陽起\塔供養。粤以開元十五年三月一日安厝。\言因事顯，頌以迹宣，乃爲銘曰：\大士攝生，不貪代榮，竪法幢兮。諷咏葉典，\玄章要闡，隳邪教兮。增善法戒，累鄣腐敗，\摧苦輪兮。生必歸滅，悲哉傷哲，懷哀戀兮。\建塔山陽，刊石傳芳，□□□兮。\

40. 大唐衆義寺故大德敬節法師塔銘并序

（北京遼寧卷二 155　彙編開元 291　全唐文卷 915，9528 頁）

大唐衆義寺故大德敬節法師塔銘并序。\夫王而作則者大雄；見而遺者大寶。聲被周漢，義逸齊\梁，學比犉毛，富如崐玉，道飾其行，俗賞其音，或内秘靈\知，或外見常迹，起伏不拘於□代，出没所謂於須臾，孰有\以兼之？公得其門也\。惟大德俗姓盧，諱敬節，范陽人也。祖，□，尚書遠葉，棲志\丘園。父，樂，司徒季英，閑居遁世，憨於稚子，遏以群流，放\令出家，不從文秩，上可以益後，下可以利人，不\累莊嚴，足陪浄藏，令投虔和上受業。年甫廿〔十〕歲，日誦千\言，維摩妙高，飛峰□海，法華素月，吐照情田，奏梵音以\雲揚，感神明而電激，厭俗之垢，王澤遐沾，落髮\之貞，天魔爲慴，至二十九，入道具臘，寺舉闍維那二十\載。清拔僧務，造長廊四七間，不日克就，光嚴\帝宇，粹表祇園，結棟淩霞，飛簷振景，士拜左顧，麈怯風\摇；人謁右旋，非憂雨散。亦嘗柔外以定，定力振振；順中\以如，如心奕奕。□法橋而虹斷，切義舫之神移，莫不悼\哉，何嗟及矣。以開元十七年七月十五日終於私房，春\秋七十有五，窆於神禾原，律也。門人處玉璿、延祚等念\松迥茂，仰蕙遥芬，悵頹景之不留，恨驚風之早落，師魂\遠何至？資影痛何孤？恐岸成川,起塔崇禮。式爲銘曰：\迹滿三界,神放六通。教令遞囑,德位常融。轉延像世,運\及都公。木選寒栢,山寶舒虹。行高獎下,言貴居忠。俗承\遠聲色,道洽化無窮。水搖魚徙動,人斷院悲空。日影何\旋北,山陰遽已東。荒郊悲慘慘,烟氣亂蔥蔥。式作營兮\妙塔,用表列於仁雄。柩窆歸於泉壤,性遙拔於樊籠。挫\一代之濁命,流千古之清風\。

41. 大唐故興聖寺主尼法澄塔銘并序
（北京遼寧卷一 158　彙編開元 300）

　　大唐故興聖寺主尼法澄塔銘并序。\法師諱法澄,字無所得,俗姓孫氏,樂安人也。吳帝權之後。祖,榮,涪州刺史。父,同,同州\馮翊縣令。法師第二女。降精粹之氣,含弘量之誠。大惠宿持,靈心早啓,鑒浮生不住,\知常樂可依。托事蔣王,求爲離俗。遂於上元二年出家,威儀戒行,覺觀禪思,迹履真\如,空用恒捨,遂持瓶鉢一十八事,頭陀山林,有豹隨行,逢神擁護,於至相寺康藏師\處聽法。探微洞悟,同彼善才,調伏堅持,寧殊海意,康藏師每指法師,謂師徒曰：住持\佛法者,即此師也。如意之歲,淫刑肆逞,誣及法師,將扶汝南,謀其義舉,坐入宮掖,故\法師於是大開聖教,宣揚正法,歸投者如羽翮趨林藪,若鱗介赴江海。昔菩薩化爲\女身於王後宮説法,今古雖殊,利人一也。中宗和帝知名放出,中使供承,朝\夕不絶。景龍二年大德三藏等奏請法師爲紹唐寺主,敕依所請。\今上在春宮幸興聖寺,施錢一千貫充修理寺,以法師德望崇高,敕補爲興聖\寺主。法師脩緝畢功,不逾旬月,又於寺内畫花嚴海藏變,造八角浮圖,馬頭空起舍\利塔,皆法師指受規模及造,自餘功德,不可稱數。融心濟物,遍法界以馳神;廣運冥\功,滿虛空而遇化。不能祗理事塗,請解寺主,遂抄花嚴疏義三卷及翻盂蘭盆經、温\室經等。專精博思,日起異聞,疲厭不生,誦經行道,視同居士。風疾現身,乃卧經二旬,\飲食絶口,起謂弟子曰："我欲捨壽,不知死亦大難？爲當因緣未盡。"後月餘,儼然坐繩\床,七日不動,惟聞齋時鐘聲即吃水,忽謂弟子曰："扶我卧,我不能坐死。"卧訖,

附錄二：唐代佛徒墓誌錄文

遷神。春\秋九十,開元十七年十一月三日也。以其月廿三日安神於龍首山馬頭空塔所。門\人師徒弟子等,未登證果,豈知鶴林非永滅之場,鷲嶺是安禪之所。號慕之情,有如\雙樹。法師仁孝幼懷,容儀美麗,講經論義,應對如流。王公等所施,悉爲功德。弟子嗣\彭王、女尼彌多羅等恐人事隨化,陵谷遷移,紀德鐫功,乃爲不朽。銘曰：\易高惟一,道尊自然。大法雄振,豈曰同年。優陀花色,曇彌善賢。錯落倫次,師在其間。\濟彼愛河,拯斯苦海。導引群類,將離纏蓋。不虛不溢,常住三昧。是相無定,隨現去來。\雙林言滅,金棺復開。有緣既盡,歸向蓮臺。衆生戀慕,今古同哀。\宗正卿上柱國嗣彭王志暕撰并書,刻字朱曜光。\

42. 大唐大安國寺故大德惠隱禪師塔銘并序

（北京遼寧卷一 172　彙編開元 464）

　　大唐大安國寺故大德惠隱禪師塔銘并序。\禪師俗姓榮,京兆人,其家第四女也。族望北平。\曾祖,權,隨[隋]金紫光祿大夫散騎常侍兵部尚書\東阿郡開國公。祖,建緒,銀青光祿大夫使持節\息始洪諸軍事三州刺史東阿郡開國公。叔祖,\思九,黃門侍郎。父,懷節,夷州綏陽縣令。外祖韋\氏,字孝基,皇中書舍人、逍遥公之孫也。\禪師聰識內敏,幼挺奇操,粵自齠齓,敬慕道門,專志誦經,七百餘紙,葉行精著,簡練出家,自削\髮染衣,安心佛道,尋求法要,歷奉諸師,如説修\行,曾無懈倦,捐軀委命,不以爲難。戒行無虧,冰\霜比潔,或斷穀服氣,宴坐禪思,或鍊辟試心,以\堅其志,動靜語異,恒在定中,凡所施爲,不輟持\誦。雖拘有漏,密契無爲,雅韻孤標,高風獨遠,\嗚呼！驚波不息,隙影難留,生滅無恒,遽隨遷謝。\開元二十二年七月十一日壽終於安國道場,\春秋七十有六,右脅而臥,奄然滅度。臨涅盤時,\遺曰：吾緣師僧父母,並在龍門,可安吾於彼\處,與尊者同一山也。弟子尼圓德博通三藏,\才行清高,生事竭仁孝之心,禮葬盡清誠之志,\追痛永遠,建塔兹山,縱陵谷有遷,庶遺芳不\朽。乃爲銘曰\：至道希夷,代罕能窺,探祕究妙,夫惟我師。其一。\爰自齠年,訖於晚歲,精念護擶,虔誠不替。肅肅\戒行,明明定惠,净業滋薰,

與佛同契。其二。\逝川不駐,隙驷難留,奄隨運往,萬古千秋。嗟\永感而無極,式彫紀於芳猷。其三。\

43. 大唐故大智禪師塔銘

（洛陽卷十 122　彙編開元 433）

大唐故大智禪師塔銘。弟子太僕少卿杜昱撰。\禪師諱義福,俗姓姜氏,潞國銅鞮人。曾祖、仲遷,隋武陟丞雁門\令。大父子胤,烈考解脫,並丘園養德,隱居不仕。禪師體不生之\神綱,無染之絕韻,爰在韶齔,遊不狎群,遂更童長,□無擇行,\峻節比夫嵩華,雅量方於溟渤,初好老、莊、書、易之說,亟歷淇、澳、漳、滏之間,以非度門,一皆謝絕。齒邁三十,適預緇流,慧音共芝\若同芬,戒相與蓮花比潔,大通之在荊南也,慈導風行,聲如鼓\鐘,應同鶴鳴,乃裹糧修□,偏袒請命,逮得法要,式是勵精,浹辰\之間,驟然大悟,三摩隨入,順忍現前,大通印可,密弘付囑,自是\多歷名山,普雨甘露,經行如市,宴坐成林,門下求謁,固噬三年\之滯,衆中樂聞,長兼五十之喜,則我禪伯之微業,實亦駿揚於\耿光。及遊步上都,載詣咸洛,法梁是荷,人寶歸尊,有如王公四\葉,下逮褌販百族,明發求哀,涕淚勤請,則亦俯授悲誨,朗振圓\音。應器而甌缶必盈,返根則條枚盡洽,如摩尼皆隨衆色,入□\□不觸餘香,所可修行,分獲契證,昇堂落落閒出,其餘則滔\滔皆是。前年興駕東幸,禪師後旋有洛,閉關靜慮,猶兮\□言,或趺坐通宵,或溟寂終日,門弟子有觀異相,竊或怪之,知\化緣將終,接袵悲侍,開元二十四年夏五月廿五日右脅徂逝,春\秋七十九,僧夏□八。粵六月十有七日,恩勑追號大智\禪師。秋七月七日甲申遷神於奉先寺之西原,起塔守護,禮也。\禪師以道分人,運慈濟物,凡所利樂,率先弘溥,其茂德殊行,則\刊在世碑,冥祝神迹,則詳夫外傳。簡兹盡美,略而不書。猶迷變\海之期,示勒開山之記。銘曰:\闕塞西麓,相縈抱兮。極目南臨,伊汝道兮。永錫大智,神所保兮。\達人既已,豈多藏兮。率由代教,駿發祥兮。於蔭法嗣,道有光兮。\

300

附錄二：唐代佛徒墓誌錄文

44. 唐嵩山會善寺景賢大師身塔石記

（北京遼寧卷一 165　彙編開元 453　全唐文卷 362，3676 頁）

唐嵩山會善寺故景賢大師身塔石記。\左拾遺太山羊愉纂。沙門溫古書。\大師諱景賢，菩提大通法胤也。本姓薛氏，汾陰人，世爲\著族，容貌秀偉，見者肅然。幼而神明，周覽傳記，弱冠投\心大覺，宿好都遣，問道於當陽智寶禪師。師言法王大\寶，世傳其人，今運鍾江陵玉泉，次一佛出世，亦難遭矣，\則星馳駿邁而得大通，發言求哀，揮汗成血，大通照彼\精懇，喻以方便，一見悟入，囧然昭洗，屬世議迫隘，遠亦\幽絕，客居巴峽三抗山中。山尋霓，谷無景，豺虎搏噬，毒\癘蒸欝，而我歲時宴居，初無惱害，豈通爲之守而神靈\保綏，良可知也。久之廣大圓極，悉心以獻，大通怡然，克\荷相許，付寶藏、傳明燈爲不讓矣。時神龍囗歲也。\中宗聞風，詔請内度，法衆仰德，乞留都下。大師\雅尚山林，迫以祈懇，或出或處，存乎利濟，化自南國，被\乎東京，向風靡然，一變於代。蓋三世諸佛，意囗法印，妙\極之用，言外之功，不可得而聞也。觀乎萬形蠢蠢於黑\暗，千界熙熙於熱毒，如來有以登大明、灑甘露，雖相示\寂滅，而業遵龍象，則我先佛法身，湛然常住者矣。始先\祖師達磨西來，歷五葉而授大通，赫赫大通，濟濟多士，\寂成福藏，爛其盈門，同波派流，分景並照，亦東囗之盛\也。嘻！世相不實，應盡誰留？菩薩知時，亦同於物，開元十\一年龍集癸亥歲八月在嵩山會善道場現有微疾，沐\浴宴坐，神情儼然，翌日而謝，春秋六十有四。雲山慘毒，\庭樹彫摧，矧夫情靈，痛可言也。門人比丘法宣、比丘慧\讜、比丘敬言、比丘慧言等不勝感戀，奉爲建塔，迢亭蚭\赫，出於嵩半，主上追懷震悼，賜書塔額，署曰報\恩，存沒榮幸，山川光燭，廿年又起新塔於北岩下，永奉\安焉。若其積微成著之勤，乘定發慧之用，堅剛勇猛之\操，大悲廣衍之業，率皆碑版所詳，不復多載也。\開元廿五年歲次乙亥八月十二日建。\

45. 故和上法昌寺寺主身塔銘并序

（北京遼寧卷一 184　彙編天寶 039）

故和上法昌寺寺主身塔銘并序。\稱佛謂何？本期於覺，覺則無念，

301

乃去妄源。歸法謂\何？本期於了，了則達彼，乃到真乘，此謂度門，誰能\弘矣？故法昌寺主圓濟和上，即其人也。派裔重華\之後，生緣讓畔之鄉，總□敏聰，諸法懸解，傳本寺\先和上仁藻之密印，承旨出家，遊西京不住，相\之緇徒，袒肩受具，法雖示其未捨，心已湛於真如，\同須菩提，第一解空，終優波離，不忘持律，十餘霜\露，杖錫歸來，充本寺律師，尤高精義，□□徒眾，抑\進綱維，和上違之，恐住着□貽就□，恐福養受\損，乃日捨粟麥十萬圭，用補常住，因知僧□。豈息\功勤，智慧無涯，倉儲益贍，心符妙用，故不滯往來；\迹混有為，故不虧崇樹，於本寺為過往和上建\功德塔一十一級，在身心為砂界含生，持蓮花淨\品，日餘一遍，凡冊載，隨因證果，出有入無，千里□\緣，從師者如市；一門釋子，落髮者數十人。和上\夏五十九，壽八十一，以天寶二載癸未歲冬十二\月遘疾，忽於夜曰：吾此室內，朗明如晝，此非非相，\吾將逝焉。至廿八日，泊如長逝，弟子法澄等號慟\靡及，安神於寺西北一里，護持喪事者繼踵，贈賻\助哀者傾城，龍象咽而雲悲，虞芮慘而雨泣，身塔\創起，琬琰未刊，僕此邑西人，備聞厥事，慚越境而\訪拙，課鄙述以成銘，其雄狀龍麟，叠級玉錯，半插\雲漢，常對虛空，此則萬掌合而攸歸，千目迴而悉\仰，余不紀矣，獨舉德焉。偈曰：□我師深入度門，玄\密藏窅默誰窺，焉令解形以示滅，吾不知夫所以然。\進士韓詮撰，進士董光朝書，趙嶠鐫。\

46. 嵩山□□□故大德淨藏禪師身塔銘并序

（洛陽卷十一 78　彙編天寶 095　全唐文卷 997，10329 頁）

嵩山□□□故大德淨藏禪師身塔銘并序。\大師諱藏，俗姓儀，濟陰郡人也。十九出家，六載持誦金\剛般若、楞伽、思益等經，寫瓶貫縆，諷味精純，來至嵩岳，\遇安大師，親承諮問十有餘年。大師化後，遂往韶郡，詣\能和上諮玄問道，言下流涕，遂至荊南，尋睹大師，親承\五載，能遂印可，付法傳燈。指而北歸，至大雄山玉像蘭\若，一從棲寓，三十餘周，名聞四流，眾所知識。復至嵩南\會善西塔安禪師院，睹茲靈迹，實可奇耳，遂於茲住。闕\乎聖典，乃造寫藏經五千餘卷。師乃如如生象，空空烈\迹，

附録二：唐代佛徒墓誌録文

可粲信忍，宗旨密傳，七祖流通，起自中岳。師亦心苞\萬有，慧照五明，爲法侶津梁，作禪門龜鏡。於是化承河\洛，屢積歲辰，不憚劬勞，成崇聖教。春秋七十有二，夏三\十八臘，無疾示疾，憩息禪堂，端坐往生，歸乎寂滅。即以\其歲天寶五載歲次丙丁十月廿六日午時，奄將神謝。\門人慧雲、智祥、法俗弟子等莫不攀慕教緣，奢花雨淚，\哀戀摧慟，良可悲哉。敬重師恩，勒銘建塔，舉高四丈，給\砌一層，念多寶之全身，想釋迦之半座，標心孝道，以偈\而宣：猗歟高僧，嵩巖劫增。心星聚照，智月清昇。坐功\深遠，靈迹時徵。厥惟上德，成兹法興。其一。五法二性，八萬\四千，帝京河洛，流化通宣。不憚劬勞，三五載間，造寫三\藏，頓悟四禪。其二。三摩鉢底，定力孤堅，悲通法界，慈洽人\天。法身圓淨，無言可詮，門人至孝，建塔靈山。其三。\

47. 李淨覺塔銘

（北京大學卷一151　彙編天寶132）

禪師本姓李，名隸於崇教寺，自稱曰淨覺，號之曰方\便，慈衆稱之曰大慈。春秋五十九，僧臘凡卅矣。開元\初，悟三世之有，劃萬物之緣，捨俗出家，懇心趣道，住\持禁戒，受具聲聞。已殖三千大千之所，匪唯一劫二\劫之漸。初趣於大智和上，懸解禪門；後謁於大照禪\師，吻合心地。其後住終南諸寺，亦十餘稔，或投陁曠\野，或宴居山林，外示端嚴，内□汲引，而心入於無聞，\勞矣。天寶五載十月廿九日化滅於静恭里第。今終\於第不於僧房者，蓋在俗有子曰收，致其憂也。臨終\曰："塗蒭，禮也。法門儉，吾從衆。"於是攀援泣血，罔拯崩\心，如何昊天，獨貽大戾，瞻望不見，何怙何依，頃葬於\萬年縣洪固鄉畢原之東南。至七載十一月甲申建\塔於此原之腹，縣改咸寧而改葬焉。其葬具順僧事\而從遺命也，已相川原，將樹松櫏，兹塔如踴，惟靈永\安，日月雖除，終身荼毒。咨惟小子，前左領軍衛倉曹參\軍收述德而頌。頌曰：\身雖現，心湛然。相不住，度無邊。\

303

48. 唐少林寺靈運禪師功德塔碑銘并序

（北京遼寧卷一 193　彙編天寶 158　全唐文卷 303，3080 頁）

唐少林寺靈運禪師功德塔碑銘并序。宣德郎大理評事崔琪撰。聖善寺沙門□□□\虛空廣大乎其體，智慧圓融乎其用，凝而不生，湛爾常寂，離修離證，非色非心，歷微塵劫，□□\沙界，無量國土皆清净，無量昏暗皆光明，誰其得之，吾聞諸上人矣。上人諱靈運，蕭姓，蘭陵人，\梁武帝後。皇考壽，虢州恒農縣尉。初上人之生也，戒珠孕於母胎，定水澂於孩性，內典宿殖，外\學生知，白雲凝其高志，明水峻其苦節，泛如也。時不能知，常以爲幻境非實，泡身是妄，五色令\人昏，五音令人聾，五味令人爽。噫！輪彼生滅，無時息焉，吾將歸根，以復於正。因遊嵩山，至少林\寺，有始終之意焉。會舅氏掾於高平，而上人遂緇於此郡。玉立凡石，不可喻其炯然；日映衆星，\無以方其明者。竟移隸玆寺，以副乎夙心。無何，習禪法於龐塢珪大師，潛契密得，以真貫理，照\十方於自空，脫三界於彼著。慧眼既净，色身亦如，始知夫心外無法，所得者皆夢幻耳，然後觀\大地土木，無非佛刹焉。空山蒼然，窮歲默坐，猿對茶椀，鳥棲禪庵。彼嶺雲無心，即我心矣，彼澗\水無性，即我性矣。夫如是，孰能以凡聖量之乎？故吾在造化中，如夢中也。粵開元十有七祀夏五\月廿二日，不示以疾，泊然而終。苦霧晦黄於天地，悲風哀咽於草木。吁！崩吾禪山，涸吾法\海，空吾世界，使凡百含識，大千有情，茶於是，火於是，可勝言哉？故門人堅順獨建靈塔於玆山，\奉遺教也。夫碩德丕發，不有超世先覺而出夫等夷者，則曷能傳我法印，以一燈然千百燈乎？\彼上人者，嶷然倬立，以定慧爲藏，以涅槃爲山，圓通於不住之境，出没於無涯之域，適來時也，\適去順也。今則絕矣，瞻仰如之何？夫事往則迹移，歲遷則物換，況法與化永，念從心積，豈可使\上人之高，歿而不紀，是斵於石，以旌斯文，銘曰：\上人伊何，傳我法印。其體也寂，其行也順。紛彼識浪，泪夫夢情。非照不曙，非澄不清。作大毉王，\爲大禪伯。岳立松古，蓮青月白。一朝化滅，六合淒愴。世界颯空，雲山忽曠。色身謝兮法體存，金\界慘兮鉄圍昏。噫！我所留春唯心源。\天寶九載四月十五日門人堅順建。\

附錄二：唐代佛徒墓誌録文

49. 唐故優婆姨段常省塔銘

（北京遼寧卷一 196　彙編天寶 237）

　　唐故優婆姨段常省塔銘。\蓋聞宿殖勝因，生逢政教，仰\尋師友，意達直心。學普敬法\門，慕不輕密行。貞心守志，塵\俗不污其情，性等虛空，證真\如之境。獨拔愛網，厭世榮華，\□薩摧雄，悲重迦文之妙典。\火宅之内，駕馭三車，捨内外\之財，望三祁願滿。春秋七十\有六，以天寶八載九月十日\卒於私第，捨報歸林，以天寶\十二載建塔於玆，知神魂而\不固。其詞曰：\妙慧歸真，德超上智。慈悲起\行，忠孝無二。敦故重新，心存\剛志。宿殖德本，動靜合理。\女劉三娘建。

50. 大唐法雲寺尼辯惠禪師神道誌銘并序

（陝西卷四 25　續集天寶 103）

　　大唐法雲寺尼辯惠禪師神道誌銘并序。\禪師釋名辯惠，字嚴淨。俗姓房氏，清河人也。家聲世德，前史遞書。\曾祖父，皇金紫光禄大夫、衛尉卿贈兵部尚書、清河忠公，諱仁裕，\王父，皇銀青光禄大夫、冀州刺史、膠東成公，諱先質。烈考皇朝太\子文學，諱温，國華人望，士林宗範。禪師九歲，祖母琅琊郡君\王氏薨，百日齋，度為沙彌尼，薦以景福，承尊命也。嗚呼！所天\服緤，哀毁棄背，煢煢孤幼，慈親訓育，確然壹心，成先志也。十\八受半戒，廿受具戒，纔三日於東都大安國寺通誦聲聞戒經，聖\言無遺，清音如貫，釋門稱以敏識，啓心要於大照禪師，依教住於悟\空比丘尼，堅持禁律，深證圓境，法流宗以精進，及空禪師亡，正名\隸於西京法雲寺宿德尼無上律儀之首，由是依止焉，常以禪師\總持内密，毗尼外現，每見稱嘆，得未曾有。方期弘長度門，永延壽\福，豈圖命偶深疾，藥無良醫。以天寶十三載十二月廿二日於延康\里第趺坐正念。德音具存，椎磬焚香，超然乘化。僧臘卅有四，享\年五十三，嗚呼痛哉，親族銜哀，攀號不及，道俗奔走，榮慕交深。\粵以來年二月十二日壬寅遷座於城南畢原，稟前命也。穿土為\空，去棺薄窆，弟子侄女昭、弘照等泣奉遺願，敢違話言。追\惟天資淨直，道心虛曠，色無喜慍，言必詳益，不為偽之，離我我□。\

305

真道之蘊，菩提之器歟。嗚呼，孤苦因依，荼毒如昨，又罹凶酷，何\負幽明，泣血摧心，去文敘實，銘曰：\禪門諸姊，宿承喻筏。世業慶靈，覺心濬發。四依圓滿，一住超越。\皎皎戒珠，明明禪月。實惟具美，宜保永年。誰云遘疾，有加無\痊。徽音在耳，委順恬然。制終以地，超神以天。昭昧俄隔，儀形永\閟。同氣何瞻，兩侄誰庇。失聲慟哭，膈臆流淚。哀哀畢原泉，（下泐）\

51. 大唐棲巖寺故大禪師塔銘

（北京遼寧卷一 197　彙編天寶 246）

　　大唐棲巖寺故大禪師塔銘。龍興寺主沙門復珪撰。\惟佛有覺海，酌其流者為得一；佛有慧日，赫其照者\為至道。夫能航逝川，適寶所者，吾師矣。師諱智通，姓\張氏，虞鄉七級人也。童年有濟世之量，請益於大智尊\者。晚節当付囑之重，善誘我堯之封人。天與淳和，聲\振關輔。粉藻德行，澄滅使流，降心魔，嚴道品，砥操\勵能，終朝獨王。前刺史裴寬以師繼然一燈，請傳覺印。\後太守韓朝宗以師道高五眾，請師為僧寶。非隋侯明\月難綴，有卞氏連城增價，不其然乎！於是雲峰之下，軒\冕如川，嚴花之前，摳衣成市。除沙鹵之株杌，甘露清田。酌\肥膩之菁華，醍醐灌頂。行有餘力，綴己惠人，綆汲群蒙。\衣珠密繫，使夫股肱之人，一變至於道者，十八九焉。嗚呼！\世界無常，生靈起滅，將示絕絃之迹，俄增遷奪之痛。翌\日不救，藏舟夜壑。以天寶十載十一月廿七日終於住寺，春秋\六十有九，為厭毒而歸休耶，為傳薪而火滅耶。生生\之與化化，其可左右？門人有奢花之痛，遺俗懷苦海之憂。\寺主令賓，師之同志，恨寶渚無梁，衢樽莫挹，鷚林墜月，狂\象易奔。與弟子惠照、饒益、寺上座崇道等，冀佛影之猶\存，以封灰而建塔，俾傳能事，授手於予，復珪辱在緇門，豈\忘揭拙，銘曰：開示佛乘，住無所住。傳衣佛國，去無\所去。拯洽四流，梯航六度。誰其悟入，我師調御。其一。\行佛能事，事果而往。水竭龍移，山空澗響。灰封殯塔，珠沉\帝網。留影鷄峰，提河列像。其二。啜泣之痛，潸然灑地。\蘭若空虛，緇林殄悴。閱水藏舟，藤堂及隧。豈惟\

羊祜,方稱墮淚。其三。\天寶十三載甲午歲六月三日寺之創新鍾之晨建。\造塔大匠京兆王光。河東張伽刻字。\

52. 大唐長生禪寺僧本智塔銘并序

（江蘇山東卷49　彙編乾元011）

　　大唐長生禪寺僧本智塔銘并序。\僧本智,諱了悟,俗姓來氏,乃隋榮國公之\裔,廣陵人也。生有慧殖,長則厭俗。年十九,\潔誠薰沐,問道於淨慈師,□知前因,説非\法之法,玄機通徹,已悟三空。剃髮受具戒\爲比丘僧,服忍衣,傳□法,得除塵世之煩；設議敷演三乘,説華嚴之道。心存普度,念\棄塵勞。正期淨定,超拔三途。豈料災生,冥\牒俄至。以乾元二年己亥四月十六日,歸\寂於揚州江陽縣道化坊之長生禪寺,享\齡五十,道臘四。遺命火焚,建塔東偏嘉禾\村地內。師於其年十月乙亥八日丙辰歸\焉。爰志塵迹,刻茲塔銘。銘曰：\嗟呼本智,有生而悟。道宗普賢,\寂證正果。脱離苦惱兮歸西土,\塔門永閉兮垂千古。\

53. 唐故張禪師墓誌銘并序

（京都大學TOU1371X　彙編大曆007　全唐文卷997,10328頁）

　　唐故張禪師墓誌銘并序。\香山禪師諱義琬,字思靖,俗姓董氏,河南陽翟人。紹嵩\岳會善大安禪師智印,法歲廿七,世齡五十九。開元十\九年七月十九日,長天色慘,塞樹凝霜,頂白方,面赤方,\右肱枕席,左臂垂膝,言次寂默,奄魂而歸,舉體香軟,容\華轉鮮,感瑞嘉祥,具載碑錄。師未泥洹,先則玄記：吾滅\度後卅年內,有大功臣置寺,度遺法居士爲僧。卅五年\後焚身,留吾果園,待其時也。果廿八年有文武朝綱□\國老忠義司徒、尚書左僕射、朔方大使、相國郭公上額,\於居士拜首受僧,奏塔梵宮,牓乾元寺。法孫明演授禪\父托,葬祖黃金,述德於中書令汾陽郡王郭公,徹\天請號焚葬,借威儀所由檢校。大曆三年二月,汾陽表曰："義琬禪行素高,爲智海舟航,是釋門龍象。心超覺路,\遠近歸依,身殁道存,實資褒異。伏望允其所請,光彼法\流,其月十八日敕義琬宜賜謚號大演禪師，餘\依。擇吉辰八月十九日荼毗入塔。"今冊載，無記不從大\禪翁也。行慈悲海，得王［玉］髻珠，施惠若春，研芳吐翠，破邪\寶劍，見網皆除，業爲學山，萬法包納，練行凝寂，方能動\天，塔磨青霄，砌下雲起，星龕月戶，面河背山，清浄神靈，\庶幾銘曰：\行破群邪，業爲學海。戒月青空，心珠自在。\塔面長伊，鈴搖岳風。動天威力，無住無空。\

54. 大唐故浄住寺智悟律上人墓誌銘并序
（北京大學卷二9　彙編大曆031）

　　大唐故浄住寺智悟律上人墓誌銘并序。\公俗姓劉，諱仲丘，彭城郡人也。緬尋前史，歷討群經。其先皇帝之\孫，爰後公劉之裔。秦時爲戎所逐，乃居於彭城，遂世爲彭城郡人\也。至於衣冠弈葉，禮樂風標，史諜具詳，茲難備述。曾祖如願，志高\泉石，脱略軒榮，蒲帛累徵，偃仰蘿薜，貴樂生前之志，殊輕身後之\名。祖玄福，皇華州下邽縣令，彈琴爲不言化成，馴翟得魯恭之遺\風，不欺庶先賢之美迹，而公則下邽之愛子也。公淳孝自然，博雅\天縱，混流俗而不染，處濁亂而哺糟。雅好無爲，深精玄妙，視軒冕\如桎梏，等金帛如塵埃。上迫父命，強爲婚媾，晚歲歸道，永愜私心，\法宇窮不二之門，蓮宮契三禪之妙。公以持律爲業，一食長齋，久\染微痾，心齊生滅，積以成疾，藥物無徵，漸至彌留，奄先朝露。行年\六十有五，殞於來庭坊之私第。嗟乎！哲人不永，太山其頹，明鏡忽\掩，寶劍長埋，以大曆六年十二月廿日葬於藍田縣鍾劉村之東\原，禮也。公在俗有子四人，皆崑山片玉，桂林數枝，信可克昌家門，\榮顯宗族。長子會州黃石府別將賜緋魚袋光歸、次子朝議大夫\守內侍省奚官局令上柱國光順、第三子朝議郎守內侍省內府\局令上柱國光玼、季子絳州新田府折衝賜紫金魚袋上柱國光\暉等，自丁酷罰，泣血連裳，號天不展其哀，扣地莫申其戚。爰修宅\兆，以展孝恩。懇請誌文，略序遺迹。適時詞理荒拙，輒課虛蕪，乃爲\銘曰：\平原莽莽，松栢蕭蕭。哲人斯逝，泉夜無朝。痛纏綿兮嗣子，\嗟玉樹兮先彫。太山俄頹，泉扃永閉，幽明既殊，慈顔永\決。呼蒼天兮莫聞，潰肝腸以

自裂。\朝議郎前汴州司法參軍裴適時撰。\

55. 唐少林寺同光禪師塔銘并序

（北京遼寧卷一208　彙編大曆025　全唐文卷441,4495頁）

　　唐少林寺同光禪師塔銘并序。\登封縣令郭湜撰。當寺大德靈迅書。\嘗聞示現有緣，緣隨生滅；色空無性，性盡真\如。契之者即爲導師，了之者如登正覺。契了\之義，其在我禪師歟？禪師法諱同光，晉\人也。道心天縱，法性生知。俯及幼童，已悟無\爲之理；纔過弱冠，便歸不二之門。早歲出家，\旋進具戒，以修行之本，莫大於律儀，究竟之\心，須終於禪寂，禪律之道，其在斯乎？及持鉢\東山，歸心禪祖大照，屢蒙授記，許爲人師。及\大照遷神，敬終恒禮，乃遁迹林野，敢爲人先，\雖情發於衷，而聲聞於外，辭不獲已。乃演大\法義，開大法門，二十餘年，振動中外，從師授\業，不可勝言。三十餘禪僧盡了心地，隨身化\度，不離几杖，或往來嵩少，棲息荆蠻，用大自\在之深心，開悟知見，行不思議之密行，拯拔\昏迷，不可得而名言也，則知法輪常轉，經行\豈指於一方？佛法現前，宴坐寧勞於十劫，嗚\呼禪師！嗚呼禪師！既隨緣而生，亦隨緣而滅。\春秋七十有一，僧臘四十有五，以大曆五年\六月二十七日於少林寺禪院結跏趺坐，怡\然即瞑瞑。弟子等心傳衣鉢，得了義於無生，\淚盡泥洹，示現存之有相，乃於寺東北六十\餘步，列蒔松檟，建玆塔廟，蒼蒼烟雲，以永終\古。湜在俗弟子也，叨承顧眄之餘，未盡平生\之志，多（《全唐文》從"行"字至"多"字闕文。）慚翰墨，有愧荒蕪，乃爲銘曰：世尊滅度後，得道轉法輪。於今無量劫，不知\凡幾人。禪師自河汾，杖錫來問道，禪祖爲授\記，可以繼僧寶，三身與三業，如電亦如露，生\滅既有緣，輪迴自無數，唯有成道者，能入諸\禪定，外現泡幻身，內示真如性，一切漏已盡，\無復諸煩惱，過去與未來，皆共成佛道。太室\西兮少室東，風雨交兮天地中，禪師一去不\復返，長夜冥冥空是空。大曆六年歲次辛亥六月景辰朔廿七日壬午建。\造塔弟子、寺主僧惟濟、上座曇則、傳法弟子道真、\真觀、寶藏、法琳、智信、承恩、忠順、超岸、深信等。\延州金明府別將屈集臣鑴。造塔博

士宋玉。\

56. 大唐真化寺多寶塔院故寺主臨壇大德尼如願律師墓誌銘并序
（北京大學卷二 10　彙編大曆 042　全唐文卷 916，9542 頁）

大唐真化寺多寶塔院故寺主臨壇大德尼如願律師墓誌銘并序。\敕檢校千福寺法華道場沙門飛錫撰。\大曆十年歲次乙卯五月廿九日律師薨於長安真化寺之本院。律師法\諱如願，俗姓李氏，隴西人也。申公之裔，簪裾之盛，真豈寶乎。律師天生道\牙，自然神秀。十一詔度，二十具圓，彌沙塞律，其所務也。分甌之義不\殊，析金之理斯在。律師僅登十臘，聲實兩高，邀臨香壇，辭不見允。望之儼\然，即之溫然。其慧也，月照千潭；其操也，松寒萬嶺。乃曰：威儀三千，吾鏡之\矣；度門八萬，復焉在哉？遂習以羅浮雙峰無生之觀，位居玄匠矣。\我皇帝慕聖，君臨千佛，付囑貴妃獨孤氏，葛覃蘊德，十亂匡\時，受道紫宸，登壇黃屋，因賜律師紫袈裟一副，前後所錫錦綺\繒帛，幾數千匹，以旌其高。璨乎盈庭，了無是相，道何深也。由此敕書\壘篋，中使相望，御馬每下於雲霄，天花屢點於玉砌。締構\多寶塔，繕寫蓮花經，環廊繚繞，金剎熠耀，額題御札，光赫宇宙，皆\吾君之特建，亦貴妃之爲國，弘哉。噫！律師擲鉢他方，應遽還於\靜室；散花上境，何便住於香天。顏貌如生，若在深定，曲肱右脅，湛然已滅，\春秋七十六，法夏五十六，具以上聞，皇情憫焉，中使臨吊，賻贈之禮，有\加常等。律師累聖欽若，三都取則，意澹江海，心閑虛空，而今而後，恐\難繼美。於戲！六宮誰授其髻寶，八部孰示於衣珠，覺路醒而却迷，人\花茂而還落。哀哉！弟子長樂公主與當院嗣法門人登壇，十大德尼常真、\敕賜弟子證道、政定、證果寺大德凝照、惠照、凝寂、悟真、資敬寺上座洪演、\寺主孝因、律師真一、遠塵、法雲寺律師遍照等，凡數千人，則懿戚相門，愛\道花色，而爲上首，忽喪宗匠，如睹鶴林。即以其年七月十八日奉\敕法葬於長安城南畢原塔之□，禮也。素幡悽於道路，丹旒慘於郊扃，式揚\國師，敢爲銘曰：\紫袈裟者彼何人，已了如來清净身。登壇不向明光殿，去去應超生死津。\隴西秦炅書。廣平程用之刻字。\

310

57. 故大德純□塔銘

（陝西卷四 43　續集大曆 034）

大唐上都鎮國寺故大德純□,去大\曆三年,歲在丁未二月廿四日,遷化\於長樂鄉春明里本寺。奉\敕賜紫袈裟。又奉中書門下\敕宜賜謚號大圓禪師者,再賜布絹,\用充葬儀。即以其年三月五日建塔\於所居伽藍。至大曆十三歲在戊午\孟春戊申朔旬有四辛酉辰□□\茲塔之玄堂,禮也。弟子比丘惠照等,\比丘尼妙藏等四衆數十萬人,永懷\罔極,常思法響,節有推遷,情無遺想。\

58. 唐故比丘尼智明玄堂記并序

（洛陽卷十二 92　續集建中 004）

唐故比丘尼智明玄堂記并序。\師法號智明,俗姓張氏,生於明代,長自\善門。早懷恭敬之心,每有住持之志。頃以移\天難越,繫戀身心。自良人棄捐,妄念都捨。恒\依法侶,參道問津,晚歲出家,始契心地,去煩\籠之愛染,修福智於慈門。持授律儀,戒□□\而報齡有極,生滅難違,緣盡此方,神遷淨土。\以大曆十三年歲在已未秋七月旬有十一\日恬然告滅。以建中二年春二月旬有十三\日壬寅,殯於縣之西原,禮也。報齡八十有四。\嗚呼！緇徒悲送,執花幡以含啼,俗眷哀號,捧\靈輿而潰絕。侄子常泰等仰昊天而難報,起\塔隧於山原,庶來哲以知仁,鏤松書於石字。\其銘曰：\痛矣淪覆,悲哉逝流。高峰奄日,\巨壑藏舟。慈燈已滅,月戒空留。\勒松書而不朽,刻石字於千秋。\

59. 唐故法界寺比丘尼正性墓誌銘并序

（京都大學 TOU1421A　彙編貞元 029）

唐故法界寺比丘尼正性墓誌銘并序。\夫釋氏正法浸遠,像法頹靡。其捨家求道,率自草野\廛閈而入,由是六識昧暗,難悟知見。如或佛性照融,\宿惠圓朗,澄心利智,默契真諦者,見之於闍梨。闍梨\裴族,釋號正性,河東聞喜人。曾祖諱光庭,皇朝\侍中,吏部尚書,忠獻公。祖諱稹,祠部員外郎,贈太子\賓客,正平公。考諱倚,駕部郎中,御史中丞,闍梨即郎\中之愛女。胤襲卿相,福流聰明,翛然離塵,資於積善,\故能棄鉛華而甘落髮,斥綺縠而披壞衣。繁曜不棲\於心,嗜愛永離於著,則定惠之香,長樂之凈,不待詞\而昭昭可睹也。嗚呼！貞元六年八月十日現滅於櫟\陽縣修善鄉之別墅,稟春秋之年,四十有八,受菩提\之夏,二十有三。以其年十月八日遷神於城南神禾\原郎中之塋,從俗禮也。闍梨初隸上都法界寺,\常云清净者心,心常解脫,故生不居伽藍之地；嚴飾\者相,相本無形,故歿不建茶毗之塔,從始願也。夫垂\空文,刻貞石,非所以頌休美於泉扃,亦虞陵谷之遷\變。銘曰：\崇崇相門,克生至仁。捐俗從道,觀空悟真。此生何生,\此滅何滅。想法身兮長寂,痛世心兮永絕。\

60. 大唐東都敬愛寺故開法臨壇大德法玩禪師塔銘并序
（北京遼寧卷二 16　彙編貞元 037）

大唐東都敬愛寺故開法臨壇大德法玩禪師塔銘并序。\太中大夫守京兆尹上護軍賜紫金魚袋李充撰。\禪師諱法玩,俗姓張氏,其先魏人也。年十八學道於\大照大師。廿受具戒,報年七十六,僧夏五十七。以貞元六\年秋八月十三日寂滅於東都敬愛寺,越十九日,門弟子\等奉全身建塔於嵩丘少林寺之西偏,縗杖執紼,赴喪會\葬者以萬數。弟子安國寺尼法名寂然。師以志性堅\操,菩提心猛利,故號為精進,軍即予之從母也,躬護厥事,\其明年冬十月,新塔既立,將以抒門人永慕之志,播先師\玄邈之風。俾予叙銘,以示來裔,曰：嘗聞拯塵迷\者根乎道,弘至道者存乎人。至若布甘露於法林,架慈舟\於苦海,反邪歸正,化昏作明,教被瀍洛,德高嵩少,實\我禪師其人也。夫紀無相之士,宜略其族譜；述無爲之教,\宜捨其示現。故不書姓系,不□□行,直言秘旨,用闡真宗\而已。自像教東流,法門弘開,以戒律攝妄行,以禪寂滅諸\相,以辯惠通無礙。禪師總斯三學,濟彼群生,或居嵩高,\或住洛邑,道俗師仰,遐邇攸歸,應用無方,稱物施化,惠日\恒照,無暗不除,寶鏡長懸,有昏斯朗。嘗謂門人曰,正法無\著,真性不起,苟能睹衆色,聽衆聲,辨衆香,味衆味,受衆觸,\演衆法,而心恒湛然,道斯得矣。大凡禪師設教導人,必\形於行。以爲法無憎愛,故喜慍不見於色;以爲法無分別,\故貴賤視之若一;以爲法無取捨,故齊於得喪;以爲法無\去來,故泯於生滅。是以訪道者聽言昏解,觀行學成。非夫\心契真如,識通妙有,孰能修身演化如此,其盛者歟?青川\東注,白日西匿,歸真於此,空山杳然,銘曰:\嵩山之陽兮靈塔尊,色身既滅兮妙法誌。存此貞石兮弘\教門。\少林寺弟子上座净業,寺主靈湊,都維那智寰,專檢校修塔智圓,\開法道義、明悟、實壽,臨壇智詮,臨壇義暉、惟肅、秀清、惟清、\惟秀、道悟、幽湛、常貴、明進、智惠、照心、志恭。敬愛寺開法心堅,\講律圓暉、體悟、恒濟、行滿、難勝。會善寺臨壇靈珍。永泰寺曇藏。\岳寺臨壇智深、那靈銳、道詮。善才寺上座法液、寺主法俊、寺主詮表、\都維那迥秀。修行寺尼寺主明詮。寧刹寺尼臨壇契一。\安國寺尼志元、惠凝。\貞元七年十月廿八日新塔建立,扶風馬士瞻書,清河張文湊等刻字。\

61. 唐東都安國寺故臨壇大德塔下銘并序

(京都大學 TOU1426A　彙編貞元 051)

唐東都安國寺故臨壇大德塔下銘并序。\安定梁寧撰。侄宣德郎前秘書省校書郎閱書。\律德號澄空,長安功德寺尼德净因之子弟,姓皇甫氏,世\乃予瑜之郡人也。贈揚州都督諱瓘之愛女,元兄浙東觀察\使兼御史大夫、贈太子太師邠國公曰溫,勳業恩榮,光於\史諜。師幼無華飾,性與道俱,未式義以持心,元身净而進\戒,宗崇福疏,誦讀精通,總諸部律,周徹制止,洛中事法常\闕,共難其人,蓋求者多而讓者寡。師以疾辭之而不免,皆\舊德之所興也。首度弟子尼道徹、念兹、慧悟,庶可傳持,堂\置法筵,身移正寢,永爲弘闡,將利後徒,事未行而報齡謝(按,自"置"字至"謝"字,《唐代墓誌彙編》漏掉此行)。\業已著而理命從,致真俗之情,禮矣。貞元九年夏四月廿\六日,委順於本寺所居院,享年五十七,自恣三十四,懷菩薩\行,體物歸根,奉毗尼藏,臨終無懼,秋八月癸酉,就窆於龍\門西南所之蘭若,居大智和尚塔之右,金剛三藏塔之\左,若隱香山、乾元等寺,得清岡之勝界。其赴葬斂,皆知法\同人,修行上德。物無互用,禮備檀供。侄女子沙彌契源,教\育恩深,執喪孺慕,暨戒依緇侶,殞叩呼天,於戲,慎所從也。\弔惟名聞,周所惠也,哭無虛慟。大理評事弟涓,秘省校書侄\閱等,哀申至行,見托泉銘,謂予敬知,不以文屬。辭曰:\慈善道品,閑徹律儀。優遊四梵,調伏七支。\智度方便,菩薩父母。灌育成實,當生淨土。\卜建靈塔,叶從名山。朝踞形遠,龍禽勢全。\晨昭旭日,世閱伊川。嗚呼自性,與月長圓。\

62. 大唐靈山寺故大德禪師塔銘并序

（北京遼寧卷二 15　彙編貞元 035）

大唐靈山寺故大德禪師塔銘并序。比丘潭衍撰。\嘗聞前師祖末,唯心與心,江沱異流,湍□\不別,炬有焰性,因人爇之,道方是行,吾師\然矣。大師厥姓喬氏。法諱慧照,晉州洪洞\人也。可謂家傳鼎族,承先緒餘。稟氣挺生,\風骨猶人,素有文墨,札亂松風,遂屏儒書,\精□釋教。博聞經傳,專學一乘,唯慈是修,\唯□□□之少林寺,師授心印,豁悟真宗。\□逢□臺,晦迹藏用,後福聚寺寥廡致請,\大□□□□智燈皎鏡幽暗,屬士馬騷\動,飛□懷罩,□至善積等寺□。及諝王請\留,偏裨問道,庖丁綸□,□業參尋,□俗閑\儒,無不斂伏。和上春秋六十有七,臘四十\六,時貞元五年八月十一日示疾,未久,隨\生順流,至十四日,不捨威儀,儼然而化,是\日奇雲五色,悲鶴旋空,啼鴉噪林。舉川號\慟,攀慕無及,迴斜去疑,方知定慧有功。位\登不退,有門人神佑、義廣、普耀、法空、實意\等,入方便門,悟真實相,咸共扶護,歸□□\山,哀哀撫膺,鯁鯁心疚,樹偃風拔,神將欣\來於靈山之寺。河壖勝地,周迴□峰,起塔\供養。於時良工競能,屹立孤起,殫此所有,\用將報恩,圖寫真儀,刊石紀德,乃爲頌曰:\亭亭法雄,祖末之嫡,人自推先,方知禪勛,\艾日邐迤,投師問疑。爾來何晚,蓮臺□期。\□猿夜華,林鳥朝喧。塔廟寂□,門人何攀。\□孜利生,自昏達暑。舟人不迴,問津無處。\貞元七年歲次辛未正月壬戌。\

63. 唐聖善寺故證禪師玄堂銘并序

（北京大學卷二 30　續集貞元 041）

　　唐聖善寺故證禪師玄堂銘并序。\河南府進士姚公素撰。\玄堂者，故證禪師櫂窆之所也。族軒轅氏，陳州太\康人。伯父如林，昆季比翼，儒行華冕，累葉義居，雙闕\夾聳，旌表其義。和上獨糠秕儒史，梏桎□□，方\幼之歲歸佛，而師乃詣陳留封禪寺英公所受業，\曾開悲敬二田數載。前後於吳防、聖善兩處化導，誠\量冲和，風儀雅靜，動容多慈悲之□，發言含柔軟之\音，解行全知，見普允所，謂法藏德瓶，禪林智月。至貞\元十三祀十月初微疾，廿日右脅以歸寂。廿六日厝\於龍門先師塔得用之地，禮從權也。僧臘卅六，□\齡七十一。門人等或哀踴於地，或叫擗於天，克思□\澤之深，式愧慈蔭之厚。公素謬得久履門下，嘗□其法，誓將寢菴塋側，掃蕰享獻，澡沐俗慮，杜□□遊，助營塔焉，乃略述其德，斲石誌之，銘曰：\冥冥玄堂，白龍之崗。我師是處，慈眼斯藏。杳□□□，\拱木斯叢。我師爰宅，靈骨告終。行者敬之，禪法□□。\貞元十三年歲次丁丑十月癸丑朔廿六日戊寅建。\

64. 唐故法雲寺內外臨壇律大德超寂墓誌

（新中國出土墓誌・陝西二・173 頁　續集貞元 042）

　　唐故法雲寺內外臨壇律大德超寂墓誌。\侄朝散郎前行同州韓城晤撰并書。\大師字超寂，俗姓韓，昌黎人也。歸依釋氏，六十年\矣。皇朝司封郎中文靜之曾孫，贈禮部侍郎祕書\琮之孫，揚州大都督府左司馬兼侍御史志清之\長女。居然善人，八歲入道，授經乃師同院辯姓和\尚，依止當寺淨覺和尚授誡，聽讀即安國寺大辯\政律和尚也，從授大誡，至於登壇，不求而大德衆\信，緣業乃遠近輸誠。五十年間，三千子弟。至於鑄\畫佛像，裝寫藏經，廣設文齋，捨入常住，大師每\歲有之，不可具記。以貞元十四年遘疾，終于當寺\院。時年六十九。真相歸寂之時，色身安厝之\日，緇\流哀痛，衢路傷嗟。以其年三月廿二日歸葬於萬年\縣長樂鄉城東原，禮也。故當寺大德照空，雖同學\事師，如異姓骨肉，無何早歲淹化，每言泣涕漣洏,\常願同塋。先卜吉地,俯瞰靈塔,以慰平生。更對貞\松,爰申久契,恐陵谷遷變,遂刻石記之。侄前行同\州韓城縣尉晤,銜哀叙述,直書事能,空紀年月官\名,是以其銘不載。\

65. 唐故法雲寺大德真禪師墓誌銘并序

（陝西卷四 60　續集貞元 057）

唐故法雲寺大德真禪師墓誌銘并序。\從侄孫前進士逵撰。\斗城東向二里曰長樂鄉,郡上都法雲寺故大德\證真禪師□所表靈域在焉。貞元十六年八月二\十四日,京邑淄素,銜涕會於其地,蓋虔奉全身,永\悶幽壤,從像教也。禪師本系吳興沈氏,自漢述\善侯,宋司空公,以迨於皇考酈縣令昂,母兄河陽\行軍司馬、御史中丞渝,淳燿耿光,輝炳邦族。禪師\絕棄代網,虛融道心,始受律於當寺褚大師,晚通\禪於寶應順和尚,示有悟入,護窮細微,六度諸門,\無不該備。是以京室貴族,雖纓弁俊儒,輻輳女士,\苟有來學,未嘗無誨焉。德居人宗故也。其年夏五\月始現寢疾,暨十七日,命內外皆掃,端念就滅,將\化極有歸歟。報年六十六,僧臘四十七,門弟子智\性、慧詮、法性等祇若訓旨,遺像是依,以逮屬忝諸\孫,俾泣誌於幽石,銘曰:\懿深慧,悟真空。體慈忍,導昏蒙。\緣雖謝,化斯崇。誌貞石,昭無窮。\

66. 長安昭成寺尼大德三乘墓誌

（京都大學 TOU1454X　彙編元和 010）

大唐元和元年三月十四日,長安昭成寺尼大德三乘\行歸寂於義寧里之私第,春秋七十九,戒臘一十九,伏\惟神兮,俗姓姜氏,望本天水,以簪纓承繼,家寄兩\都,自頓駕長安,貫移上國,今則長安高陵人也。故\中散大夫、贈太子左贊善大夫執珪之女,適昭陵\令贈通州刺史李昕之妻,婦德自天,母儀生稟,事君子\之門,敬姜比德,方擇隣之愛,敖母其明,神儀惠和,體量\凝肅。有二子,長曰誼終,杭州餘杭縣令。幼曰調終,溫州\安固縣尉,有嗣孫五人,定、寅、宇、寧、寔,皆夙承嚴訓,克孝\克忠,或位崇百里之榮，或再班黃綬之職，神兮，自\中年鍾移天之禍，晚歲割餘杭之愛，由是頓悟空寂，宴\息禪林。自貞元四年隸名於此寺。嗚呼，蓮宮始構，法棟\斯摧，定等哀慕悲號，攀援何及。以元和二年二月八日\敬奉靈輿，歸窆於城南高陽原，禮也。白日晝昏，悲風慟\起，玄雲低壟上之野，苦霧暗行輀之衢。芻靈已陳，窆戶\斯掩，泌追承遺，則泣而爲銘，勒石紀文，以永終譽。其詞\曰：神假溫恭，天資淑德，無言成教，有儀是則，捨故里之喧\喧，歸夜堂之寂寂，朝雲出谷兮行雨散，暮鳥悲鳴兮去\無迹，流光西没，逝水東極，閉泉壤兮千秋，烈餘薰於貞\石。\

67. 大唐荷恩寺故大德法律禪師（姚常一）塔銘

（新中國出土墓誌，陝西二，192　彙編元和012）

　　大唐荷恩寺故大德法律禪師塔銘并序。\門人供奉談論大德沙門鋭璨述。\日月華麗于天，山河光紀于地。觀象作則，惟人獨靈。荷恩寺故大\德，諱常一，謚曰法律禪師。俗姓姚，河南河清人也。曾祖綽，朔方節\度。祖信，秦州成紀縣令。考恭，隴右南使飛驆監。和上即監之仲\子也。體質爽悟，精明獨在，性惟仁孝，行實溫恭。開元中，依襄陽明\律師所出家受具。旋至長安花嚴法師所聽花嚴經，又於東京大\照禪師所習定宴座，遂隱迹秦州靈鷲山臥石席茅，松蘿爲宇。至\天寶中，采藥崆峒遇逢天使，道與時會。名稱\上聞，徵入京師，住寶臺寺，加以懸鑒來事。見重時君，得大\總持。固能攝護，外假藥妙，內實知人。尋丁家艱，表請歸葬。奉\敕，知師忠孝，賜絹五十匹，自衛神櫬，至於隴陰。遇\肅宗皇帝巡狩朔裔，師次平涼，吾師獨出州城，遠迎法駕，\肅宗一見，命曰："宗師仍令招慰州縣官吏，河洛既清，飛錫上國，權\住荷恩寺。"奏免常住兩稅，至今不易。又還官收地廿二頃。\恩命令立豐碑在於寺普潤莊也，至德中，爲\肅宗皇帝設齋，慶雲晨見。詔曰："卿雲在天，紛鬱呈瑞，允符\降誕之日，更啓光宅之時。表師之精誠也，賜絹一百匹，香一盒。師\爲朕精誠廣修功德，所至之處，必有禎祥。更此設齋，尤加愜願。"上\元年中，奉敕於三原縣化城寺修功德，芝生於廊柱，從未\及脯，漸長數倍，詔曰："蓮宮效異，芝菌發祥,豈唯圖牒可披,\固是神明所祐。"又奉敕於化度寺修功德,文殊菩薩忽見\神光,詔云:"至誠所感,神應如答,師精誠懇發,靈貺遂彰,景\福延長之徵,祆氛必滅之兆。"寶應年中,蒙賜紫袈裟及金鉤。\詔曰:"師蕃邸疇舊,早悟菩提,志行既精,勝因斯著,端午之節,宜錫\龍章。"屢奉詔書,願蒙厚命,加以齋唯一食,諦念六時,存四\攝以利人,棄匹夫之獨善。前後奏置寺一十二所,度僧一千餘人,\忽焉示疾彌留,會緣將畢,奉敕令有司造檀像寶幡,送至\院內。以大曆五年八月十七日隱化於京師荷恩寺,春秋七十二,\僧臘五十一,臨終表辭,詔曰:"師久修八政,歷事三朝,志行\淳深,精勤不替,何期奄從遷化,軫悼良深,贈絹卅匹、布卅端,賜塔\院於萬年縣洛女原。"遣將軍段物華備陳奠祭曰:"万化應變,百齡\有涯,未際真常,咸歸生滅。惟師平昔早悟香緣,青春捨家,白月護\戒,豈謂悟生若幻,知閱逝川,俾申菲奠,歆此行潦。"謚曰法律禪師,\仍配荷恩寺。未逾歲時,\代宗皇帝以萬方為心,憂勞興疾,夢寐之際,遂見吾師,奉獻神膏,\未逾翌日,厥疾乃瘳。遂賜院額,號醫王寺。令將軍段公等就寺為\師設千僧會,其夜昏后,寺中聖容忽現,毫相直照塋門,卷而又舒,\凡二十四度,又聞天樂響空,得未曾有。詔曰:釋門梵宇,福庇\人寰,爰賜嘉名,用旌法界,師等勤於護念,持有感通,光相昭然,深\可嘆異。賜塼五万口,為師造身塔,高卅尺。實為歿而不朽,終承\寵光,感而克通,生滅自在。乃為銘曰:\皇天無親,惟賢是遵。邈矣吾師,淑慎其身。遺榮世表,遠彼囂塵。令\問令望,克寬克仁。玉質掩彩,簡牒傳光。名垂不朽,運有行藏。刊于\貞石,用記惟良。哀哀師賓,永永流芳。\元和二年歲次丁亥四月八日弟子荷恩寺大德沙門法開建。\

68. 維大唐光宅寺歿故□□和尚道廣荼毗遺記

(陝西卷四 67　續集元和 021)

維大唐光宅寺歿故□□和尚道廣荼毗遺記。\自靈通五彩之夢,大教西流;秉法眼而無遺,禪燈\東炷。遠勝幢於達摩之祖,七葉傳芳,授衣珠於賀\宅之門,光流千祀。遂使心燈分照,密印相傳,遞代\付授,以弘持遺

318

附錄二：唐代佛徒墓誌錄文

法,利生而不斷。我師太原一族\之苗,名流王氏之子,分衆流之一注,獲千燈之一\光。天寶九載,應命代玄宗之朝,悟體知空,授秘\契於已未之歲。加乃乘間氣而挺生,應休明於像\季。年當向立厭囂滓,於建中之初投簪毳,門紹傳\燈於像代,戒月皎晶,頻獲聖威,惠初光芒,隨機剖\疋,投敬大聖,款願從心,杖策化緣,利生關表。簪紱\挹之而遷善,緇素伏羡而欽風。去元和戊子之歲,\春秋五十九焉。示疾同凡,注想安養,順心正念,聖\瑞迎神,跌座儼然,以飯寂滅。雖惠命謝於殊邑,全\身再歸於舊居。四衆攀號,門人茹毒,慾使綿綿靈\相,高標萬古之儀,彫石勒銘,記千載而不朽者也。\時元和五年,歲在庚寅,律居太簇,日屆壬寅,記不\朽耳。京兆府雲陽縣金龜鄉石洪里集、陽村神堆蘭若。\

69. 某和尚銘

（北京遼寧卷二 47　彙編元和 069）

□□□皇朝懷州刺史,伯父\□□皇朝御史大夫,户禮二尚書。\和上□於上族,受氣純粹,和而能峻,\性本乎仁,故與道并;動而之禮,故與\律合;內忘乎我,故與物等;以是三德,\契乎宗原。所以鼓舟航,越溟濤,出死\生之津,肇法身之基,湛然一室,世將\五紀,復本守樸,無□仙時,言色不形,\物亦自化,非真質恒德之厚,其臻是\乎？若乃門內之理,子姓嫂婦,莫不\動資稟決而教成焉,其內外□施之溥\又如此,委和順化,不耗天數。以元和\八年十二月廿六日終於本寺。時年八\十四,歷夏六十二。弟子見用等建銘\表塔,俾後瞻此而化也。銘曰：嗚呼！\上天賦其德,□惟貞恒;□□遂□因佛\乘,以至於氣定神凝,而後之人\□其復之,無□於斯。\

70. 唐故龍花寺內外臨壇大德韋和尚墓誌銘并叙[序]

（北京大學卷二 63　彙編元和 118）

唐故龍花寺內外臨壇大德韋和尚墓誌銘并叙[序]。\從父弟鄉貢進士同翊撰。\大德姓韋氏,法號契義,京兆杜陵人也。元和戊戌歲四月庚

319

辰，\恬然化滅，報年六十六，僧夏四十五。粵以七月乙酉遷神於萬\年縣洪固鄉之畢原。遺命不墳不塔，積土爲壇，植尊勝幢其前，\亦浮圖教也。曾王父諱安石，皇尚書左僕射中書令。大父\諱斌，皇中書舍人，臨汝郡太守。烈考諱袞，皇司門郎\中，眉州刺史。家承卿相德勳之盛，族爲關內士林之冠。始\先妣范陽盧夫人，以賢德宜家，蕃其子姓。故同氣八人而行居其\次，在女列則長焉。自始孩，蘊靜端介潔之性；及成人，鄙鉛華靡\麗之飾，密寘心於清净教。親戚制奪，其持愈堅。年十九得請而\剃落焉。大曆六年制隸龍花寺，受具戒於照空和尚。居然\法身，本於天性，嚴護律度，釋氏高之。國家崇其善教，樂於\度人，敕東西街置大德十員，登內外壇場，俾後學依歸，傳諸佛\心要。既膺是選，其道益光。門人宗師，信士響仰，如水走下，匪我\求蒙，持一心之修繕佛宇，來四輩之施捨金幣。高閣山聳，長廊\鳥跂，像設既固，律儀甚嚴，率徒宣經，興衆均福，故聞者敬而觀\者信，如來之教，知所慕焉。常從容鄉里，指於北原而告其諸弟\曰："此吾之所息也，爲其識之。"嗚呼！生歸於佛，殁歸於鄉，至哉其\孝乎。所以報生育劬勞之恩備矣，窀穸之制，咸所遵承。弟子比\丘尼如壹等，服勤有年，號奉遺教。杖而會葬者數百千人，極釋\氏之哀榮，難乎如此，乃沉礎而志於墓云：\迷方之人，妄聚之身。白月下臨，苦海無津。我得度門，性□□□。\亦即落髮，於焉報親。孝乎終始，歸於故里。石□□□，□□\南趾。\

71. 唐故東都安國寺比丘尼劉大德墓誌銘并序

（洛陽卷十三 20　彙編元和 084）

　　唐故東都安國寺比丘尼劉大德墓誌銘并序。\弟徵事郎前行宋州文學陟撰。\有唐元和十年五月六日東都安國寺尼大德奄化\於伊闕縣馬廻山居，春秋五十有四。大德俗姓劉氏，\法諱性忠，唐右相林甫公五葉孫；曾祖齊敬，徐州\司馬；祖正心，趙州平棘縣令；考從乂，鄭州滎陽縣令；\妣隴西李氏。大德即滎陽府君長女也。器比冰壺，\門承高烈，生知厭俗，不尚浮華，童齡出家，稟性端潔，\纔七歲，師事於姑；年廿，授戒於佛，持經五

320

附錄二：唐代佛徒墓誌錄文

部,玄理\精通,秉律三千,條貫博達,內鑒融朗,不捨慈悲,是相\端莊,已捐執縛。嗚呼！積善無疆,不授福於今世；色\身有滅,當獲果於未來。妹性貞,弟陟,門人辯能、恒靜\等痛手足彫缺,哀法幢傾摧,咸願百身,流涕雙樹。以\其年七月十三日歸窆於龍門望仙鄉護保村\先師姑塔右,宗道教也。慮歲紀綿邈,陵谷頹夷,陟不\撰才拙,粗書於石,憤深感切,悲不成文,銘曰：\色身示滅,法性長存。慈悲濟苦,雅操殊倫。超然厭俗,\邈矣歸真。道雖離著,思豈忘親。仰德如在,瞻容\靡因。寂寂空山,悠悠白雲。涕泗橫集,緘哀爲文。\

72. 興國寺故大德上座號憲超塔銘并序

（北京遼寧卷二 54　彙編元和 122　全唐文卷 919,9582 頁）

　　興國寺故大德上座號憲超塔銘并序。\京莊嚴寺沙門元應撰并書。\上座俗姓太原王氏,累世京兆涇陽人也,童子事\師,年過受戒,報終七十有六,而僧夏□五十焉。業精\妙法,于大曆八年,試業得度,隸名住興國寺也。\上座行操寒松,戒德霜白,道洽群物,而悲敬齊行。\持念無虧,經聲不輟,優曇花之句偈,曉夕相仍；分\陀利之開敷,香風不絕,向萬餘徧,稟學定於總持\東院,繼七葉之縱,爇心燈於巨夜之中,明終不\絕。而忽於今年,覺是身虛憊,氣力漸微,絕\粒罷飡,唯茶與乳,右脅而臥,四旬如生。命入室\門人上座字良、都維那智誠等曰：吾今色身,\應將謝矣。怒力勤策,法乳相親。金泉磴及梨園\鋪,吾之衣鉢,將入常住,以爲永業。言已,怗然累足\而去也。門人字良等,號呼慟天,空□血灑,澗流\汩咽；庭樹摧枝,川原無色,悲風慘然。巍峨雁塔,\崛起於西原,颼飀松吹,金龜之田。即於其年三月\七日,於興國下莊,淨室飛香,神顏不易,狀若平\生,黯爾終矣。門人字良等採以荆岷,徵搜哲匠,鏤\於金石,剡之以銘,慾使後賢而知今矣,詞曰：\戒行嚴潔,松篁比貞。秉志堅直,如崐如荆。\衣珠內瑩,獨燿心靈。精持妙法,德冠群英。\四旬絕粒,兩亡內逼。諸漏蠲除,聖賢不測。\唐元和十三年歲次戊戌十月辛亥廿日庚午\崇建。金龜鄉臥龍里紀也。\門人弟子：上

321

座字良、都維那智誠、子昇、\子禺、子琮、子倫、子英、尼弟子戒盈、\童子阿萬、侄王鎤、仇元誠、史湊、趙旖、\法華邑人：史清、趙杞、房慎疑、牛雲、劉\興、韋牧、宗悦、張政、敬鐶等。\

73. 大唐袁州萍鄉縣楊岐山故甄叔大師塔銘并序

（京都大學 TOU1526X　全唐文卷 919, 9574 頁）

大唐袁州萍鄉縣楊岐山故甄叔大師塔銘并序。沙門至閑撰。瑯琊王周古篆額。\楊岐大師法號甄叔。幼而聰敏，倜儻不群，心目貞明，具大人相。觀死生輪上，見三聚群\迷，猶如蜾蠃，處在□睫，聚勝妙欲樂，似嚼蠟無味。遂投簪削頂，具佛□式，求正覺了義，\扣大寂禪門，一造玄機，萬慮都寂，乃曰：群靈本源，假名爲佛，体竭形消而不滅，金流\朴散而常存，性海無風，金波自湧，心靈絕兆，萬象齊照。體斯理者，不行而遍歷沙界，不\用而功益玄化，如何背覺，反合塵勞，於蔭界中，妄自囚縶。於是形同水月，浪迹人天。見\楊岐山，群峰四合，乃曰：坤元坐鎮，造我法城。纔發一言，千巖響答，松開月殿，星布云廊，\青嵐色中，化出金堺一所。宴坐四十餘年，滿室金光，晝夜長照。宜城化緣已畢，機感難\留。元和庚子歲正月十三日忽棄塵區，還歸大定，門弟子如父母逝，痛勝於心，没悲震\海，哀聲動山，如月隱天衢，群星失曜，大集衆木，積爲香樓，用建茶毗，獲舍利七百粒。於\東峰下建窣堵波，嚴掟錦障列其前，潤撲銀河落其後，永光法嗣，用鎮山門，上足僧有\任運者，飽飲法乳，誓報深恩，涉万重山，經三千里，來投於我，請述斯文，將副其心，式旌\不朽。銘曰：\吾師内外皆明澈，如浄瑠璃含寶月。常將定水灑群靈，大注禪河未曾竭。\獨步楊岐山頂上，建出花宫勝仙闕。樓臺壯勢射虛空，魔界輪幢盡摧折。\閻浮月隱須彌角，一念收光歸寂滅。長留舍利鎮山河，光透支提照岩穴。猶如蒼蔔花飛去，枝上餘香長不歇。無限門人嗅此香，還向枝頭香更發。\刺史鄭□、縣令闕、書碑人僧元幽、唐大[太]和六年歲次壬子四月癸亥朔卅日壬申。\

附録二：唐代佛徒墓誌録文

74. 唐故内供奉翻經義解講律論法師嶜空塔銘并序

（北京遼寧卷二 71　彙編大和 059　全唐文卷 614,6205 頁）

唐故内供奉翻經義解講律論法師嶜空塔銘并序。\正議大夫守秘書監上柱國瑯琊縣開國公食邑一千五百户賜紫金袋王申伯撰。\天地之德至大，非風雷日月之用，不能贊其化育而發\生乎萬物；釋氏之教至精，非聰達惠覺之士，不能揚其\妙道而化度乎群疑。天生法師，克契斯義，用安一世，以\垂化後，云：法師諱嶜空，姓任氏。弱而神清，幼而不群。年\八歲，心已嚮佛，誠請既行，緣愛自去，遂授經於惠雲，卒\學景鸞。耳所一聞，亦即懸解。目所一覽，又若夙習。□陳\精奧，師皆嘆異，知□其法，非天縱之，孰能如斯？法師嘗\謂弟子曰：我静觀衆生，或瞽或聾，嗷嗷嗤嗤，溺於狂妄。\若智者不能拔，仁者不之慈，雖獨揭厲於清源，則大聖\之教，又將安施？於是張善惡報應，驅僻邪於中正。導真\如之理，解拘縛之勞，登高抗音，化所不化。侍\代宗則聲仁王之文，言發而歸於大中，理貫而合於至\正。故君聞而仁，臣聞而忠，推而廣之，夙化斯變。詔法師與天竺三藏譯六波羅蜜經，功畢上獻，\天子感嘆，錫賚[賫]有加，雖異方之奉斯學者，知有所本矣。\由是大教揚溢於海内，惠風漸漬於人心。朝廷垂\衣，刑指於下，其或有助乎？嗚呼，時將不幸，人其無依。以\貞元十年正月十五日告行於興唐寺，報年六十一，弟\子惠見等與俗侣白衣會葬，服縗者千人，以其年三月\四日，弟子智誠等共起塔於畢原高崗，既相與號慕\不逮，因諮鄙人，刊銘於石，述其妙道，用慰永懷，銘曰：\佛有妙法，使皆清净。世界罕聞，色塵皆盛。其一。心逐於妄，\情亂於性。扇爲頽風，蕩然莫止。其二。大哉我師，降厥\慈悲。開示寂樂，破摧昏疑。其三。法相既圓，色空自離。千萬\大衆，歡泣而隨。其四。大教既揚，威德亦光。除彼煩□，化爲\清涼。其五。功成身去，自契自藏，銘於塔石，與天俱□。（其六）。\大和七年歲次癸丑八月十五日智亮等建。\從一、法原、超秀、惟□、惟安、惟永、智謙、日榮、海印、惟曉、\惟旭、自謙、善惠、少游、京兆田復書。\

323

75. 大慈恩寺大法師基公塔銘并序

(北京遼寧卷二 85　彙編開成 027　全唐文卷 760, 7895 頁)

大慈恩寺大法師基公塔銘并序。\朝散大夫檢校太子左庶子使持節金州諸軍事守金州刺史兼御史中丞輕車都尉賜金魚袋李弘慶撰。\按吏部李侍郎乂碣文。法師以皇唐永淳元年仲冬壬寅\日，卒於慈恩寺翻譯院，有生五十一歲也。後十日，陪葬於樊\川玄奘法師塔，上起塔焉，塔有院。大和二年二月五日，異寺\門人、安國寺三教大德賜紫法師義林，見先師舊塔摧圮，遂\唱其首，率東西街僧之右者，奏發舊塔，起新塔。功未半而廢\作。會其徒千人，盡出常所服玩，泊向來箕斂金帛，命高足僧\令檢，俾卒其事。明年七月十三日，令檢奉行師言，啓其故塔\得全軀，以西國法，焚而瘞之，其上起塔焉。又明年十月賷行\狀請弘慶撰其銘。予熟聞師之本末，不能牢讓。師姓尉遲，諱\基，字弘道。其先朔州人，累世以功名致爵祿。先考宗，松州都\督；伯父鄂國公，國初有大勳力。弘道身長六尺五寸，性敏\悟，能屬文，尤善於句讀，凡經史皆一覽無遺。三藏法師玄奘\者，多聞第一，見弘道頗加竦敬，曰：若得斯人，傳授釋教，則流\行不竭矣。因請於鄂公。鄂公感其言，奏報天子許之。時年\一十七，既脫儒服，披緇衣，伏膺奘公。未幾，而冰寒於水矣。以\師先有儒學詞藻，詔講譯佛經論卅餘部；草疏義一百本，\大行于時，謂慈恩疏。其餘崇飾佛像，日持經戒，瑞光感應\者不可勝數。嗟乎！弘道其家，世在朔漠，宜以茹毛飲血，鬥爭\煞戮，背義妄信爲事。今慕浮屠教，苦節希聖，深入其奧，與夫\鄂公佐聖立國，公[功]成身退，出於其類。爲一代賢人，實稟間氣，\習俗不能染也明矣。退爲銘曰：\佳城之南兮面南山，玄奘法師兮葬其間。基公既歿兮\陪其後，甲子一百兮四十九。碣文移入兮本寺中，曇景取信\兮田舍翁。義林高足兮曰令檢，親承師言兮精誠感。試具畚\鍤兮發玄堂，金身不朽兮滿異香。銘誌分明兮是弘道，齒白\骨鮮兮無消耗。瑞雲甘雨兮畫濛濛，神祇悉窣兮羅壽宮。依\教荼毗兮得舍利，金瓶盛之兮埋厚地。建塔其上兮高巍巍，\銘勒貞石兮無愧辭。深谷爲岸兮田爲瀛，此道寂然兮感則\靈。\左街僧録：勝業寺沙門體虛、前安國上座沙門智

附録二：唐代佛徒墓誌録文

峰。\右街僧録：法海寺賜紫云端、安國寺上座内供奉内外臨壇大德方璘、寺主内供奉灌頂、都維内供奉懷津、院主曇景、同勾當僧懷真、德循、慧皋、慧章、興教寺上座惠温、寺主超願、都維那全契、僧道榮、僧道恩、僧瓊播、義方、巡官宋元義\安國寺内供奉講論大德建初書。\開成四年五月十六日，講論沙門令檢修建。\

76. 唐故上都唐安寺外臨壇律大德比丘尼廣惠塔銘并序

（北京遼寧卷二 120　彙編大中 150）

唐故上都唐安寺外臨壇律大德比丘尼廣惠塔銘并序。\令狐專撰上。\維像教東度，秘疊南翻。玄元云吾師竺乾，宣尼稱西方有聖，厥後感夢孝\明，漸于中國，菩提達摩降及大照禪師，七葉相承，謂之七祖心印，傳示爲\最上乘，群生以痴蓋愛網，纏覆身宅，不以慧炬燭之，慈航濟之，即皆蹈昏\溺之中，迷方便之路矣。於戲！文殊戾止，金粟來儀，窮象譯之微言，罄龍宮\之奥典，即我唐安大德其人也。大德諱廣惠，俗姓韋氏，漢\丞相之遺祉，周司空之遠孫。地承華緒，門藉清流，靈根夙殖，道性天授，積\金翠之莫飾，視葷腴而不味。於是分瓶灌頂，染法壞衣，奉乾越之真諦，識楞\伽之要義，賓波羅窟，深入禪菁，阿耨達池，恒藏戒水。傍灑甘露，俛導蒙塵，\運智慧之妙，其動也雲舒曾漢；了般若之性，其息也月鑒澄泉。帝□緇徒，\皆以宗師敬受初法。我皇十年，以名臘隆抗，充外臨壇大德，德彌高而身彌遜，聲愈廣而志愈沖。\負笈執經，扣鶴林者，請益如市；無明有漏，傳心印者，皆脱其網。豈謂毗城示\老，雪山現疾，雖菩薩之善，本生没是常，而金剛之威力，堅持不壞。以大中十\三年夏五月廿六日寂然入滅，報齡五十七，僧臘卅八，弟子性通等襯奉\衣履，如將復生，以其年六月十八日，幢蓋香花，遷座於韋曲之右。嗚呼！如來\留影之壁，石室空存，舍利全身之函，珠臺永閟。專微眇凡品，因緣甚親，嘗蒙\引諭人天，粗探真覺。承筵作禮，肩繞玉之師子；出躑入浄，同生火之蓮花，\追荷法誘，爰薦菲詞，慚非陸氏之雄文，終謝蔡侯之健筆，銘曰：\四流易染，萬類難化。世同驚飇，色如奔馬。非習調御，孰明般若。非習能仁，寧\有喜捨。生既不有，滅亦不空。無去無來，

325

大觀體同。至寶深藏,慧光不熄。松\塔新成兮秦山北,後天地不泯者惟\師之德。\孔□書。\道光辛卯仲春,余□□石□城南韋曲西北。按咸寧誌無唐安寺或年久\湮没,未可知也。\(按:後兩行文字為後人所刻)

77. 唐故甘泉院禪大師靈塔記

(北京遼寧卷二 92　彙編咸通 094)

唐故甘泉院禪大師靈塔記。\住相湛然,是無來去;光陰飄忽,故有悲哀。無\常必見於有常,生滅期歸於寂滅。遺光尚\在,過隙難追,則有躬侍梵筵,心傳法寶,極\追攀於痛悼,盡愛敬於師資,鏤字支提,用\彰先覺。\故甘泉院禪大德諱曉方,蘇州常熟縣人也。師\事五洩山靈默大師□□,未之嘗言,故莫\詳悉。其於慈悲以接物,勇猛以化人。橫身塞河\決之波,舉手□山崩之勢。碎裂魔網,高張法雲。\得岸拖舟,不師文字。上天燒尾,別創風雷。方岳\公侯,連城守宰,偃風渴道,靡不歸依。牽迷手於\□□,破石心於難捨。三獸極淺深之渡,百草滋\甘苦之牙。皇哉,巍乎!則置院之碑詳矣。\咸通十一年三月十日,遷神於此山。報齡七十\二,僧夏五十八。嗟乎!曆陽陷兮栢梁蓺,九鼎沉\兮□山折。乃千乃百哭盈庭。山慘雲愁淚成血。\□日兮人失目,椎臆頓頭皆慟絶。世尊當殁\□□羅,空有闍維禮容設。余即聞風企仰,臨紙\酸悽,以師之形則遷流委順矣,以師之神□\明清淨矣,以師之法則一燈燃百千燈\矣。故門人法順等悉心勤力,肇建靈龕於院\西南一百步盤龍山首焉,以明年月日\遷神座於是山。日往月來,懼移高岸,人亡地\在,是紀色絲,比金石而彌貞,擬蘭蓀而可久。後\人觀斯文而知其行,則姬公謚法,得其一端\者耶?時大唐咸通十三年,歲次辛卯閏八月甲\辰朔十三日丙辰,盧龍節度衙前兵馬使、前攝幽\推朝議郎試大理司直中山郎肅記、\右北平采思倫書。\

78. 唐故信州懷玉山應天禪院尼禪大德塔銘并叙

(江蘇山東卷 139　彙編廣明 002)

唐故信州懷玉山應天禪院尼禪大德塔銘并叙。\尼大德諱善悟,俗姓

附録二：唐代佛徒墓誌録文

王,廣陵人也。幼挺端莊,長全貞淑,笄年移\天於高陽許公諱實,凡二十年而先逝,男二人寇七、海客皆沐\過庭之訓,敦節義之風。大德以宿殖勝緣,冥符會證。爰因持讀,\遂潔薰修,乃造雙峰師問禪那之旨。師知其根性無倫,説無\法之法,既而妙果玄通,道眼斯得。因請剃髪受具戒爲比丘尼。\既服忍衣,乃傳心法。一百八之煩惱,仰戒日以霜消;五十五之聖\階,乘智舟而海越。心心絶迹,念念離塵。去留不礙於浮雲,生死\是同於逆旅。解劫波巾結,一六俱亡;曜圓鏡智光,大千周遍。由\刹那頃,洞十方空。用寂照而不疲,馭寶乘而無退。山廛海劫,定\惠長圓,斯爲盡道之極耳。以禪寂之餘,經行雲壑,思遊净域,奄\棄幻身。以乾符六年九月六日歸寂於信州懷玉山應天禪院,\享齡四十三,道臘有二。遺令火焚,從拘尸城之制也。嗣子寇七\號痛罔極,見星而行,請收靈骨,以起塔焉。於時,狂寇蟻聚,往\迴皆徑其傍,一無驚畏,將至孝之感歟？營塔於揚州江陽縣道\化坊謝楚地内。以廣明元年庚子秋七月癸丑九日辛酉歸焉。\雖河沙有盡,而弘願無邊,故志塵迹,以刻貞石。其銘曰：\熾然貪慾,劫濁亂時。籠破鳥飛,尸羅爲師。心宗達摩,\出世良醫。付囑有在,我其護之。身心絶慮,知見斯微。\生死已空,圓寂惟歸。孤峰春秀,日月秋暉。宴坐不起,\庭花自飛。玉山示滅,神往形留。香木荼毗,金罈是收。\哀哀嗣子,跋涉來求。狂盜不驚,冥獲天休。蕭蕭松塔,\幂幂寒烟。靈骨兹崇,億劫罔遷。休傳寶偈,罷汲瓶全。\美□孝思,道風式傳。\

參考文獻

古籍及資料彙編

1. （東漢）許慎《說文解字》，北京：中華書局，1963年。
2. （唐）顏元孫《干祿字書》，北京：紫禁城出版社，1990年。
3. （宋）陳彭年等《大廣益會玉篇》，北京：中華書局，2004年。
4. （宋）陳彭年等《廣韻》，上海：上海古籍出版社，1983年。
5. （遼）釋行均《龍龕手鏡》，北京：中華書局，1985年。
6. （清）董誥《全唐文》，北京：中華書局，1983年。
7. 羅竹風《漢語大詞典》，上海：漢語大詞典出版社，1986—1993年。
8. 徐中舒《漢語大字典》第2版，武漢：崇文書局、成都：四川辭書出版社，1993年。
9. 丁福保《佛學大辭典》，北京：中華書局，2011年。
10. 中國社會科學院歷史研究所、中國敦煌吐魯番學會、敦煌古文獻編輯委員會、英國國家圖書館、倫敦大學亞非學院合編《英藏敦煌文獻（漢文佛經以外部分）》，成都：四川人民出版社，1990年。
11. 上海古籍出版社、法國國家圖書館《法國國家圖書館藏敦煌西域文獻》，上海：上海古籍出版社，1995年。
12. 唐耕耦、陸宏基《敦煌社會經濟文獻真蹟釋錄》，北京：書目文獻出版社，1986年。
13. 鄭炳林《敦煌碑銘贊輯釋》，蘭州：甘肅教育出版社，1992年。
14. 任半塘《敦煌歌辭總編》，上海：上海古籍出版社，2006年。
15. 河南省文物研究所《千唐誌齋藏誌》（上下），北京：文物出版社，1984年。
16. 郝本性《隋唐五代墓誌滙編·河南卷》，天津：天津古籍出版社，1991年。
17. 陳長安《隋唐五代墓誌滙編·洛陽卷》，天津：天津古籍出版社，1991年。
18. 孟繁峰、劉超英《隋唐五代墓誌滙編·河北卷》，天津：天津古籍出版社，1991年。
19. 穆舜英、王炳華《隋唐五代墓誌滙編·新疆卷》，天津：天津古籍出版社，1991年。
20. 胡海帆、孫蘭風《隋唐五代墓誌滙編·北京大學卷》，天津：天津古籍出版社，1992年。
21. 王思禮《隋唐五代墓誌滙編·江蘇山東卷》，天津：天津古籍出版社，1991年。

參考文獻

22. 王仁波《隋唐五代墓誌滙編·陝西卷》,天津:天津古籍出版社,1991年。
23. 徐秉琨《隋唐五代墓誌滙編·遼寧卷》,天津:天津古籍出版社,1991年。
24. 張寧《隋唐五代墓誌滙編·北京卷附遼寧卷》,天津:天津古籍出版社,1991年。
25. 張希舜《隋唐五代墓誌滙編·山西卷》,天津:天津古籍出版社,1991年。
26. 趙超《漢魏南北朝墓誌彙編》,天津:天津古籍出版社,1992年。
27. 周紹良《唐代墓誌彙編》,上海:上海古籍出版社,1992年。
28. 周紹良、趙超《唐代墓誌彙編續集》,上海:上海古籍出版社,2001年。
29. 任昉、王昕《新中國出土墓誌·河南壹》,北京:文物出版社,1994年。
30. 中國文物研究所、陝西省古籍整理辦公室《新中國出土墓誌·陝西壹上下》,北京:文物出版社,2000年。
31. 中國文物研究所《新中國出土墓誌·重慶》,北京:文物出版社,2002年。
32. 中國文物研究所、北京石刻藝術博物館《新中國出土墓誌·北京壹上下》,北京:文物出版社,2003年。
33. 中國文物研究所、陝西省古籍整理辦公室《新中國出土墓誌·陝西貳上下》,北京:文物出版社,2003年。
34. 中國文物研究所、河北省文物研究所《新中國出土墓誌·河北壹上下》,北京:文物出版社,2004年。
35. 中國文物研究所、常熟博物館《新中國出土墓誌·江蘇壹·常熟上下》,北京:文物出版社,2006年。
36. 故宮博物院、南京市博物館《新中國出土墓誌·江蘇貳·南京上下》,北京:文物出版社,2014年。
37. (日)秋山光和《西域美術·大英博物館》,東京:講談社,1982年。
38. (日)秋山光和《西域美術·ギメ美術館》,東京:講談社,1994年。
39. (日)氣賀澤保規《新版唐代墓誌所在總和目錄》,東京:汲古書院,2004年。

著　作

1. 蔡忠霖《敦煌漢文寫卷俗字及其現象》,臺北:文津出版社,2002年。
2. 董志翹《〈入唐求法巡禮行記〉詞彙研究》,北京:中國社會科學出版社,2000年。
3. 董志翹《中古近代漢語探微》,北京:中華書局,2007年。
4. 郭芹納《訓詁學》,北京:高等教育出版社,2017年。
5. 郭在貽《訓詁學》,北京:中華書局,2005年。
6. 黑維強《敦煌吐魯番社會經濟文獻詞彙研究》,北京:民族出版社,2010年。
7. 黃徵《敦煌俗字典》,上海:上海教育出版社,2005年。
8. 江藍生《近代漢語探源》,北京:商務印書館,2000年。
9. 蔣禮鴻《敦煌變文字義通釋》,上海:上海古籍出版社,1997年。
10. 蔣紹愚《古漢語詞彙綱要》,北京:商務印書館,2005年。
11. 李崇智《中國古代歷代年號考》,北京:中華書局,2001年。
12. 梁曉虹、徐時儀、陳五雲《佛經音義與漢語詞彙研究》,北京:商務印書館,2005年。
13. 劉淑芬《中古的佛教與社會》,上海:上海古籍出版社,2008年。
14. 歐昌俊、李海霞《六朝唐五代石刻俗字研究》,成都:巴蜀書社,2004年。
15. 饒宗頤《敦煌邈真讚校錄并研究》,臺北:新文豐出版公司,1994年。
16. 湯用彤《隋唐佛教史稿》,武漢:武漢大學出版社,2008年。
17. 王力《漢語史稿》,北京:中華書局,2004年。

18. 汪維輝《東漢—隋常用詞演變研究》,北京：商務印書館,2017年。
19. 姚美玲《唐代墓誌詞彙研究》,上海：華東師範大學出版社,2008年。
20. 臧克和《中國文字發展史‧隋唐五代文字卷》,上海：華東師範大學出版社,2015年。
21. 張岱年、方克立《中國文化概論》,北京：北京師範大學出版社,2004年。
22. 張涌泉《敦煌俗字研究》,上海：上海教育出版社,1996年。
23. 張涌泉《漢語俗字叢考》,北京：中華書局,2000年。
24. 趙超《古代墓誌通論》,北京：紫禁城出版社,2003年。
25. 趙和平編《周一良全集‧佛教史與敦煌學》,北京：高等教育出版社,2015年。
26. 朱慶之《佛典與中古漢語詞彙研究》,臺北：文津出版社,1992年。
27. （日）太田辰夫《中國語歷史文法》,北京：北京大學出版社,2003年。

論 文

1. 姬慧《〈敦煌碑銘贊輯釋〉補校舉隅》,重慶科技學院學報,2010年第7期。
2. 江學旺《敦煌邈真贊用韻考》,浙江大學學報,2004年第1期。
3. 江學旺《〈敦煌邈真贊校錄并研究〉校錄指瑕》,漢語史學報專輯,2003年第3輯。
4. 劉瑶瑶《敦煌碑銘贊佛教詞語詁解》,甘肅社會科學,2013年第1期。
5. 馬德《敦煌畫匠稱謂及其意義》,敦煌研究,2009年第1期。
6. 馬德《敦煌絹畫題記輯錄》,敦煌學輯刊,1996年第1期。
7. 饒宗頤《我的學術自述——以敦煌學為例》,民族藝術,2013年第3期。
8. 施安昌《從院藏拓本談武則天造字》,故宮博物院院刊,1983年第3期。
9. 孫修身《伯3718李府君邈真贊有關問題考》,敦煌研究,1991年第1期。
10. 唐耕耦《敦煌研究拾遺補缺二則》,敦煌研究,1996年第4期。
11. 任偉《敦煌寫本碑銘贊文用典釋》,河西學院學報,2013年第6期。
12. 任偉《敦煌寫本碑銘贊文用典考釋（一）》,河西學院學報,2011年第3期。
13. 任偉《敦煌寫本碑銘贊文用典考釋（二）》,河西學院學報,2012年第4期。
14. 王惠民《〈敦煌邈真讚校錄并研究〉評介》,敦煌研究,1996年第2期。
15. 顏廷亮《敦煌遺書P.3633張安生前邈真贊并序新校》,敦煌研究,1996年第1期。
16. 楊曉宇《敦煌碑銘贊詞語釋義》,敦煌研究,2009年第3期。
17. 楊曉宇《敦煌碑銘贊詞語詁解》,蘭州大學學報,2009年第2期。
18. 楊曉宇《敦煌本邈真贊詞語選釋》,敦煌學輯刊,2012年第1期。
19. 楊曉宇《敦煌邈真文書贊詞語考釋》,甘肅社會科學,2012年第6期。
20. 曾良、蔡俊《〈敦煌碑銘贊輯釋〉補》,南昌大學學報,1997年第4期。
21. 趙紅《〈敦煌碑銘贊輯釋〉補校》,語言研究,2003年第4期。
22. 趙家棟《敦煌碑銘贊語詞釋證》,敦煌研究,2012年第4期。
23. 鄭炳林《敦煌碑銘贊抄本概述》,蘭州大學學報,1993年第4期。
24. 鄭炳林《張淮深改建北大像和開鑿94窟年代再探——讀〈辭弁邈生贊〉劄記》,敦煌研究,1994年第3期。
25. 鄭炳林、魏迎春《晚唐五代敦煌佛教教團的戒律和清規》,敦煌學輯刊,2004年第2期。
26. 鄭炳林《敦煌寫本邈真贊所見真堂及其相關問題研究——關於莫高窟供養人畫像研究之一》,敦煌研究,2006年第6期。
27. 周丕顯《〈敦煌碑銘贊輯釋〉評介》,敦煌研究,1994年第1期。
28. （日）金岡照光,《邈真贊》,敦煌的文學文獻,大東出版社,1989年。